U0541098

《中国与捷克：金融的变迁及转型》是向中捷两国建交 70 周年的献礼！

此项研究及研究成果的出版，得到了捷信集团、
捷信消费金融有限公司的资助和支持。

特致谢意！

中国与捷克：
金融的变迁及转型

何德旭　［捷克］杨·卢什卡◎主编

CHINA AND CZECH:
CHANGES AND TRANSFORMATION
IN THE FINANCIAL SECTOR

中国社会科学出版社

图书在版编目（CIP）数据

中国与捷克：金融的变迁及转型 / 何德旭，（捷克）杨·卢什卡主编. —北京：中国社会科学出版社，2020.6
ISBN 978-7-5203-6449-2

Ⅰ.①中… Ⅱ.①何…②杨… Ⅲ.①金融改革—研究—中国②金融改革—研究—捷克 Ⅳ.①F832.1②F835.241

中国版本图书馆 CIP 数据核字（2020）第 077400 号

出 版 人	赵剑英
责任编辑	黄 晗　王玉静
责任校对	沈丁晨
责任印制	王 超

出　　版	中国社会科学出版社
社　　址	北京鼓楼西大街甲 158 号
邮　　编	100720
网　　址	http://www.csspw.cn
发 行 部	010-84083685
门 市 部	010-84029450
经　　销	新华书店及其他书店

印　　刷	北京明恒达印务有限公司
装　　订	廊坊市广阳区广增装订厂
版　　次	2020 年 6 月第 1 版
印　　次	2020 年 6 月第 1 次印刷

开　　本	710×1000　1/16
印　　张	23
字　　数	332 千字
定　　价	119.00 元

凡购买中国社会科学出版社图书，如有质量问题请与本社营销中心联系调换
电话：010-84083683
版权所有　侵权必究

作　　者

王兆星　国务院参事、中国银保监会原副主席
佟福德　捷克共和国驻华大使、捷克国家银行副行长
何德旭　中国社会科学院财经战略研究院院长、研究员
Jan Ruzicka　捷信集团首席对外事务官
梅恺威　捷信集团董事
Lumir Meloun　捷信中国首席对外事务官
周　彬　捷信中国战略与政策分析总监
何代欣　中国社会科学院财经战略研究院副研究员
冯　明　中国社会科学院财经战略研究院副研究员
郑联盛　中国社会科学院金融研究所副研究员
钟　震　中国人民银行研究局副研究员
毛文博　中国银保监会办公厅、经济学博士
王卉彤　中央财经大学经济学院教授
张雪兰　中南财经政法大学金融学院教授
杨　雨　中国工商银行布拉格分行总经理
史晓琳　社会科学文献出版社副研究员
夏　萌　中国社会科学院财经战略研究院外事官员
王文汇　中国社会科学院大学经济学院经济学博士
Vit Papousek　捷信集团经理

序　一
金融转型的方向：建设现代金融体系

　　金融是现代经济的核心，是国之重器。新中国成立特别是改革开放以来，中国金融实现了从单一到多元、从封闭到开放、从体量弱小到规模可观的历史性变革。当今世界正面临着百年未有之大变局。在新变局下把握好重要战略机遇期，为经济高质量发展注入金融活力，是新时代中国金融业改革开放的重要课题。

　　总结国际上多次金融危机的沉痛教训，我们会发现，这些金融危机的发生，特别是2008年国际金融危机的发生，主要源于金融业脱实向虚、偏离本源、自我循环、自我膨胀、投机盛行，最后形成严重的金融泡沫，导致系统性的金融危机。追根溯源，都与相关国家政府导向失误、货币政策偏松、金融法规失严、金融监管失效、金融市场约束失灵、金融基础设施失序、金融危机应对失措以及全球金融治理失衡等因素密切相关。因此，在建设中国特色社会主义市场经济、全面推进依法治国和不断深化金融改革开放的大背景下，必须着力推进金融的转型，转型的方向是现代金融体系建设。

　　建立更加完善的金融法律法规体系。现代金融体系建设，必须建立在依法治理的基础上，必须形成完善的金融法律法规体系，做到依法管理、依法经营、依法监管、依法惩戒。应在建立和完善以《公司法》《银行法》《证券法》《基金法》《保险法》《信托法》《金融监督法》《金融消费者权益保护法》以及《金融机构破产法》等为核心的上位法体系的基础上，制定和完善各类条例、办法、规定、实施细则等，以保证各项金融法律贯彻实施。

建立更加有效的金融调控体系。现代金融体系建设是在大力发展多种金融机构和多层次金融市场（包括股票市场、债券市场、货币市场、金融同业市场、外汇市场、金融期货市场等）的同时，让市场在金融资源配置中发挥决定性作用。但为了弥补金融市场所可能出现的投机性、振荡性、周期性及破坏性，国家必须及时进行金融调控，必须建立高效的金融调控体系，以防止金融剧烈震荡和经济大起大落。有效的金融调控体系，其核心功能之一是有效引导预期和稳定预期，增强投资者信心，防止市场剧烈震荡；其核心功能之二是前瞻性逆周期调节，抑制过度投机和泡沫，防止过热或过冷，防止经济金融的周期性巨大波动。这就要求金融调控体系的主体，必须在及时、准确、全面掌握经济和市场信息，加强对经济和市场监测、分析和研判的基础上，通过有效的手段和机制，对市场进行前瞻性、灵活性、针对性的调节。为稳定预期和信心，增强金融调控的前瞻性和有效性，金融调控的主体，要及时、有效地与市场参与者及社会公众进行有效的对话沟通，加强信息披露，提高政策的透明度，增强政策的公信力。为增强金融调控的合力和效力，避免内耗和干扰，各金融调控部门必须加强信息共享，加强相互协调配合，包括各自发布的信息和采取的政策措施。

建立更加高效的金融监管体系。随着金融机构日益多元化，金融业务、工具、产品日益多样化，金融交易、风险日益复杂化，金融风险的交叉性、关联性、传染性、共振性、外溢性不断扩大，对金融体系安全性、稳定性的挑战和威胁不断增强，从而要求我们必须加快建立更加高效的金融监管体系，以有效地防范系统性和区域性金融风险的发生。不论金融监管的主体是谁，不论是分业监管还是综合监管，不论是机构监管还是功能监管，不论是中央监管还是地方监管，有效监管体系的关键之一，是职责清晰，不存在监管真空。不管是"有照驾驶"还是"无照驾驶"，不管是正规金融还是影子金融，不管是网下金融还是网上金融，都应在有效的金融监管之下。有效金融监管体系的关键之二，是信息的收集、整合、共享和运用。监管部门应充分应用现代信息科技手段，及时、充分、准确地获得各类金融机构、金融业务和金融交易的信息，从而实现对金融风险的及时发现、及时识别、及时评估、及时研判，防止金融风险不断积累、扩大和蔓延。有效金融监管体系的关键之三，是对金融风险的提早发现、提早预警、提早控制和提早处置。对金融违法违规行为和形成金融风险的金融业务、金融交易，进行提早干预、提早纠正和提早禁止。没有及时发现金融风险是监管严重失职，没有及时提示、及时控制和及时处置，更是监管的严重失职。

建立更加完善的金融法人治理体系。各类金融机构是从事金融业务和金融市场活动的微观主体，也是形成金融风险和防控金融风险的主体。因此，建立产权清晰、治理有效、稳健运营、信息透明的金融企业制度，是现代金融体系的重要基础，完善的法人治理结构则是关键。从实践来看，良好的金融机构法人治理体系，首先体现在法人治理的目标和文化，体现在不是单纯追求股东的回报，不是单纯追求短期的利润，不是单纯追求高管人员的当期薪酬，而是综合考虑所有利益相关者的利益，包括国家、社会、社区，包括投资人、存款人、金融消费者及普通员工，更注重机构的长期、可持续发展；其次体现在董事会决策的民主性、专业性和科学性，以及内部制衡性，能有效防止大股东操纵和内部人控制，有效防止内部非正当关联交易，能有效避免做出激进的、损害机构长期发展的决策；再次体现在内部考核激励机制更注重业务经营发展的稳健性、持续性和长期性，更注重社会效益与企业效益的协调；最后体现在对内对外的高度透明，愿意接受内外部的有效监管，注重社会声誉和市场信誉，勇于进行自我纠正和自我革命。

建立更加有效的金融市场约束体系。有效的金融市场约束能够促进作为市场参与主体的各金融机构更加审慎和稳健地经营，靠其科学严格的风险管控和核心竞争力求得生存和发展，在公平、公正的竞争中实现优胜劣汰。有效的金融市场约束体系主要包括以下五个方面。

一是严格的外部审计和信息披露,如有隐瞒和虚假披露,将承担法律责任。二是股东、债权人、金融消费者等利益相关者的监督。他们将通过"用脚投票""用手投票"以及行政投诉、法律诉讼等方式,形成对金融机构的监督约束。三是各种媒体舆论的监督。通过公开评价和事件曝光等,影响金融机构的声誉,进而影响社会公众的信任。四是经营差、风险高、竞争力弱的金融机构将被收购或兼并,股东及高管的利益会受到影响。五是经营失败,陷入支付性或清偿性危机的金融机构会被迫退出市场,被关闭清算。股东的投资将被清零,高管及员工的利益也会遭受重大损失。相关责任人甚至要承担法律责任,这样可以有效地防范金融道德风险。

建立更加完善的金融基础设施体系。金融基础设施体系是金融体系及金融市场高效运行的保障,也是有效金融调控和金融监管的保障,因此也是现代金融体系的重要支柱之一。完善的金融基础设施体系至少包括以下几个方面:安全、高效的金融信息技术(IT)系统;完善、透明的金融产品登记、交易系统;准确、高效的金融资产(产品)估值、定价系统;安全、高效的资金转账、清算系统;独立、客观的信用评级体系;完善、共享的企业及个人信用信息管理体系;严格、有效的金融消费者、投资者教育及权益保护体系;健全、有效的存款保险、流动性支持等金融安全网体系。

建立更加高效的金融危机应对体系。不管是内部原因还是外部原因,一旦发生系统性金融危机,都需要及时、有效应对和化解,以防止金融危机的蔓延和恶化,最大限度减轻金融危机所造成的冲击、破坏及损失,并尽快化解危机,恢复经济金融体系的正常运行。高效的金融危机应对体系,应包括以下五个方面。一是能够提前预警,早拉警报,就可争得时间;早做应对,从而减轻冲击和破坏。二是通过及时向金融系统注入流动性和补充资本,以及提供存款保险和政府信用,稳定和增强市场信心。在应对和化解金融危机的过程中,信心是关键。三是金融调控及货币政策应发挥逆周期的功能,通过调整基准利率、存款准备金率,进行公开市场操作、再贷款等,增加货币信贷供给，稳定市场预期。四是加强财政政策与货币政策的协调配合，加强税收政策、投资政策、消费政策的协调配合，形成政策合力和同向效应，增强预期和信心，加快经济金融的复苏回升。五是加强国际协调配合，在一个开放的金融体系中，金融风险和金融危机是相关互联、相互传染的。这就要求各国共同采取行动，合力应对危机，包括政策和行动的协调，信息的共享和风险的处置。如果为保护自身的利益而单独采取行动，或者不予配合，就可能损害应对危机的信心，延缓金融危机的化解和经济金融的复苏。

推动建立平衡的全球金融治理体系。在经济金融全球化的大背景下，在中国金融业已经高度开放、深度融入全球金融市场的大环境下，在中国早已成为全球第二大经济体和金融大国的今天，全球的金融稳定安全将直接影响到中国的金融稳定和金融安全；同样，中国的金融稳定安全也会影响到全球金融市场的稳定安全。因此，中国应更深、更广地参与到全球金融治理中，为建立更加有序、有效的全球金融治理体系，贡献中国智慧、中国方案，发挥更大的建设性作用。一是在不断推进人民币国际化进程的同时，推动提升人民币在国际储备货币和国际货币基金组织特别提款权中的份额，增加中国在全球货币体系和国际货币基金组织治理中的话语权，为维护全球货币金融稳定发挥更大的作用。二是通过中国在 G20、全球金融稳定理事会及巴塞尔银行监管委员会等国际机制中的成员地位，共同推进全球金融体系和金融监管改革，积极参与和影响全球金融治理规则、标准的制定和实施，不断增强中国话语权，建立更加公平、透明和有利于发展中国家金融发展的全球金融秩序，促进全球金融的安全稳定。三是加强双边和多边货币当局及金融监管当局之间的协调合作，共同应对金融市场的震荡和区域性金融危机，共同维护地区的金融安全稳定。

王兆星

国务院参事、中国银保监会原副主席

2020 年 2 月 28 日

序 二
分享经验，增进共识

捷克与中国，在经济领域有着很多的不同之处：捷克是一个中欧地区的小型开放经济体，与欧盟国家联系紧密；中国则是一个的巨型经济体，对国际贸易和全球经济都有着举足轻重的影响。中国的GDP（以美元计算）和人口，分别是捷克的50倍和130倍，就业人口甚至是捷克的150倍之多。尽管存在着这些令人惊讶的差异，但我们认为，很多经济议题是有一定的共通性的，捷克和中国可以相互借鉴彼此的发展经验。事实上，很多经济问题与经济体量之间的联系并不大，更多的是由新兴经济体国家所处的特殊发展阶段所决定的。这些新兴经济体刚刚经历了一系列的变革，全面参与到国际贸易和国际金融体系中的时间，也只有最近的三十年。

在本书中，我们详细讨论了捷克货币政策的发展历程，所面临的问题，以及捷克金融监管的有关情况。虽然讲述的是发生在捷克的事情，但我们认为，捷克所面对的经济政策挑战并非特例，对其他的新兴市场国家也具有重要的借鉴意义。

对于新兴经济体来说，外国资本流入是一个具有普遍性的问题，它会导致本国经济在向全球金融市场开放后，出现很多意想不到的复杂情况。在捷克，对于大量涌入的境外资本，有必要进行代价颇高的冲抵操作，以避免汇率过度升值；但随之而来的是外汇储备的大幅增加和陷入"三元悖论"（impossible trinity）的困境。大量涌入的外资，迫使捷克央行不得不进行回收操作，导致捷克丧失了货币政策的自主权，不得不放弃了固定汇率，最终引发了20世纪90年代末的货币危机。形势的发展使人们开始思考一些更为宏观的问题：新兴经济体对国际资本开放得太快了吗？是否存在着对国际金融市场全面开放的最佳时点？融入全球金融市场的好处和风险究竟有哪些？这些问题依然没有明确的答案，但是捷克的经验至少可以为这一领域的研究带来一些有价值的参考。

捷克货币政策经历过的另一个教训是，如何建立起通胀目标制这样一种全新的货币政策体系。同样，尽管讲述的是捷克的历史经验，但这些经验会对所有的新兴经济体国家都有所帮助。对新兴经济体来说，通胀目标制便于实施吗？在数据高度不确定的环境中是否也能实施这一制度？应该使用什么样的预测模型以及如何构建这些模型？虽然通胀目标制在捷克总体上取得了成功，但捷克央行在建立起这一全新的货币政策体系之前，付出了大量的试错和失败的代价，才获得了相应的经验。事实上，在运行初期，通胀率大多低于通胀目标，这可能不必要地减缓了经济增长的速度。抛开这些遗憾之处，历史已经证明，在新兴经济体中实施通胀目标制是可行的，尽管有时候实施这一制度的先决条件还并不完备。当然，通胀目标制绝非唯一符合新兴经济体需要的货币政策制度，但捷克央行的历史经验至少值得其他国家关注和了解。

尽管通胀目标制已经有了长足的发展，但2008年爆发的国际金融危机再次证明，关于货币政策的讨论还远没有达到"历史的终结"。这次金融危机对发达国家和新兴国家的货币政策都是一场严峻的考验。包括捷克在内的很多国家将利率降至为零。就这样，一个具有普遍性的问题摆在了大家面前，当主要工具（如利率）失灵的时候，央行应该如何应对？捷克的选择是所谓的汇率承诺，即为汇率设置了最低门槛，并通过汇率干预手段将其保持了多年。同样，这并不是解决新兴经济体国家零利率下限约束的唯一办法，但如果有一天它们遇到类似的困境，或许可以借鉴捷克央行在汇率管控方面的经验。

负利率是经济下滑时期的另一个货币政策选择。负利率能否被设置得足够低？这又将会产生什么样的后果？尽管中国和捷克目前都没有遇到零利率下限问题，但在下一轮的世界经济减速中，这个问题可能会变得更加重要，而这一天迟早是会来临的。

新兴经济体国家的银行、金融业有着一些相似的特点，无论是像中国这样的巨型经济体，还是像捷克这样的小型开放经济体。首先，一个普遍的问题是：金融业的规模究竟应该有多大？一方面，如果规模过小，会抑制经济发展，因为它无法在自由资本和投资机会之间搭建起桥梁。另一方面，如果规模过大，会让经济变得更加脆弱，2008年的那场全球经济大萧条充分证明了这一点。经济发展状况与金融业的规模（按GDP计算）之间存在着一定的联系，虽然并非十分密切，因此新兴经济体的金融业的成长速度一般会略高于GDP的增速。尽管目前还不清楚应该怎么样确定最优规模。不过，可以确定的一点是，金融业可能成为资本错配的根源，房地产泡沫就是这种错配的一个极端体现。因此，摆在新兴经济体监管机构面前的问题就是，应该采取什么样的措施，才能既保证房地产抵押贷款市场的正常运转，又抑制和防止房地产泡沫的出现？本书概述了捷克在抑制房地产泡沫方面所采取的措施，尽管这些措施的实际影响还有待进一步观察。同时，新兴经济体所面临的另一个新挑战是如何实施宏观审慎监管，这些监管措施有时会与传统的货币政策发生冲突。

新兴经济体国家面临着一系列的在某种程度上相似的问题和挑战。各个新兴经济体国家，由于历史沿革、国际关系、文化传统等各方面的不同，都拥有自己独特的发展经验。因此，我们认为，相互间的交流借鉴将会是互利共赢的。虽然这本书只涉及中国和捷克的经济话题，但我们相信它有助于经验分享，从而增进共识。

Vladimir TOMSIK 佟福德

捷克共和国驻华大使，捷克国家银行原副行长

2020年1月18日于北京

目 录

第一章　新中国金融体制的变迁与改革 …………………………（1）
　第一节　新中国成立后的金融体制探索与重建
　　　　（1949—1977 年）………………………………………（1）
　第二节　中国金融体制改革与发展（1978—2012 年）…………（7）
　第三节　互联网金融背景下的中国金融新业态
　　　　（2013 年至今）…………………………………………（20）
　第四节　中国金融体制改革成就与经验 ………………………（33）
　第五节　中国金融体制改革的深化与创新 ……………………（36）

第二章　新中国货币政策框架 70 年：变迁与转型 ……………（54）
　第一节　新中国成立后的货币政策框架探索
　　　　（1949—1977 年）………………………………………（57）
　第二节　货币政策框架的改革与完善（1978—2012 年）……（62）
　第三节　全面深化改革以来的货币政策框架转型及新特征
　　　　（2013—2019 年）………………………………………（66）
　第四节　中国货币政策框架面临的突出挑战与未来
　　　　转型方向 …………………………………………………（75）

第三章　新中国证券市场的变迁与发展 …………………………（84）
　第一节　改革开放前的中国证券市场（1978 年以前）………（84）
　第二节　证券市场萌芽发展（1978—1991 年）………………（86）

第三节　全国性资本市场形成及初步发展
　　　　　（1992—1998 年）……………………………………（88）
　　第四节　现代化证券市场规范发展（1999—2019 年）………（91）
　　第五节　中国证券市场体系发展成就…………………………（95）

第四章　新中国金融监管的变迁与调整……………………（122）
　　第一节　新中国成立后的金融监管起步
　　　　　（1949—1977 年）………………………………（122）
　　第二节　中国金融监管的适应性发展（1978—2016 年）……（124）
　　第三节　适度混业监管（2017—2019 年）……………………（141）
　　第四节　中国金融监管的特征…………………………………（143）

第五章　新中国金融对外开放的变迁与探索………………（147）
　　第一节　金融对外开放的基本理论……………………………（148）
　　第二节　中国金融业对外开放历程回顾………………………（153）
　　第三节　中国对资本账户开放的相关探索……………………（184）
　　第四节　中国金融对外开放经验总结与反思…………………（194）

第六章　开放新兴经济体的货币政策
　　　　　——以捷克为例………………………………………（216）
　　第一节　转型之初的货币政策和金融体系……………………（216）
　　第二节　捷克货币政策的"三难"困境………………………（221）
　　第三节　货币危机………………………………………………（231）
　　第四节　寻找新的货币政策体系………………………………（233）
　　第五节　结论……………………………………………………（244）

第七章　转型经济体银行业的若干问题……………………（247）
　　第一节　金融业的规模及其在促进转型经济体和新兴经济体
　　　　　经济增长中的作用……………………………………（248）

目录

　　第二节　房地产价格及其他资产价格与金融稳定性的
　　　　　　关系 …………………………………………………（253）
　　第三节　主权风险和主权风险敞口 ……………………………（261）
　　第四节　银行业联盟 ……………………………………………（264）
　　第五节　宏观审慎政策 …………………………………………（267）
　　第六节　货币政策与宏观审慎政策的互动 ……………………（270）
　　第七节　结论 ……………………………………………………（275）

第八章　零利率时代的货币政策 ……………………………………（280）
　　第一节　零下限和通货膨胀目标 ………………………………（281）
　　第二节　利率有效下限 …………………………………………（283）
　　第三节　通胀目标制下的汇率干预政策和汇率承诺 …………（293）
　　第四节　结论 ……………………………………………………（305）

第九章　缓解家庭财务压力的一些尝试 …………………………（308）
　　第一节　债务免除 ………………………………………………（310）
　　第二节　债务减免的现代案例 …………………………………（313）
　　第三节　债务减免尤其是债务免除的作用 ……………………（317）
　　第四节　结论 ……………………………………………………（322）

附录一　中国工商银行在捷克的经营与发展 ……………………（324）
附录二　捷信
　　　　　——关于消费金融的中国故事 …………………………（336）

第一章

新中国金融体制的变迁与改革

新中国成立后，金融体制与金融业在新的政治经济体制下重构，从计划经济到市场经济，金融体制逐渐演化发展，金融业在服务于实体经济的过程中，交易规模不断扩大，金融产业逐步高度化，金融效率持续提高。金融业规模在国民经济中的份额越来越高，在国际上已跃居世界第二位。金融体制与金融业发展实践相辅相成，互相促进，共同成就了今天的中国金融体系。结合中国金融体系发展的特点、所处的历史阶段、社会经济环境，中国金融体系的发展可大致分为探索重建、系统建设、科技再造三个阶段。

第一节　新中国成立后的金融体制探索与重建（1949—1977 年）

1949 年 10 月 1 日，中华人民共和国成立。此后，中国经济建设以 1840 年近代史以来所没有过的速度快速发展。在实现了 1949—1952 年的国民经济恢复之后，中国迈入"五年计划"时期。1952—1978 年，社会总产值从 1015 亿元增加到 6846 亿元（增长了 575%），国民收入从 589 亿元增加到 3010 亿元（增长了 411%），政府财政收入从 183.7 亿元增加到 1121.1 亿元（增长了 510%）；国民收入中的消费数额从 477 亿元增加到 1888 亿元（增长了 296%），社会零售商品总额从 276.8 亿元增加到 1558.6 亿元（增长了 463%）；全国职工工资总额从 68.3 亿元增加到 568.9 亿元（增长了 733%），居民消费水平从 76 元增加到 175 元（增长了 130%），城乡居民储蓄存款余额从 8.6 亿元增加到 210.6 亿元（增长了 2349%）；全社会固定资产投资总额从 43.6 亿元增加到 668.72 亿元（增长了 1434%）；进出口贸易总额从 19.4 亿美元增加到 206.4 亿美元（增长了 964%）。① 经济建设各方面取得的巨大成就与货币金融的支持直接相关。在支持新中国经济建设的同时，金融体系自身也开始探索重建。

一 新民主主义革命时期的金融体系萌芽：1922—1949 年

新中国金融体系创建的历史渊源，可以追溯到中国共产党的诞生之初。1922 年 12 月，中共中央在《中国共产党对于目前实际问题之计划》中就提出了"组织农民借贷机关"和实行借自借款的建议。1925 年，《中国共产党告农民书》发表，提出"由各乡村自治机关用地方公款办理乡村农民无息借贷局"。中国共产党在农民运动中和在统一战线中的金融政策，体现在建立农民银行、发行货币、实行低利借贷上。1927 年 8 月土地革命开始以后，中国共产党领导人民进行武装斗争，建立革命根据地。1927—1932 年是革命根据地金融事业蓬勃发展时期，中央苏区等 8 个革命根据地建立了金融机构，共发行了 96 种货币。② 1932 年 2 月，在中央革命根据地成立了中华苏维埃共和国国家银行，是为支持革命战争、发展苏区经济、执行统一的货币金融政策、制定规章制度、开展各项银行业务而专设的机构。1933—1937 年，革命根据地金融事业进入低潮。1937 年，抗战爆发，中国共产党在革命根据地建立了若干边区银行，支援抗日战争。1945 年开始，东北银行、华中银行、内蒙银行、中原军区银行等一些地区性银行成立，

---

① 王国刚：《中国金融 60 年：在风雨前行中的辉煌发展》，《财贸经济》2009 年第 9 期。
② 中国人民银行编著：《中国共产党领导下的金融发展简史》，中国金融出版社 2012 年版，第 26 页。

极大地支持了解放战争。

二 社会主义初建时期的金融体系：1949—1957 年

1948 年 12 月 1 日，为统一货币、促进商品流通、支持工农业生产恢复和发展，中共中央在北海银行、华北银行、西北农民银行基础上建立中国人民银行，并于同日发行人民币（第一套人民币），拉开了新中国金融业发展和金融体系组建的序幕。

1949 年 2 月，中国人民银行总行由石家庄迁入北平（今北京）。中国人民银行成立初期的首要任务是"边接管、边建设"，接管官僚资本银行，迅速建立中国人民银行的各级分支机构。以中国人民银行为中心不断对老解放区、新解放区的不同金融机构加以分类整合，于 1949 年建立了区行、省市分行、地区中心支行、县支行、街道办事处、营业所、储蓄所在内的初步的、统一的、覆盖面广的金融体系。以中国人民银行发行的第一套人民币为核心渐趋对不同类型的货币按期兑换，迅速结束了混乱的货币现状，建立统一的人民币制度。新中国金融的构建为国民经济的恢复、新中国成立初期严重通货膨胀的平定和物价的稳定、国家财政收支的平衡等做出了重大贡献。中国人民银行成为中华人民共和国成立后的中央银行，人民币成为法定本位币。中国人民银行从成立之日起，就具有国家银行的特殊地位，承担着领导和管理全国金融业的重要职责。

1949 年 9 月 29 日，中国人民政治协商会议第一届全体会议通过《中国人民政治协商会议共同纲领》（以下简称《共同纲领》），其中关于金融政策的规定为：鼓励储蓄，便利侨汇，引导游资投入生产；金融事业应受国家严格管理；货币发行权属于国家；禁止外币在国内流通；外汇、外币和金银的买卖应由国家银行经理；依法营业的私人金融事业，应受国家的监督和指导；凡进行金融投机、破坏国家金融事业者，应受严厉制裁。

1949 年 8 月，全国财经会议决定筹建全国性的国营保险公司，中国人民银行负责筹建。同年 10 月 20 日，新中国的第一家保险公司——中国人民保险公司成立，并陆续在全国各地设立了分支机构。直至1952年年末，中国人民保险公司有各级机构4416个，职工3.4万余人。①

新中国成立之前，中国有香港、上海、天津和北平四个证券交易所，过度交易和投机欺诈极为严重。1949年6月，经过改造的天津证券交易所正式营业，这是新中国第一家证券交易所。1950年1月30日，经过改造的北京证券交易所重新开业。但由于过度交易和过度投机以及经纪人巨额呆账等问题层出不穷，北京证券交易所于1952年10月关停，天津证券交易所被并入天津投资公司。1953年12月，为了解决经济建设资金不足问题，中央政府发布《1953年国家经济建设公债条例》，1954年开始发行经济建设公债，1954—1958年公债发行规模为35.53亿元，1958年后公债发行取消。

1950年3月3日，中央人民政府政务院第二十二次政务会议通过并发布《关于统一国家财政经济工作的决定》，指出，必须有计划地供售物资，回笼货币，每日销售现金必须解缴国库。中国人民银行是国家现金调度的总机构，代理国库；外汇牌价与外汇调度由中国人民银行统一管理。一切军政机关和公营企业现金，一律存入国家银行，同日通过并发布《中央金库条例》。同年4月7日，政务院通过《关于实行国家机构现金管理的决定》，政务院总理周恩来、中国人民银行行长南汉宸联署发出对国家机关实行现金管理的命令，开始对新中国的金融体系建规立制。

1952年2月4日，政务院公布《中华人民共和国金银管理暂行条例》，规定中国人民银行为管理金银的主管机关；金银买卖由中国人民银行及其委托代理机构经理；严禁金银走私、贩卖、私相买卖、计价、行使、借贷抵押、私自熔炼等行为，以维护金融秩序。到1952年国民经济恢复时期结束时，中国已经建立了以中国人民银行为核心，

---

① 中国人民银行编著：《中国共产党领导下的金融发展简史》，中国金融出版社2012年版，第136页。

在中国人民银行统一领导下的几家专业银行和其他金融机构并存的金融体系格局；对各类金融机构实行了统一管理，有效调控了市场货币供求。中国开始确立了高度集中的银行体制，形成了"大一统"的中国人民银行体制。新中国金融体系制止了存在多年的通货膨胀，稳定了金融体系，便利了城乡物资交流，支持了国有经济和农业生产的发展，国民经济逐步从战争中恢复和发展。中央政府通过制度和法规来约束金融行为参与者，这些制度和法规对日后金融业的稳定发展、国民经济的恢复都起到重要作用。1952年年末，中国胜利完成了恢复国民经济的艰巨任务，实现了国家财政经济状况的根本好转，为有计划地进行大规模经济建设和社会主义改造创造了条件。从1953年开始，中国有计划地进行大规模经济建设，建立了集中统一的综合信贷计划管理体制，实行"统存统贷"的管理方法，银行信贷计划纳入国家经济计划，为经济建设进行全面的金融监督和服务。

1955年2月21日，国务院发布《关于发行新的人民币和收回现行的人民币的命令》，决定责成中国人民银行自1955年3月1日起发行印有汉族、藏族、蒙古族、维吾尔族四种民族文字的新版人民币（简称新币），以收回当时的人民币（简称旧币）。新旧币的比率，定为新币1元等于旧币1万元。凡伪造、变造人民币，借兑换新旧币之际从中渔利者，依法严惩。此后，人民币一直保持币值的长期稳定，并逐步成为全球金融体系中不可或缺的重要货币之一。1957年11月19日，国务院发布《国务院关于发行金融分币的命令》，决定于同年12月1日起发行1分、2分、5分硬币，与同面额纸分币等值混合流通，形成了比较健全的人民币主辅币结构。①

三 社会主义建设特殊时期的金融体系：1958—1977年

1959年中国人民保险公司不再开展国内保险，只从事极为有限的

---

① 中国人民银行编著：《中国共产党领导下的金融发展简史》，中国金融出版社2012年版，第175页。

海外保险业务，管理职能划入了中国人民银行。这样，金融机构几乎高度集中到中国人民银行。在此之后，中国金融业的发展历经曲折，虽然对金融体系有所调整，但整体上维持了结算、出纳等职能为主的单一功能。

1962年3月10日，中共中央、国务院发布《关于切实加强银行工作的集中统一，严格控制货币发行的决定》，用以指导调整金融工作。文件强调"国家银行是国民经济各部门资金活动的中心和枢纽。抓紧银行这一环节，就可以有力地推动和监督各部门经济的调整和企业经营管理的改善"，要求中国人民银行在调整经济过程中发挥重要作用。

1969年7月，中国人民银行与财政部合署办公，共同成为特殊历史时期国民经济体系的重要核心政府部门。国家银行被当作会计、出纳机关和金融管理机关，并主要运用综合信贷计划、现金计划、现金管理等行政手段实现对现金、信贷总量的控制，达到发展经济、保障供给的目标。

1977年11月28日，国务院发布《关于整顿和加强银行工作的几项规定》。中国人民银行根据这一文件精神，对银行工作进行了初步的全面整顿。经过整顿，银行的各项工作得到提高，银行在国民经济中的地位和作用增强，带动经济效益明显增加。

1978年1月，中国人民银行与财政部正式分开办公，中国人民银行总行的内设机构恢复到14个司局，到1978年年末，中国人民银行的统一体制全面恢复。

在计划经济模式下，"大一统"的金融体制有利于统一指挥，便于政策贯彻和全局控制。在"一五"期间和20世纪60年代初的三年经济调整期间，这种金融体制曾表现出明显的效率和优点。但是，高度集中的计划经济模式与社会生产力发展的要求不相适应，忽视商品和市场的作用，尤其是基层金融机构，无法发挥主动性、积极性。因此，金融在国民经济中发挥的作用不够充分，正如邓小平同志多次所讲：过去的银行不是真正的银行，是会计出纳，是货币发行公司。当发展社会主义商品经济和发挥社会主义企业活力的方针提上日程的时候，克服这种缺点的金融体制改革才有现实性和迫切性。

从1948年中国人民银行成立一直到1978年年底全面恢复的30年间，"管资金"职能确立。中国快速建立了高度集中统一的计划经济体制。与此相适应，中国金融业采取了高度集中统一的管理办法，国家信用替代了商业信用，实行统收统支、统存统贷的资金管理制度；金融机构日趋萎缩，农业银行三立三撤，中国银行等并入中国人民银行。中国金融业主要就是银行业，在计划经济体制下运行，中国人民银行不仅是中国的中央银行，也是从事接受存款和发放贷款业务的主要商业银行，"大一统"的银行体制成为改革开放之前金融业的重要特征。

第二节 中国金融体制改革与发展
（1978—2012年）

1978—1992年，现代金融体系得以恢复和发展，但其功能则在"管资金"与"调市场"之间游移。1978年12月召开的党的十一届三中全会拉开了中国金融体制改革的序幕。1979年，邓小平同志提出了"要把银行真正办成银行"。中国的金融体系和商业银行的改革开放也由此启动。中国建立起中央银行体系，形成了国有银行、股份制银行、城市商业银行、农村信用社、外资银行等构成的多层次金融组织体系和多样化金融市场体系。中国金融业坚持深化改革，不断扩大开放，发生了翻天覆地的变化，呈现出加速递进的改革特征，展现出一幅跌宕起伏、波澜壮阔的历史画卷。

一 中国金融体系的初步完善：1978—1992年

1979年开始，按照"要把银行真正办成银行"的思想，中国启动了有计划、有步骤的金融体系改革。1979年2月，国务院决定恢复中国农业银行，统一管理支农资金，集中办理农村信贷，领导农村信用社；3月，国务院批准改革中国银行体制，中国银行从中国人民银行分设出来；8月，中国人民建设银行从财政部分离出来，成为一家独立的专业银行。1984年1月1日，中国工商银行正式成立，承担原由中国人民银行办理的金融业务。这样，就基本形成了由一家中央银行（中国人民银行）和四大国有专业银行（中国工商银行、中国人民建设银行、中国银行、中国农业银行）组成的二级银行体制。

中国证券市场的发展以1981年恢复发行国库券和1984年上海飞乐音响股份有限公司向社会公开发行股票为起点。随后，1990年上海证券交易所和1991年深圳证券交易所的组建，以及1992年国务院证券委员会和中国证券监督管理委员会的成立，标志着中国证券市场和监管体系的初步形成。

在保险市场方面，1979年国务院批准恢复国内保险业务，但在1986年新疆建设兵团农牧业保险公司成立之前一直是中国人民保险公司独家垄断中国的保险市场，之后，中国平安保险公司、中国太平洋保险公司以及外资保险公司的相继设立使中国保险市场逐渐形成了一个多种保险公司并存和多元化竞争的局面。

通过一系列的改革，这一时期基本确定了一个由中央银行领导的、国家专业银行为主体、证券业和保险业等多家金融机构并存的格局。截至1992年年底，除中国人民银行以外，还有4家专业银行、9家全国性和区域性商业银行、12家保险公司、387家金融信托投资公司、87家证券公司、29家财务公司、11家金融租赁公司、59000家农村信用社和3900家城市信用社。此外，还有225家外国金融机构在中国设立302个代表处和98家经营性分支机构。[①]

1983年9月17日，国务院决定由中国人民银行从1984年1月1日起专门行使中央银行的职能，并具体规定了中国人民银行的10项职责。之后，中国人民银行积极探索建立以中央银行为领导的新的金融体系，努力运用经济手段和必要的行政手段组织和管理金融业务，对

---

① 中国金融年鉴编辑部：《中国金融年鉴》（1993），1993年1月。

各类金融机构进行金融行政监督。在宏观调控手段和方式上，除了改进计划调控手段之外，也开始逐步运用利率、存款准备金率、中央银行贷款等手段来控制信贷和货币的供给，通过货币政策的运用发挥促进国民经济增长和经济结构调整的作用。

二 中国金融体系改革走向深化：1993—2001 年

为适应社会主义市场经济发展的需要，1993 年 7 月，国务院决定加大经济体制改革的力度，同时推出了金融、财税、投资、外贸和外汇五大体制改革方案。其中提出的金融体制改革方案要求：把中国人民银行办成真正的中央银行，建立有效的中央银行宏观调控体系；建立政策性银行；发展和完善商业银行；进一步发展和完善金融市场；正确引导非银行金融机构的健康发展；改革外汇管理体制。

1993 年 11 月党的十四届三中全会确立建立社会主义市场经济的改革目标，终结了金融改革在"管资金"与"调市场"功能之间的论争。同年 12 月 25 日，国务院发布了《关于金融体制改革的决定》，明确了金融改革的目标是"建立在国务院领导下，独立执行货币政策的中央银行宏观调控体系；建立政策性金融与商业性金融分离，以国有商业银行为主体、多种金融机构并存的金融组织体系；建立统一开放、有序竞争、严格管理的金融市场体系"[①]。由此拉开了中国金融深化改革的大幕，把中国人民银行办成真正的中央银行、国有专业银行办成真正的商业银行，金融市场从无到有，由地方政府主导下多部门管理和发展逐步向中央统一管理集中过渡。

按照这一要求，1994 年，国家开发银行、中国进出口银行和中国农业发展银行三家政策性银行先后挂牌成立。同时，中国农业银行、中国工商银行、中国银行和中国人民建设银行（1996 年 3 月，中国人民建设银行正式更名为中国建设银行）四大专业银行按照商业化改革

---

① 《1993 年 12 月 25 日国务院作出〈关于金融体制改革的决定〉》，国务院新闻办公室门户网站，http：///www.scio.gov.cn/zhzc/6/2/Document/1070933/1070933.htm。

的要求，转换机制，加强一级法人体制，银行结构和管理逐渐向商业化运作过渡并积极向海外扩展业务，开始了向商业银行的艰难转变。1994年1月1日，国家外汇挂牌价和市场外汇调剂价并轨，实现了经常项目下人民币有条件可兑换，建立了以市场供求为基础的、单一的、有管理的浮动汇率制度，结束了长达40多年被国家垄断的汇率制度。

1995年《中华人民共和国中国人民银行法》的颁布，明晰了中国人民银行独立行使中央银行的职责，加强了中央银行的调控职能，之后中央银行的目标、手段、调控方式等得到不断创新和完善；完成人民币汇率并轨改革，实现人民币经常项目可兑换，资本项目的改革也得到了深化，至今已经有92%的项目实现了完全或部分的放开；政策性金融与商业性金融的分离，促进了四家国有商业银行商业化改革，经过资产重组、引进战略投资者、股份制改造和上市，使国有银行由之前的"技术性破产"转型为排在全球前十的大银行，其中中国工商银行已经多年蝉联全球规模最大的银行；股份制银行、城市商业银行、合作金融等银行类机构和其他非银行类金融机构加快了改革与发展的进程，国家开发银行等政策性银行实现了商业化改革；多层次、多功能的金融市场得到了发展和完善，金融产品日益丰富和多样化；利率、汇率市场化改革成效显著。

在这一阶段，中国人民银行体系进行改革，撤销按行政区划设置的省级分行，设立跨省的大区行，到1998年年底，中国人民银行新的管理体系基本建立：下设9个分行（包括20个金融监管办事处）、328个中心支行和1828个县支行。

1996年11月27日，中国人民银行宣布人民币实现了经常项目下的可兑换。此外，为改善国有商业银行的经营状况，1999年4月19日组建了信达金融资产管理公司，专门负责处置中国建设银行剥离的部分不良债权，之后又陆续成立了华融、东方和长城三家资产管理公司负责处置其他三家国有商业银行剥离的部分不良债权。

在金融市场方面，1990年12月由国家经济体制改革委员会牵头，模仿美国纳斯达克市场建立了中国证券交易自动报价系统（STAQ），

1993年4月由中国人民银行牵头设立了同STAQ类似的全国电子交易系统（NET），但由于缺乏做市商制度，法人股的交易非常冷清。到1999年2月，NET和STAQ系统的所有挂牌公司全部跌破面值和净资产，预定功能逐渐丧失殆尽，同年9月管理层决定停止两系统的交易。2001年6月12日根据中国证券业协会发布的文件《证券公司代办股份转让服务业务试点办法》，成立三板市场并选择了6家证券公司作为试点单位，通过它们的网点办理原NET和STAQ遗留的11家挂牌公司流通股份的交易。2001年年底，三板市场的功能进一步扩展为可以接受主板市场退市公司的股份转让。

1998年年底，各国有商业银行与所属信托投资公司、证券公司和其他经济实体彻底完成脱钩，中国人民银行不再承担证券业和保险业的监管职能（这次改革后，证券机构的监管移交给证券监督管理委员会，由证监会单独对证券业进行监管；1998年11月18日，保险监督管理委员会成立，对保险业进行专门监管）。根据第十届全国人民代表大会审议通过的国务院机构改革方案的规定，又进一步将中国人民银行对银行、金融资产管理公司、信托投资公司及其他存款类金融机构的监管职能分离出来，并和中央金融工委的相关职能进行整合，成立了中国银行业监督管理委员会，负责统一监管上述金融机构，维护银行业的合法、稳健运行。①

这一时期，中国金融业的法制建设也得到了进一步完善。1995年全国人民代表大会通过了《中华人民共和国中国人民银行法》《中华人民共和国商业银行法》②《中华人民共和国保险法》和《中华人民共和国票据法》，以国家立法形式确立了中国人民银行作为中央银行的地位、商业银行体制和保险体制等重大问题，形成了中国金融体制的

---

① 银监会自2003年4月28日起正式履行职责。直至2003年年底，36个银监局和296个银监分局基本组建到位。银监会系统机构组织体系的初步建立，为加强对银行业金融机构的监管奠定了重要的组织基础，也标志着中国银行业监管工作进入了新阶段。

② 2003年12月27日，第十届全国人大常委会第六次会议表决通过了全国人大常委会关于修改《中国人民银行法》和《商业银行法》的决定，这两部法律以及《银行业监督管理法》于2004年2月1日起施行。三部法律的实施，勾勒出规范中国银行业运行的基本法律轮廓。

基本法律框架，标志着中国金融体制开始走向法制化和规范化的轨道。1998年12月29日通过的《中华人民共和国证券法》，2003年10月28日通过的《中华人民共和国证券投资基金法》以及2003年12月27日通过的《中华人民共和国银行业监督管理法》在上述立法的基础上使中国金融体制的法律框架又得到了进一步完善。

有必要指出的是，2001年12月11日，中国成为世界贸易组织的正式成员。按照金融相关行业的入世承诺，中国将进一步对外开放金融领域，这对中国金融业的发展包括金融体系的建设充满了机遇和挑战。引进外资金融机构，改善投资环境有利于促进中资金融机构的改革和竞争力的提升，也有利于中资金融机构更好地进入国际金融市场。但与此同时，"入世"对中资金融机构、相关监管部门的金融监管能力、金融宏观调控以及政府职能的行使都提出了严峻挑战。

三 五年"入世"保护期中的中国金融体系变革：2002—2006年

中国金融体系改革在这一时期得到明显的推进。2003年建立和完善了"一行三会"的分业经营与分业监管体制。商业银行机构进行了股份制改革。2003年以来，中国银行、中国建设银行、中国工商银行先后实施了股份制改造，政府动用外汇储备向三家银行注资总计600亿美元（其中中国银行和中国建设银行分别注资225亿美元，中国工商银行注资150亿美元）。继交通银行、中国建设银行2005年境外上市后，2006年，中国银行、中国工商银行先后在境内外成功上市，开创了中国银行业"A股+H股"的上市模式之先河，成为国有商业银行股份制改革和当年资本市场发展的亮点。四家股改银行上市共募集资金约470亿美元，按2006年年底收盘价计算，国有股份市值达到36062亿元人民币，实现了国有资产的保值增值。中国工商银行、中国银行和中国建设银行均跻身世界十大银行之列，分别列第3、第6和第7位，取得了前所未有的成绩。2006年，四家股改银行在公司治理机制、发展战略和经营理念、透明度建设以及激励约束机制等方面均取得突出成效，经营绩效大幅度提升，与国际先进银行的差距不断缩小。2006年4月，中国银监会参考国际银行业的一般做法，出台了《国有商业银行公司治理及相关监管指引》，设定三大类七项考核指标对国有商业银行进行考核，具体包括经营绩效类（总资产净回报率、股本净回报率、成本收入比）、资产质量类（不良贷款率）和审慎经营类（资本充足率、大额风险集中度和不良贷款拨备覆盖率），建立了对国有商业银行的持续监测和评估机制。

农村金融体制改革也提上了重要议事日程。2005年5月，根据国务院四部委小额信贷专题工作组的部署，山西、贵州、四川、陕西、内蒙古五省区被确定为农村小额信贷试点。同年12月27日，新中国成立以来第一批正式注册的新型民间商业性金融组织——"小额贷款公司"在山西省平遥县率先成立。截至2006年年底，全国已有30个省（区、市）开展深化农村信用社改革工作，农村信用社在管理体制、产权模式和组织形式等方面均发生了变化，改革取得阶段性成果。一是基本完成管理体制改革。将管理交省政府负责，初步形成"国家宏观调控、加强监管，省级政府依法管理、落实责任，信用社自我约束、自担风险"的管理框架。形成三种省级管理机构模式：有27个省（区、市）组建省级联社；北京、上海组建全市一级法人体制的农村商业银行；天津设立市、区（县）两级法人的农村合作银行。二是积极探索新的产权模式和组织形式。产权开始明晰，法人治理有所改善，经营机制初步转换。在合作制基础上，探索实践股份制、股份合作制等新的产权形式，组建农村商业银行、农村合作银行、县（市）统一法人机构。三是消化历史包袱。有序落实中央和地方政府扶持政策，消化历史包袱，化解风险，支农服务能力和水平明显提高。四是盈利水平提高。农村信用社整体账面利润实现扭亏为盈并持续增长（2006年达到187亿元）。

在邮政储蓄改革方面，2006年6月22日，银监会批准筹建中国邮政储蓄银行。同年12月31日，正式批准由中国邮政集团公司以全资方式出资成立邮政储蓄银行。这是中国邮政储蓄实现规范化经营和管理的历史性跨越。

城市商业银行以风险处置和改革发展为主线，引进境内外机构投资者，规范信息披露，开展联合与重组。继2005年安徽省6家城市商业银行和7家城市信用社重组为徽商银行后，2006年，江苏省10家城市商业银行重组为江苏银行，山东省十几家城市商业银行探索组建合作联盟，搭建合作平台。按照扶优限劣的原则审慎批准设立异地分支机构，上海银行率先突破区域限制，获准在宁波设立异地分行，北京银行获准设立天津分行。

在金融市场体系方面，除主板市场之外，还建立了"二板"和"三板"市场，从而在名义上搭建起了多层次资本市场的大致框架。2006年1月，中关村科技园区非上市股份有限公司可以进入三板市场进行股份转让。至此，在三板市场上市的企业就包括了只发行三板股票的企业、主板退市企业以及中关村科技企业。二板市场正式名称是中小企业板市场。2004年5月27日，经国务院批准，在深圳证券交易所内设立了中小企业板块的股票交易新品种，出现了二板市场的雏形。随后，在二板市场上市的企业逐渐增加，标志着中国以主板市场为主体的证券市场结构体系，正由原来的主板、代办转让交易市场并行，逐渐发展成为以主板为主体、二板和三板并行的市场结构体系。

从2003年开始，中国的期货市场出现了恢复性增长，当年成交总额突破了1995年的历史纪录。2004年6月以后，中国证券监督管理委员会陆续推出了燃料油、棉花、玉米、黄大豆2号等品种；2006年1月又推出了白糖和豆油期货，商品期货品种日益丰富。在实物期货品种创新的同时，金融期货开始再次进入人们的视野中。2006年9月8日，经国务院同意和证监会批准，由上海期货交易所、郑州商品交易所、大连商品交易所、上海证券交易所和深圳证券交易所共同发起设立的中国金融期货交易所挂牌。2006年10月25日，中国金融期货交易所发布《中国金融期货交易所仿真交易业务规则》，并于10月30日开始沪深300股指期货的仿真交易活动。这对于深化资本市场改革，完善资本市场体系和发挥资本市场功能，具有重要的推动作用。

为了充分借鉴国外成熟的经验，积极推进中国资本市场的对外开放，2002年11月5日，中国证监会和中国人民银行联合发布了《合格境外机构投资者境内证券投资管理暂行办法》，正式宣布在中国引入QFII制度。[①] 11月28日，国家外汇管理局发布了《合格境外机构投资者境内证券投资外汇管理暂行规定》，对所涉及的外汇管理进行了细化。12月1日，上海和深圳两家证券交易所以及中国证券登记结算公司分别发布了专门针对QFII制度的交易和清算细则。2003年7月9日，瑞士银行高调完成QFII第一单，QFII正式进入中国A股市场。2006年8月25日，中国证监会、中国人民银行和国家外汇管理局联合发布《合格境外机构投资者境内证券投资管理办法》，标志着中国内地金融市场以更低的门槛迎接海外资本。此外，作为对外开放的另一项制度安排，2006年2月1日，《外国投资者对上市公司战略投资管理办法》正式实施，允许外国投资者对上市公司进行战略性投资。

外汇体制改革方面，自2005年7月21日起，中国开始实行以市场供求为基础、参考一篮子货币进行调节、有管理的浮动汇率制度。人民币汇率不再盯住单一美元，而是按照中国对外经济发展的实际情况，选择若干种主要货币，赋予相应的权重，组成一个货币篮子。作为配套措施，2005年8月2日，中国人民银行发布并实施了《关于扩大外汇指定银行对客户远期结售汇业务和开办人民币与外币掉期业务有关问题的通知》，扩大商业银行的业务服务范围。9月22日，国家外汇管理局发布并实施《关于调整银行结售汇头寸管理办法的通知》，将结售汇周转头寸涵盖范围扩展为外汇指定银行持有的因人民币与外币间交易而形成的外汇头寸，并实行结售汇综合头寸管理。

四 全面开放背景下的中国金融体系改革攻坚：2007—2012年

2007年，大型商业银行继续深化与机构投资者在公司治理、业务

[①] 作为一种准市场开放模式，许多国家和地区，特别是新兴市场经济体大都在货币完全可自由兑换前实施过QFII这种过渡性制度。应该说，在中国资本项目尚未完全放开的情况下，通过有限度地引进外资进入证券市场，既有利于增加证券市场的资金来源，也能够为资本项目的最终开放积累经验。

转型、风险管理、员工培训等方面的合作，加强公司治理和业务流程的优化建设，在信用卡、私人银行等业务领域，按照流程银行的要求共建了多个相对独立的业务单元，直接引进先进的风险控制技术，业务创新、风险管理水平和整体竞争能力得到提升。政策性银行改革步伐加快，2007年年初，全国金融工作会议明确，政策性银行改革坚持"分类指导、一行一策"的改革原则。国家开发银行商业化改革的方向和原则基本确定，并按照现代企业制度推进改革，全面推行商业化运作，自主经营、自担风险、自负盈亏，主要从事中长期业务。2007年12月31日，中国投资有限责任公司向国家开发银行注资200亿美元，国家开发银行资本实力得到增强。中国农业发展银行和中国进出口银行扎实推进内部改革，大力加强内部控制和风险管理，稳步拓宽业务范围，努力提高市场化管理水平，为全面改革积极创造有利条件。中国邮政储蓄银行组建工作也取得了突破性进展，邮政储蓄银行总行于2007年3月20日正式挂牌成立，改革的重点开始转向推进公司治理建设和分支机构组建工作。2007年，中国银监会批准邮政储蓄银行在全国筹建36家一级分行（包括31家省级分行和5家计划单列市分行）及其所属的20405家分支机构，全面放宽其业务范围，允许其经营《商业银行法》规定的各项业务。组建后的邮政储蓄银行网络成为沟通和连接中国城乡经济社会的最大金融网络，其分支机构覆盖中国所有的市、县和主要乡镇，大部分设置在县及县以下地区，也是农村金融服务体系的重要组成部分。邮政储蓄银行成立后，继续依托邮政网络，按照现代商业银行公司治理和管理要求，建立严格的内部控制和风险管理体系，实行市场化经营管理。邮政储蓄银行的市场定位是：以零售业务和中间业务为主，为城市社区和广大农村地区居民提供基础金融服务，支持社会主义新农村建设和城乡经济社会协调发展。中小商业银行进一步探索联合发展的多种模式，注重加强公司治理建设和风险防范能力建设。2007年，广东发展银行内部改革全面启动，深圳发展银行完成股权分置改革，中国光大银行财务重组方案获得通过。中信银行、兴业银行、宁波银行、南京银行和北京银行5家银行成功上市。一批城市商业银行联合重组和跨区域发展步伐加快。14家符合条件的城市信用社批准组建城市商业银行。2007年，中国银监会还批准成立了一批新的农村金融机构。2007年年初，中国银监会发布六项文件为新型农村银行业金融机构服务"三农"提供制度保障，实施细则文件包括：《村镇银行管理暂行规定》《村镇银行组建审批工作指引》①《贷款公司管理暂行规定》《贷款公司组建审批工作指引》②《农村资金互助社管理暂行规定》以及《农村资金互助社组建审批工作指引》等，旨在规范村镇银行、贷款公司、农村资金互助社的设立与退出、组织机构、公司治理、经营行为及组建审批程序。2007年3月1日，四川仪陇惠民村镇银行正式开业，标志着一类崭新的农村银行业金融机构在中国农村地区的正式诞生。作为解决巨额外汇储备的一个重要选择，2007年9月29日，中国投资有限责任公司宣告成立。作为专门从事外汇资金投资业务的国有投资公司，中投公司有望减轻外汇储备增长对人民币供应的压力，缓解流动性过剩问题；同时，还有助于提高外汇资产的投资收益。截至2007年年底，共有31家新型农村金融机构开业，其中村镇银行19家，贷款公司4家，农村资金互助社8家，进一步拓宽和引导各类资金流向农村的渠道，在解决农村金融服务问题上实现重大突破。农村信用社省级联社管理体制改革模式稳步推进，农村信用社跨区域发展试点开局良好。截至2007年年底，已组建银行类金融机构130家，组建以县（市）为单位统一法人机构1818家，地（市）统一法人社7家。

---

① 村镇银行是指经中国银行业监督管理委员会依据有关法律、法规批准由境内外金融机构、境内非金融机构企业法人、境内自然人出资在农村地区设立的主要为当地农民、农业和农村经济发展提供金融服务的银行业金融机构。《村镇银行管理暂行规定》规定村镇银行可经营吸收公众存款，发放短期、中期和长期贷款，办理国内结算与票据承兑及贴现，从事同业拆借和银行卡业务，代理发行、代理兑付、承销政府债券，代理收付款项及保险业务等业务。有条件的村镇银行要在农村地区设置ATM机。

② 贷款公司是指经中国银行业监督管理委员会依据有关法律、法规批准由境内商业银行或农村合作银行在农村地区设立的专门为县域农民、农业和农村经济发展提供贷款服务的非银行业金融机构。《贷款公司管理暂行规定》规定贷款公司不得吸收公众存款、营运资金为实收资本和向投资人的借款。

2008年，政策性银行改革取得突破性进展，国家开发银行于2008年12月7日获准以发起设立的方式改制，设立国家开发银行股份有限公司，注册资本金3000亿元人民币，由财政部和中央汇金投资有限责任公司共同出资，双方持股比例分别为51.3%和48.7%。国家开发银行股份有限公司全面纳入商业银行监管范畴，初步建立起资本约束机制，资本充足率11.3%。中国邮政储蓄银行分支机构组建工作基本完成，截至2008年年底，36家一级分行、312家二级分行和19564家支行全部核准开业，基本完成与邮政企业的分离经营、分账核算和成本费用追溯调整，初步建立财务会计预算、核算体系，开始按照商业银行要求独立运行。城市商业银行加大跨区域发展力度，截至2008年年底，全国有33家城市商业银行跨区域（包括省内省外）设立54家异地分行（含开业和批准筹建）、29家异地支行。农村合作金融机构改革进入新阶段，管理体制和产权制度改革加快推进。重庆市和宁夏回族自治区农村信用联社成功组建为农村商业银行，截至2008年年底，改制组建银行类金融机构185家，其中农村商业银行22家，农村合作银行163家，组建以县（市）为单位统一法人机构1966家，地（市）统一法人社7家。跨区域投资发展实现重大突破。江苏和浙江等省农村商业银行和农村合作银行战略投资异地农村合作金融机构；宁波鄞州农村合作银行成功入股秦皇岛城市商业银行；常熟、张家港和天津滨海3家农村商业银行设立异地支行，一批农村合作金融机构发起设立新型农村金融机构。

2009年，政策性银行及国家开发银行改革不断深入，国家开发银行商业化转型稳步推进。按照现代金融企业制度和商业银行运行管理要求完善公司治理机制建设，不断提高公司治理有效性；国家开发银行出资350亿元设立国开金融有限责任公司，并出资收购航空证券有限责任公司全部股权，初步建立子公司的资本约束机制和监管模式，以及母子公司、银行和非银行业务之间风险隔离机制。中国进出口银行坚持政策性银行定位和服务职能不变，通过修订章程，补充资本，建立健全公司治理机制和风险约束机制，进一步增强政策性金融服务功能。2009年，大型商业银行改革持续深化，各大型商业银行进一步深化组织机构扁平化改革、事业部制和流程银行改革；完善公司治理机制，提高董事会的独立性和专业性；加大内部评级法的开发力度，积极准备实施新巴塞尔资本协议，稳步提升风险管理能力；注重吸取国际金融危机教训，进一步增强资本约束意识，不断提高资本质量；审慎开拓海外市场，国际化程度继续提升。2009年，金融资产管理公司积极实施战略转型，长城资产管理公司收购广电日生保险公司50%的股份，与日本生命保险相互会社共同成立长生人寿保险公司，信达资产管理公司投资入股西安市商业银行，东方资产管理公司投资入股金诚国际信用评估有限公司。

中国保险业也得到了迅速发展，综合实力明显提升，服务能力显著增强，行业地位和社会影响力大幅提高，一个统一开放、竞争有序、充满活力的保险市场基本建立。2006—2010年，中国保险公司数量由93家增加到146家，保费收入由4931亿元增加到1.47万亿元，总资产由1.5万亿元增加到5万亿元，呈现出原保险、再保险、保险中介、保险资产管理相互协调、中外资保险公司共同发展的市场格局。与此同时，一批资本充足、内控较为严密、服务和效益较好的现代保险企业快速成长。在2006年年初3家保险公司资产过千亿的基础上，经过几年的发展，到2010年已有7家保险公司资产超过千亿元、2家超过五千亿元、1家超过万亿元，保险公司在中国金融市场和国际保险市场的影响力和竞争力不断提升。

中国资本市场也实现了重大发展和突破，服务经济社会发展全局方面的能力显著提高，市场整体运行质量明显提升，特别是在美国金融危机爆发之后，中国证券期货监管部门以及市场参与各方牢牢把握市场发展大局，抓住机遇、克服困难，稳步推进改革创新，同时加强基础设施建设、培育和完善市场机制、强化监管效能，使资本市场总体平稳健康运行、功能得到较好发挥，为促进国民经济平稳较快发展做出了积极贡献，中国资本市场已成为全球最重要的资本市场之一。截至2011年1月底，中国沪深股市总市值已经达到26.13万亿元，市值排名由 2005 年的全球第 13 位跃升至第 2 位，沪深两市上市公司达到了 2094 家；中国期货市场在 2010 年全年成交达 31.33 亿手、成交金额 309 万亿元，分别是 2005 年的 8.7 倍和 22 倍，商品期货市场成交量已连续两年居世界第一。

第三节　互联网金融背景下的中国金融新业态（2013 年至今）

2013 年余额宝牵手天弘基金所衍生出的无门槛、高收益的互联网金融行为，揭开了中国纯互联网金融业务的爆发式增长序幕。余额宝的行为，在社会各界迅速引发了"鲶鱼效应"，以 P2P、众筹等为核心的纯互联网金融模式迅速崛起，互联网支付、网络借贷、股权众筹、互联网保险、互联网理财与互联网消费金融六种模式均得到全面发展。之后，"三无"条件下崛起的互联网金融的发展不断得到规范，各个模式相继纳入到"一行三会"的现有监管体制中，实力增强，以"BATJ"（百度金融、蚂蚁金服、腾讯、京东金融）为中心的四大互联网金融巨头的品牌价值估计和用户数已经或将要超越任何一家现代金融组织，而它们跨界经营的行为打破了现代金融的能力边界，迫使现代金融加快多元化建设步伐，使互联网金融与现代金融呈现融合发展态势，促进了金融秩序的构建和金融创新能力的提升，在网络支付、网络借贷等领域已经领先于国际水平。2017 年四大国有银行分别与"BATJ"建立密切合作，推进科技金融的发展；而四大国有银行在 2017 年 6 月相继建立了普惠金融部门，则大大推动了中国普惠金融体系的建立，金融更加回归到服务实体经济的本质。

从全球范围内，互联网金融在学术界以及实业界没有明确的定义，在美国还有网络金融、在线金融、电子金融等相关的称谓。从范畴界定来说，互联网金融应该是依托互联网来实现资金融通的金融业务，而且这种资金融通是以信用作为基础的。一般而言，互联网金融是指借助于互联网技术、移动通信技术实现资金融通、支付和信息中介等业务的新兴金融模式,既不同于商业银行间接融资,也不同于资本市场直接融资的融资模式,即互联网金融是所谓的"第三种金融融资模式",亦称为互联网直接融资市场或互联网金融模式。[①] 而有的定义则将互联网金融归纳为一种理念,即"开放、平等、协作、分享"。

结合政策界的研究和政策实践看,至少在中国,互联网金融作为一种结合互联网技术的金融创新,受到了监管层面的重视和肯定,从发展和监管的基调看,鼓励互联网金融发展已经成为一个较为广泛的共识。但是,作为一种创新,互联网金融存在自身的风险因素以及对金融体系的风险影响也是监管层需要考虑的问题。一些研究提出了鼓励创新与防控风险相融合的互联网金融监管"十二原则",[②] 如此数量的原则侧面上反映了如何在防控风险和规范行为的基础上促进互联网金融的发展已经成为一个现实的政策议题。

互联网金融正以其独特的经营模式和价值创造方式,影响着传统金融业务,逐步成为整个金融生态体系中不可忽视的新型业态。2014年3月5日,国务院总理李克强在十二届全国人大二次会议上作《政府工作报告》,指出要促进互联网金融健康发展,完善金融监管协调机制。如何认识互联网金融的创新发展及其对金融体系的影响成为互联网金融健康、规范发展的基础任务之一。

一 互联网金融是金融在互联网时代的表现形式

互联网金融实践始于20世纪90年代,谢平首次提出互联网金融概念,将其引入学术研究范畴。[③] 近年来,随着互联网金融实践的迅猛发展,关于互联网金融的定义也在不断变化,且存在争议。在普遍认可互联网金融是互联网技术与金融融合的产物的基础上,有的将传

[①] 谢平、邹传伟:《互联网金融模式研究》,《金融研究》2012年第12期。
[②] 张晓朴:《互联网金融监管十二原则》,《第一财经日报》2014年1月20日。
[③] 谢平、邹传伟:《互联网金融模式研究》,《金融研究》2012年第12期。

统金融机构利用互联网技术开展金融活动认定为初级互联网金融；有的从金融创新主体出发，认为互联网公司从事的金融活动才是互联网金融；有的把具有互联网精神的金融创新称为互联网金融；有的将应用了大数据的金融称为互联网金融。央行 2014 年 4 月发布的《中国金融稳定报告》①也对互联网金融进行了界定，认为互联网金融是借助互联网和移动通信技术来实现资金融通、支付和信息中介等功能的新兴金融模式。②这些定义均在一定程度上反映了互联网金融在发展过程中的一些特点，有其历史的合理性，当然也存在一定的历史局限性。从谢平提出互联网金融概念到现在的短短 5 年，互联网金融实践发生了天翻地覆的变化，对其定义也要进行不断的修订。对互联网金融进行全面准确的认识首先要对其发展历程有所了解，并结合其发展趋势，用发展的眼光做出前瞻性判断。

互联网金融起始于"金融＋互联网"，即金融机构引入互联网技术，服务于其传统金融业务，提高工作效率。中国互联网金融萌芽于 1997 年成立的招商银行网上银行，这是中国第一家网上银行，主要从事营销、客户服务等业务，为其线下业务提供支撑，仅次于 1994 年 4 月成立的美国安全第一网络银行（Security First Network Bank, SFNB）。③这一阶段的互联网金融由传统金融机构主导，仅将互联网作为技术手段使用，并未触及金融业务创新。

互联网金融创新于"互联网＋金融"。这是互联网公司主导的互联网金融发展阶段。随着专业互联网公司，特别是电商企业的崛起，第三方支付得到快速发展。在通过第三方支付积累的客户资源和经验的基础上，互联网公司逐渐向金融业务拓展。互联网公司依托其自身的技术优势，以极低的交易成本满足了大量小微企业的融资需求和碎

---

① 中国人民银行：《中国金融稳定报告》，2014 年 4 月。
② 齐世平：《中国互联网金融发展研究——基于提高金融包容性的视角》，博士学位论文，中共中央党校，2015 年。
③ 唐昭霞、高雅：《中国互联网金融常态化发展道路探析——基于中美互联网金融的对比分析》，《西南金融》2015 年第 12 期。

片化的个人理财需求，推动了金融的创新发展，有的是对传统金融产品的改造创新，还有的创造出了新的金融产品和业务模式。2014年12月，微众银行获得深圳银监局颁发的金融许可证，成为中国首家互联网银行。互联网银行以不同于传统银行的业务流程和模式开展存贷业务，依托场景获客，使用大数据进行征信，通过网络授信和回收贷款。尽管未直接触及传统银行的业务路径与模式，互联网银行通过业务创新获准成立标志着互联网公司已经进入存贷这一传统金融的核心领域。①

互联网金融趋势在于"金融+互联网"。互联网企业主导的互联网金融实践促动了传统金融机构创新发展的积极性。传统金融机构积极触网，搭建自己的电商平台，尝试进入互联网公司的优势领域。金融机构与互联网公司依托于各自的行业和技术优势，沿着各自的特色路径发展，相互跨越边界，充分竞争，不相上下。金融机构的行业壁垒和互联网公司的技术壁垒，使得双方在从事对方优势业务时面临较大困难。而社会需求和双方业务的发展需要行业与技术更多融合，互联网金融呈现出金融机构与互联网公司合作主导、融合发展的特征。近期，工农中建四大行分别与BATJ四大互联网巨头签署合作协议。传统金融与互联网的深度融合不仅将催生更多金融业务创新，还意味着金融业发展的未来趋势。金融机构离开互联网技术将很难实现金融的可持续发展，互联网公司离开金融机构也很难纵深发展互联网金融，双方只有合作、融合才能实现发展。沿着这一发展脉络可以判断，互联网金融是金融发展到一定阶段的表现形式，是经济社会发展到互联网时代的金融，而不仅仅是一种金融模式，更不是所谓的独立于传统金融的新兴金融模式。"互联网"是其被赋予的时代印记。

互联网金融是互联网时代的金融，无论它经历了怎样的发展路径，采用了什么技术手段，推动主体是谁，其所开展的仍然是资金融

---

① 齐世平：《中国互联网金融发展研究——基于提高金融包容性的视角》，博士学位论文，中共中央党校，2015年。

通、风险配置、支付、信息中介等金融业务，只是采用互联网和大数据分析技术，对原有的金融体系和业务流程进行了改进，提高了效率，扩大了服务范围，并没有改变金融的本质。此外，随着区块链技术的发展，数字货币成为可预见的现实，其取代纸质货币指日可待。数字货币将依托于互联网进行发行、流通、结算、清算。货币的互联网化，将进一步坐实互联网金融的时代地位。

二 中国互联网金融创新发展的演进过程

互联网金融在中国得到迅速发展，发展速度和规模远超世界其他国家，甚至超过互联网技术发达、互联网金融起源地、金融业最发达的美国。美国甚至没有互联网金融的专门词汇，可见尚未形成可观的规模。在中国，互联网金融不仅已经成为一个独立的行业，能够盈利，相关的业务模式、产业链、围绕互联网金融的第三方服务体系也正在成熟。

互联网金融在中国发展迅速的原因在于：第一，中国长期存在金融排斥、包容性不足，使得中小微企业融资、碎片化的个人理财和消费借贷等金融需求得不到满足，为互联网金融供给提供了广阔的发展空间。第二，技术进步，特别是互联网技术，极大地降低了金融供给的成本，使得原来金融排斥的领域有利可图。[1] 第三，电子商务发展迅速，规模庞大，对以第三方支付为主的互联网金融的需求巨大，同时，电商平台积累了大量的黏性客户和企业以及相关的海量数据，为其拓展互联网金融业务积累了客户和数据。第四，互联网技术解决了金融供求双方信息不对称和征信缺失等金融供给关键性问题。第五，中国政府的开放性态度和支持是互联网金融迅速发展的重要原因。

截至目前，中国互联网金融创新大致可以分为三个发展阶段。

第一个创新发展阶段是20世纪90年代至2005年前后的传统金融

---

[1] 齐世平：《中国互联网金融发展研究——基于提高金融包容性的视角》，博士学位论文，中共中央党校，2015年。

行业互联网化阶段。这个阶段与美欧互联网金融发展的经历相似，主要是传统金融行业的信息化和网络化，互联网是作为技术支撑、基础设施和流程再造的工具与金融行业相互整合。结果是传统金融行业互联网化，技术得到升级，效率得以提升，并基本形成了互联互通的金融信息化网络。这个阶段互联网技术基本是辅助性的。

第二个创新发展阶段是2005年至2011年前后的第三方支付蓬勃发展阶段。这个阶段与美国发展经历不同，美国主要是传统金融业务互联网化，出现网络银行、网络保险和网络理财等新型互联网金融业务，而中国在第二阶段则是第三方支付。这与这个阶段中国电子商务发展迅猛，以及中国支付清算体系相对落后是紧密相关的。在这个阶段，互联网技术已经开始渗透到支付清算体系，并与传统支付清算体系形成一定的竞争关系，开始涉足主体性金融业务。

第三个创新发展阶段是2011年至今的互联网实质性金融业务发展阶段。这个阶段中国互联网金融发展则相当于是美国互联网金融发展第二阶段和第三阶段的融合，主要是互联网金融开始涉足实质性金融业务，特别是网络贷款、众筹、互联网货币基金等的发展，使得互联网金融成为典型的金融脱媒工具，从而呈现出互联网金融对传统金融具有一定的替代性甚至颠覆性。

中国的互联网金融模式是截至目前世界上最为全面的，几乎囊括了国外所有先进的互联网金融模式。根据创新方式，可将互联网金融的模式分为两种情况。第一种情况是对传统金融业务的互联网化与再造。这种情况下的互联网金融模式有两种：（1）仅将互联网作为传统金融业务宣传、推广、获客、流程处理、客户服务的一种技术手段，即线下金融服务的线上化，如商业银行开展的网上银行、手机银行，券商开展的线上证券交易，保险公司开展的线上投保、理赔，基金公司、信托公司等金融机构开展的线上理财等。（2）对传统金融业务的互联网再造，即利用互联网技术和思维，对传统金融业务的开展方式、产品形态、流程处理进行改造创新，如互联网银行的场景获客、大数据征信、网络授信等。第二种情况是依托电子商务、社交平台、搜索引擎等开展的全新金融模式创新。在这种情况下的互联网金融模式主要有：(1) 第三方支付，即依托于互联网公司的线上支付，又分为有担保的第三方支付和无担保的独立第三方支付；(2) 互联网融资，即不通过传统金融机构，而是依托互联网进行的直接融资活动，包括电商小贷、P2P网贷、众筹等模式；(3) 互联网消费金融，即为消费者在电商平台的消费行为提供贷款的金融服务，如阿里分期购、京东白条等。

中国互联网金融发展迅速，体量巨大，对社会的影响力越来越大，已经渗透到经济社会的各个方面，正在从人们的生活消费领域拓展至生产领域，并且寻求为实体经济提供更多服务。然而，在快速发展的同时，也存在一些问题，既有行业发展的问题，也有政府监管的问题。

第一，互联网金融面临更加复杂的风险隐患。大量非传统金融机构进入互联网金融领域，在缺乏风险控制能力的情况下开展借贷业务，又缺乏针对金融机构的严格监管，很容易发生因业务失败而跑路，P2P借贷成为风险发生的重灾区。互联网金融巨头已经形成，发生风险后"大而不能倒"，很容易引发系统性金融风险。信息泄露和滥用导致用户资金面临较大风险。科学技术的使用带来更大的操作风险。互联网金融公司很容易受到网络攻击而发生系统瘫痪，各种网络病毒和钓鱼网站使互联网金融交易主体遭受巨额损失。互联网金融客户基数大、资金规模大、业务运行速度快，因此，当风险发生时，扩散速度快、影响范围广。

第二，互联网金融监管落后于业务实践。互联网金融创新实践发展迅速，新产品、新业态、新模式不断翻新涌现，而相应的监管手段和措施还比较落后，跟不上互联网金融实践的步伐，使互联网金融存在监管真空。除了第三方支付牌照，P2P借贷、众筹等还缺乏有效的监管手段。监管缺位、法制不健全客观上为违法投机行为提供了温床。金融特许经营权（金融牌照）不适应新的金融发展态势，不能涵盖新兴金融业态，监管机构无法按照监管金融机构的方式严格监管互联网金融机构。监管落后于实践是金融发展史上的普遍现象，对新生事物的监管措施需要认知、适应、评估、协调、实施的时间和过程。但是，互联网金融风险影响力巨大，给互联网金融监管留出的成长时间并不长。

第三，数据孤岛制约互联网金融创新效率和征信体系建设。互联网金融之所以能够以低于传统金融的交易成本运行，很重要的一个原因在于互联网金融机构对大数据的使用。从客户大数据中挖掘出的客户需求信息促进了金融产品的创造，提高了营销效率。从客户大数据中提炼的征信信息降低了对抵押品的需求，提高了贷款审核效率。然而，目前，拥有客户一手数据的互联网机构出于自我保护和维护利润目的，一般不与其他机构分享相关信息。金融机构、政府部门掌握的高品质数据尚未向社会公开。这在一定程度上制约了互联网金融的创新效率，个人征信结果也存在一定的漏洞。

互联网金融的蓬勃发展是中国金融体系制度、结构、市场及产品发展等体制机制弊端的一个缩影，互联网金融发展一定程度上克服了中国金融深化不足和存在金融抑制的制度弊端，建立了资金需求双方以市场化价格配置资金的机制，其未来持续发展的趋势是确定的。同时，监管当局在鼓励发展的基础上寻求与有效监管的平衡，基调仍然是鼓励和规范发展。整体而言，中国互联网金融发展具有继续发展的基础。但是，不管是监管层还是实业界，也需要客观、冷静认清互联网金融创新的未来发展趋势。

一是中国互联网金融未来发展空间大小取决于中国金融体系市场化改革的速度和深度。由于互联网爆发式增长具有特定的基础，特别是制度性基础，而随着市场化改革的深入，制度基础可能被逐步削弱。如果中国实现了存款利率市场化，那余额宝等"宝宝们"的高收益率就缺乏制度基础，其收益率将逐步向一般的货币基金靠拢，而一般货币基金目前的收益率大致为4%。当然，利率市场化初期，存款利率整体还是小幅上升的，余额宝较高的收益率可以持续一段时间。但是，从长期看，余额宝是货币基金，货币基金就会向收益率中枢靠拢，收益率下行是趋势性的，只是由于其规模较大，具有一定的议价能力，收益率可能会相对高于一般货币基金。

二是金融脱媒的程度不仅受制于实体经济的需求，还受制于风险收益关系的调整，互联网金融未来发展必须向实体经济回归。从美国的经验看，互联网金融最终还是要受宏观实体经济的约束，一旦经济的回报率降低，那实体经济对资金的追逐将有所弱化，货币基金的高收益就缺乏实体基础。比如一旦经济出现去杠杆、利润率降低、违约风险提高，货币基金、网络贷款风险收益格局将出现变化。以P2P为例，2013年12月全国P2P网络贷款平均年利率高达21.98%，是银行加权平均贷款利率的三倍左右，2013年5—12月网贷年利率平均高达25.06%。同时P2P贷款期限90%左右是在1年以内，以2014年1月的P2P网络贷款期限为例，23.57%为1个月之内，1—3个月为27.17%。而中国大部分中小企业的净资产回报率都在10%以下，同时期限如此之短，更多的是资金周转而非资本形成。这决定了网络贷款的信用风险极高、可持续性存在重大问题。2013年以来，关于网络贷款平台破产、贷款人逃跑等信用风险事件层出不穷。

三是互联网金融的监管将日益强化，互联网金融规范发展和监管强化也是一个趋势，信息安全、身份识别、消费者保护、有效监管以及技术失败等都是监管当局重点关注的风险点，监管加强对互联网金融业务膨胀也将是一种约束。

四是互联网金融与传统金融一定程度上是一种竞争关系，传统金融的应对和反击将冲击互联网金融发展的体制、市场以及客户等基础，互联网金融发展道路难以一路平坦。2014年3月，部分银行甚至集体决定不接受余额宝等互联网货币基金的协议存款，同时一些银行大幅调低了储蓄卡转至互联网货币基金账户单日、单月的上限额度。狂热的互联网金融被传统金融泼了一瓢冷水。相关传统金融机构在与互联网金融"抢食"中也是注重反思、回归与转型，虽然居民的金融服务和财富增值需求是强烈、具体和浩大的，传统金融机构仍然具有客户、渠道、资金以及风险管控等优势。

五是互联网金融内部将有一个优胜劣汰、自我竞争的过程。互联网企业不能像传统金融机构一样以存款、共同基金、证券等形式参与信用规模扩张，单靠自身资本和吸纳有限主体的资金难以支持自身的更大规模的多层次的金融服务需求。以第三方支付相关的滴滴打车、快的打车和支付宝等竞争为例，三者都以补贴乘客和出租车司机作为扩大客户群和覆盖面的有效手段，但是，由于第三方支付的盈利水平仍然较低，比如一次打车补贴乘客和司机高达20元以上的运作模式实际上是难以为继的，以补贴乘客为例，逐步降低至10元、5元和3元。最后，可能有的公司将无法承载这个负担而不得不退出这个竞争市场。在网络贷款市场存在同样的问题，很大一部分网络贷款都采取担保方式，市场的大小实际上决定于担保公司的担保能力和风险承受能力，高达20%以上的贷款利率决定了违约率将是很高的，很多担保公司最后将是无力承担违约风险的，从而使得与之相关的网贷平台亦不得不退出。

六是互联网金融的发展需要解决风险关和技术关。互联网金融的发展离不开互联网这个物理载体，随着此种模式深化发展，互联网金融风险将逐步凸显，市场主体对更加安全、便捷的技术的需求会不断攀升。同时，随着互联网科技推进以及与金融体系融合的深化，其必然会为市场提供更多形式和更安全化的支付和融资方式，也将对现有业务模式造成实质性冲击。[①]

七是传统金融业务通过互联网技术和思维实现流程再造。互联网金融已经在全社会形成了广泛影响力，同时，人们生产生活在不断地走向互联网化。在互联网时代，传统金融将逐渐失去其优势地位，甚至失去存在的价值，而被互联网金融所取代。传统金融业务将不断被互联网化，这种改造将不仅仅是从线下到线上的物理变化，而是由互联网思维创造下的基因重组。传统金融业务处理方式将更多地采用互联网和大数据技术，业务模式将更多地引入互联网思维。

---

① 朱晋川：《互联网金融的产生背景、现状分析与趋势研究》，《农村金融研究》2013年第10期。

八是数字货币将引发互联网金融实现质的提升。2017年2月，中国人民银行在发行数字货币方面取得阶段性成果，基于区块链技术的数字票据交易平台测试成功，法定货币已经在该平台试运行。法定数字货币的发行、使用，将改变中国社会的货币金融环境，经济交易活动更加便利和透明，为传统金融过渡至互联网金融创造宏观条件和基础。

九是互联网保险将成为互联网金融发展的蓝海。保险行业依托大数据法则来设计保险产品，预测损失和确定保费费率。随着大数据技术的完善，特别是随着人们健康大数据、出行大数据、行为大数据的公布、共享，保险公司可以更加精准地计算每位客户的保险数据，因而能够更加准确地预测风险，可以设计出定制化的保险产品，为市场提供更加丰富的保险产品；为每位客户提供更加精准的保险和保费方案，提高客户剩余价值。可以预见，互联网保险将超越当下线上销售的业务模式，实现更广阔的业务创新，发展前景可观。

三 互联网金融创新对传统金融体系的影响

互联网金融作为中国新型金融模式的典型代表之一，在过去短短几年蓬勃发展起来，并给相应的金融业务、金融子行业、市场以及整个金融体系都带来了不同程度的影响，有的分析认为这种影响是颠覆性的，而有的讨论则认为互联网金融更多的是补充性的。

互联网金融作为新兴的一种金融业务模式，甚至被称为第三种金融业态，其演进和发展必将导致整个金融体系主体、结构、市场、产品和风险分布等的变化，互联网金融对金融体系整体也将产生明显的影响，对金融创新、金融要素市场化、金融服务思维与模式以至于货币政策等都可能会有明显的影响。

一是互联网金融将引发整个金融体系的创新步伐加快，金融创新层出不穷。一定程度上，由于金融体制机制的问题，中国存在明显的金融抑制或者金融发展落后于经济发展并对经济发展造成负面作用。互联网金融的出现特别是可得性强、公平性高、便利性好，对于普通民众和中小企业而言,是非常好的一种创新性金融服务。比如余额宝推出之后,绝大部分国有商业银行、股份制银行都推出了相似的具有创新意义的竞争性产品,这对于加速金融创新的步伐,对于满足居民和企业多元化的金融需求,对于在供给层面扩大金融服务的可得性、便利性和低价化都是具有创新推动意义的。随着互联网金融的服务日益多元化,传统金融的服务创新亦将更加多样化,不是中国传统金融机构缺乏创新能力,而是在享受制度性红利的环境下,由于缺乏有效竞争,金融机构创新的意愿不强而已。

二是互联网金融有利于传统金融行业的加速转型。互联网金融作为"野蛮人",将迫使传统金融机构加快创新步伐。互联网金融并不是零和博弈,互联网每进入一个行业就会带来这个行业的深刻改变和转型压力,互联网提高行业运营效率,加剧竞争。[①] 以银行为例,互联网金融改变了银行独占资金支付的格局,互联网技术改变并动摇了银行的传统客户基础,互联网金融改变了银行传统信贷单一的信贷供给格局,银行必须加速转型才能应对。同时,传统金融机构从互联网金融的发展看到居民的金融服务和财富增值需求是强烈、具体和浩大的,相关金融机构在与互联网金融"抢食"中更应该反思、回归与转型,而金融体制机制改革则更迫不及待。

三是互联网金融将加速利率市场化步伐,有效推进金融要素市场化。在互联网货币基金和网络贷款上,互联网金融对利率市场化的推动作用是实质性的。以余额宝为例,它深刻改变了中国银行主导的资金供求模式和定价机制,削弱了银行长期享受低资金成本的制度性优势,打破了银行长期享受的较高利差收益,确立了资金供给者提供资金的定价新机制,而这种改变最后的结果就是资金价格的定价更加市场化。而网络贷款的资本成本和收益定价则更加市场化,其资金提供方的收益率甚至比余额宝更高,2013年12月全国P2P网络贷款平均

[①] 李彦宏:《互联网金融肯定不是零和游戏》,在经济之声2014两会高端访谈上的讲话,2014年3月10日。

年利率高达 21.98%，是银行加权平均贷款利率的三倍左右。虽然网络贷款收益率有虚高的成分，但是反映了现有资金成本定价机制的市场化程度低，特别是资金供给方的收益率被制度性压低。互联网金融对利率市场化的促进作用不仅表现在提供了一个市场化利率的范本，还在于倒逼政策尽快放开银行存款利率，以使银行通过市场化和互联网金融产品竞争。① 互联网金融相当于加速了存款端的利率市场化水平，而存款利率市场化是利率市场化改革的最后以及最难的环节。

四是互联网金融将加速金融子行业之间以及金融与其他行业之间的融合，金融体系横向综合化和纵向专业化的趋势将日益明显。互联网金融使得金融行业之间以及金融行业与其他行业之间的界限在日益模糊，金融行业内部混合经营或综合化经营的趋势将更加明显，跨界发展的趋势将更加凸显，金融体系的参与主体将更加多元化，金融业的生产边界将不断扩大。但是，在纵向上，相似的金融服务和业务单元的专业化将更为重要，只有市场定位准确、纵向分工明晰才能凸显竞争力，比如在金融基础功能上，支付、清算、托管等专业化水平要求更高，在数据服务上，大数据、数据处理、应用分析以及基于大数据的定价分析等更需要专业化。为此，金融体系将演变为横向综合化、全能化、一站式，而纵向专业化、定制化以及一体化的"矩阵结构"。

五是互联网金融可能对货币政策框架造成实质性影响。从逻辑上，互联网金融既然能影响到传统金融体系，那就一定会影响到通过传统金融体系发挥作用的货币政策。② 互联网金融从供需两端较大影响到货币政策，加之货币的虚拟增创，均导致央行制定货币政策的时候，可能要更多考虑控制基础货币增长的影响。③ 在供给方面，互联网金融可能提高货币供给。互联网金融将提高资金流动性，加快货币

---

① 单建保：《对互联网金融应该合作共融》，在网易经济学家年会上的讲话，2013 年 12 月 16 日。

② 郑联盛、孙继月、刘懿萍：《互联网金融将影响货币政策》，《中国证券报》2014 年 5 月 30 日。

③ 马蔚华：《互联网金融监管需考虑基础货币影响》，在博鳌论坛上的讲话，2014 年 4 月 10 日。

流通速度，并提高货币乘数，内生促进货币供给扩大，比如互联网金融使得商业银行能够更快捷、更低价地进行资金配置，并降低现金头寸水平，从而降低超额存款准备金率。在需求方面，互联网金融发展可能导致货币需求整体下降。持币成本高、资产流动性高，使得货币交易需求的规模下降，还有由于较高收益的固定收益产品出现，使得投机性货币需求降低。[①] 互联网金融对货币政策的影响也受到货币管理当局的密切关注，货币当局认为过去的政策、监管、调控等各个方面不能完全适应互联网金融的发展，需要进一步完善。[②]

第四节　中国金融体制改革成就与经验

新中国成立之后，尤其是改革开放以来，中国金融业在创建独立自主的货币制度、维护金融秩序、支持经济发展和经济结构调整等方面发挥了重要作用，已成为宏观经济管理和调控过程中不可或缺的一个重要渠道。

一　中国金融体制改革取得的成就

归纳起来，中国金融体制改革取得的成就主要体现在如下几个方面：（1）建立了统一健全的货币制度。在通过一系列改革建立了比较完善的货币制度之后，人民币成为世界上一种比较稳定的货币。改革开放以后，通过不断推进外汇体制改革，形成了与中国国情基本符合的汇率管理制度，人民币的对内币值与对外比值有了共同的市场基础。在国际经济交往中，人民币汇率的稳定也获得了较好的国际声誉。（2）形成了功能齐备的金融组织体系。金融组织体系由单一的国家银

[①] 屈庆、陈黎、余文龙：《互联网金融发展对金融市场及债券市场影响分析》，《债券》2013年第10期。

[②] 周小川：《互联网金融应正确理解货币政策》，2014年4月8日赴人民银行嘉兴市中心支行调研时的讲话。

行体制发展到今天，已初步建立了由"一行三会"调控和监管，国有商业银行为主体、政策性金融与商业性金融相分离，多种金融机构分工协作、多种融资渠道并存、功能互补和协调发展的金融体系，为国民经济持续健康稳定发展构筑了良好的货币和金融环境。(3) 构建了竞争有序的金融市场。中国已经建立了一个较完备的、包含有同业拆借市场、银行间债券市场、大额定期存单市场和商业票据市场等子市场在内的货币市场。货币市场资金流动畅通，加强了银行的贷款能力，提高了货币政策传导的效率和力度；货币市场利率能够较灵敏地反映金融机构的头寸变化和中央银行的货币政策，逐步成为中央银行货币政策的重要操作目标和主要的经济指标，为利率市场化奠定了良好的基础。资本市场方面，这些年来债券市场、股票市场、基金市场的迅速发展为建立一个多层次资本市场体系，完善资本市场结构和丰富资本市场产品提供了良好的基础。(4) 形成了灵活高效的金融调控机制。1979年开始金融改革之后，宏观经济管理由以实物管理为主逐步转向以价值管理为主，指导性计划和市场调节逐步取代指令性计划。银行开始代替财政在社会资金的集中与分配中居于支配地位，银行贷款范围逐步扩大。针对自1992年下半年中国宏观经济中出现的经济过热问题，成功实现了国民经济的"软着陆"。1997年爆发亚洲金融危机后，货币政策工具的选择、运用、时机和力度的把握以及货币政策的传导机制都发生了显著变化。通过政策调整和配合实施，金融宏观调控在促进经济发展方面产生了良好的效果。(5) 建立了规范的金融监管体系。改革开放后中国陆续颁布了一系列金融法律法规，通过进行一系列银行和非银行、证券业、保险业的监管立法，建立和完善了金融监管的法律框架，为适应金融机构多元化、金融业务相互交叉和竞争的格局，建立了分业经营、分业监管的金融体制。通过改革中央银行的监管体制，建立和完善证券业、保险业以及银行业的监管体制，同时通过在改革金融监管方式的过程中逐渐丰富监管手段，使金融监管体制得到了进一步发展和完善，为维护金融秩序、执行国家经济金融政策，促进国民经济发展起到了重要作用。(6) 面向世界的金融开放。根据经济体制改革的整体战略需要，中国在金融对外开放过程中采取了循序渐进的策略，确保了金融系统的稳定运行和发展。在引进外资金融机构的同时，通过实施"走出去"战略，中资金融机构开始进入国际金融市场。加入WTO后，中国金融业进一步融入世界经济中，在面临内在改革要求和外部竞争压力的双重形势下不断发展，金融服务水平和行业竞争力有了进一步提升。

二 中国金融体制建设中存在的问题

尽管取得了如此巨大的成就，但金融体制建设中存在的问题同样是不可忽视的。目前来看，一些突出的问题包括[①]：（1）金融监管的协调与配合。目前中国实行的分业监管模式逐渐难以适应迅速发展变化的金融市场和金融格局，一方面，美国《金融服务现代化法案》（1999年）的通过意味着混业经营成为新的发展趋势；另一方面，在面临跨部门的金融创新产品时，往往会造成各监管部门的监管冲突，不仅不利于建立统一的金融市场，也不利于经营类似产品的不同机构展开竞争，还可能会引发市场参与机构的道德风险，从而影响金融稳定。为避免这些弊端，在金融分业监管体制下，为提高金融监管水平，有必要建立健全银行、证券、保险监管机构之间以及同中央银行、财政部门的协调机制。（2）巨额外汇储备问题。从1999年年初开始，中国外汇储备就逐月攀升，尤其是近两年来，我国外汇储备规模几乎每天都在创出新纪录。至目前，中国外汇储备规模已为全球最大。但是，这种外汇储备的高增长并非是在很好地协调经济内外平衡基础上的良性增长，并且已经造成了较明显的负面效应，除了容易诱发争端和加剧贸易摩擦之外，外汇占款不断增加还加大了央行的对冲操作成本，削弱了央行货币政策的独立性和货币政策调控的有效性，同时还

---

① 目前金融体制中存在的问题当然很多很复杂，诸如国有商业银行改革，金融机构较高的不良债权比率，金融市场结构的合理化，多层次资本市场建设，企业对银行贷款高度依赖等，这里不逐一论述。

加大了经营巨额外汇储备的压力。(3) 农村金融服务的缺失。金融发展具有明显的地理和区域特征,[①] 中国 20 多年金融改革呈现出"重城市、轻农村"的倾向,金融资源大幅度向城市、大中型企业、新兴产业集中,而县及县以下的农业和农村经济承受着极其严重的"信贷短缺",从而造成目前中国农村资金求大于供的矛盾非常突出。有研究表明,中国农村现实地出现了显著的金融缺口,而且该缺口存在一个特殊的形成机理,不能用帕特里克的"需求追随"或"供给领先"来解释。[②] 农村金融市场不发达、资金价格的非市场化、储蓄投资转化渠道不畅使得农村金融运行效率低下,难以满足农村经济发展的需要,从而在很大程度上抑制了农村经济结构的调整,金融难以为建设社会主义新农村提供充分的资金及服务支持。

第五节　中国金融体制改革的深化与创新

习近平总书记在主持中共中央政治局以完善金融服务、防范金融风险为主题的第十三次集体学习时发表重要讲话,在深刻阐明金融与经济关系的基础上,就深化金融供给侧结构性改革、增强金融服务实体经济能力、防范化解金融风险、扩大金融开放等提出了明确要求。为推动中国金融业高质量发展、走出中国特色金融发展之路指明了方向,为做好当前及未来的金融工作提供了根本遵循。特别是首次提出推进金融供给侧结构性改革这一全新论断,具有极其丰富的时代内涵和十分重要的指导意义。

[①] 金融系统的一个主要功能是在不同时间、地区和行业之间提供经济资源转移的途径,因此金融系统的地理特征是与生俱来的,这种地理特征或者说是金融资源的跨地区流动,对于经济社会发展具有重要意义。

[②] 田力、胡改导、王东方:《中国农村金融融量问题研究》,《金融研究》2004 年第 3 期。

一　金融供给侧结构性失衡需要大胆革新金融市场基础性制度

改革开放四十多年来，中国以间接融资为主体的金融服务供给体系曾在快速集中金融资源、推动国家发展战略方面发挥了至关重要的作用。然而，随着经济增速中枢下行、经济结构调整深度推进，面对全球经济增长格局的大调整、信息结构急剧变革加上劳动力供给、资源与环境等约束带来的严峻挑战，当前这种以间接融资为主、股权融资发展严重不足且间接融资又以大中型银行为主体的金融业态，已难以适应经济增长新旧动能转换、经济结构转型升级的要求，难以为人民生活质量的不断提高提供持续的、足够的推动力。金融体系赖以运行的基础性制度，亟待因时而变、因势而变。

（一）以间接融资为主导的金融体系制度难以满足实体经济转型需求，主要表现为金融供给结构性失衡造成金融资源错配

一是供需错配导致产业转型动力不足及居民财富结构失衡。在产业转型方面，如何构建有利于创新型资本形成的金融资源配置体系，支持足够多的、能够承担风险的资本投入创新，是形成国家创新优势的重要发展路径。以银行体系为主体的间接融资依赖于资信和抵押物，更适合于传统成熟产业；战略新兴产业的核心资产多为知识产权和人力资源，难以形成传统的银行贷款或债券融资所要求的稳定的现金流；科技创新型中小企业前期无法保证收入及利润，规模小，资信弱，难以获得银行贷款支持；而中国股票市场上市制度要求过严、退市制度执行不足且违规成本过低，中小股东权益难以得到保障，不利于企业的持续融资；作为中国完善资本市场基础制度的重要尝试，科创板也处于起步阶段；银行间债券市场、交易所债券市场和银行柜台债券市场相互独立、存在分割，且国家发改委管企业债、证监会管公司债、银行间交易商协会管中期票据和短期融资券，监管主体及监管标准不一，导致不同品种债券发展不平衡。在居民财富结构方面，由于现有金融产品和服务难以满足理财需求，居民当期储蓄率过高、房

产占比过高、银行存款占比高、保险类资产及股权类投资占比低、居民财富配置收益率低，更容易诱导居民形成错误的财富观念、财富价值观和金融投资行为。"老金融"不能对接"新供给"，必然会降低整个金融体系的资金配置效率，加大金融摩擦，提高企业融资成本，扭曲居民财富结构。

二是期限错配导致融资贵及系统性风险隐患。由于直接融资渠道缺乏，实体经济对长期资金的需求与间接融资的短期资金供给不匹配。截至2018年年末，中国直接融资中的企业债券和非金融企业境内股票余额仅占同期社会融资规模存量的八分之一左右，与西方发达国家直接融资占比七成以上相距甚远。从发展需求来看，企业需要长期资金，而以银行贷款为代表的间接融资期限往往相对较短。为了确保正常运营，企业疲于不断寻求外部融资，这实质上是增加了财务成本和运营成本，甚至陷入流动性困境而不得不诉诸高息非正规金融渠道，进而导致企业经营恶化甚至破产。从银行的角度来看，由于全社会资金来源的主渠道是银行存款及理财产品，缺乏可以投资的长期资金来源，银行不得不通过短存长贷、期限错配来满足实体经济的需要，而过度的期限错配必然会增大银行的系统性风险贡献值，不利于金融稳定和金融安全。

三是资本结构错配导致高杠杆。直接融资比例偏低而间接融资占比偏高，映射在实体部门的资本结构，表现为债务资本与权益资本的结构失衡。2018年中国股权融资占社会融资总量的比例仅为1.9%。在当前的国际比较中，中国总杠杆率位列前茅，其中企业部门的杠杆率更是长期居高不下。究其原因，在于企业长期依靠间接融资来获得企业再生产所需的资金。杠杆率的约束实际上挑战了传统债务融资所推升的旧经济发展模式，企业要调整资本结构、有效降低杠杆率，就必须在传统银行信贷等间接融资渠道之外寻求新的融资渠道。中国债券市场中的公司债和企业债占比偏低，而当前股权融资条件过高，方式过于单一，又加剧了长期股权投资来源的匮缺。除了依靠利润留存以外，大部分企业的资本金难以获得补充，导致债务融资过度、杠杆过大，经营风险累积过高。

（二）有待健全的金融基础设施不利于金融服务供给质量提升及营商环境优化

其一是信用基础设施。近年来，中国屡次出现"央行政策利率下调，银行间市场利率随之下行，但实体企业融资成本居高不降"的不利局面。利率传导机制不够顺畅，除公开、透明、可信的能够真正稳定预期的利率走廊尚未形成，存贷款基准利率和市场无风险利率并存的利率双轨制并未消除，以及大量国有企业和地方政府融资平台等"软预算约束"部门存在的扭曲利率传导等原因之外，一个重要的原因是信用体系这一重要的金融基础设施亟待进一步完善。一方面，中国国内的信用评级机构在公信力和市场影响力方面存在明显不足；另一方面，评级机构的独立性难以得到有效满足，特别是时常出现地方政府干扰第三方信用评级的情况，导致平台信用评级趋于一致，无法真正对利率定价形成指导。更为重要的是，信用基础设施的不健全意味着信息不对称程度的提高，以银行为主体的融资机构为确保资产安全，不得不以抵押物作为重要的风险甄别信号，长此以往又弱化了银行等金融机构的效率识别能力和风险定价能力，进而导致流动性多投向国有企业、中小微民营企业和科创企业融资难融资贵的问题始终难以得到有效解决，近年来还屡次出现银行间市场流动性充裕与实体经济融资难并存的局面。

其二是监管基础设施。近年来，在金融脱媒、规避监管、监管套利等因素的作用下，影子银行体系形成了层层嵌套、复杂交错的杠杆化资金链条，渗透银行、证券、信托、保险等多个领域。资金往往至少要经过两个、常常要经过三四个中间环节，才能传递至实体经济中的最终资金需求方。在大量资金被用于存量资产的二手交易的推动下，"金融空转"造成近年来资金总体使用效率的下降。由于业务模式复杂多变、统计数据缺乏，对于资金传导链条"长度"的测算，至今尚缺共识，而金融监管还难以跟上创新金融科技产品的步伐，存在监管短板和真空。脱离监管范围之外的金融创新极易造成其在短期内的野蛮生长，金融机构关联性的增强更进一步促使风险同质共振，在增加金融市场风险的同时，也不利于金融创新的良性生长。

其三是长期以来金融领域特别是资本市场违法违规成本过低。上市公司造假、会计事务所履职不力、信息发布误导、欺骗性投资咨询、操纵股价等等不一而足，损害了投资者利益，不利于资本市场的健康发展。究其根源，会计、审计、法律等基础性制度仍有必要作进一步完善。

（三）金融市场结构制度设计难以对提高金融服务实体经济和人民生活质量构成有效激励

2018年中国金融业全面开放进入新阶段，金融机构持股比例和金融业务限制大幅放宽、境内外金融市场互联互通加强、中国股票和债券市场被纳入国际指数，为进一步拓宽企业及居民投融资渠道、降低投融资成本夯实了基础。然而，总体而言，中国金融业双向开放亟待推进，目前外资占中国A股市场、债券市场的比重分别仅为2%、2.9%，外资银行资产占全部商业银行资产的比重为1.6%，外资保险公司占比5%，提升空间较大。

当前金融市场结构制度设计面临的主要问题在于：一方面，进入壁垒高，弱化了竞争、强化了羊群效应。主要表现为：大、中、小金融机构差异性不足，业务拓展主要依靠占地盘、扩网点、垒大户等粗放模式，同质化现象突出，普遍"求大、求全"，服务对象、金融产品、服务模式高度雷同，难以满足客户的多样化、个性化需求。"所有制歧视"和"羊群效应"还不同程度存在，在预算软约束的催化下，金融资源过度集中于大企业、国有企业、政府项目、房地产领域，对民营企业、小微企业、"三农"、城市低收入群体等薄弱环节支持不够，造成资源错配、产能过剩等问题；为大众创业、万众创新，为居民部门提供中长期金融投资工具，也仍然存在不少短板。另一方面，退出机制不健全，在一定程度上导致竞争行为异化，助长了问题金融机构僵而不死。由于金融机构破产的巨大负外部性,中国在高风险金融机构市场出清方面的制度建设推进较为谨慎。尽管中国于2015年建立了存款保险制度、高风险金融机构尤其是银行业金融机构处置的法律框架已基本形成,但截至目前,法律层面缺乏清晰明确的有序处置机制安排、风险处置触发标准和风险处置职责分工,呈现出明显的碎片化特征。加之现有的问题机构处置实践经验主要集中在地方法人类金融机构,处置方式普遍采取"一事一议"的个案处置方式,市场化、专业化程度较低,往往导致处置程序久拖不决,问题机构无法及时退出市场。市场结构缺陷导致的竞争行为异化与公司治理不健全、风险管控能力不足等问题相交织,又会进一步恶化金融生态,增大金融机构的风险承担意愿及系统性风险爆发的概率。

二 完善金融制度供给推动经济高质量发展的作用机理

当前中国金融体系制度、金融基础设施、金融市场结构的不完善,增大了经济运行的金融摩擦,具体表现为政策性扭曲的金融摩擦造成不同企业的融资成本差异、信息不对称的金融摩擦抑制信贷资源的配置效率和不完全契约的金融摩擦导致金融契约事后执行受限。多项研究表明,金融摩擦是发展中国家资源错配的重要来源,从微观角度看,金融摩擦阻碍了资本要素的自由流动,导致金融产品有效供给不足、价格扭曲及市场交易受限,增大了企业的融资成本,扭曲了生产单位之间的要素分配;从宏观角度来看,金融摩擦是形成不同国家全要素生产率差异继而经济发展差距的重要原因。面对百年未有之大变局带来的新的挑战、新的机遇,以习近平同志为核心的党中央高瞻远瞩地提出深化金融供给侧结构性改革,其核心正是通过制度创新减少金融摩擦,有效降低信息不对称和交易成本,充分发挥金融对协调重大经济结构、优化生产力布局、提高人民生活福祉、提升国家竞争力的重要作用,提高全要素生产率,激发经济增长潜能,推动经济高质量发展。

根据新制度经济学理论,有效率的制度降低了不确定性和交易费用，有利于稳定经济主体对未来的预期，避免其追求短期利益最大化的机会主义行为，从而促进经济增长。置诸金融供给侧结构性改革的语境，通过制度创新减少金融摩擦，经由以下三条渠道作用于经济高质量发展：

第一，缓解融资约束。融资约束是指由于金融摩擦的存在，企业外源融资成本增大而无法在最优水平下进行投资。融资约束抑制企业的投资与研发创新，影响再生产要素的积累而阻碍经济增长；反之，融资约束降低使得高生产率的企业更容易获得外部融资，改善了企业间的信贷配置，企业间信贷配置效率的改善又弱化了企业投资对总体经济环境的依赖，从而企业的投资和劳动雇佣对基本面冲击的敏感程度变弱，宏观经济波动率下降。因而，融资约束的缓解是经济高质量发展的题之中义。

金融产品的本质是一种契约，且契约的结构依赖于法律体系、社会习惯和交换中资产标的物的技术特性。金融基础设施和制度越完备，则订立契约的不确定性越小，有限理性的个人在复杂环境中的行为大为简化，交易费用的不断节约意味着经济效率的上升。通过制度创新完善金融体系结构、金融基础设施、金融市场结构，可有效减少金融摩擦、减轻融资约束，推动经济的高质量发展。其一，戈德史密斯提出的金融结构理论表明，随着经济发展水平的上升，金融市场在金融体系中的角色更为重要。尤其是在发展中国家的技术进步由吸收模仿转向自主创新的过程中，金融机构需要实现从"银行主导"向"市场主导"的转变。优化金融结构体系，提高直接融资比重，打破企业以银行融资为主要渠道的现状，增加长期资金供给，有助于改善企业的融资环境，缓解融资约束。其二，金融基础设施的完善会减缓信息不对称及因此所致的逆向选择和道德风险，金融契约执行成本下降，企业违约风险、违约损失及企业违约时承担的审计、清算等监督成本所构成的交易成本的下降，带来金融产品定价水平的下降，继而减轻了企业的融资成本；与此同时，由于信息不对称程度的下降，金融机构可有效减少对抵押品的依赖，而不必过度将金融资源配置于第二产业，有助于推动第三产业及创业创新企业的发展。其三，优化金融市场结构，在确保金融安全的前提下降低进入壁垒、健全退出机制，促进良性竞争，可有效缓解融资约束。产业组织理论认为，在集中度更低的市场中，大型金融机构难以利用其垄断地位、信息优势及隐性的政府担保，通过共谋对贷款定以高价，也难以运用各种手段来限制竞争，更为充分的良性竞争可增加企业再融资决策所需的信息分享，促使金融机构放宽抵押物等融资条件，从而有助于减少信贷配给、顺畅企业信贷通路，促进资本积累和产业成长。

第二，优化资源配置。近期基于中国微观企业数据的研究表明，消除金融摩擦，总体全要素生产率可以增加12%，企业间资本边际产出的离散程度，即资本错配程度可以下降50%。不仅如此，一个部门的金融摩擦产生的错配效应会经由生产网络传递溢出到其他部门，且信息不对称会放大技术变革等外生冲击造成的宏观波动效应；生产网络的溢出效应，又会使得部门间的资本的边际产出离散程度增大，造成全要素生产率大幅度下降，从而在相当大的程度上降低经济恢复的速度。

通过制度创新完善金融体系结构、金融基础设施、金融市场结构，可以有效减少金融摩擦、纾解资源错配，推动经济的高质量发展。其一，研究及实践证明，金融市场上的股权融资方式更适合为技术创新提供金融支持，一方面，股权投资者按持股比例分享企业创新的潜在高额回报，投资者被激励入股并帮助企业分担创新的不确定性；另一方面，创新需要长期而持续的研发资金投入，股权融资的长期性和流动性机制有利于企业从事具有一定风险的技术开发与产品研制，实现技术创新向市场价值的转化。商业银行则缺乏对企业创新提供资金支持的激励，这是因为创新企业往往缺乏可抵押的资产，即便企业研发成功，商业银行也只能获得固定利息，与自身承担的风险不匹配，故而以银行为主导的间接融资模式难以形成风险共担、风险共享的市场化融资机制。而且，金融市场的发展能促使更稳定的资金流向教育投资，提高一国金融知识普及度，加快人力资本积累速度，缓解人才错配。其二，资源错配的重要原因之一，在于金融基础设施不完善，而完善的金融基础设施有助于推动要素价格市场化、有效提升金融契约效率。因此，要纾解资源错配，必须从完善征信机制、监管法规、会计审计制度及提高司法执行效率等方面推动金融基础设施建设。伴随着金融基础设施的不断完善，金融市场能够通过价格信号、信息披露和兼并收购等方面提供更有效的多元审查信息，同时将信息有效地传递给投资者。作为企业的间接融资渠道，金融机构由于信息不对称及交易成本的下降，在增大信贷融资可得性的同时，贷款管理流程更为透明高效，从而倒逼企业提高经营管理质量与资源利用效率；作为企业的直接融资渠道，金融市场要求上市企业披露信息，其本质是对企业的动态监督，实现对企业信息的有效揭示，并显著降低投资者获取信息的成本，这也有助于提升企业创新效率和创新能力。其三，金融市场结构的改善，良性竞争的有效推进，有助于金融资源从低效率部门转移至高效率部门，继而促进产业结构升级。竞争是提高资源配置效率的有效方式。根据资源配置效率理论，在完全竞争市场中，资本市场资源按照边际效率最高的原则在资本市场之间进行配置。实践表明，大力发展中小微型银行、优化银行业结构是缓解金融资源配置扭曲且效率低问题的重要途径，而伴随着直接融资的大力发展，资本市场参与主体之间的竞争促使更多的金融资源流向以科技、知识、技术、数据等要素为核心的新经济产业，提高金融资源配置效率，促进全要素生产率的提升。

第三，化解金融风险。大萧条、新兴市场国家的金融危机和2008年国际金融危机一再表明，当金融体系摩擦剧烈增加时，就会导致金融体系的不稳定，金融体系将无法为良好的投资机会有效提供融资渠道，最终会使经济体系经历严重的衰退。金融加速器理论也认为，金融摩擦越大，冲击的乘数效应就越强，即使一个微小的冲击，经过金融市场传导后也会导致经济的剧烈波动。经济繁荣期过度负债形成的金融脆弱性、信贷周期的静态和动态乘数效应、外部融资升水与金融摩擦间的非线性函数关系以及预期通过金融渠道的自我实现等，都有可能形成冲击的放大机制。

实证研究表明，通过制度创新完善金融体系结构、金融基础设施、金融市场结构，有助于防范化解金融风险，推动经济的高质量发展。其一，提高直接融资比重，大力发展金融市场，运用金融市场的风险分散机制为投资者提供大量、多样化的金融资产和衍生金融工具，投资者可根据自身的风险偏好进行风险互换、管理投资组合。尽管这样并不能从总体上消除风险，但能够实现风险在不同风险承受能力投资者之间的重新分配。其二，金融产品生产和交易过程中涉及远比其他行业更为密集和复杂的契约安排，在市场交易中更容易出现"信息不对称"和"道德风险"问题，而诸如信用基础设施、司法体系、信息披露、监管机制、支付清算、会计审计等市场支持制度是维护契约良好执行，提振投资人信心和交易意愿，防范化解风险的基础。其三，实践表明，市场约束效能的充分发挥必须主要依托于良性的竞争环境。优化金融市场结构和竞争制度，培育良性竞争环境，维护金融市场的公平竞争平台，既可有效地平衡金融创新、经济效率和可持续增长的关系，更可有效缓解"大而不倒"的道德风险以及大型金融机构与其他金融机构的系统关联性所放大的负面冲击，遏制系统性风险和亲周期效应，保障金融稳定和金融安全。

三 谋求制度改革红利，全面深化金融供给侧结构性改革

深化金融供给侧结构性改革，通过金融制度的良性变迁，有效减少金融摩擦，有助于缓解融资约束、提高金融资源配置效率、防范化解金融风险，实现金融服务实体经济质效的提升，当前工作的着力点应放在以下几个方面：

第一，完善金融体系制度建设，逐步由目前的间接融资为主转向直接融资与间接融资并重。当下的要务，是拓宽直接融资渠道，提高直接融资比重，建设规范、透明、开放、有活力、有韧性的资本市场，有效发挥其市场融资、价格发现和资源配置功能。习近平总书记强调，深化金融供给侧结构性改革"要以金融体系结构调整优化为重点"。

李克强总理也要求"改革完善资本市场基础制度,促进多层次资本市场健康稳定发展,提高直接融资特别是股权融资比重"。据此,要"建设一个规范、透明、开放、有活力、有韧性的资本市场",发挥资本市场在金融运行中所具有的牵一发而动全身的作用,促进股票市场创新与规范,针对不同类型企业在不同阶段的融资需求,大力发展包括首次公开发行、二级市场融资、种子基金、天使基金、风险投资、私募股权基金等在内的多样化的股权融资方式;丰富债券市场产品和层次,鼓励发展面向信用等级相对较低的企业发展垃圾债市场,真正体现债券市场的融资定价功能;大力发展长期机构投资者,切实放宽养老基金、保险基金、各类社会保障资金等机构投资者进入市场的门槛,使机构投资者成为市场的主导力量。公开透明、健康发展的资本市场不仅是宏观经济的"晴雨表",而且是产业整合、升级的"助推器",更是创业创新的"孵化器"。在培育过程中,尤其要重视新经济产业发展的需求,增强对创新企业的包容性和适应性,基于科创板探索技术市场化定价模式,引导资金向优质的科技创新企业集聚,推动以技术升级为主要依托的企业获得高质量发展,助推实体经济转型升级。

第二,完善金融市场基础性制度,为有效减少金融摩擦,提高金融服务实体经济质效奠定基础。一是构筑由市场供求决定的利率形成机制,有序解决利率双轨制和定价失灵问题,更好地发挥资金价格在优化金融资源配置中的作用。加大国债市场改革的深度和广度,形成健全的、能够反映市场供求关系的国债收益率曲线;进一步完善利率走廊机制,缩窄利率波动区间,形成公开、透明、可信的能够真正稳定预期的利率走廊操作框架,结合日常的公开市场操作,有效开展利率引导,稳定市场预期,为实体经济的转型升级营造平稳政策环境。在此基础上,疏通政策利率向商业银行贷款利率的传导机制,尤其是向中小微民营企业、科创企业和三农部门的传导。二是"完善资本市场基础性制度,把好市场入口和市场出口两道关,完善退市制度,加强对交易的全程监管",稳妥推进注册制改革,降低对企业的利润和收入门槛,提高上市审批效率,以更完善的准入和淘汰机制提升资本市场的活力;注重市场板块层次定位,设置灵活的转板机制,吸引长期稳定资金;完备法律体系,公正司法程序和裁判执行系统,严格信息披露,完善市场合理估值体系,发挥证券市场的资本中介功能,引导资金参与长期投资,构建明确、专业的问责机制、集体诉讼制度、辩方举证制度以及和解制度等,推动形成公权力他律、市场自律相得益彰的市场秩序,通过稳定健康的资本市场为实体经济的发展提供融资渠道、价值发现机制、风险分担机制以及有效的外部治理机制。三是进一步加快信用基础设施建设及信用增进机制建设。依托大数据、云计算、区块链以及人工智能等现代科技手段推动信用基础设施建设及信用增进机制建设,稳步推进金融业关键信息基础设施国产化,推动形成完备、专业的征信体系,将政府的增信服务、商业银行的信用服务和证券公司的资本服务结合起来,切实减少信息不对称,降低实体经济征信及融资成本。四是进一步加强金融监管基础设施建设。继续推进全覆盖、穿透式金融监管体制改革,补齐监管制度短板,形成机构监管与功能监管、宏观审慎与微观审慎相结合的监管体系。坚持金融创新与风险管控并重、金融效率与金融稳定相平衡,提高金融监管的信息化水平、响应速度及与时俱进的监管能力;以保护消费者权益、有效防范风险为前提,建立金融创新产品的监管机制,密切跟踪研究金融科技发展对金融业务模式、风险特征和金融稳定的影响,采取有效措施处置风险点,释放金融体系的压力,消化系统性金融风险隐患,尤其要防止金融机构为规避监管而进行"伪创新",减少多层嵌套,缩短资金链条,消除资金空转,促进降低融资成本,提高金融供给的质量与效率。要加强基层金融监管力量,强化地方金融监管责任,建立监管问责制,切实解决金融领域特别是资本市场违法违规成本过低的问题。

第三,进一步完善金融市场结构制度,在确保金融安全的前提下扩大金融业双向开放,以良性竞争促进金融产品体系优化及金融服务质量提升。要完善金融市场结构,以金融开放促改革,进一步提高金融市场的市场化程度，推动中国金融体系与国际主流模式接轨。主要措施包括：一是以宏观审慎为前提，全面实行准入前国民待遇加负面清单管理制度，扩大市场准入，健全商业性金融、开发性金融、政策性金融、合作性金融分工合理、相互补充的金融机构体系。当前特别要重视"增加中小金融机构数量和业务比重"，"构建多层次、广覆盖、有差异的银行体系"，鼓励金融机构功能定位和商业模式差异化，重视发展定位于专注微型金融服务的中小金融机构，优化大中小金融机构布局。二是继续推动金融市场改革开放，在风险可控的前提下适度降低金融市场相关业务的准入门槛，在"深港通""沪港通""债券通"发展的背景下，深化资本市场开放的深度和广度，持续推进人民币资本项目的审慎开放，为国内投资者提供分享境外优秀企业经营成果的渠道，引入国外成熟专业的金融服务和产品，引入优质外资金融机构，充分发挥其鲶鱼效应，倒逼国内金融机构积极变革，在更好地满足实体经济融资需求的同时，不断提高金融行业的竞争力。三是构建适合中国国情的金融机构处置和破产制度，完善金融机构法制化市场化退出机制。应当强化存款保险基金管理机构的早期纠正和风险处置功能，使其能够在"早期识别和及时干预"的框架下尽早地识别出问题金融机构及其风险点，尽快地制定并启动干预措施和程序，一旦高风险金融机构限期自救不成功，就及时启动接管程序，由存款保险机构接管处置，综合采取多种措施对问题银行实施专业化、市场化的处置；如果采取风险处置措施后，问题机构仍无救活的可能，则应进入司法破产清算，由存款保险机构担任破产管理人，并可在依法履行偿付存款的义务后，作为债权人参与银行破产程序，分配银行的破产财产，并就个人债权偿付部分优先受偿，最小化存款保险基金的损失。通过金融资产、市场和机构的有序调整，形成优胜劣汰、正向激励的市场环境，减少低效、无效资金供给，提高资源配置效率。值得注意的是，为避免国际金融市场波动的过快传导和风险濡染，扩大金融业双向开放应以逐步完善的金融基础设施建设为前提。

第四，在完善金融市场结构的基础上，促进金融机构良性竞争，不断增强金融供给对金融需求的响应能力。通过加大竞争力度，促进金融机构以市场为导向，遵循"竞争中性"原则，平等地为各类企业和居民提供高效率的服务。在金融产品体系优化方面，贯彻"全""新""细"三字方针："全"，就是要"构建风险投资、银行信贷、债券市场、股票市场等全方位、多层次金融支持服务体系"，形成各类资本中介各司其职、涵盖产业发展全生命周期的金融产品线，覆盖实体经济的不同细分需求，为实现实体经济"血液"的良好循环奠定坚实基础；"新"，就是"要适应发展更多依靠创新、创造、创意的大趋势"，针对当下以间接融资为主的金融产品体系过度依赖于稳定现金流的固有缺陷，结合创新创意产业有形资产价值低、现金流波动差异大的特点，以更有利于创新型企业融资的"轻盈利、重技术、重研发"原则，优化乃至创新金融服务供给，推动中国战略新兴产业的进一步发展升级；"细"，就是面向实体经济发展和人民生活质量提高所提出的差异化金融服务需求，针对不同细分市场的特点，"坚持以市场需求为导向，积极开发个性化、差异化、定制化金融产品"。尤其是传统银行经营管理模式下缺乏深耕的小微、"三农"、贫困人口等弱势群体领域，要重视尊重市场规律，建立正向激励和风险补偿机制，平衡金融机构收益、风险和成本，实现商业可持续化。要紧跟客户需求变化，在细分客户金融服务需求的基础上，充分运用新理念、新思维、新技术，积极探索新产品、新渠道、新模式，积极开发个性化、差异化、定制化金融产品。

通过加大竞争力度，在有效降低风险溢价的同时，提高金融服务质量。"贯彻落实新发展理念""为实体经济发展提供更高质量、更有效率的金融服务"。首先要精准，"要围绕建设现代化经济的产业体系、市场体系、区域发展体系、绿色发展体系等提供精准金融服务"。其次要突出重点，"要更加注意尊重市场规律、坚持精准支持，选择那些符合国家产业发展方向、主要相对集中于实体经济、技术先进、产品有市场、暂时遇到困难的民营企业重点支持"。根据民营企业融资需求特点，借助互联网、大数据等新技术，设计个性化产品，综合考虑资金成本、运营成本、服务模式以及担保方式等因素科学定价，着力提升对民营企业金融服务的针对性和有效性，充分激发民营经济的活力和创造力。最后，金融机构应基于现代金融科技，着眼于培育市场研发能力、资产识辨能力、风险资产定价能力等，大力发展普惠金融和绿色金融，降低金融服务成本，切实提高金融服务水平、质量和效率。

参考文献

曹鸿英：《对互联网保险发展的若干思考》，《时代金融》2014年第8期。

［美］查理士·恩诺克、［美］约翰·格林：《银行业的稳健与货币政策——全球经济中的一些问题及经验教训》，中国金融出版社1999年版。

陈琳：《互联网保险健康发展与风险管理对策研究》，《甘肃金融》2014年第8期。

陈志：《银行监管、货币政策与监管改革路径》，《金融研究》2001年第7期。

程华、杨云志：《区块链发展趋势与商业银行应对策略研究》，《金融监管研究》2016年第6期。

戴相龙：《关于中国金融改革若干主要问题的思考》，载李扬、王国刚、何德旭主编《中国金融理论前沿Ⅲ》，社会科学文献出版社2003年版。

［美］法博齐等：《资本市场：机构与工具》，经济科学出版社1998年版。

郭凡礼、蔡灵：《2017—2021年中国互联网金融行业深度调研及投资前景预测报告（上、下卷）》，2017年5月，http：//www.ocn.com.cn/reports/1377huanlianwangjinrong.shtml。

国家计划委员会计划干部培训中心编：《日本金融和外汇管理》，中国计划出版社1987年版。

[美]哈维尔·弗雷克斯、[美]让·夏尔·罗歇:《微观银行学》,西南财经大学出版社2000年版。

何德旭:《中国投资基金制度变迁分析》,西南财经大学出版社2003年版。

黄达:《从银行不被看好谈起》,《金融时报》2001年1月13日。

江其务:《中国金融:世纪之交的探索》,经济科学出版社2001年版。

[英]凯文·多德、[澳]默文·K.刘易斯:《金融与货币经济学前沿问题》,中国税务出版社2001年版。

兰日旭:《新中国金融业变迁及其特征:基于金融职能变化的视角》,《河北师范大学学报》(哲学社会科学版)2017年第6期。

黎江、何京汉:《区块链、分布式账本技术解读》,《金融电子化》2016年第3期。

李德:《六十余载辉煌路——党领导下的新中国金融业发展历程(一)》,《中国金融家》2013年第1期。

李弘等主编:《货币、金融与经济发展》,中国金融出版社1988年版。

李红坤等:《国内外互联网保险发展比较及其对我国的启示》,《金融发展研究》2014年第10期。

李文泓:《银行业金融宏观审慎管理:思路和政策框架》,《中国金融》2010年第13期。

廖理:《探求智慧之旅——哈佛、麻省理工著名经济学家访谈录》,北京大学出版社2000年版。

林毅夫:《关于制度变迁的经济学理论:诱致性变迁与强制性变迁》,载盛洪主编《现代制度经济学》,北京大学出版社2003年版。

诺斯:《新制度经济学及其发展》,载孙宽平主编《转轨、规制与制度选择》,社会科学文献出版社2004年版。

齐世平:《中国互联网金融发展研究——基于提高金融包容性的视角》,博士学位论文,中共中央党校,2015年。

清华大学五道口金融学院互联网金融实验室、阳光互联网金融创新研究中心:《全球互联网金融商业模式报告(2015)》,2015年12月

16日。

邱峰：《对互联网保险发展路径的思考》，《河北金融》2014年第9期。

饶波、郑联盛：《美国金融监管体系改革的启示与借鉴》，《上海金融》2009年第12期。

尚明：《新中国金融50年》，中国财政经济出版社2000年版。

唐双宁：《21世纪国际银行监管新趋势及其对我国的启示》，《金融研究》2001年第1期。

唐昭霞、高雅：《中国互联网金融常态化发展道路探析——基于中美互联网金融的对比分析》，《西南金融》2015年第12期。

田力、胡改导、王东方：《中国农村金融融量问题研究》，《金融研究》2004年第3期。

王国刚：《中国金融60年：在风雨前行中的辉煌发展》，《财贸经济》2009年第9期。

王君：《金融监管机构设置问题的研究》，《经济社会体制比较》2001年第1期。

王明国：《我国互联网金融发展的现状与问题》，《银行家》2015年第5期。

王勇：《我国国家公债面临的挑战与选择》，《财政研究资料》1989年第18期。

王自力：《我国金融监管体系与监管模式的重新探讨》，《金融研究》2000年第12期。

吴定富：《国际金融监管改革最新进展及启示》，2011年3月2日。

谢平、邹传伟：《互联网金融模式研究》，《金融研究》2012年第12期。

谢平：《开放式基金对现代金融理论的突破》，《金融时报》2001年3月24日。

益言：《区块链的发展现状、银行面临的挑战及对策分析》，《金融会计》2016年第4期。

［美］约翰·施梅尔：《21世纪银行的命运》，《芝加哥论坛报》1995

年6月18日。

张波:《国外区块链技术的运用情况及相关启示》,《金融科技时代》2016年第5期。

张朝晖:《中国银行业监督管理委员会将实施新的审慎监管框架》,《中国证券报》2011年2月22日。

张宁等:《能源互联网中的区块链技术:研究框架与典型应用初探》,《中国电机工程学报》2016年第36期。

张松:《互联网金融下的操作风险管理探究》,《新金融》2013年第9期。

赵海宽、郭田勇:《中国金融体制改革20年》,中州古籍出版社1998年版。

证监会:《中国资本市场发展报告》,中国金融出版社2008年版。

郑联盛:《全球经济衰退的最新走势与中国的应对》,《和平与发展》2010年第2期。

郑新立、胡继晔:《中国金融业制度变迁》,载《中国经济发展和体制改革报告NO.2》,社会科学文献出版社2009年版。

中国保险行业协会:《互联网保险行业发展研究报告》,中国财政经济出版社2014年版。

中国人民银行编著:《中国共产党领导下的金融发展简史》,中国金融出版社2012年版。

中国人民银行东营市中心支行课题组:《我国金融超前监管的实践性研究》,《金融研究》2001年第4期。

周小川:《建立更加完善的金融宏观审慎政策框架》,《中国金融》2011年第1期。

[美]兹维·博迪、[美]罗伯特·C.莫顿:《金融学》,中国人民大学出版社1998年版。

Kane, E. J., "Accelerating Inflation, Technological Innovation, and the Decreasing Effectiveness of Banking Regulation", *The Journal of Finance* 36, 1981.

第二章

新中国货币政策框架70年：变迁与转型

新中国成立70年来，伴随着经济体制的变革和经济发展阶段的不同，中国的货币金融管理体制和理念也几经变迁；但不论在哪个历史时期，货币金融始终在经济发展中扮演着至关重要的角色。本章聚焦于"货币政策框架"这一货币金融学理论与实践中的核心议题，系统梳理70年以来货币政策框架的历史变迁，分析其现状及面临的挑战，并探讨未来货币政策框架转型的方向。

概括而言，狭义的货币政策框架由四部分内容构成——货币政策目标、货币政策工具、货币政策规则以及货币政策传导渠道；其中，货币政策目标又可分为最终目标和中介目标（图2.1）；广义的货币政策框架还应包括一个国家或经济体的货币创造机制。狭义的货币政策框架更多的是从宏观调控的视角来审视和理解货币政策的，货币创造机制虽然不属于宏观调控的范畴，但却是货币政策的重要内核和货币政策框架运行的基础，是比作为宏观调控意义下的狭义货币政策更为根本的概念。可以说，关于货币政策目标、工具、规则、传导渠道的讨论都离不开货币创造机制这一基础。特别是在当前中国经济金融结构转型调整的特殊时期，货币创造机制也在发生深刻转型，对货币政策框架的讨论尤其离不开对货币创造机制及其内在变化的充分认识。因而，本章也将货币创造机制纳入讨论范畴，综合从货币创造机制、货币政策目标、货币政策工具、货币政策规则、货币政策传导渠道五个维度对货币政策框架的历史变迁和现状特征展开阐述。

在具体阐述货币政策框架之前，有必要先对新中国成立70年来货币金融管理体制的历史沿革加以简要回顾，作为理解下文的制度背景。中华人民共和国的货币金融管理体制的历史渊源可追溯至第二次国内革命战争时期——1931年在江西瑞金成立的"中华苏维埃共和国国家银行"①。在此后的土地革命和抗日战争时期，多个根据地各自发行流通于本区域内的货币。1948年12月，中国人民银行在石家庄以原华北银行为基础组建成立，开始发行人民币作为法定本位币。新中国成立之初完成了全国货币的统一②，建立起了统一、垂直领导的国家银行体系。以1953年开始实施第一个"五年计划"为标志，中国进入了计划经济时期。在高度集中统一的计划经济管理体制下，货币金融领域也实行高度集中统一的国家银行体制和计划管理，中国人民银行同时兼负中央银行和商业银行的双重职能——"既是行使货币发行、金融管理职能的中央银行，又是从事信贷、储蓄、结算、外汇等银行业务活动的金融机构"③。这一时期的宏观经济管理以实物管理为主、以价值管理为辅，资金分配调动以财政为主、以货币信贷为辅，在1969年7月至1978年1月甚至曾一度出现财政部与人民银行总行合署办公的情形，货币金融处于相对次要的地位。1978年党的十一届三中全会做出了改革开放的重大战略部署，中国开始由计划经济体制向市场经济体制渐进转轨，同时金融体系也开始朝着机构多元、门类多样的方向发展，中央银行职能与具体金融业务的分野日渐清晰。1983年9月国务院发布《关于中国人民银行专门行使中央银行职能的决定》，从此开始探索建立现代意义上的货币政策调控管理框架。1992年党的十四大之后，在建立和完善社会主义市场经济体制的过程

---

① 戴相龙主编：《中国人民银行五十年——中央银行制度的发展历程1948—1998》，中国金融出版社1998年版；刘国昆：《史诗般的创举——中央革命根据地货币纪实》，《金融与经济》2012年第9期。

② 武力：《中华人民共和国成立前后的货币统一》，《当代中国史研究》1995年第4期；潘连贵：《建国前后人民币制度的形成与发展》，《上海金融》1998年第11期。

③ 戴相龙主编：《中国人民银行五十年——中央银行制度的发展历程1948—1998》，中国金融出版社1998年版。

中，对金融领域进行了大刀阔斧的改革，金融体系得以长足发展。特别是 1995 年《中国人民银行法》颁布后，中国基本形成了中国人民银行在国务院领导下独立执行货币政策的中央银行体制。货币政策框架经历了 1993 年经济过热、亚洲金融危机后通货紧缩、加入 WTO 以及 2008 年国际金融危机等内部压力和外部冲击的考验，并在压力和考验中不断完善。2012 年党的十八大之后，中国经济一度处于"三期叠加"的特殊时期，面临着一系列新机遇与新挑战，金融领域的形势比以往更加复杂化，各种新金融业态涌现，影子银行体系呈快速演化发展之势，信用创造活动活跃多变，宏观杠杆率持续攀升，金融风险隐患增多……这些都对货币政策框架提出了新的要求。以 2017 年全国金融工作会议召开为标志，新一轮的金融改革开启，货币政策框架也进入了新一轮的调整和创新。

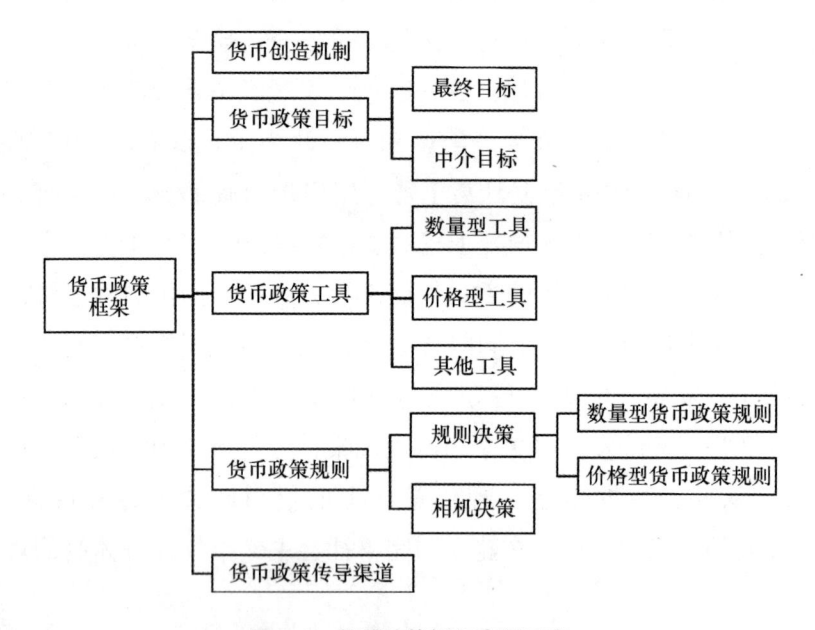

图 2.1　货币政策框架内涵示意

资料来源：作者绘制。

第一节　新中国成立后的货币政策框架探索
（1949—1977年）

第一、第二、第三节大致分五个历史阶段对70年以来中国货币政策框架的演进脉络进行梳理分析：第一个阶段是新中国成立之初的国民经济恢复时期，时间跨度大致为1949年至1952年；第二个阶段是计划经济时期，时间跨度大致为1953年至1977年；第三个阶段为计划与市场调节并存时期，时间跨度大致为1978年至1992年；第四个阶段为建立与完善社会主义市场经济时期，时间跨度大致为1993年至2012年；第五个阶段是2013年全面深化改革以来。对前四个时期的回顾侧重于货币创造机制、货币政策目标和货币政策工具三方面，对货币政策规则和传导渠道的讨论统一放在下一节进行。

一　国民经济恢复时期的货币金融政策：1949—1952年

在新中国成立之初的国民经济恢复时期，尚不存在现代意义上的货币政策框架。由于连年战乱，区域经济长期处于分割状态，难以得到有效整合，各个地区使用不同的货币进行流通，名称多样，版式各异，比价不一，全国币值体系纷繁复杂。[1] 对于新生政权而言，首要任务之一是较快地建立起自主、独立、统一的货币体系，因而推进人民币发行和全国币制统一成为当时货币金融领域的中心工作。解放区之间的货币统一早从1947年解放战争转入战略进攻阶段就已开始。1948年3月，华北五大解放区[2]在华北金融贸易会议上做出《统一新中国货币问题》的决议，提出了统一货币的原则性方案——"先统一

---

[1] 武力：《中华人民共和国成立前后的货币统一》，《当代中国史研究》1995年第4期。
[2] 指陕甘宁、晋绥、晋察冀、晋冀鲁豫边区和山东解放区。

本区①之货币，然后再由北向南，先是东北和华北，其次是西北和中原，然后是华西和华南，最后以中国人民银行之本位货币之发行实现全国之大统一"②。1948年12月，华北人民政府开始发行中国人民银行钞票，作为华北、华东和西北三区统一流通的本位货币，同时规定了新旧货币的比价；逐渐收回各个根据地或解放区在土地革命、抗日战争和解放战争等不同历史时期发行的旧币，并对国民党政府发行的金圆券采取"排挤为主、收兑为辅、限期兑换"③的方针。

这一时期的货币创造机制较为简单，人民币现钞的发行流通和币值稳定主要依赖于新生政权的信用与权威，包括军事实力、保障物资供应和物价稳定的能力等多个方面。相对而言，银行、钱庄等私营金融机构的信用派生活动在货币创造中的作用很有限。

该时期的货币政策目标聚焦于防治通货膨胀和确保金融稳定，从而树立和维护全社会对人民币的信心，保障人民币发行和全国币值统一。1949年4月到1950年3月，先后发生了四次以大城市为中心的物价上涨风潮。以"上海批发物价指数"为例，1950年3月相比1948年12月上涨了42倍。④同时，金银、外币的黑市交易活跃，高利拆借等金融投机活动猖獗，严重影响人民币发行和币值稳定，并易陷入恶性循环。事实上，防治通货膨胀、确保金融稳定、维护全社会对人民币的信心在当时不仅是货币金融政策的目标，同时也是整个财经工作全局的重要目标⑤；为了实现这一目标，不仅要控制现金发行，而且需要物资调配、打击投机倒把等工作的密切配合。这一时期初步形成了"三大平衡"的财经工作理念，"现金收付平衡"作为三大平衡之一⑥，或可近似地被认为是该时期货币政策的中介目标。

---

① 指的是"东北、华北、西北、中原、华西、华南"六大区。
② 中国人民银行：《中国人民银行六十年：1948—2008》，中国金融出版社2008年版。
③ 同上。
④ 同上。
⑤ 薛暮桥、吴凯泰：《新中国成立前后稳定物价的斗争》，《经济研究》1985年第2期。
⑥ 详见1950年3月政务院颁布的《关于统一国家财政经济工作的决定》。

为了实现防治通货膨胀、确保金融稳定、维护人民币信心、保障人民币发行的目标,新生政权综合使用了多种货币政策工具和非货币政策工具。其中,货币政策工具主要有以下几项。一是减少现钞投放,加强现金管理。例如,中国人民银行与贸易部签订《贸易金库合同》,与铁道部、燃料工业部、重工业部、邮电部等部门签订代理金库与调拨资金合同[1],统一收纳调度资金。1949年颁布《全面开展内汇决定的通知》,推进非现金结算。二是开展"折实储蓄"、保本保值储蓄、有奖储蓄,鼓励银行吸收存款、收回贷款,以紧缩银根。三是调整存款、贷款利率。多次根据物价形势调高或降低存贷款利率,间接调节市场资金供求。四是发行"人民胜利折实公债",收进黄金、美元,回笼货币。五是对国营部门和私营部门、贸易部门和生产部门实行有区别的信贷政策,灵活运用信贷杠杆。非货币政策工具主要包括[2]:一是跨区调配物资,组织国营贸易集中抛售物资,调动私营企业生产积极性,减轻商品市场供求压力;二是加强税收,回笼货币;三是运用行政手段打击投机势力,查缉投机活动、取缔据点、惩处首要投机分子;四是疏导游资,开放北京、天津原已查封的证券交易所。

二 计划经济时期的货币金融政策框架:1953—1977年

计划经济时期形成了一套独特的、从属于计划经济管理体制的货币金融政策框架。这套框架与如今社会主义市场经济体制下的货币政策框架迥然不同。在计划经济时期,财政与信贷作为资金供应的两种渠道实行分口管理,其中财政是主渠道,"基本建设资金、国营企业自有资金和定额流动资金"的供应由财政承担,银行信贷政策居于从属地位,仅提供"企业临时性资金或超定额流动资金、集体所有制的生产流动资金、对农民的小额生活贷款"。以1978年为例,银行信贷

---

[1] 中国人民银行:《中国人民银行六十年:1948—2008》,中国金融出版社2008年版。
[2] 作者根据《中国人民银行大事记》《陈云文选》(第二卷、第三卷)等资料整理。

供应只占到生产、流通、建设资金的 23.4%，其余主要部分均通过财政进行分配。① 生产资料的交换主要按照计划规定的价格采取转账方式进行结算，因而企业之间生产资料交换只涉及银行存贷款的增减划拨，不关乎现金交易。使用现金的领域主要包括：一是机关企事业单位工资发放，二是机关企事业单位零星费用开支，三是农副产品采购，四是个人或集体存款提取。

这一时期的货币投放机制分为两类：一类是现金投放，如机关企事业单位对员工的工资支出；另一类是信贷投放，如农业贷款、基本建设贷款等。虽然贷款派生存款的货币创造机制理论上仍然存在，但考虑到"大一统"的国家银行体制以及严格的信贷计划管理，派生机制难以对实体经济有效发挥实质性作用。

与国民经济恢复时期相比，这一时期货币信贷政策在严格的计划管理体制下有了更为明确的目标：一是现金收支平衡，二是信贷平衡，以及信贷与财政物资之间的综合平衡。这些计划平衡关系集中地反映为消费品领域的物价稳定与否——由于现金主要用于消费品交易，因而一旦流通中的现金量超过消费资料供给量，就容易出现物价上涨，或者造成有价无市、排队抢购、凭票供应的"隐性通胀"局面。1956 年、1958 年、1967—1968 年和 1976 年，曾先后出现过四轮较为严重的通货膨胀。为了实现消费品领域物价稳定的目标，这一时期货币信贷政策当局习惯以"市场现金流通量增速"和"市场现金流通量与社会商品零售额的比例"作为中介目标。在"大跃进"及"文化大革命"期间，信贷计划管理体制受到严重干扰，人民银行的组织机构一度被裁减破坏，计划平衡目标及现金流通量目标失去效力。② 1956 年，在国营商业商品库存同比减少 6.5% 的情况下，市场现金流通量却同比增加了 42%，预示着通货膨胀压

---

① 戴相龙主编：《中国人民银行五十年——中央银行制度的发展历程 1948—1998》，中国金融出版社 1998 年版。
② 张鹏、许亦平、林桂军：《中国计划经济时期货币政策回顾：1952—1978》，《中国经济史研究》2010 年第 3 期。

力。"文化大革命"初期由于货币增发，市场现金流通量与社会商品零售额的比例由1965年的1∶8.9快速下降至1∶6，消费品供应短缺和物价上涨压力日趋紧张。

计划经济时期的货币政策工具主要是各类行政指令性的计划管理手段，主要包括两类。

一类是"综合信贷计划管理"。"综合信贷计划管理"从1953年开始实行，特点是"统收统支、统存统贷"，主要内容可以概括为三点[1]：一是各级存款全部集中于总行统一支配，贷款由总行统一核批指标；二是各级银行的存款与贷款脱钩，各项贷款指标不能调剂使用；三是各级企业编制并逐级上报贷款计划，经国家主管部门和总行同意后再逐级下批。中国人民银行每年根据有关国民经济计划编制年度综合信贷计划，经国家计委进行综合平衡，报国务院批准后纳入国民经济计划下达执行。各产业部门和地区也要分别编制相应的部门或地区信贷计划，向上报中国人民银行总行进行统一平衡。除了年度计划外，季度和月度也有相应的信贷计划管理。

另一类是"现金收支计划管理"。中国人民银行从1953年开始以国民经济计划为依据编制现金出纳计划，分现金收入和现金支出渠道测算现金流动总规模，计算当年现金投放或回笼差额[2]，并按照计划调节货币流通。具体调节手段主要包括：控制现金使用范围，强化非现金结算；控制工资开支，如1960年开始实行的工资基金监督制度；鼓励储蓄；通过商品销售回笼现金[3]等。

---

[1] 作者根据1955年6月中国人民银行《关于编制季度信贷计划的暂行规定》《中国人民银行五十年》的相关记录整理。
[2] 详见中国人民银行《关于进一步加强现金出纳计划工作的报告》，1959年。
[3] 例如，1961年曾通过销售高价点心、糖果、酒的临时办法回笼33亿元现金。详见戴相龙主编《中国人民银行五十年——中央银行制度的发展历程1948—1998》，中国金融出版社1998年版。

第二节 货币政策框架的改革与完善
（1978—2012年）

一 计划与市场调节并存时期的货币政策框架：1978—1992年

改革开放之后，伴随着计划管理体制向市场经济体制的转轨，原有计划体制下的货币金融政策框架也开始逐步调整，初步为日后社会主体市场经济环境下的货币政策框架塑造了雏形。可以说，转轨是改革开放之初计划与市场调节并存时期货币政策框架最为典型的特征。

转轨特征首先体现在货币创造机制的转型上。1983年中国人民银行开始专门行使中央银行职能之后，中央银行与专业银行等商业金融机构的分工日渐清晰，中国人民银行不再针对社会公众办理银行业务，专业银行等金融机构开始在货币创造中发挥越来越重要的作用，"双层"货币创造机制逐渐得到巩固——中央银行通过对金融机构贷款、购买外汇和金银等手段发行基础货币，银行金融机构通过贷款派生等渠道创造存款货币。

在这一时期，货币政策的最终目标主要体现在两方面：首先，维护物价稳定依然是主要目标。由计划经济向市场经济转轨的特殊阶段通货膨胀易发高发，通胀治理在这一时期始终是货币政策面临的首要难题和突出任务。其中以1979年、1984年和1988年的通胀治理最具代表性。其次，促进产业结构调整在这一时期也开始成为改革者赋予货币政策的目标之一。在总量控制回旋余地有限的情况下，政府通过信贷结构的有增有减，推动产业结构调整优化。考虑到改革开放初期的供求特点，信贷结构的调整主要是优先保证农副产品生产收购加工、纺织等轻工业以及国有大中型骨干企业的贷款需求，压缩低效益项目、非生产型项目、自筹固定资产投资项目等的不合理贷款。[①]

与此同时，随着货币信贷监测范围逐步得到扩大和丰富，市场化的货币政策中介目标体系也开始初步形成并日渐清晰。随着商品经济的发展，经济货币化程度不断提高，现金和信贷适用范围大幅扩张，因此1987年中国人民银行开始试编"货币供应量计划"，[②] 将存款纳入货币统计概念之中；1989年开始编制"全社会信用规划"，将信贷管理由银行贷款推广到更广泛的信用创造。这两个举措标志着"双向"调控模式的雏形开始形成，即同时从信用创造和货币供应两端进行监测和调控。"双向"调控模式在此后不断丰富完善，在很大程度上奠定了中国货币政策中介目标体系的格局，后来中国人民银行定期发布的货币统计、金融机构信贷收支统计、社会融资统计就脱胎于此，时至今日它们依然是监测货币金融环境和研究制定货币政策的重要依据。另外，这一时期货币信贷监测工作不断体系化，由以往的"一次计划管全年"转向了季度、月度的经常性监测预测，指标体系更为健全。

该时期既是中国经济由计划体制向市场体制的转轨期，同时也是中国人民银行由"大一统"的国家银行向专门行使中央银行职能的过渡期，地方和部门利益干预仍在较大程度上存在，制约着间接调控工具的作用发挥。因而一方面，原有的信贷规模和现金发行计划控制仍然在较大程度上作为货币政策工具发挥作用；另一方面，由于非银金融业务的发展，原有的计划经济时期的信贷计划管理模式也出现了一定调整，形成了分层次的信贷计划管理体系。[③] 此外，人民银行在该时期对货币政策工具进行了一系列重大改革与创新，先后创设了多种间接调控工具，尝试建立起直接调控工具与间接调控工具相结合的格

[①] 详见国务院批转的中国人民银行《关于控制货币、稳定金融几项措施的报告》(1988年8月11日)、国务院《关于当前产业政策要点的决定》(国发〔1989〕29号) 等文件。

[②] 详见中国人民银行《关于完善信贷资金管理办法的规定》(银发〔1986〕401号)。

[③] 详见1986年12月中国人民银行《关于完善信贷资金管理办法的规定》、1988年3月中国人民银行《1988年深化信贷资金管理体制改革的意见》。

局。一是创立了中央银行贷款制度。人民银行通过增减对国有专业银行等金融机构的央行贷款投放，在不直接干预专业银行自主经营的前提下间接影响其信贷量，成为调控贷款规模和货币供应量的一种重要工具。二是设立了存款准备金制度。1984 年开始实施法定准备金制度，1988 年又建立了支付准备金制度。三是对利率体系进行了调整改革，增加利率档次、实行差别利率、调整利率体系，加强了对各类金融机构的利率管理。这一时期央行曾多次动用利率调整工具来实施货币政策。

二 建立与完善社会主义市场经济时期的货币政策框架：1993—2012 年

1992 年，党的十四大确立了建立社会主义市场经济体制的改革目标，以此为标志，中国进入了建立和完善社会主义市场经济体制的新阶段。在这一时期，货币政策框架加快丰富完善，向日趋成熟的方向发展。

首先，双层货币创造机制进一步发展演化，货币信用创造活动更加活跃。这一时期的货币创造机制呈现出两个典型特征：

一是基础货币发行渠道多元化，特别是外汇占款渠道一度成为央行发行基础货币的主要机制。在经常项目和资本项目双顺差规模不断扩大的情况下，出口企业和来华外商将手中的外汇到开户行结汇，换成人民币；其开户行再将收到的外汇到中央银行结汇，这一过程同时也是"外汇占款渠道"创造基础货币的过程。加入 WTO 之后到 2009 年之前，通过外汇占款渠道创造的基础货币曾经一度超过了当年基础货币的净增量。尤其是在 2004—2006 年三年期间，央行资产负债表的外汇占款项目每年分别增加了 1.6 万亿、1.6 万亿和 2.2 万亿元，分别占到当年基础货币净增量的 268%、295% 和 166%[①]，以至于中央银行在这一时期不得不经常通过发行央行票据的方式回笼外汇占款渠道释

---

① 冯明、杨赫：《基础货币创造机制转型》，《中国金融》2018 年第 8 期。

放的过量基础货币。

二是商业银行的货币派生能力不断增强，在货币创造机制中发挥着越来越主动和主要的作用。存款货币的增速远远快于流通中现金的增速——在1993年至2013年的二十年间，M0由5864.7亿元增长到58574.4亿元，仅扩大了9.0倍；而M2由34879.8亿元增长到1106525.0亿元，扩大了高达30.7倍。M0占M2的比例由1993年的16.8%持续下降到2013年的5.3%。

其次，在这一时期，货币政策调控由直接调控向间接调控转型，中国逐步建立起同社会主义市场经济相适应的货币政策调控体系。1993年国务院《关于金融体制改革的决定》首次以中央文件的形式阐述了货币政策的最终目标和中介目标，指出货币政策的最终目标是"保持货币的稳定，并以此促进经济增长"，中介目标和操作目标是"货币供应量、信用总量、同业拆借利率和银行备付金率"[①]。1995年通过的《中国人民银行法》沿用了"货币政策目标是保持货币币值的稳定，并以此促进经济增长"的表述，但未就最终目标和中介目标进行区分说明。通过梳理历史脉络可知，相对于之前而言，此时"保持货币（币值）的稳定，并以此促进经济增长"的表述是对货币币值稳定这一目标的强化，在一定程度上标志着当时改革者和立法者转变中国人民银行职能的意图以及对货币政策目标单一化的取向。随着金融改革的深入，地方或部门利益干扰货币信贷政策的弊病在这一阶段后期得到了较大程度的遏制。在货币政策中介目标层面，货币供应量在该时期逐渐被更多地关注和依赖。央行从1994年开始逐季发布三个层次的货币供应量数据（M0、M1、M2）。

与此同时，央行在实施货币政策时开始更加注重采用间接工具和国际通行的政策工具来进行宏观调控。一是自1994年10月开始办理再贴现业务，自此再贴现逐步成为一种常用的货币政策工具。此后，央行可以灵活地通过增减额度、放松或收紧再贴现条件、调整再贴现

---

① 详见国务院《关于金融体制改革的决定》（国发〔1993〕91号），1993年12月25日。

率、选择再贴现对象等手段进行货币量调控。二是央行开始进行公开市场操作，通过买卖有价证券收放货币供应和调节利率水平。具体包括1994年4月开始的外汇公开市场操作、1996年4月开始的国债公开市场操作，以及后来的政策性金融债、央行融资券等证券的公开市场操作。三是改革完善已有的中央银行贷款制度和存款准备金制度。1995年，中央银行贷款统一收归总行管理，由中国人民银行总行直接向各商业银行法人发放；中国人民银行分支机构与商业银行分支机构不再直接参与中央银行再贷款操作。1998年，法定准备金与支付准备金合并，并大幅下调法定存款准备金率。相应地，计划工具和直接指令性工具在这一时期逐渐被弱化或终止使用。例如，1998年1月取消了对国有银行的贷款规模控制，[①] 不再下达指令性计划，而改为指导性计划，央行转而对商业银行推行资产负债比例管理和风险管理。

第三节　全面深化改革以来的货币政策框架转型及新特征（2013—2019年）

2008年国际金融危机之后，世界经济形势发生了重大变化，中国经济在经历了"四万亿"政策刺激和短暂调整之后，开始由高速增长阶段转向中高速增长阶段，经济结构转型加快。2013年到2014年，中央先后对宏观经济形势做出"三期叠加"和"新常态"的重大论断。经济形势的变化改变了货币政策的运行环境，也在客观上要求货币政策框架进行主动适应和转型调整。[②] 本节着重刻画2013年全面深化改革以来尤其是当前中国货币政策框架的转型变化及新特征。

[①] 详见中国人民银行《关于改进国有商业银行贷款规模管理的通知》，1997年12月24日颁布。

[②] 何德旭：《货币政策新框架》，《中国经济报告》2015年第1期；孙国峰：《后危机时代的全球货币政策新框架》，《国际金融研究》2017年第12期。

一 基础货币创造机制发生结构转型，货币信用体系日趋复杂化

在基础货币创造层面，外汇占款渠道与央行再贷款渠道近年来此消彼长。外汇占款渠道从2010年开始相对收缩，2015年之后则进一步发生了方向性逆转，由释放基础货币转为回笼基础货币（图2.2）。2015—2017年的三年间，外汇占款分别缩减了2.2万亿元、2.9万亿元和4637亿元。在外汇占款渠道收缩的情况下，中国人民银行新创设了常备借贷便利（SLF）、抵押补充贷款（PSL）、中期借贷便利（MLF）等工具来补充基础货币，这些工具本质上都是中央银行向商业银行的再贷款。2016年和2017年，央行再贷款分别增加了5.8万亿元和1.7万亿元，占到当年基础货币净增量的159%和150%。[1]

在基础货币创造渠道转型的同时，商业银行、非银金融机构以及民间金融的信用创造活动也在发生明显变化。一是银行信贷出表，信用创造活动复杂化。商业银行在传统的贷款信用创造之外，通过信托、基金、资管计划等非银通道向实体经济大规模输送资金，信用创造链条加长，银行信用、非银金融机构信用、商业信用相互交织，高度复杂化。二是银行理财和货币市场基金爆发式增长。在传统的活期存款和定期存款之外，这些具有部分货币属性的新型金融资产的规模不断扩大，货币的内涵与外延在动态发展中出现了模糊地带。三是在互联网、智能手机等技术普及的推动下，以P2P、区块链代币为代表的民间信用活动在正规金融体系之外野蛮生长。这些信用创造活动有的确实以真实的实体经济活动为基础、提高了金融服务实体经济的效率，有的是为了实现监管套利，有的则是借新兴科技浪潮在合法与非法的边缘游走；但不论如何，这些信用创造活动客观而言均在一定程度上改变了原先主要依靠贷款派生存款的传统货币创造体系，同时也影响着传统货币政策工具的有效性和货币政策传导渠道的通畅程度。

---

[1] 冯明、杨赫：《基础货币创造机制转型》，《中国金融》2018年第8期。

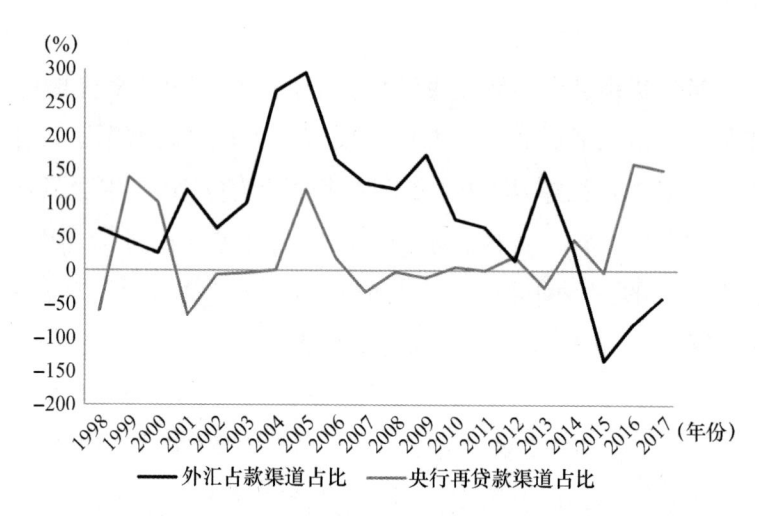

图 2.2 外汇占款渠道与央行再贷款渠道在基础货币增量中的占比

资料来源：中国人民银行。

二 多元目标相机调整，中介目标由数量型向价格型过渡

（一）货币政策的最终目标

关于中国货币政策的最终目标，长期以来存在争议。首先，《中国人民银行法》第三条的表述为"保持货币币值的稳定"；但"币值稳定"一词的含义较为宽泛，理论上和实践中均容易产生歧义。在不同场景下可能产生至少如下三种对"币值稳定"的不同理解：一是理解为人民币相对于一般消费品的购买力稳定，即通货膨胀率保持在适度区间；二是理解为人民币相对于美元或一篮子外币的汇率稳定；三是还有观点将其理解为人民币相对于黄金等贵金属或其他资产的比价稳定。

其次，尽管如上文所述，《中国人民银行法》立法文本中体现了一定的"单一目标"取向；但在实践中，中国货币政策追求的最终目标却较为多元。周小川将中国央行的货币政策目标表述为"4 + 2 模式"[①]，其中的"4"包括：维护价格稳定、促进经济增长、促进就业、保持国际收支大体平衡，"2"是推动改革开放和金融市场发展。他认

---

① 周小川：《把握好多目标货币政策：转型的中国经济的视角》，《金融时报》2016 年 6 月 25 日第 1 版。

为中国转轨经济体的特性决定了央行"多目标"的特点。马骏、管涛[①]认为，中国的货币政策在一定程度上同时追求增长、就业、通胀、汇率、外汇储备水平、金融稳定和结构调整等至少七个最终目标。梳理总结发现，中国货币政策的最终目标兼顾物价稳定、经济增长、就业、汇率、外汇储备水平、金融稳定和防风险、经济结构调整、促改革、惠民生等多个方面。

上述这些最终目标在具体操作中又分别对应着各自相应的一系列统计指标。如经济增长目标对应于实际GDP增速、工业增加值增速、固定资产投资增速等，就业目标对应于城镇新增就业量和失业率等，通胀目标对应于CPI、PPI、GDP平减指数等，汇率目标对应于人民币兑美元汇率和CFETS人民币汇率指数等，外汇储备目标对应于外汇储备余额及变化量，金融稳定目标对应于信贷市场、股市、债市、汇市、房地产市场的表现，经济结构调整目标对应于第一、第二、第三次产业结构、消费投资结构、高新技术产业占比等重要的结构比例关系等。

在不同时期，货币政策当局对不同目标的相对重视程度会随着国内外经济金融形势的变化而做出相机调整。例如，当通胀压力较大时，会调高物价稳定的权重；当外部冲击来临时，会调高经济增长和就业的权重；当资产价格大幅变动时，会调高金融稳定的权重等。但需要说明的是，上述不同目标对货币政策走向的要求并非总是一致的，彼此之间可能发生冲突，从而导致货币当局陷入两难境地。例如，在2012年之后的一段时期中国经济持续面临增速下行压力，同时防范金融风险和结构性去杠杆的任务也很艰巨：一方面，稳增长目标需要偏宽松的货币政策；而另一方面，宽松的货币环境却不利于去杠杆，反而可能进一步推升房地产价格，积聚金融风险。这时，央行就需要在稳增长目标与金融稳定目标之间做出权衡取舍，恰当地把握好平衡。

(二) 货币政策的中介目标

当前，中国央行盯住的中介目标正在由数量型中介目标向价格型

[①] 马骏、管涛：《利率市场化与货币政策框架转型》，中国金融出版社2018年版。

中介目标过渡。长期以来，中国央行主要盯住广义货币量（M2）、社会融资规模、新增贷款及其增速等数量型中介目标。随着经济结构和金融结构日趋复杂，一方面，央行跟踪监测、准确调控货币信贷数量的难度越来越大；另一方面，货币信贷数量与经济增速、通货膨胀、金融稳定之间的相关性也在弱化。这两方面因素都提高了货币政策中介目标由数量型向价格型转变的必要性和紧迫性。

在存贷款利率上下限管制放开之前，央行关注的价格型中介目标主要是商业银行存贷款基准利率；利率管制放开之后，尽管从理论上而言，一般贷款加权平均利率可作为备选的中介目标，但是，一般贷款加权平均利率并非市场交易直接形成的价格，需要经过抽样统计和计算处理，时效性和可靠性都存在不足，因此一般不作为中介目标使用。目前充当中介目标的主要是货币市场利率，如上海银行间同业拆放利率（Shibor）、正逆回购利率等指标。近年来，央行尝试建立了以常备借贷便利（SLF）7天期利率为上限、以7天期逆回购利率为下限的"利率走廊"，同时更加重视存款类金融机构7天期质押回购利率（DR007）的中介作用。从金融市场反应来看，从2018年以来DR007作为央行政策利率的认可度最高，或在一定程度上发挥着"准政策利率"的功能。

三　数量型工具与价格型工具并存，新创设多种结构性工具

中国央行当前的货币政策工具箱中，数量型工具与价格型工具并存。传统上，中国央行依赖的数量型货币政策工具如调整法定存款准备金率、公开市场操作、再贷款和再贴现等，价格型工具如调整商业银行存贷款基准利率、调整超额准备金的利率等。2015年10月，随着存款利率上限管制的取消，所有主要利率的管制名义上已经解除；此后，存贷款基准利率调整尽管仍是一项货币政策工具，但至少从法律意义而言，其政策效力会减弱。有必要说明的是，数量型中介目标与数量型工具、价格型中介目标与价格型工具之间并非一一对应的关系。数量型目标既可以通过数量型工具来实现，也可以通过价格型工

具来实现;价格型目标亦然。在货币政策中介目标由数量型目标向价格型目标过渡的过程中,货币政策工具仍然需要数量型与价格型并用。未来,即便完全过渡到价格型目标,存款准备金率、再贷款等数量型工具依然有存在的必要。

从2013年开始,央行先后创设了多种新的结构性货币政策工具,如短期流动性调节工具(SLO)、常备借贷便利(SLF)、中期借贷便利(MLF)、抵押补充贷款(PSL)、定向中期借贷便利(TMLF)等;同时,央行多次使用了定向降准、定向增加支农支小再贷款和再贴现额度、定向降低支农支小再贷款利率等结构性工具来引导金融机构加大对小微企业、"三农"和科技创新领域的信贷投放。新中国成立以来,中国央行货币政策工具使用情况见表2.1。

表2.1 中国人民银行货币政策工具及其创设时间(1949—2018年)

货币政策工具	创设时间	当前是否仍在使用
利率调整	中国人民银行成立以来	是
行政手段	中国人民银行成立以来	较少使用
特种储蓄	1949年4月,折实储蓄、保本保值储蓄;1950年,有奖储蓄	基本不再使用
有区别的信贷政策/结构性信贷政策	1950年以来	是
综合信贷计划管理	1953年	否
现金收支计划管理	1953年	否
中央银行贷款(再贷款)	1984年	是
存款准备金率	1984年设立法定存款准备金制度;1988年建立支付准备金制度;1998年3月法定准备金与支付准备金账户合二为一;2014年4月之后新创设了定向降准工具	是
特种存款	1987年和1988年、2007年	极少使用

续表

货币政策工具	创设时间	当前是否仍在使用
再贴现	1994 年 10 月	是
公开市场操作*	1994 年 4 月开始外汇交易，1996 年 4 月开始国债交易	是
窗口指导	创设时间不明确，1998 年开始经常性使用	偶尔使用
前瞻性指引	2008 年以来	是
短期流动性调节工具（SLO）	2013 年	是
常备借贷便利（SLF）	2013 年	是
中期借贷便利（MLF）	2014 年	是
抵押补充贷款（PSL）	2014 年	是
定向中期借贷便利（TMLF）	2018 年	是

注：早在新中国成立之初的国民经济恢复时期，人民银行就曾采取过在公开市场买卖黄金、美元等资产来调节货币供应量，也可视作公开市场操作的早期形态。

资料来源：作者根据相关官方资料整理。

另外，中国央行近年来不断加强与市场的沟通，尝试将前瞻性指引作为一种货币政策工具来发挥作用，主动发声，引导市场预期。[①]

四　削峰填谷相机决策，尚未形成明确的量化规则

"规则决策"和"相机决策"是央行制定货币政策的两种不同理念，前者讲求货币政策制定遵循事先确定的量化规则，后者讲求根据实时经济金融环境的变化做出决策。新中国成立之初，国民经济和货币金融体系均处于恢复时期，既不可能存在现代宏观调控意义上的货币政策框架，也不可能形成明确的货币政策规则。在计划经济时期，货币信贷政策遵循"信贷计划平衡"和"现金收支计划平衡"两个平衡，同时这两个平衡也必须考虑和配合财政平衡和物资平衡，从而反

---

① 详见 2018 年第二季度《中国货币政策执行报告》。

映和实现国民经济综合平衡。改革开放之后，货币政策框架开始由计划平衡向与市场经济体制相适应的框架过渡，原有的指令性现金计划管理与信贷计划管理逐步淡出，转向总量调控和间接调控。当前，中国货币政策实践中大体上遵循着削峰填谷的相机决策机制，尚未形成明确的量化规则。实际上，在货币政策最终目标多元并存、中介目标尚不明确的情况下，客观上也难以形成明确和透明的量化规则。

实践中，"规则决策"和"相机决策"各有优劣势，单独依靠其中任何一种都难以胜任货币政策实践的复杂要求，需要搭配使用。实际上，很少有央行完全遵循绝对的"规则决策"理念或者完全遵循绝对的"相机决策"理念。易纲[1]曾用"货币政策是一门科学，更是一种艺术"来形象地描绘"规则决策"和"相机决策"的关系。现实中，有的央行更倾向于"规则决策"的理念，在参考量化规则的基础上综合考虑经济金融形势变化辅助以"相机决策"；有的央行更偏向于"相机决策"的理念，相对而言不太重视量化规则。一般认为美联储是"规则决策"理念的典型代表，但实际上在2008年国际金融危机之后，美联储果断偏离了"泰勒规则"等给出的参考基准，转而采取了诸如量化宽松、扭曲操作等一系列非常规货币政策。

尽管如此，事前明确透明的量化规则既能为中央银行货币政策决策提供参考依据，又能提供约束机制，发挥信号作用。缺乏明确透明的量化规则带来的弊端是显而易见的：其一，非"规则决策"的货币政策操作容易引发外界的无端猜测，造成预期混乱，导致金融市场波动。其二，在缺乏事前量化规则的情况下，不仅当货币政策当局内部出现意见分歧时更不容易达成共识；而且也容易使得货币政策当局屈从于外部压力，这种外部压力既可能来自其他行政部门，也可能来自金融市场和媒体舆论。其三，缺乏明确透明的量化规则不利于中央银行公信力的树立。这些问题近年来已经多次对中国货币政策实践造成

---

[1] 易纲：《转型中的中国货币政策》，载伍戈、李斌《货币数量、利率调控与政策转型》，中国金融出版社2016年版。

了困扰，因此未来中国应逐步探索并形成符合中国经济实际的、相对透明、可追踪、可检验的量化货币政策规则。

五　货币政策传导仍然以银行信贷渠道为主

在新中国成立之初的国民经济恢复时期，中国是一个农业占绝对主体、经济货币化程度很低的经济体，经济结构单一，金融体系不发达，因而货币政策传导渠道也较为简单，主要是通过现金的发行和回笼直接实施，信贷渠道、资产价格渠道、汇率渠道的作用很有限。到计划经济时期，货币信贷政策框架显著区别于市场经济体制下货币政策框架，因而其传导渠道也呈现出迥异的特点，主要依赖于层层上报计划、层层下达指标的各类计划管理渠道。尽管表面上看信贷和储蓄仍然发挥着货币投放与回笼的功能，但实际上在严格的计划管理之下，利率渠道的作用很有限。除此之外，带有市场性质的信用渠道和资产价格渠道在这一时期几近消失。在外部封锁的条件下，外汇渠道也几乎不发挥作用。

改革开放之后，随着经济货币化程度的加深、经济开放度的提高以及金融体系的日益完善，货币政策传导渠道也变得更为多元和复杂。但直到当前，银行信贷渠道仍然是中国货币政策传导的主渠道，也是央行货币政策操作中长期以来最重视的一条渠道。这是由商业银行在中国金融体系中占据主导地位的客观事实决定的——贷款在社会融资规模中所占的比例长期在70%以上，有些时期甚至超过90%。

当前，关于货币政策传导渠道有一些新动向值得引起关注：其一，随着居民部门资产和负债的积累，"资产价格渠道"的重要性日益凸显。其中影响最大的是房地产和住房抵押贷款。据统计，中国城市家庭中，住房资产占家庭总资产的比例在2017年已经高达78%。[①] 个人住房贷款余额截至2018年年末达到25.75万亿元，已占到金融机构人

---

① 数据来源为西南财经大学中国家庭金融调查与研究中心与广发银行联合发布的《2018中国城市家庭财富健康报告》。

民币各项贷款余额的 18.9%。① 不论从资产端来看还是从负债端来看，资产价格渠道在货币政策传导中的作用都应引起高度重视。其二，"利率渠道"传导不畅，亟待通过深化改革疏通利率传导机制。当前，利率渠道呈现"半边通畅、半边阻塞"的特征——民营经济主体，尤其是小微企业和"三农"部门，对利率渠道较为敏感；而国有企业、地方政府融资平台等国有部门由于预算软约束的存在，对利率渠道的敏感性较低。这导致总量型的货币政策工具常常遭遇两难境地，难以有效发挥作用。尽管央行近年来多次有意通过定向降准、定向再贷款、再贴现等结构性工具疏通货币政策传导渠道，但仍难以达到治本的效果。

第四节　中国货币政策框架面临的突出挑战与未来转型方向

货币政策是在特定经济金融环境中实施和发挥作用的。没有最"好"的货币政策框架，只有与一国一时特定经济金融环境及制度背景最相适应的货币政策框架。当前情况下，尤其需要关注三方面因素变化对货币政策框架的影响：一是经济增速中枢下移，经济结构正在发生剧烈调整，宏观经济环境发生明显变化；二是金融市场快速发展，金融业务门类日趋复杂，"影子银行"体系盘根错节，宏观杠杆率明显抬升，金融风险环境恶化；三是随着中国经济由小型开放经济体演变为大国开放经济体以及金融开放度的提升，国内政策的"外溢效应"开始显现，外部掣肘增多，货币政策国际协调的必要性和困难程度均显著加大。

在国内外经济金融环境发生深刻变化的背景下，原有货币政策框架逐渐暴露出一些问题，面临的挑战集中体现在四个方面：其一，金融市场发展和科技进步导致支付手段和储蓄理财手段日趋多样化，货

---

① 数据来源为中国人民银行官方网站。

币的内涵与外延边界发生演化调整，导致传统数量型中介目标的可靠性降低。其二，利率传导不够顺畅，近年来屡次出现的"央行下调政策利率，银行间市场利率随之下行，但实体企业融资成本居高不降"的不利局面。其三，资金在金融系统内部传导环节增加，传递链条加长，货币资金总体使用效率下降。央行货币政策操作释放的流动性中的一部分淤积于金融体系内部，未能有效转化为实体经济的投融资，其中流动性向中小微民营企业和"三农"部门的传导尤为不畅。其四，传统上各国央行依赖和盯住的通货膨胀指标对货币政策的敏感性降低，资产价格与金融稳定重要性凸显，而如何将资产价格与金融稳定因素纳入货币政策框架仍然是一个新课题。[1]

货币政策框架转型是一项系统性工程，既涉及政策目标、政策工具、传导机制等不同要素之间的彼此配合，同时又与利率市场化改革、汇率形成机制改革、更广层面金融改革，乃至国有企业改革、财税改革等问题相互交织。因而，货币政策框架转型对顶层设计的要求较高，需要在中国实际的基础上，充分借鉴国际经验，加强统筹，协调推进。综合上文分析，下面分别从货币创造机制、货币政策目标、工具、规则、渠道五个维度探讨货币政策框架的未来转型方向并提出相应对策建议。

一 货币创造机制

货币创造机制是一个国家货币政策框架的运行基础，培育和建立与本国经济金融结构相适应的货币创造机制是优化货币政策框架的根本性前提。当前，在经济金融结构发生剧烈变化的情况下，优化货币政策框架的一项基础性工作就是调整改善货币创造机制。

一是顺势降低货币创造对外部信用的依赖程度，逐步提升货币创

---

[1] Goodhart, C., *The Evolution of Central Banks*, Cambridge MA: MIT Press, 1988; Mishkin, F. S., "Monetary Policy Strategy: Lessons from the Crisis", 6th ECB Central Banking Conference, 2010; Issing, O., "Lessons for Monetary Policy: What Should the Consensus Be?", *Globalization & Monetary Policy Institute Working Paper*, No. 11 (97), 2011.

造中以国内信用为基础的比例。在各类国内信用中,中央政府信用等级最高,应当有序做大、做活国债市场,完善国债期限品种,提高国债市场的流动性,重视发挥国债市场在货币创造和货币政策宏观调控中的基础性作用。

二是利用好逆周期调控的契机,逐步降低法定存款准备金率。在法定存款准备金率降到适当水平之前,优先通过降准而非央行再贷款工具来补充流动性,避免高准备金率与大规模央行再贷款同时存在的"扭曲操作"而造成社会福利损失。① 此外应借机通过降准来置换各类存量央行再贷款资产。

三是加强银行等金融机构的效率识别能力和风险定价能力建设,规范影子银行业务发展,提高资金总体使用效率。推动商业银行在发放信贷过程中由基于抵押品的被动风控转向基于效率识别的主动风控。严格财经纪律,硬化国有部门的预算约束。完善信用评级等金融基础设施,提高信用评级机构的独立性和公信力。采取必要措施有效规避央行再贷款渠道货币创造过程中衍生出的资金传导链条加长、资金成本抬升等问题,防范"影子央行"干扰货币政策有效传导。

二 货币政策目标

在最终目标层面,首先应推动由多目标向双目标过渡,最终确立以通货膨胀和金融稳定为核心的货币政策双目标制。稳增长、调结构、惠民生等目标应主要由其他部门通过其他政策工具来完成。

在具体操作层面,一是优化 CPI、PPI 等通货膨胀统计指标的篮子选取、指数设计、权重设定、动态调整工作,使通货膨胀指标能更及时、客观地反映物价变化,提高统计数字的可靠性;二是加强对金融风险和金融稳定的关注,注重传统货币政策工具与宏观审慎工具"双支柱"的协调配合,货币政策应侧重逆周期调控,宏观审慎政策应侧重系统性金融风险防范。

---

① 冯煦明:《货币创造的"扭曲操作"与存款准备金率政策》,《金融博览》2018 年第 7 期。

在中介目标层面，应稳步推进数量型目标向价格型目标的转型。第一，在货币政策实践中加快形成官方明确、外部公认的央行政策利率，推动利率走廊机制走向成熟。第二，在过渡期，数量型目标仍有必要兼顾，应根据货币金融体系的变化及时完善既有的货币信用指标体系，调整货币供应量、社会融资规模等统计指标的口径，优化统计方法，增强可靠性。在调整统计口径的过程中，要尽可能做到透明、公开、可追溯、可对比，避免信息紊乱干扰金融市场情绪。

三 货币政策工具

首先，在协调搭配、综合运用好数量型工具和价格型工具的同时，更加注重发挥价格型工具的作用，最终实现货币政策由以数量型工具为主向以价格型工具为主的转型。一方面要认识到数量型货币政策工具在银行主导的金融体系中具有独特优势，仍将长期发挥难以完全替代的作用。另一方面也要认识到数量型工具存在弊端，随着金融体系日趋复杂以及利率市场化的推进，数量型工具的可靠性会进一步降低，向价格型工具转型的必要性和紧迫性在增强。

其次，密切跟踪研判新型结构性货币政策工具的传导机制和政策效果，及时调整优化。近年来，中国人民银行注重货币政策的结构性，先后创设并多次使用了若干结构性货币政策工具，如 SLO、SLF、MLF、PSL、TMLF、定向降准、定向再贷款再贴现等。作为新生事物，这些结构性货币政策工具的作用机理和实际效果如何，是否存在副作用，目前尚无定论。应在理论基础、机制方法、政策效果等多个层面加强研究，科学判断，合理使用结构性货币政策工具。

最后，更加注重预期的作用，善于运用前瞻性指引工具。前瞻性指引被称为"成本最低"的货币政策工具。货币政策当局应通过发布政策报告、官员讲话、统计数据解读、举办参与研讨会等形式，加强与金融市场及更广泛舆论的沟通，有效引导市场预期。前瞻性指引工具能够有效发挥作用，既与货币政策目标的清晰界定有关，同时也依赖于货币政策决策机制的制度化与透明化。货币政策制定的相关权力如何归属、重要事项分别由哪个部门决策、决策机制是什么，作为世界第二大经济体的中央银行，应当将这些情况清晰地传递给公众。尤其是当考虑到中国经济的开放程度未来将进一步提高、中国央行货币政策操作对国际金融市场乃至全球经济的影响将进一步扩大的时候，决策机制的制度化与透明化就显得更为迫切。否则，不仅容易造成外界尤其是国际金融市场的猜测和疑虑，引发市场波动，而且有可能损害中央银行的声誉和公信力，导致前瞻性指引乃至实质性的货币政策操作难以有效发挥作用。

四 货币政策规则

"规则决策"理念和"相机决策"理念各有优劣势，并不矛盾和相互排斥，应当结合使用。长期以来，中国央行多年来在"相机决策"方面已经积累了丰富经验，不足之处在于缺乏可供参考的量化规则。未来，应在充分研究和实践检验的基础上，逐步探索和建立适合中国实情的货币政策量化规则。这既有助于提高货币政策当局的公信力，也有助于引导市场预期，维护金融市场稳定。

实际上，学术文献中围绕"泰勒规则""麦克勒姆规则"在中国的适用性等问题已形成了大量的研究成果。[1] 结合已有文献和当前货币政策实践中遇到的新情况，构建中国货币政策量化规则有如下四个重点、难点问题亟待突破：

一是数量型规则与价格型规则的兼容问题。构建单独的数量型货币政策规则或单独的价格型货币政策规则，都有理论支撑并有丰富的

---

[1] 冯煦明：《货币创造的"扭曲操作"与存款准备金率政策》，《金融博览》2018年第7期；王胜、邹恒甫：《开放经济中的泰勒规则——对中国货币政策的检验》，《统计研究》2006年第3期；宋玉华、李泽祥：《麦克勒姆规则有效性在中国的实证研究》，《金融研究》2007年第5a期；中国人民银行营业管理部课题组、杨国中、姜再勇：《非线性泰勒规则在我国货币政策操作中的实证研究》，《金融研究》2009年第12期；郑挺国、刘金全：《区制转移形式的"泰勒规则"及其在中国货币政策中的应用》，《经济研究》2010年第3期；刘金全、张小宇：《时变参数"泰勒规则"在我国货币政策操作中的实证研究》，《管理世界》2012年第7期；江春、司登奎、李小林：《基于拓展泰勒规则汇率模型的人民币汇率动态决定：理论分析与经验研究》，《金融研究》2018年第2期。

研究文献可供借鉴；但是，对数量型货币政策规则与价格型货币政策规则能否并存、如何兼容、在何种情况下可能存在冲突等问题，仍缺乏研究。考虑到中国当前正处于货币政策框架转型的特殊时期，数量型与价格型中介目标并存、数量型与价格型工具并存的格局仍将在一定时期内长期持续，兼容性问题值得深入研究。

二是潜在产出水平、潜在通胀率、自然失业率、自然利率等隐含经济变量的测算问题。这些隐含经济变量是研究、设计、确立货币政策量化规则的基础。相对于接近稳态的后工业化国家而言，针对经济结构转型国家中这些隐含经济变量的理论研究和计算方法较为缺乏。考虑到中国经济正处于剧烈的结构转型期，产业结构、要素分配结构、支出结构都在发生较快的变化，中国货币政策量化规则的建立显然不能简单照搬照抄美国欧洲等后工业化国家的经验。

三是相关统计体系和统计数据的建立与完善。例如，可靠的失业率数据是计算自然失业率的前提，从而也是构建量化货币政策规则的前提；遗憾的是中国过去长期使用的登记失业率指标可靠性较低，而新的调查失业率则于2018年才开始发布，无法支持计量研究。另外，共享经济、平台经济、免费经济等近年来层出不穷和不断壮大的新业态也对传统的国民经济核算体系和方法带来了挑战。在这种情况下，GDP、CPI等统计指标如何与时俱进地做出改进，便成为货币政策量化规则绕不开的问题。这些问题需要统计部门、货币政策当局以及经济学、统计学、计算机科学、大数据等领域的专家学者密切配合，共同推动理论和实践的发展。

四是如何将资产价格与金融稳定因素纳入量化货币政策规则。如前文所述，资产价格与金融稳定在货币政策实践中的重要性应当引起高度重视；不过到目前为止，对于如何将其纳入量化规则，国内外文献都仍然是空白，需要加强研究。

五 货币政策传导渠道

利率渠道是当前疏通货币政策传导渠道的重中之重。要多管齐下，疏通利率传导机制，增强利率渠道的货币政策效率。一是要疏通"政策利率—银行间市场利率—商业银行贷款利率"的传导，尤其是向中小微民营企业和"三农"部门的传导。二是要疏通"政策利率—信用债利率"的传导机制，要点在于改善信用评级和定价。三是要疏通短端利率向长端利率的传导机制，避免政策同时直接作用于收益率曲线的多个点而造成扭曲。疏通利率传导机制不仅要靠中央银行，而且离不开其他相关领域的机制改革做配合，其中两项基础性改革尤为关键：一是加强财经纪律，硬化国有部门的预算软约束。只有彻底解决国有企业、地方政府融资平台"举债不问成本"的弊病，提高这些主体的利率弹性，才可能从根本上疏通货币政策的传导机制。二是加强商业银行在资产端的效率识别能力和风险定价能力。中国商业银行长期以来在信贷定价中主要被动依赖于土地使用权、房产、机器设备等有形资产的抵押品价值，而非依靠自身的效率识别能力和风险定价能力。未来随着服务业在经济中占比越来越高、无形资产在总资产中的占比越来越高，商业银行更加需要加强主动的效率识别和风险定价能力。

此外，随着居民财富特别是房产的增值，未来货币政策实践中应当更加重视资产价格渠道的作用，尤其要避免房地产市场价格的大涨大跌。房价过快上涨会挤出消费，诱导资金从制造业涌向房地产，提高宏观经济运行的物价成本，加剧财富分配不平等，从根本上恶化中国经济的内生增长动力；房价大幅下跌则容易触发金融风险，进而通过消费、投资等多种渠道对经济造成负面冲击，同时还容易引发社会不稳定情绪。未来要加强跟踪监测并善于利用货币政策经由资产价格渠道对消费、投资、工业生产等经济行为产生的影响。

参考文献

陈云：《陈云文选》（第二、三卷），人民出版社1995年版。
戴相龙主编：《中国人民银行五十年——中央银行制度的发展历程1948—1998》，中国金融出版社1998年版。

冯明、杨赫：《基础货币创造机制转型》，《中国金融》2018年第8期。

冯煦明：《货币创造的"扭曲操作"与存款准备金率政策》，《金融博览》2018年第7期。

何德旭：《货币政策新框架》，《中国经济报告》2015年第1期。

江春、司登奎、李小林：《基于拓展泰勒规则汇率模型的人民币汇率动态决定：理论分析与经验研究》，《金融研究》2018年第2期。

刘国昆：《史诗般的创举——中央革命根据地货币纪实》，《金融与经济》2012年第9期。

刘金全、张小宇：《时变参数"泰勒规则"在我国货币政策操作中的实证研究》，《管理世界》2012年第7期。

马骏、管涛：《利率市场化与货币政策框架转型》，中国金融出版社2018年版。

潘连贵：《建国前后人民币制度的形成与发展》，《上海金融》1998年第11期。

宋玉华、李泽祥：《麦克勒姆规则有效性在中国的实证研究》，《金融研究》2007年第5a期。

孙国峰：《后危机时代的全球货币政策新框架》，《国际金融研究》2017年第12期。

王胜、邹恒甫：《开放经济中的泰勒规则——对中国货币政策的检验》，《统计研究》2006年第3期。

武力：《中华人民共和国成立前后的货币统一》，《当代中国史研究》1995年第4期。

谢平、罗雄：《泰勒规则及其在中国货币政策中的检验》，《经济研究》2002年第3期。

薛暮桥、吴凯泰：《新中国成立前后稳定物价的斗争》，《经济研究》1985年第2期。

易纲：《转型中的中国货币政策》，载伍戈、李斌《货币数量、利率调控与政策转型》，中国金融出版社2016年版。

张鹏、许亦平、林桂军：《中国计划经济时期货币政策回顾：1952—

1978》,《中国经济史研究》2010 年第 3 期。

郑挺国、刘金全:《区制转移形式的"泰勒规则"及其在中国货币政策中的应用》,《经济研究》2010 年第 3 期。

中国人民银行:《中国人民银行六十年:1948—2008》,中国金融出版社 2008 年版。

中国人民银行营业管理部课题组、杨国中、姜再勇:《非线性泰勒规则在我国货币政策操作中的实证研究》,《金融研究》2009 年第 12 期。

周小川:《把握好多目标货币政策:转型的中国经济的视角》,《金融时报》2016 年 6 月 25 日第 1 版。

Goodhart, C., *The Evolution of Central Banks*, Cambridge MA: MIT Press, 1988.

Issing, O., "Lessons for Monetary Policy: What Should the Consensus Be?", *Globalization & Monetary Policy Institute Working Paper*, No. 11 (97), 2011.

Mishkin, F. S., "Monetary Policy Strategy: Lessons from the Crisis", 6th ECB Central Banking Conference, 2010.

第三章

新中国证券市场的变迁与发展

第一节 改革开放前的中国证券市场 （1978年以前）

1978年改革开放之前，中国实行的是计划经济体制，资金的配置是通过行政手段进行的，包括资本市场在内的金融体系整体处于较不发达的状态。由于缺乏扎实的经济主体基础、市场体系和制度安排，证券市场的发展在改革开放之前基本是处于空白阶段。

中国关于证券和证券市场的探索实际上在改革开放之前就出现过。最早可追溯至春秋战国时期，由于战争融资和统治需要，部分王国一度出现"一对多"的举贷现象，同时，作为资金持有方的王侯相应进行放债，出现了中国历史上最早的"准债券"。在明朝末年和清朝初期，部分新兴行业出现了"招商集资、合股经营"的模式，参加资金募集的主体签订集资协议并共同经营相关的企业，一定程度上就是股票的雏形，或近似现代的产业投资基金及私募股权基金。1872年，清朝洋务派设立了中国第一家真正意义上的股份公司，即轮船招商局，该公司向社会公众发行股份公开募集资金。经过多次募集，资本金高达420多万两白银。1881年颁布的《轮船招商章程》和1885年出台的《用人章程》《理财章程》为轮船招商局转型为股份制公司奠定了制度基础。经过100多年的历史演进，轮船招商局已发展成为中国大型国有企业集团——招商局集团。[①]

20世纪20—30年代，中国证券市场一度出现了繁荣。清朝光绪末年，上海经营外商股票经纪人组成的"上海股份公所"是新中国建立之前出现的第一家外商建立的证券交易所，主要经营外商股票。1914年，上海股票商业公会成立，主要经营证券业务。1918年6月，中国人创办的第一家证券交易所——北京证券交易所开业，主要从事公债发行和企业募资等。[②] 1919年北洋政府设立"上海交易所"，并于次年改为"上海证券物品交易所"，1921年上海股票商业公会改组成为"上海华商证券交易所"，1929年前者被后者合并。上海证券市场形成了专营外商证券的上海众业公所和专营国内证券的上海华商证券交易所的市场格局。20世纪20—30年代，上海还有形形色色交易所100—200家。为了规范和发展证券业，北洋政府于1914年颁布《证券交易法》，将国债、股票、公司债券及其他证券的发行交易等纳入监管范畴。1929年国民党政府发布《交易所法》，对交易所进行相应的规范。上海证券市场在20世纪20—30年代一度出现交易活跃、市场繁荣的景象，上海亦逐步成为亚洲地区重要的金融中心。1937年，日本侵华战争开始，上海华商证券交易所停业，其后1939年北京证券交易所歇业。[③]

新中国成立之后，证券市场曾短暂存在一段时间。新中国成立之前，中国拥有香港、上海、天津和北平四个证券交易所，过度交易和投机欺诈极为严重。1949年6月，经过改造的天津证券交易所正式营业，这是新中国成立前后第一家证券交易所。1950年1月30日，歇业10余年、经过改造的北京证券交易所重新开业。但是，由于经纪人仍

[①] 招商局集团：《招商局历史》，http：www.cmhk.com/main/gyzsj/qyls/zsls/index.shtml，2018年4月3日。
[②] 中国证监会：《中国资本市场发展报告》，中国金融出版社2008年版，第3、5—9、15—16页。
[③] 尹振涛：《中国近代证券市场监管的历史考察——基于立法和执法视角》，《金融评论》2012年第2期。

停留在过去投机倒把的交易思维上,交易所一度出现过度交易和过度投机的状况,其后经纪人巨额呆账等问题层出不穷,加上计划经济开始成为经济社会的主导力量,北京证券交易所于1952年10月关停,天津证券交易所被并入到天津投资公司。中国债券市场最早可追溯到20世纪50年代,1953年12月,中央政府发布《1953年国家经济建设公债条例》,为了解决经济建设资金不足问题,1954年开始发行经济建设公债,1954—1958年公债发行规模为35.53亿元,1958年后公债发行取消。1950—1958年,中国曾经发行过六期国债,此后债券的发行一度中断。此后20余年的时间,中国证券业和资本市场发展基本处于停滞阶段。

第二节 证券市场萌芽发展(1978—1991年)

一 证券市场总体情况

党的十一届三中全会的召开和改革开放政策的实施,促进了证券市场和证券业的萌芽发展,使得中国证券市场开始逐步走上现代化的进程。1980年1月,中国人民银行抚顺市支行代理抚顺红砖厂面向企业成功发行280万股股票,这是改革开放之后资本市场发展的一个重要尝试。1980年7月,新中国成立以来第一家以募集方式设立的股份公司——成都市工业展销信托股份公司开始发行股票。1981年、1982年和1984年分别开始发行国债、企业债和金融债。[1] 这个阶段最著名的证券是1986年11月14日邓小平赠送给纽约证券交易所董事长约翰·范尔霖的上海飞乐音响股份有限公司的股票。

在中国证券业萌芽发展阶段,资本市场处于初步的发展阶段。对于股票而言,基本按照面值发行,保本、保息、保分红,到期偿还,

---

[1] 中国证监会:《中国资本市场发展报告》,中国金融出版社2008年版,第3、5—9、15—16页。

此时的股票具有债券的基本特征；发行对象主要是企业内部员工和企业所在地居民，呈现分割化、区域性和试点性的格局；发行方式基本是企业自办发行，基本没有承销商概念。债券市场同样处于较为初步的发展态势，国债销售具有行政摊派特点，企业债发行过热、偿付违约严重，金融债以银行贷款项目的资金支持为目标。

在证券交易上，自发交易和柜台交易开始逐步出现，证券二级交易雏形市场体系开始显现。1988年年底国债转让市场在全国范围出现，1990年有条件的大城市经审批可建立证券交易所，上海证券交易所和深圳证券交易所分别于当年11月26日和12月1日成立。自发形成的二级市场缺乏有效规范和统一监管，证券市场整体相对混乱，尤其是股票市场，1992年"四川梧桐树"——红庙子市场成为风靡巴蜀但缺乏监管的自发交易市场，1992年8月10日深圳发行新股认购申请表供不应求引发申购人游行抗议，证券市场的监管亟待破题。

二 债券市场恢复发展

在1979年实行改革开放政策以来，国债市场开始恢复发展。由于农村联产承包责任制等一系列改革方案的实施，财政赤字大幅增加，国务院决定于1981年开始恢复发放国库券来防止通货膨胀。当时的国债市场只有一级市场，二级市场是空白的，且一级市场发行机制是行政化的。这一状况在1988年得到了改善，当年中国正式成立债券二级市场，并在接下来几年将市场化引入国债一级市场。

随着经济体制改革的不断进行，债券市场在同一时期陆续推出了企业债和金融债。1984年，社会上出现企业发行债券进行集资的活动，这些活动在1987年国务院发布《企业债券管理暂行条例》后步入正轨。1993年，由于企业债券发行时违规集资等混乱现象横行，国务院发布《企业债管理条例》，规定企业集资必须通过公开发行企业债，且符合一定规定并通过审批。

在企业债萌芽出现的前后，金融债也得到了初步发展。1985年，工商银行和农业银行开始发行金融债券，并得到了建设银行等商业银行和一些信托投资公司的效仿。1994年，随着中国三大政策性银行的建立，政策性银行债券成为金融债的主要形式，商业银行债券的发行告一段落，直至2005年才获允重新发行。

第三节 全国性资本市场形成及初步发展（1992—1998年）

一 证券市场总体情况

邓小平在南方谈话中确立了社会主义市场经济体制的改革方向，为全国性资本市场的改革发展奠定了理论和政策基础。1992年1—2月，邓小平提出市场经济改革发展方向，肯定"证券、股市"，提出"坚决地试"，这为资本市场和证券业提供了改革发展的巨大空间。

1992年是中国全国性资本市场建设和证券业统一监管体系建立的元年。1992年5月，中国人民银行证券管理办公室成立，1992年10月国务院设立了国务院证券委员会和中国证券业监督管理委员会。1992年12月国务院颁发了《关于进一步加强证券市场宏观管理的通知》，这是证券市场管理和发展的第一个系统性指导文件，同时，确定了中央政府对证券市场统一管理的制度。监管机构的设置和规范文件的出台标志着中国证券市场管理发展开始进入规范化进程。

证券业统一监管框架基本形成。1997年11月，全国金融工作会议确定了中国金融监管体系分业监管的基本框架，随后1998年4月，中国证监会承接了国务院证券委（被撤销）和人民银行证券经营机构监管职能，同时在吸收各地证券管理办公室和期货管理办公室的基础上实行以派出机构为支撑的跨区域监管体制，形成了集中统一、中央地方两级的证券期货市场监管框架。

证券业监管框架的调整使得全国性资本市场体系获得初步发展，相对分割的区域性市场逐步完善成为全国性统一市场。在规章制度上，1993年4月《股票发行与交易管理暂行条例》颁布，对股票发行、交易和上市公司活动进行有效规范；是年6月《公开发行股票公司信息披露实施细则》确定了上市公司信息披露的相关规范。1994年7月对市场经济体制和资本市场发行具有基础作用的《公司法》开始实施，为股份公司和资本市场发展奠定了制度性基础。在股票发行审批制度上，从1993年开始实施无限量发售申请表、上网定价发行、与银行储蓄存款挂钩等方式向公众公开发行股票，但是，股票定价基本用面值或每股税后利润及相对固定的市盈率来确定发行价格。在交易所建设上，深交所和上交所创新发展，逐步采用无纸化交易、实施价格优先、时间优选交易原则，实施集中竞价交易，建立无纸化存托管制度和高度自动化的电子运行系统，并实施10%涨跌停板制度。1998年3月开始集中整治场外非法股票交易场所，先后对41家非法股票交易和证券交易场所实施有效的清理整顿。证券行业获得了初步的发展，截至1998年年底，全国有证券公司90家，营业部2412个，证券投资基金公司6家，相关会计师事务所107家，律师事务所286家，资产评估机构116家。[①]

二　证券投资基金萌芽发展

虽然证券投资基金[②]发展的正式起点是1998年，但是，从发展的角度看，中国的基金行业发展可以追溯至20世纪90年代初。早在1991年，武汉证券投资基金和深圳南山风险投资基金分别由中国人民银行武汉分行和深圳南山区政府批准成立，这两只基金成为中国第一批投资基金，也是新中国成立之后第一批股权性投资基金。截至1997年年底，全国各地共设立基金75个，基金类凭证47个，总募集规模

[①] 中国证监会：《中国资本市场发展报告》，中国金融出版社2008年版，第3、5—9、15—16页。

[②] 投资基金行业涉及的基金种类繁多，在中国投资基金行业发展过程中，证券投资基金在2012年之前一直是主导的领域，至今仍然是投资基金行业核心业务板块。限于其他基金类型的历史和数据约束，本章主要以证券投资基金作为主要的研究对象。

约为73亿元，比较著名的基金有淄博乡镇企业投资基金、天翼基金、武汉基金第一期、宝鼎教育基金等。

在中国基金行业萌芽发展阶段成立的基金缺乏完善的监管框架和运作机制，运作发展相对不规范。首先，基金运作相对不规范。在基金行业萌芽阶段设立的基金基本都有规模较小、投资策略较为模糊，以及存在基金的收益水平相差悬殊、投资范围宽泛但资产质量不高等共同缺陷。其次，基金监管相对不足。由于缺乏具有针对性的监管法律框架和制度安排，这个时期基金的设立、管理、托管环节都缺乏有效的监管规则和监管实践，一些基金的运作实际上是在监管体系之外，部分从事审批的部门亦没有动态及时跟进所审批基金的有效监管。加之这个时期股市低迷、行业行情不佳，发行受阻以及面临巨额赎回的压力，基金行业整体生存面临较大的压力。最后，基金的投资、管理和权益制度保障不足。早期基金缺乏有效的管理人、托管人、发起人等职能分工，管理人、托管人、发起人等职能混淆甚至三者混为一体都曾是较为普遍的现象，更甚者，基金资产与基金管理人的资产混合使用，基金资产被挪用以及损失的情况多有发生，投资者权益没有得到有效的保障。

由于早期萌芽阶段基金运行相对不规范，基金行业乱象丛生，引发了一些金融和社会问题。在金融危机的冲击下，较多基金出现投资失误或失败，这使得基金行业的规范化发展提上了监管机构的议事日程。1997年当时的国务院证券委员会联合中国人民银行和中国证监会研究制定了投资基金管理办法。1997年10月，中国证监会基金监管部成立。1997年11月14日，国务院证券委员会颁布了《证券投资基金管理暂行办法》。这是中国证券投资基金行业第一个较为全面的法律规范，标志着中国基金业发展开始走向了规范有序的道路。

规范化的制度框架使得中国基金行业获得了初步发展。1998年3月5日，国泰基金管理有限公司在上海正式揭牌成立，这是国内第一家规范成立的基金管理公司。随后，南方、华夏、华安、博时、鹏华等基金公司相继成立。1999年，基金公司数量增加到10家，它们也被称为"老十家"。

封闭式基金是中国基金行业初步发展阶段的主导品种。1998年3月27日，经中国证监会批准，新成立的南方基金管理公司和国泰基金管理公司分别发起设立了规模均为20亿元的两只封闭式基金——"基金开元"和"基金金泰"，这是根据《证券投资基金管理暂行办法》规范化发行的首批证券投资基金。在基金初步发展阶段，市场品种主要局限于封闭式基金。到2000年年底，基金份额为560亿份，资产净值仅为845.62亿元。但是，封闭式基金主导的证券投资基金规范化运作水平相对较低，2010年10月《财经》杂志关于"基金黑幕"的报道引发巨大的社会影响，其后约1年时间基金行业进入一个重要的规范阶段，基金行业发展处于一个低潮。截至2001年9月开放式基金推出之前，中国共有47只封闭式基金，规模为689亿份。

第四节 现代化证券市场规范发展
（1999—2019年）

1997年，中国人民银行借鉴同业拆借市场建立银行间债券市场，实现了国债发行从零售向批发市场的转变。同年，亚洲金融危机爆发，促使中国加强了银行间债券市场的基础设施建设力度。不过，由于交易主体和品种较为单一，加上交易习惯、方式和技术手段的限制，银行间债券市场初期发展一直非常缓慢，在国债交易中的比重在20世纪末维持在个位数的水平。

2005年起，信用债市场的逐步崛起推动了债券市场逐渐成型。与此同时，银行间市场在交易环节中降低了准入门槛，大批非法人金融机构作为投资者进入二级市场。中国债券市场基础设施建设基本成型，且两只外资基金的进入标志着中国债券市场初步对外开放。

2009年以来，为应对金融危机冲击、补充完善债券市场，中国在产品种类中探索发行地方政府债券、超短期融资券等债券，并在近些年发展成为债券市场的重要组成部分。现阶段，中国处于债券市场的快速发展期，在这一过程中应当积极应对宏观经济下行、国际形势紧张的挑战，谨防系统重要性风险。

一 证券法颁布与修订

《证券法》的实施开启了中国资本市场和证券业法制规范的新纪元。1998年12月中国颁布了新中国成立后第一部《证券法》，并于1999年7月开始实施，主要用于规范证券发行和交易行为，中国资本市场走向了法制化发展道路。2003年，随着市场经济体制改革发展不断深入和中国加入世界贸易组织，全国人大开始对《公司法》《证券法》进行完善，2005年10月27日第十届全国人大常委会第十八次会议完成对《证券法》的修订。2006年修订后的《公司法》和《证券法》正式实施，资本市场和证券业发展的法制化进程进一步深化。

二 股权分置改革

股权分置改革解决了可流通股和非流通股的制度性矛盾，资本市场发展迎来新的发展机遇。2004年1月《关于推进资本市场改革开放和稳定发展的若干意见》重在推进中国资本市场包括发行制度在内的各项基础制度完善，重点实施股权分置改革，应对可流通股和非流通股的制度性弊端，并致力于提高上市公司质量、完善证券公司治理、发展机构投资者，中国资本市场发展进入了一个"全流通"时代，资本市场的改革发展进入一个新的历史阶段。

三 债券市场空前发展

债券市场亦经历法律法规逐步健全、基础设施不断完善、市场体系蓬勃发展的良好态势。改革开放之后，国债市场重启，债券市场进入新的发展阶段，但是，当时国债市场只有一级发行市场，二级交易市场是空白的，且一级市场发行机制是行政化的。1987—1991年是中国债券流通市场建立的重要发展阶段，以场外柜台交易为主。这个阶段的流通环节主要通过金融机构的柜台实现交易流通，是一个以场外柜台交易为主的流通市场。1992年开始，中国债券市场进入一个场内交易为主的阶段。

1997年中国就建立了银行间债券市场，但是，由于交易主体和品种较为单一，加上交易习惯、方式和技术手段的限制，银行间债券市场初期发展一直非常缓慢，在国债交易中比重在20世纪末维持在个位数的水平。21世纪以来，银行间市场获得了较为实质的政策支持，迎来了跨越式发展的契机。2003—2004年之后，随着政策性金融债、金融机构债、短期融资券、中期票据、企业债等快速发展，银行间债券市场已经成为中国债券市场的核心组成部门。

中国债券市场在经历了场外柜台市场为主、场内市场为主两个阶段之后，发展至今大致形成了目前银行间市场、交易所市场和商业银行柜台市场并存、银行间市场为主的现代化债券市场格局。经过30多年的探索和发展，中国债券市场已经形成了银行间市场、交易所市场和商业银行柜台市场三个基本子市场在内的综合分层的市场体系，同时，又形成了以国债、金融债、企业债（包括公司债、中期票据、集合票据、可转债等）、短融及超短融等为主要品种的债券市场产品结构。2017年，中国债券市场共发行各类债券39.15万亿元（包括可转让存单），2017年年末，全国债券市场托管存量高达64.57万亿元。2018年，中国债券市场发行量为184713.43亿元，同比增长增幅达到9.02%，相比1997年2084.62亿元的体量有了长足的进步。截至2019年8月底，中国债券市场规模存量已经超过90万亿元人民币，高于日本位居世界第二位。

四 期货市场快速发展

期货市场一度出现非理性繁荣。1992年12月，上海证券交易所推出针对证券公司的国债期货交易，1993年10月向社会公众开放，其后全国性国债期货交易所增加至14家。与此同时，商品期货市场过度发展，1993年中国商品期货交易所达到50家，期货经济公司超过300家。不管是国债期货，还是商品期货，由于法律法规不健全，市场交易不完善，微观结构不健全，期货过度交易、黑色交易甚至欺诈经常发生。1995年2月23日发生了"327国债期货风波"，国债327合约价格急剧上行，当时万国证券持有大量空头浮亏超过60亿元，为了缓释浮亏甚至进一步亏损，万国证券在交易结束前8分钟大量透支交易，抛出700万手、价值1400亿元空单，将327合约价格从151.3元打压至147.5元。8分钟的交易使得当日多头全线爆仓。当天晚上，上海证券交易所宣布当日最后8分钟327合约交易无效。这个事件直接导致1995年5月国债期货交易试点被暂停。1995年5月31日全国14个国债期货交易场所全部平仓完毕，中国期货市场发展陷入一个低谷期。

1999年《期货交易管理暂行条例》出台，期货市场开始走向规范化的发展道路。其后，监管部门出台了期货交易所、经纪公司、经纪公司高管资格和从业人员资格四个配套管理办法，期货市场法规制度体系逐步建立，同时，期货市场整体实质性开展，一批不符合标准甚至存在违法违规的机构被注销或进行整顿。2003年期货市场交易保证金制度实施，夯实了期货交结算的体制基础，有效防范期货交易结算和交割风险。2006年5月，中国期货保证金监控中心成立，期货保证金核对系统和投资者查询服务系统上线，期货保证金监控的技术体系基本建立。2006年9月，中国金融期货交易所成立，沪深300指数期货和5年期国债期货分别于2010年4月16日和2013年9月6日推出，2015年3月20日10年期国债期货开始正式交易。

五 证券投资基金法制化发展

在基金行业初步发展阶段，开放式基金作为重要的创新逐步引入证券市场体系之中。2000年10月中国证监会颁布《开放式证券基金试点办法》。2001年9月，中国第一只开放式基金"华安创新"成立，这标志着中国基金产业进入开放式基金时代。

2003年10月，全国人大常委会通过了《证券投资基金法》，标志着中国基金业走向法制化发展的道路。政策的逐步完善也催生了货币基金在2004—2005年的繁荣。当时货币市场型基金的资产净值从2003年年末的42.54亿元飙升至2005年年末的1867.9亿元。《证券投资基金法》颁布之后，中国基金行业在不断完善法律法规和推出新基金产品种类中走向不断发展的道路，银行系开放式基金、复制基金、拆分试点基金以及分级基金等品种在2005—2007年不断推出。

由于遭受2008年国际金融危机冲击，公募基金市场在2008—2011年表现相对疲软。2012年新修订的《证券投资基金法》和《证券投资基金管理公司管理办法》放松了资产管理行业的监管，基金市场在2012年之后再次迎来一波繁荣。

第五节 中国证券市场体系发展成就

一 市场基础设施日益完善

（一）证券交易所

证券交易所是资本市场的基础载体，是资本市场发挥融资、交易、信息交互等功能的基础环节，证券交易所直接融资体系更是证券市场体系发展的关键支撑。自1990年11月26日和1990年12月1日上海证券交易所和深圳证券交易所先后成立，在过去近30年的发展历程中，中国证券交易所呈现出与中国直接融资市场和证券市场体系相匹配的基本特征。

一是证券交易所自身发展迅猛，已跻身为全球领先交易所行列。中国内地的股票发行、融资及交易过程主要在上海证券交易所和深圳证券交易所进行。上海证券交易所和深圳证券交易所是都是国际证监会组织、亚洲暨大洋洲交易所联合会、世界交易所联合会的成员。在股票交易方面，截至 2018 年 4 月底，中国 A 股上市公司已达 3512 家，两市上市公司总市值达 54 万亿元人民币。[①]

在交易所债券市场方面，交易所债券市场是中国最早进行债券交易的场所，也曾是最初各金融机构唯一的债券交易场所。后由于银行资金大量违规流入股市，导致股票市场产生严重泡沫，中国人民银行《关于各商业银行停止在证券交易所证券回购及现券交易的通知》（银发〔1997〕240 号），要求商业银行全部退出交易所市场，同时成立了全国银行间债券市场。从此，中国的债券市场便一分为二。到目前为止，中国的债券交易市场已经发展为沪、深证券交易所市场、银行间债券市场和商业银行柜台交易市场并行的状态。交易所债券市场发展迅猛，2018 年交易所债券融资规模达 3.22 万亿元，托管面值规模达 9.0 万亿元。[②] 不过，相对于银行间市场，交易所债券市场仍然较小，同时交易所市场和银行间市场仍然是相对隔离的状态。

二是交易所发挥核准上市的核心功能。中国证券发行上市原则上相对分离，中国证监会负责证券核准发行，证券交易所负责核准上市，但是，在市场实践中，发行和上市基本是"一个任务、两道工序"，中国尚未出现发行不上市或发行但无法上市的情况。

三是上海证券交易所和深圳证券交易所相对独立。上海和深圳两个证券交易所虽在行政隶属、机构定位、机构功能等领域具有一致性或替代性，但是，二者并非具有真正的竞争性。拟上市公司只能在两

---

① 数据来源为 Wind。
② 中央结算公司：《2018 年债券市场统计分析报告》，2019 年 1 月 16 日。

个交易所选择其一，深圳证券交易所由于设置了中小企业板和创业板，其企业覆盖面相对更加广泛。同时，投资者只能在一个市场交易该市场的股票，即上海证券交易所和深圳证券交易所的交易是相互隔离的。这与中国证券发行与上市实施上相对统一是紧密相关的。

四是证券交易所治理结构是行政会员制。基于《证券法》和《证券交易所管理办法》，证券交易所的设立和解散，由国务院决定；进入证券交易所参与集中竞价交易的必须是证券交易所会员，证券交易所设会员大会、理事会和专门委员会，会员大会是交易所的最高权力机构。不过，从上海证券交易所和深圳证券交易所的人事任免、交易所职能形式以及对其他市场主体的监管方式看，两个证券交易所基本可以被视为中国证监会的下属行政机构，二者具有行政隶属管理。为此，中国证券交易所可称为"行政会员制"①。

（二）期货交易所

新中国期货市场建立于20世纪90年代初，是中国改革开放和市场经济的产物。中国期货市场经过20多年的发展，已成为全球名列前茅的市场。2018年，中国期货市场成交量达30.28亿手，累计成交额达210.82万亿元。中国期货市场已成为全球最为活跃的新兴市场。目前中国现有的四家期货交易市场分别为上海期货交易所、大连商品交易所、郑州商品交易所以及中国金融期货交易所。

截至2019年9月15日，中国四大期货市场上的交易品种如下：

表3.1　　　　　　　　　　各期货市场交易品种

交易所	品种数量	交易品种
上期所	19个	铜、铝、锌、铅、镍、锡、黄金、白银、螺纹钢、线材、热轧卷板、原油、燃料油、沥青、天然橡胶、20号胶、纸浆、铜期权、天胶期权

---

① 吴晓求等：《中国资本市场2011—2020》，中国金融出版社2012年版，第154页。

续表

交易所	品种数量	交易品种
大商所	20个	玉米、玉米淀粉、黄大豆1号、黄大豆2号、豆粕、豆油、棕榈油、鸡蛋、胶合板、纤维板、聚乙烯、聚氯乙烯、聚丙烯、焦炭、焦煤、铁矿石、豆粕期权、粳米、乙二醇、玉米期权
郑商所	22个	强麦、普麦、棉花、白糖、PTA、菜籽油、早籼稻、甲醇、玻璃、油菜籽、菜籽粕、动力煤、粳稻、晚籼稻、白糖期权、棉纱、苹果、红枣、硅铁、锰硅、尿素、棉花期权
中金所	6个	沪深300指数期货、5年期国债期货、10年期国债期货、上证50指数期货、中证500指数期货、2年期国债期货

资料来源：笔者根据公开资料整理。

经过20多年的探索发展，中国期货市场由无序走向成熟，逐步进入了健康稳定发展、经济功能日益显现的良性轨道，市场交易量迅速增长，交易规模日益扩大。同时，中国期货市场的国际影响力显著增强，逐渐成长为全球最大的商品期货交易市场和第一大农产品期货交易市场，并在螺纹钢、白银、铜、黄金、动力煤、股指期货以及众多农产品等品种上保持较高的国际影响力。2018年，从成交量的国际排

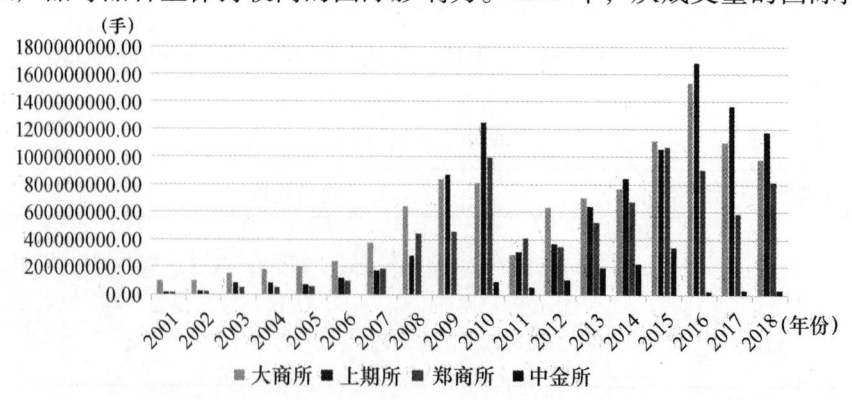

图3.1 中国内地四家交易所的成交量情况

资料来源：Wind。

名来看，上期所、大商所、郑商所和中金所分列第10、第12、第13和第31位，在世界期货交易市场中占据重要地位。

二 证券公司成长壮大

（一）发展基本状况

中国证券公司的发展与证券行业的发展休戚与共，证券公司的发展是中国证券业发展的一个缩影，过去40余年大致经历了初步发展、野蛮生长到规范发展的过程。1987年9月27日经中国人民银行批准，中国第一家证券公司——深圳经济特区证券公司正式成立，当时该证券公司由深圳市12家金融机构联合出资组建。2001年，深圳经济特区证券公司增资并改名为巨田证券。但是，由于委托理财和占用保障金等问题，巨田证券并没有在增资之后获得新生，2006年10月被招商证券托管并退出了证券市场。

证券公司从无到有、从大到小，经历了蓬勃发展的30年。中国证券行业规模不断扩大，截至2017年年底，中国证券公司数量增长至131家，总资产增长至6.26万亿元，总资产、营业收入和净利润三者呈现了基本一致的变化趋势。其中，2007年，全行业净利润水平达历史高点1306.62亿元；2008年，受股票市场大幅下跌影响，全行业净利润随之减少至482亿元；2009年，股票市场景气度回升，推动行业实现净利润933.55亿元；2010—2012年，股票市场持续低迷，证券公司净利润同比分别下降16.92%、49.23%和16.37%；2013—2015年，经过多年的筑底震荡，在货币宽松政策及良好改革预期的背景之下，证券公司净利润同比分别上升33.68%、119.34%和153.50%，2015年的净利润上升到顶峰，随后在2016年和2017年均呈现了49.57%和8.47%的降幅；2018年国内A股市场风险预警压力持续加大，资本市场寒冬来临，行业净利润仅为666.20亿元，同比下降41.04%。[①]

[①] 数据来自Wind。

表 3.2　　　　　　2007—2018 年中国证券公司经营情况

年份	数量（家）	总资产（亿元）	营业收入（亿元）	净利润（亿元）
2007	106	17300	2835.85	1306.62
2008	107	12000	1251.00	482.00
2009	106	20300	2053.00	933.55
2010	106	19700	1926.53	775.57
2011	109	15700	1359.50	393.77
2012	114	17200	1294.71	329.30
2013	115	20800	1592.41	440.21
2014	120	40900	2602.84	965.54
2015	125	64200	5751.55	2447.63
2016	129	57900	3279.94	1234.46
2017	131	61400	3113.28	1129.95
2018	131	62600	2662.87	666.20

资料来源：中国证券业协会行业数据。

（二）业务状况

过去 30 余年，中国证券公司的业务结构发生了较为重大的变化，逐步实现从代理买卖证券为主到资产管理、证券投资、承销保荐等多元业务体系的转变。中国证券公司经营的业务范围包括代理买卖证券业务（含席位租赁）、证券承销与保荐业务、财务顾问业务、投资咨询业务、资产管理业务、证券投资业务等。在证券公司长达 20 年的发展历程中，代理买卖证券业务一直占据主导地位。随着利率市场化和金融市场体系发展，2012—2017 年资产管理业务和证券投资业务占收入的比重有明显的上升趋势，而代理买卖证券业务（含席位租赁）所占比重则明显下降。代理买卖证券业务（含席位租赁）和证券投资业务是中国证券公司的两大主要业务收入来源，2012—2016 年，代理买卖证券业务（含席位租赁）的收入占比均接近 50% 甚至超过 50%，2017—2018 年，证券投资业务的收入占比略超过代理买卖证券业务。

整体而言，2012—2018年中国证券公司各项业务收入结构发生了比较明显的调整，从以代理买卖证券（含席位租赁）等传统型业务为主逐渐向以资产管理和证券投资等创新型业务为主转变。

表3.3　　　2012—2018年中国证券公司各项业务经营情况　　　单位：亿元

年份	代理买卖证券业务（含席位租赁）净收入	证券承销与保荐业务净收入	财务顾问业务净收入	投资咨询业务净收入	资产管理业务净收入	证券投资业务收益（含公允价值变动）
2012	504.07	177.44	35.51	11.46	26.76	290.17
2013	759.21	128.62	44.75	25.87	70.3	305.52
2014	1049.48	240.19	69.16	22.31	124.35	710.28
2015	2690.96	393.52	137.93	44.78	274.88	1413.54
2016	1052.95	519.99	164.16	50.54	296.46	568.47
2017	820.92	384.24	125.37	33.96	310.21	860.98
2018	623.42	258.46	111.50	31.52	275.00	800.27

资料来源：中国证券业协会行业数据。

三　证券市场其他中介机构发展迅猛

在证券市场中，会计师事务所为上市公司以及公开发行股票的企业等提供中介服务，为企业进行验资并对其财务报表进行审查、出具审计意见，确保企业的会计报表不存在重大错误和遗漏。会计师事务所往往被称为证券市场的"经济警察"。截至2018年12月31日，全国有会计师事务所9005家，其中总所7875家，分所1130家。

律师事务所从事证券法律业务，可以为证券业相关的下列事项出具法律意见：首次公开发行股票及上市；上市公司发行证券及上市；上市公司的收购、重大资产重组及股份回购；上市公司实行股权激励计划；上市公司召开股东大会；境内企业直接或者间接到境外发行证券，将其证券在境外上市交易；证券公司、证券投资基金管理公司及其分支机构的设立、变更、解散、终止；证券投资基金的募集，证券公司集合资产管理计划的设立；证券衍生品种的发行及上市；中国证监会规定的其他事项。① 律师事务所可以接受当事人的委托，组织制作与证券业务活动相关的法律文件。律师事务所参与各种证券法律业务，有助于证券发行、交易活动的客观、公正进行，保障投资者的正当权益和社会公众的基本利益。目前，全国共有律师事务所2.8万家，执业律师35万多人。

资产评估机构是指专门从事资产评估业务的中介机构，对股份价值和价格形成、公司财务状况和经营成果等也产生了重要的影响。中国有关法律法规对其在证券市场中的地位作了明确规定，如1991年颁布的《国有资产评估管理办法》及其施行细则规定，国有资产占有单位改组为股份制企业（包括法人持股、内部职工持股、向社会发行不上市交易的股票和向社会发行上市交易的股票）前，应进行资产评估。由于一系列相关法律法规的制定和实施，资产评估机构伴随着中国证券市场从无到有、从小到大，与中国的证券市场同步长大的。

证券投资咨询机构在取得监管部门颁发的相关资格的前提下，从事为投资者或客户提供证券投资的相关信息、分析、预测或建议，并直接或间接收取服务费用的业务。证券投资咨询机构一方面适应了证券专业化的要求，另一方面也符合证券市场的公开、公平原则。咨询人员的专业知识与技能可以增加证券市场的透明度，同时咨询机构可以为市场上的发行人、投资人出谋划策，帮助他们选择筹资、投资的最佳方案，减少盲目性，也减少了浪费。除此以外，证券投资咨询机构提供的服务可以增强投资者的风险意识，引导投资者理性投资，咨询机构发布的相关分析报告对规范上市公司经营运作也起到一定的监督和促进作用。

---

① 《2017年版中国律师事务所市场预测报告目录》，https://wenku.baidu.com/view/323aa3e6951ea76e58fafab069dc5022aaea46b0.html，2018年5月16日。

四　上市公司融资渠道顺畅

1990年12月19日，随着上交所"老八股"上市，A股市场宣告诞生。从"老八股"到第1000家公司上市，用了近10年时间，此后A股也进入了长期盘整，新股发行多次中断，直到2010年9月15日，A股公司数量才突破2000家。之后，A股的新股发行开始提速，尽管经历了2012年10月至2014年1月较长的一次新股停发，到2016年年底，A股公司数量已突破3000家。截至2019年6月底，中国A股上市公司已达3632家，两市上市公司总市值达53.6万亿元人民币。[①]

首次公开发行募资在证券市场中的作用是基础性的。由于中国以往对于新股发行主要采用核准制进行管理，IPO企业的数量和规模受监管当局政策影响较大，IPO虽经历多次暂停，但募资功能持续稳定发挥。2007年A股IPO筹集资金规模高达4809.86亿元，2010年到达4882.63亿元，创下A股市场IPO募资的历史新高。2013年以来，证监会开展声势浩大的IPO自查与核查运动，IPO事实上停止，直至2014年1月重启。其后，IPO的数量大幅增长，募资规模亦稳步上升。2018年，中国A股IPO融资规模为1331.97亿元。[②]

上市公司再融资，是资本市场重要的活动之一，是公司融资的重要手段之一。经过近20年的发展，中国上市公司再融资处于不断变化的过程。上市公司再融资的偏好随着政策与市场环境的不同表现出了完全不同的风格。1998年以前，上市公司再融资基本上以配股融资为融资方式。2001年，配股开始呈下降趋势，而增发、发行可转债开始呈增长趋势。2005年以来，增发融资量已经明显高于配股、可转债的融资量，中国再融资形成以增发为主，配股、可转债为辅的再融资模式。

---

① 数据来自Wind。
② 数据来自Wind。

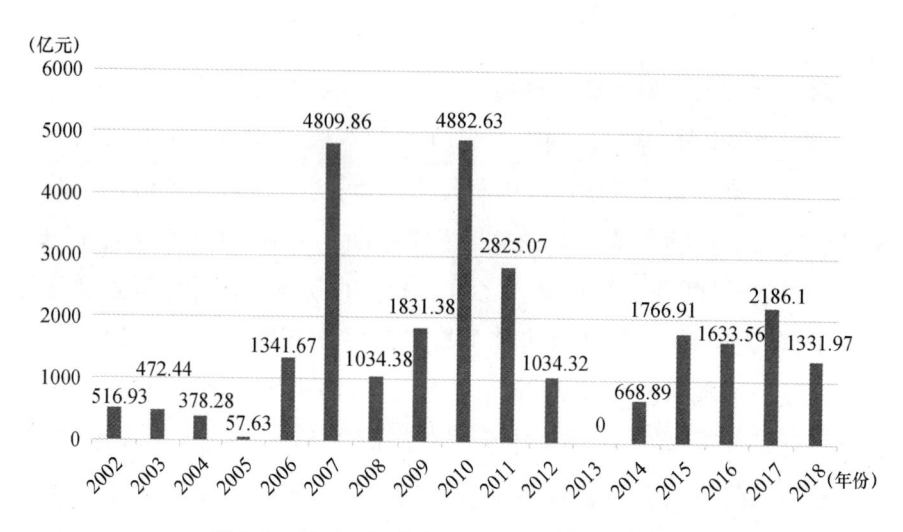

图 3.2　2002—2017 年 A 股 IPO 筹资金额变化

资料来源：Wind。

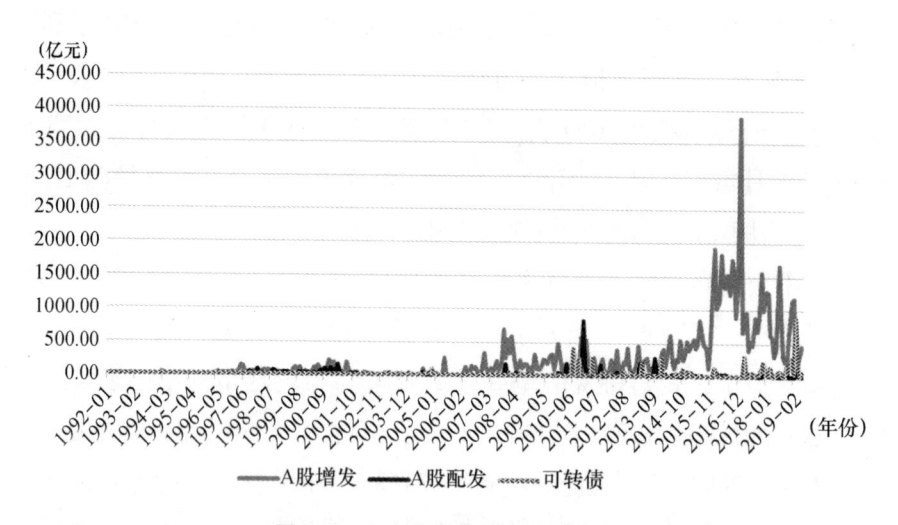

图 3.3　上市公司主要再融资方式

资料来源：Wind。

五　投资者结构较为多元

在过去 30 余年的证券市场发展中，中国证券投资者结构从单一到多元，机构投资者的重要性不断提升，已经形成了公募基金、保险资产投资机构、券商资产管理计划、券商证券投资、私募基金、社保基金以及个人投资者等较为多元的投资者结构。

公募基金是面向社会公众公开发售的一类基金，基金募集对象不固定，投资金额要求低，适宜中小投资者参与，必须遵守基金法律法规的约束，进行公开信息披露，并接受监管部门的严格监管。截至2019年6月底，中国境内共有基金管理公司124家，其中，中外合资公司44家，内资公司80家；取得公募基金管理资格的证券公司或证券公司资管子公司共13家，保险资管公司2家。以上机构管理的公募基金资产合计13.46万亿元。

私募基金是过去近10年证券市场投资发展最为迅猛的一类机构投资者。私募基金是通过非公开的资金募集形式获得的较大规模投资资金，形成基金资产并将资产交由基金托管人进行托管、基金管理人进行管理，由基金管理人以理财的方式对募集资金在股票市场进行投资，获得的收益在扣除管理费用后由投资者按投资金额进行分配的投资方式。近年来，随着中国股票市场不断发展以及居民财富水平不断增加，民间私募基金整体呈现出快速发展趋势。截至2019年6月底，中国证券投资基金业协会已登记私募基金管理人24304家，已备案私募基金77722只；管理基金规模13.28万亿元，私募基金管理人员工总人数23.83万人。[1] 当然，私募基金的投资品种较为多元，基金管理资产中只有部分是证券资产。

证券公司资产管理计划和证券投资业务（自营业务）成为重要的机构投资力量。资产管理业务是证券公司作为资产管理人，依照有关法律法规和《试行办法》的规定与客户签订资产管理合同，根据资产管理合同约定的方式、条件、要求及限制，对客户资产进行经营运作，为客户提供证券及其他金融产品的投资管理服务行为；而自营业务则是证券公司利用自有资金自行买卖证券以获取收益的业务。根据中国证券投资基金业协会的数据，截至2019年3月，全国资管产品数

---

[1] 《私募基金管理人登记及私募基金产品备案月报》（2018年第4期），http://www.amac.org.cn/tjsj/xysj/smdjbaqk/393038.shtml。

量超 11 万个，资产规模达 51.40 万亿元，是证券市场重要的机构投资者。

保险基金是专门从事风险经营的保险机构，根据法律或合同规定，以收取保险费的办法建立的、专门用于保险事故所致经济损失的补偿或人身伤亡的给付的一项专用基金。即使在市场经济高度发达的国家，为保证按时赔付负债，保险资金所持有资产也是以公司债券、政府债券及证券投资基金为主，而普通股持股比例并不高。根据银保监会数据，2017 年，中国保险公司用于股票和证券投资基金投资的总金额达 1.92 万亿元，占资金运用总余额的 11.71%。[①] 保险公司已成为中国股票市场重要的机构投资者。

社保基金亦成为证券市场重要的机构投资者。总体上来看，中国社保基金可分为四个部分：城镇企业职工基本养老保险基金、全国社会保障基金、企业年金和农村养老保险基金。2001 年 12 月，《全国社会保障基金投资管理暂行办法》颁布实施，同意社保基金可以进行证券投资基金和股票投资，并且规定了投资的最高比例，为社保资金入市打开了大门。目前，中国的养老基金投资偏于保守，股权投资比例偏低。只有社保基金和企业年金进入了股市进行专业化投资。根据中国证券投资基金业协会统计，截至 2017 年年底，社保基金和企业年金在基金公司的资产规模达 2.96 万亿元。

六　多层次资本市场建设取得重要进展

多层次资本市场建设取得积极进展，直接融资成为金融服务实体经济的重要方式。为了解决长期以来上市公司发行上市体制机制相对单一、无法匹配经济转型发展的现实需要的问题，尤其是不同发展阶段、不同类型企业的差异化融资需要以及日益多元化的投资者结构，多层次资本市场的发展成为 21 世纪初中国金融改革发展的重要任务

---

① 中国保监会：《2017 年保险统计数据报告》，http://bxjg.circ.gov.cn/web/site0/tab5257/info4101484.htm。

之一。

2005年5月，深圳证券交易所在现行法律法规不变、发行上市标准不变的前提下，在深圳证券交易所主板市场中设立一个运行独立、监察独立、代码独立、指数独立的板块，即中小企业板，中小企业板块的上市企业主要是流通股本规模相对较小的公司，相当于以往的主板小盘股，根据市场需求，确定适当的发行规模和发行方式。

为促进自主创新企业及其他成长型创业企业的发展，2009年3月31日，中国证监会正式发布《首次公开发行股票并在创业板上市管理暂行办法》，该办法自2009年5月1日起实施，致力于促进创新型和成长型企业发展的创业板创设。创业板考虑到创新成长企业的现实，其发行条件中的财务指标在量上低于主板（包括中小板）首次公开发行条件，在指标内容上参照了主板做法，主要选取净利润、主营业务收入、可分配利润等财务指标，同时附以增长率和净资产指标。另外，创业板在净利润及营业收入上设置两套标准，发行人符合其中之一即可。

为了解决中国大量中小微长期存在的融资难、融资贵问题，2006年中关村科技园区非上市股份公司进入代办转让系统进行股份报价转让，非上市股份公司股份转让试点开始实施，即为新三板市场。从2006年新三板试点以来特别是2013年新三板推广至全国，根据国务院《关于全国中小企业股份转让系统有关问题的决定》和中国证监会《关于进一步推进全国中小企业股份转让系统发展的若干意见》，新三板市场发展坚持其服务定位，致力服务于中小微企业特别是创新型、创业型和成长型企业的股份转让、融资以及长续发展，截至2019年8月30日，新三板挂牌企业总数为9298家，其中，基础层8609家、创新层689家。

科创板和注册制取得积极进展。习近平主席在2018年11月5日首届"进博会"提出在上海证券交易所设立科创板并试点注册制后，中国证券市场发展进入一个新的历史发展阶段。其中，上海证券交易所科创板已经在2019年6月13日正式开板。2019年8月，党中央、国务院发布关于支持深圳建设中国特色社会主义先行示范区的意见，其中，意见指出要提高金融服务实体经济能力，研究完善创业板发行上市、再融资和并购重组制度改革，创造条件推动注册制改革。注册制及其相关改革推进正在加速。

七　中国债券市场发展迅速

（一）债券市场创新不断涌现

近些年来，为增加资本市场的直接融资，各监管部门简化了发行流程、放宽了发行条件，为债券市场的发行创新施加了强大动力。在产品种类方面，近些年来在企业债券的基础上，逐步推出了项目收益债、可续期债、专项债等，公司债与超短期融资债等债券的发行人得到拓宽。熊猫债与绿色债市场在近些年也得以推出，提高了债券市场对外开放程度，推动了债券市场对可持续发展和绿色金融的融资支持。

（二）债券市场的规模愈加壮大

改革开放以来，中国债券市场由零起点起步，经历了 30 多年的发展，逐渐成为金融市场上不可替代的重要组成部分。现阶段，中国债券市场已经粗具规模。由图 3.4 可知，中国债券市场呈现出总体平稳、稳中有进的发展态势。2018 年，中国债券市场发行量为 184713.43 亿元，同比增幅达到 9.02%，相比 1997 年 2084.62 亿元的体量有了长足的进步。截至 2019 年 8 月底，中国债券市场规模存量已经超过 90 万亿元人民币，高于日本位居世界第二位。

由于国债在债券市场中的重要地位，上证国债指数足以成为反映中国债券市场整体变动状况的良好工具。上证国债指数是把上海证券交易所上市的所有固定利率国债作为样本，按照国债的发行量加权而成，以反映国债总体走势和收益状况。上证债券指数自 2003 年年初推出以来，稳中有进，增长迅速。2008 年受到国际金融危机的影响，上证国债指数出现短暂下滑；2016 年年末至 2017 年年初，受到资本市场强监管的影响，上证国债指数增势放缓，但随着政策方向由全面去

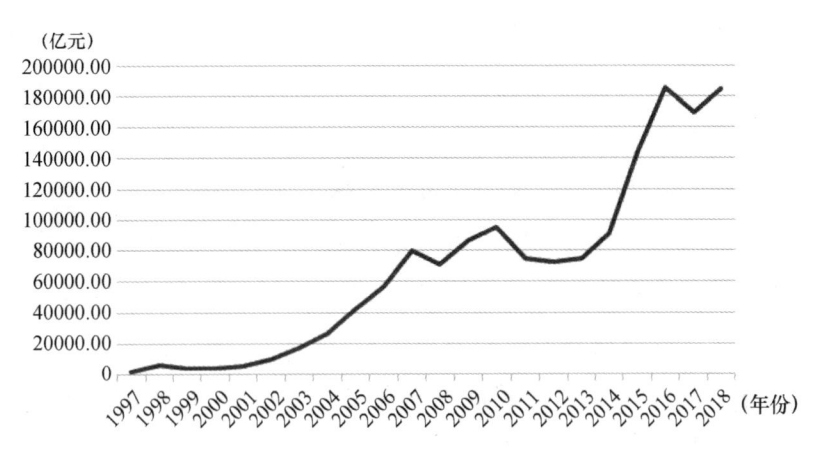

图 3.4 债券合计发行量

资料来源：Wind。

杠杆转变为结构性去杠杆，上证国债指数增速回升。上个报告期上证国债指数达到 175.28，同比增长 5.20%。除上证国债指数外，上证企业债指数与上证公司债指数也是衡量单品种债券及债券市场整体状况的重要指标。

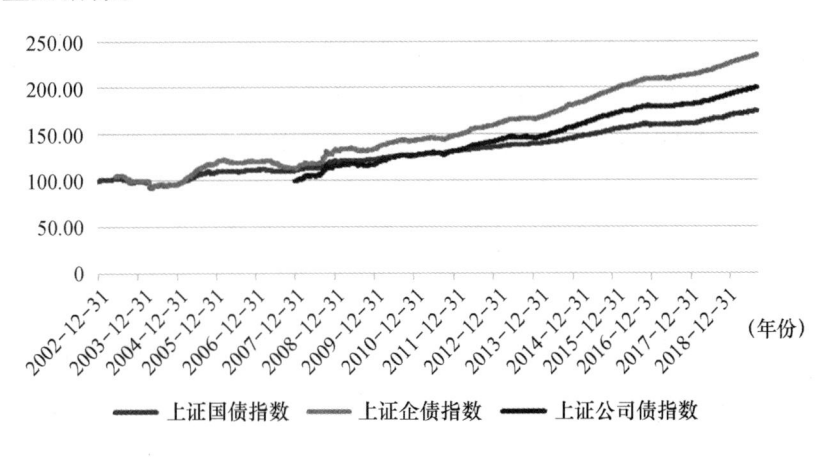

图 3.5 上证债券指数

资料来源：Wind。

伴随中国债券市场体系得到不断完善，投资者范围进一步扩大，债券产品种类得到逐渐提升。截至目前，债券市场的投资机构涵盖了银行、证券公司、保险公司、基金公司、资产管理公司及非法人机构，债券市场交易随着投资主体的增加得到进一步活跃，成交量得以提升。

(三) 债券市场的功能和作用不断强化

债券市场作为金融市场的重要组成部分，在国家金融体系中有着不可或缺的功能和作用。一是债券市场的直接融资功能。债券市场能够引导资金从资金剩余者流向资金需求者，为资金不足者筹集资金提供直接融资。2018年社会融资规模存量为200.75万亿元，其中企业债券余额和地方专项债分别占比10%和3.6%。二是债券市场优化金融市场结构的功能。现阶段金融资产结构以间接融资为主，且间接融资比重过高，增加了经济运行的社会成本，债券市场的发展是资本市场的有效突破口。同时，经过债券市场资金将向优势企业聚集，有助于实现资源的优化配置。三是债券市场的定价功能。在金融市场中，结构合理、流通性好、信用良好的金融资产的利率能够作为其他金融资产的参考。作为无本金风险的融资利率，国债基准利率在各类金融资产的定价中发挥了重要作用。

(四) 债券市场的对外开放程度不断提高

相对分割的债券市场在过去一段时间内促进了中国债券市场的发展，但是近些年来债券间的一些差异所导致的弊端逐渐暴露。随着监管部门各项政策的出台，债券市场的对外开放、互联互通程度得到了稳步推进。

首先从对外开放角度。2005年开始，泛亚基金和亚债中国基金的进入标志着中国债券市场对外开放进程的开始。2010—2014年，债市先后允许RQFII和QFII进入银行间债券市场，并不断放宽对其产品和投资的限制。2015年，中国允许开放债券回购交易等投资工具，并由审核制改为备案制，债券市场对外开放进入新的阶段。2017年7月，香港与内地互联互通的产物——债券通正式获批上线，开启债券市场新未来。

其次是服务实体经济的角度。债券市场的开放与发展不是简单的以规模扩大为目标,而应当坚守金融为实体经济服务的实际,债券市场的扩大与开放应当以更好地服务实体经济为目标。国家发展改革委员会将进一步推进债券品种更新,推出地方政府债、企业债和小微企业增新集合债券,满足企业在期限、偿债保障等各方面的特定融资需求。

(五) 中国债券市场结构日趋合理

经过30多年的探索与发展,中国债券市场已经形成了包括银行间市场、交易所市场和商业银行柜台市场三个基本子市场在内的综合分层的市场体系,同时,根据发行主体不同,又形成了以政府债券、金融债、企业债为主要品种的债券市场产品结构。由图3.6可知,中国现阶段政府债券和政策性银行债券在市场中占据主导地位,企业债券占比较小。

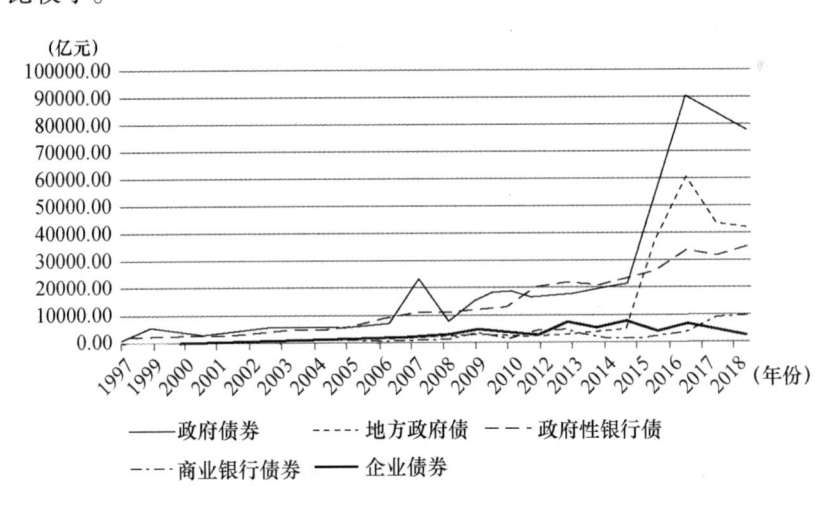

图 3.6　各品种债券发行量

资料来源:Wind。

1. 政府债券

政府债券在中国资本市场中具有极为重要的地位,为债券市场体系起到了基础性的支撑作用。政府债券可分为中央政府债券和地方政府债券，前者也称为国债。中国的中央政府债券由财政部发放，并由国家信用担保，与中国的经济发展与改革紧密结合在一起。在过去30年里，国债市场不断发展和完善，已经全面迎来了市场化，期限结构和产品种类则实现了多样化。

地方政府债券是由地方政府及其代理机构发行，以地方政府信用为担保的债券。地方政府债券作为国债的有机补充，有着较高的安全性和良好的流动性。中国从2009年开始探索发行地方政府债券，中央政府代理发放地方政府债券2000亿元，对债券市场进行进一步的补充与完善。2015年，新的《预算法》实施，赋予了地方政府举债融资的职能，地方政府债券的发行量迅速增加至38350.62亿元，政府债券发行总量也随之迅速增长。2018年，政府债券发行总量达到77062.65亿元，较2017年同比下降6.30%，实现发行量两连降。其中地方政府债券发行量为41651.67亿元，占政府债券总发行量的54.05%。

2. 金融债

金融债主要指银行和非银行金融机构发行的债券，按发行主体主要分为政策性银行债券和商业银行债券，可以有效解决银行资金不足和期限不匹配的问题。中国金融债最早在1985年由工商银行和农业银行先行发行，在1994年成立三家政策性银行后，金融债发行主体转为政策性银行，商业银行开始停止发放金融债。2005年，中国人民银行出台并实施《全国银行间债券市场金融债券发行管理办法》以规范金融债券市场，与此同时商业银行再次获允发行金融债。2018年政策性银行债券发行量为34339.80亿元，同比增长7.26%，占债券总发行量的18.6%；商业银行债券发行量为9162.4亿元，同比增长6.03%，占债券总发行量的4.96%。

3. 企业债券

企业债券是企业按照法定程序发行，在期限内进行还本付息的有价证券。中国的企业债券市场开始于20世纪80年代，经过30多年的整顿与规范，企业债券已经由当年的自主化、混乱化步入了规范发展阶段。企业债券规模较小，发展较为缓慢。2014年由于债市飙升，企业债券发行总量曾超过 7000 亿元，不过近些年来有所回落。2018 年，中国企业债券发行量为 2412.08 亿元，同比下降 35.35%，占债券市场总发行量的比例仅为 1.30%。对于中国债券市场产品结构而言，未来应该加快企业债券市场的发展，提高企业债券占整体债券市场的比例。

八　证券投资基金行业日益重要

（一）证券投资基金行业地位日升

1998 年以来，随着中国市场经济体系建设不断深入，中国经济改革开放成果显著，经济高速成长，居民财富水平快速提升，投资需求日益强烈，证券投资基金行业迎来了发展的历史机遇，整个行业理性发展，规范运行，蓬勃发展，取得了重要的成绩。

1. 金融体系重要机构投资者

证券投资基金行业顺应居民财富增值的现实需求，成为金融市场重要的参与者。1998 年中国基金行业基金总数为 27 只，基金资产净值仅为 104 亿元。截至 2019 年 6 月底，公募基金产品数量达到 5983 只，基金份额为 12.8 万亿份，资产净值为 13.46 万亿元。[①] 截至 2018 年年底，中国共有 131 家公募基金管理人，合计管理基金数量 5123 只，其中 130 家已披露的管理基金资产净值近 13 万亿元，份额规模约 12.8 万亿份。[②] 证券投资基金（仅指公募基金）已成为中国居民投资理财的主要渠道之一，同时已经成为中国金融市场体系重要的机构投资者，是中国改革开放和金融体系发展的一个缩影。

2. 普惠金融重要载体

公募基金大众化、普及化趋势十分明显，成为中国家庭实现财富长期保值增值的主要理财工具，也已经成为中国普惠金融发展的重要参与者。1998 年以来，中国证券投资基金行业的基金产品不断创新，

---

① 数据来自 Wind。
② 数据来自中国银河证券基金研究中心。

产品种类不断拓展，1998年仅有5只封闭式股票基金，2019年6月底，基金产品数量已接近6000只。截至2017年年底，公募基金持有人户数约11.57亿户，管理各类养老金超过2.96万亿元，即平均每3个中国公民中就有2个是基金持有人，公募基金已经成为中国内地大众化的投资理财工具，是普惠金融重要的载体之一。①

互联网货币基金的兴起使得公募基金大众化和普惠化的发展趋势得到强化。作为大众理财工具，公募基金已经成为中国居民实现财富长期保值增值的重要方式。在互联网化发展阶段，互联网货币基金快速兴起，由于货币基金具有安全性、高流动性、稳定收益性特点，大部分人把原来放在银行的活期储蓄转到了货币基金上。货币基金不仅流动性好，而且收益率比银行储蓄高，深受广大中小投资者的欢迎。典型的案例是余额宝和微信理财等，基于智能终端，链接货币基金，成为普通大众极其便利化的投资工具，超越了基金投资的时间和地域限制，摆脱了以银行销售为主导渠道的模式，使得普通大众获得了平等的金融参与权和市场化的金融收益权。以余额宝、腾讯理财通为代表的货币基金的普及和大发展，是普惠金融的重大创新，不仅唤醒了亿万普通投资者的理财意识，极大地提升了公募基金规模，而且使公募基金更加大众化、普及化，成为普惠金融最重要的载体。互联网货币基金打破了传统金融机构依靠牌照收费的强势思维，是对传统金融业的一次深刻革命，有利于普惠金融体系的建立和发展，对于中国加快建立现代金融体系具有重要意义。②

3. 综合性资产管理机构

证券投资基金业务模式已从纯公募封闭式基金管理发展为综合性资产管理机构。公募基金的发展初期基本是以封闭式基金为主导，随后根据市场需要和行业发展趋势逐步调整业务模式，开放式基金日益成为主流。同时，除公募基金外，还管理社保基金、企业年金、机构

---

① 洪磊：《中国公募基金20年巨变与思考》，《中国证券报》2018年3月15日。
② 同上。

专户等资产管理业务,业务范围不断扩大。2012年以来,随着证券投资基金子公司的广泛设立,基金行业的业务范畴进一步拓展,已经成为一个全面、综合的大型资产管理子行业。

(二)证券投资基金市场结构化协同发展

1. 公募基金

公募基金是中国证券投资基金的基础领域,是中国基金行业发展的一个缩影。从历史发展的角度,公募基金从1998年开始算起已经整整走过20年的发展历程,公募基金从无到有、从小到大、从不规范到规范,取得了良好的成就。1998年,中国基金行业基金总数为27只,基金份额仅为100亿份,基金资产净值仅为104亿元。2002年,中国基金行业基金总数为71只,份额为1330亿份,资产净值仅为1207亿元。截至2018年年底,中国境内共有基金管理公司120家,管理资产合计达13.03万亿元。截至2018年年底,中国共有131家公募基金管理人,合计管理基金数量5123只,其中130家已披露的管理基金资产净值近13万亿元,大致为1998年基金行业净值的1250倍以及2002年基金行业资产净值的107倍。目前范围涵盖股票基金、混合基金、债券基金、货币市场基金、商品期货基金和ETF基金。同时,养老目

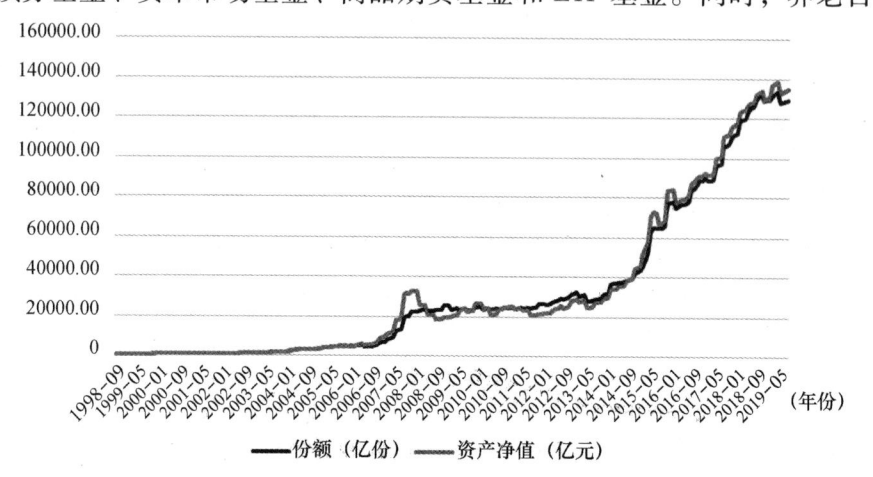

图3.7 中国证券投资基金份额与资产净值

资料来源:Wind。

标基金、FOF 基金等以价值投资为理念、倡导获取长期稳定收益的新产品逐步推出，使得公募基金产品体系更加精细化，范围更广泛，有利于满足不同投资者的需求，促使公募基金行业迈入资产配置的新时代。①

从证券投资基金行业的结构上看，截至 2019 年 8 月底，货币型基金规模最大，为 7.71 万亿元，占比为 57.45%。股票型基金、混合型基金、债券型基金分别为 0.97 万亿、1.77 万亿、2.88 万亿元，资产净值占比分别为 7.22%、13.18% 和 21.43%。另外 QDII 基金规模十分有限，分为 756 亿元。

表 3.4 中国证券投资基金行业结构

	全部基金	股票型	混合型	债券型	货币型	另类投资	QDII
数量（只）	5696	977	2458	1702	379	27	153
规模（亿元）	134155	9685	17680	28756	77068	210	756

资料来源：Wind。

从单体基金公司的发展来看，中国证券投资基金大致可以分为两个阶段。第一个阶段是以股票型或混合型基金为主导的阶段，大致是基金业开始发展至 2013 年中期，主要表现是基金公司基本发行股票型或混合型基金产品为主导，而债券型基金和货币型基金的种类和规模则相对有限。第二个阶段是 2013 年中期以来，主要以货币型基金为重要发展方向。重要的原因是互联网金融的兴起，以余额宝为代表的互联网货币基金成为普通投资者重要的投资品种，收益率相对较高、流动性良好、风险水平整体较低、相关费率极低，满足了互联网时代普通居民投资理财和流动性等多重要求，从而形成了一个"宝宝类"互联网型货币基金发展的新高潮。不过，这类基金的发展主要是依托基金公司股东背景尤其是商业银行在活期存款方面的巨大优势，从而是

---

① 中国证监会：《截至 2017 年底公募基金分红 1.71 万亿元》，http：//www.gov.cn/shuju/2018-05/17/content_ 5291641.htm，2018 年 5 月 21 日。

商业银行在竞争活期存款方面的一种竞争。

从单体基金公司对比看，前十大基金公司管理规模都超过3000亿元，前十大基金公司分别为天弘基金、工银瑞信基金、易方达基金、华夏基金、南方基金、建信基金、博时基金、招商基金、中银基金和嘉实基金。以货币基金为主导的基金公司有天弘基金、工银瑞信基金、建信基金、招商基金、中银基金等，除了天弘基金与支付宝的备付金账户相关之外，工银、建信、招商和中银基金等的膨胀都得益于互联网货币基金的膨胀，其余几大基金公司股票资产占比相对较高。

货币型基金创造了中国基金行业发展的新时代。以天弘基金为例，2013年6月23日推出余额宝关联货币基金之前，天弘基金是国内基金行业中的小基金公司。但是，余额宝推出之后，其关联的货币基金规模持续高涨，截至2019年3月底，其资产规模约为1.3万亿元，其中余额宝货币型基金规模高达1.035万亿元，为全球最大单一基金。货币型基金在2013年后迎来了爆发式增长的阶段，2013年货币型基金资产净值为8800亿元左右，2014年一举突破2万亿元，达到2.19万亿元，2015年更进一步突破4.5万亿元。截至2019年8月底，货币型基金规模接近8万亿元，为7.71万亿元。货币基金在基金市场体系中的地位和作用一路上升，2010年货币型基金市场占比仅为6.14%，2018年年底，货币型基金市场占比约为65%。即在过去8年的时间中，货币型基金的市场占比提升了10倍有余，是中国基金行业膨胀最为迅猛的一个子领域。

从投资回报看，基金行业整体给投资者带来较好的投资回报。截至2017年年底，公募基金行业累计分红1.71万亿元，其中偏股型基金年化收益率平均为16.5%，超过同期上证综指平均涨幅8.8个百分点。除偏股型基金跑赢大盘外，债券型基金年化收益率平均为7.2%，超出现行三年定期存款利率4.5个百分点。同时，基金管理公司受托管理基本养老金、企业年金、社保基金等各类养老金1.5万亿元，在养老金境内投资管理人的市场份额占比超过50%，总体上实现良好收益。以社保基金为例，2001—2016年实现年化收益率8.4%，2017年收益率在 9% 左右。2018 年，全年各类型基金累计分红约达 1028 亿元，较 2017 年的 701 亿元增加了 327 亿元，增幅 31.8%。其中在偏股混合型基金全年累计分红总额最高，为 257.6 亿元，占比 25%。

2. 私募基金

在证券市场体系发展初期，私募投资基金的发展基本处于空白阶段，这与金融市场体系和制度机制建设是紧密相关的。随着中国资本市场的深入发展，阳光私募基金亦迎来了快速发展的历程。与公募基金相似，私募投资基金的两个发展高潮是 2007 年的股票市场"牛市"和 2014 年后的市场繁荣。在 2005 年之前，私募证券投资基金的发展基本是非常初步的，规模亦十分有限，2002 年私募投资基金仅有两只发行，发行规模只有 2200 万元。但是，股权分置改革之后，资本市场进入一个高度繁荣阶段，私募基金同样进入一个快速发展阶段，2007 年私募基金发行数达到了 443 只，发行规模达到了 453.63 亿元。不过，国际金融危机的爆发使得中国私募基金领域的发展陷入了一个低潮，2008 年私募基金发行数只有 322 只，发行规模更是下降至不足 270 亿元。2009 年私募基金发行数虽上升至 578 只，但是，发行规模仍然不足 260 亿元。

在经历证券市场相对低迷的一个阶段后，随着政策当局对于证投资基金行业发展的鼓励，基金公司子公司以及私募投资基金等在 2012 年之后迎来了新的发展阶段。私募投资基金在 2014—2015 年经历了一个爆发式增长的阶段，这主要在于这个时期中国股票市场迎来了新的上升周期以及政策当局对私募基金领域的肯定态度，同时私募基金阳光化进程不断深入，私募基金备案为"阳光私募"成为一种政策及发展趋势，2014 年私募基金备案制正式实施。根据证监会的数据，截至 2015 年 9 月底，私募基金发展进入了历史新高点，基金业协会已登记私募基金管理人 20383 家。已备案私募基金 20123 只，认缴规模 4.51 万亿元，实缴规模 3.64 万亿元。从认缴规模看，2015 年 9 月底的规模是 2007 年的 80 倍。2015 年私募证券投资基金加权平均收益率达到了 26.58%，高于非货币型公募基金加权平均收益率月 12 个百分点。但是，由于私募证券投资基金备案之后出现诸多的运作不规范，比如以在证券投资基金业协会的备案作为基金发行募资的"令牌"，误导投资者是"证监会审批通过"或"证券投资基金业协会审批通过"，私募基金备案、募资及投资陷入了一个相对疯狂的阶段。随后，证券投资基金业协会对私募基金备案提出了更高的要求，对没有实质投资业务的私募基金进行清理，2015年第四季度以后私募基金进入一个相对理性和内部整固的发展阶段。

从资产管理规模比较，私募基金管理资产规模已经和公募基金行业的资产规模相当。截至2018年12月底，基金业协会已登记私募基金管理人2.44万家。已备案私募基金7.46万只，管理基金规模12.78万亿元，私募基金管理人员工总人数24.57万人。[①]

从私募基金的结构看，证券投资私募基金发展迅速，其他股权投资基金发展更加迅猛。随着私募证券投资基金的合法化，近年来私募基金管理人数量和规模增长明显加快，截至2019年6月底，私募证券投资基金管理人24304家，管理私募证券投资基金规模13.28万亿元。如果简单对比私募证券投资基金规模与公募证券投资基金规模，二者相差无几。其中，公募基金中有7.71万亿元是货币型基金，公募基金中的股票型和混合型基金规模合计为2.75亿元。考虑到私募证券投资基金主要是股票型或混合型基金，那么私募证券投资基金在一定程度上超出了公募证券投资基金在股票市场上的地位和作用。私募基金主要为高净值投资人群提供理财服务，是公募基金的有益补充。私募基金与公募基金并行发展，已成为资本市场不可或缺的重要机构投资者。

在私募证券基金快速发展的同时，私募股权基金得到了超常规大发展。2019年6月底，私募股权、创业投资基金管理人14679家，私募股权投资基金规模8.17万亿元、创业投资基金规模1.01万亿元。私募股权投资基金的发展得益于两个原因：一是中国证券市场和直接融资大发展，尤其是股票首次公开发行和再融资获得了较好发展，私

[①] 中国证监会：《私募投资基金登记备案总体情况》，2019年1月9日。

募股权投资回报非常之高。二是随着公私伙伴关系模式（PPP，抑或政府和社会资本合作）和产业投资基金的广泛兴起，社会资本以基金模式更为便利参与其中，从而使得私募股权基金、创业基金等呈现在全国各地全面发展的态势。创业基金、私募股权基金的大发展，极大地推动了大众创业、万众创新，有力地促进了产业转型升级和新经济发展，对服务实体经济和资本市场健康发展发挥了重要作用。

对于私募证券投资基金而言，其对于二级市场行情相对比较敏感。随着2015年股票市场在5—6月和8月的大幅波动以及2016年年初"熔断"机制的影响，私募基金在2016年出现了发行规模下行的情况。2016年发行规模为2152亿元，相比2015年的2376亿元下降了10.4%。2016年下半年以来私募基金发行规模、发行只数的增速都在放缓，与资本市场对于再融资特别是定向增发的监管强化存在较强相关性。2017年私募投资基金发展再度进入稳健发展阶段，当年发行规模达到2887亿元，创出私募投资基金发行规模的历史新高，截至2018年年底，证券投资私募基金管理规模达到2.04万亿元。

表3.5　　　　中国私募投资基金基本状况（截至2018年年底）

	私募管理人（家）	管理基金（只）	管理规模（亿元）
证券	8989	34440	21421
股权及创投	14683	34993	88999
其他	776	5209	17362
合计	24448	74642	127783

资料来源：中国证监会。

在政府和社会资本合作模式兴起过程中，PPP项目、产业投资基金、创业基金以及政府购买公共服务等成为重要的市场融资和项目运营模式，社会资本广泛参与其中。私募基金行业在股权及创投基金的迅猛发展带动下，截至2017年年底，行业管理基金数超过6.6万只，整体管理规模超过11万亿元，其中股权及创投基金家数达到了1.32

万家，管理基金数 2.85 万只，管理资产规模更是高达 7.1 万亿元，成为私募基金的主体。2018 年股权及创投基金的规模更是达到了 8.9 万亿元。

3. 基金子公司

2012 年以来，基金公司子公司迎来了一个爆发式增长的阶段。基金子公司是由基金管理公司控股，经营特定客户资产管理、基金销售以及中国证监会许可的其他业务的有限责任公司。其中经营特定客户资产管理业务特指投资于未通过证券交易所转让的股权、债权及其他财产权利以及中国证监会认可的其他资产，这是目前各基金子公司的主要业务。

基金子公司业务发展极其短暂。2012 年基金子公司才开始发展起来，但是，资产管理规模膨胀极其迅猛，同时也带来一些相对不规范的风险。随着金融监管强化，基金公司子公司专户资产管理中的通道业务和类信托业务被大量挤压，但是，截至 2017 年年底，基金公司子公司专户资产管理规模仍高达 13.7 万亿元，仍然高于公募基金和私募基金的资产管理规模。但是，这个局面在 2018 年得到了改善，当年基金公司子公司专户资产管理规模下降近 2.5 万亿元，跌至 11.3 万亿元。

参考文献

中国证监会：《中国资本市场发展报告》，中国金融出版社 2008 年版。

尹振涛：《中国近代证券市场监管的历史考察——基于立法和执法视角》，《金融评论》2012 年第 2 期。

中央国债登记结算有限责任公司：《2017 年债券市场统计分析报告》，2018 年 2 月 9 日。

中央结算公司：《2018 年债券市场统计分析报告》，2019 年 1 月 16 日。

吴晓求等：《中国资本市场 2011—2020》，中国金融出版社 2012 年版。

洪磊：《中国公募基金 20 年巨变与思考》，《中国证券报》2018 年 3 月 15 日。

中国证监会：《私募投资基金登记备案总体情况》，2019 年 1 月 9 日。

第四章

新中国金融监管的变迁与调整

第一节　新中国成立后的金融监管起步
（1949—1977 年）

一　早期监管阶段：1949—1952 年

此阶段为新中国成立初期，主要特点是围绕支持经济恢复和国家重建的任务，由中国人民银行行使最原始的监管职能。中国人民银行建立的时间比新中国成立还早，1948 年 12 月 1 日在华北银行、北海银行、西北农民银行的基础上合并组成。1949 年由河北石家庄迁入北平后，除了发行人民币之外，主要承担接收国民党政府的银行、整顿私人钱庄的职责，某种程度上可视为行使最原始的金融监管职能。[①]

1949 年 9 月，中国人民政治协商会议通过《中华人民共和国中央人民政府组织法》，把中国人民银行纳入政务院的直属单位系列，接受财政经济委员会指导，与财政部保持密切联系，赋予其国家银行职能，承担发行国家货币、经理国家金库、管理国家金融、稳定金融市场、支持经济恢复和国家重建的任务。直至 1952 年，基本扭转了新中

[①] 陆岷峰、周军煜：《中国银行业七十年发展足迹回顾及未来趋势研判》，《济南大学学报》（社会科学版）2019 年第 4 期。

国成立初期金融市场混乱的状况,终于制止了国民党政府遗留下来的长达20年之久的恶性通货膨胀,国民经济逐步恢复并走向正轨。①

在此期间,值得一提的是保险业务的初步试水。1949年以后,中央人民政府在迅速接管各地的官僚资本保险公司、整顿改造私营保险企业的基础上,于1949年10月20日成立了中国人民保险公司,作为国有的保险企业经营各类保险业务。在国民经济恢复和"一五"计划时期,中国人民保险公司确立了"保护国家财产、保障生产安全、促进物资交流、安定人民生活、组织社会游资、壮大国家资金"的指导思想,开办和发展各项国内保险业务。②

二 "大一统"阶段:1953—1977年

此阶段为计划经济时期,主要特点是财政金融不分家,金融实行大一统,中国人民银行既是裁判员又是运动员。

在计划经济的年代,金融实行大一统,全国只有中国人民银行一家银行,除了现金和存款,人们再无其他的金融资产。存款不是个人投资,号召人们存款的口号是"爱国储蓄"。那时的人民银行谈不上货币政策,更无从谈起国民经济四大账户体系。在这一时期,全国的金融体系是由人民银行和财政部两个大头主导的"大一统"格局。在统一的计划体制中,自上而下的人民银行体制,成为国家吸收、动员、集中和分配信贷资金的基本手段。这一时期,人民银行作为国家金融管理和货币发行的机构,既是管理金融的国家机关又是全面经营银行业务的国家银行。③ 由于在计划经济体制下,金融业的业务相对单一,从1952年开始,国家基本取消了商业信用,全部以国家信用代替,1954—1955年,中国人民银行、商业部、财政部协商,统一清理了国

---

① 王国刚:《中国银行业70年:简要历程、主要特点和历史经验》,《管理世界》2019年第7期。

② 李泉、陈欣妍:《中国保险业70年:发展历程与前景展望》,《中国保险》2019年第10期。

③ 沈坤荣、李莉:《银行监管:防范危机还是促进发展?——基于跨国数据的实证研究及其对中国的启示》,《管理世界》2005年第10期。

营工业间以及国营工业与其他国营企业间的贷款，贷款与资金往来一律通过中国银行办理，到"一五"计划末，一切信用统一于国家银行的目的已经实现。后来的五家大型国有商业银行，当时要么与人民银行的某个业务局合署办公，比如中国银行，要么并入财政部，比如交通银行和建设银行。1969 年，中国人民银行与财政部合署办公，对外只保留了中国人民银行的牌子，各级分支机构也都与当地财政局合并，成立了财政金融局。

在此期间，保险业务经历了两次停办。[①] 第一次是在 1954 年取消经纪人制度和私营保险代理人及公估人制度后，1958 年 10 月，在全国财贸工作会议上通过的《关于农村人民公社财政管理问题的意见》中，提出"人民公社化后，保险工作的作用已经消失，除涉外保险业务必须继续办理外，国内保险业务应立即停办"。1958 年 12 月，在全国财政会议上正式做出"立即停办国内保险业务"的决定。中国人民保险公司从此停办了国内保险业务，只保留涉外保险业务继续经营。第二次是"文化大革命"，1966—1976 年的十年间，所有国内保险业务也都全部停止开办。

第二节　中国金融监管的适应性发展
（1978—2016 年）

一　混业监管：1978—1991 年

此阶段为改革开放初期，主要特点是财政金融初步分开，商业银行和中央银行职能分开。

一是财政金融初步分开。1978 年，人民银行从财政部独立出来。但央行职能和商业银行职能仍然没有得到区分，因此也不存在外部监

[①] 李泉、陈欣妍：《中国保险业 70 年：发展历程与前景展望》，《中国保险》2019 年第 10 期。

管的问题，人民银行既行使中央银行职能，又办理商业银行业务；既是宏观经济政策管理机构，也是金融业监管部门。①

二是商业银行陆续剥离。1979年开始，经济体制改革拉开序幕，农行、中行、建行、工行先后或恢复，或独立，或设立。② 随着商业银行业务的逐步剥离，中央银行货币政策的独立性相当于完成了一半。1979年1月，为了加强对农村经济的扶植，恢复了中国农业银行。1979年3月，适应对外开放和国际金融业务发展的新形势，改革了中国银行的体制，中国银行成为国家指定的外汇专业银行；同年设立了国家外汇管理局。

三是恢复了国内保险业务。重新建立中国人民保险公司；各地还相继组建了信托投资公司和城市信用合作社，出现了金融机构多元化和金融业务多样化的局面。1979年4月，国务院在批转《中国人民银行分行行长会议纪要》中，明确提出要开展保险业务。1979年11月，中国人民银行召开全国保险工作会议，决定从1980年起恢复停办20余年之久的国内保险业务，同时大力发展涉外保险业务。中国保险业的监管也是从这个时候正式开始。③

四是赋予人民银行专门行使央行职责。1982年7月，国务院批转中国人民银行的报告，进一步强调"中国人民银行是我国的中央银行，是国务院领导下统一管理全国金融的国家机关"，以此为起点开始了组建专门的中央银行体制的准备工作。1983年9月17日，国务院做出决定，由中国人民银行专门行使中央银行的职能，并具体规定了人民银行的10项职责。为更好履行央行职责，1983年，中国人民保险公司从中国人民银行分设出来，成立隶属国务院的独立经济单位。当年，中国银行与国家外汇管理总局分设，各行其职，中国银行

---

① 张昊：《改革开放四十年我国金融改革历程与展望——从国家财政角度的观察与思考》，《财政科学》2018年第8期。
② 郑万春：《中国银行业改革历程与趋势展望》，《清华金融评论》2018年第7期。
③ 李泉、陈欣妍：《中国保险业70年：发展历程与前景展望》，《中国保险》2019年第10期。

统一经营国家外汇的职责不变。至此，中国银行成为中国人民银行监管之下的国家外汇外贸专业银行。中国银行的身份发生根本性变化，由原中国人民银行一个分支部门、国家金融管理机关，转为以盈利为目标的企业。人民银行的商业银行职能完全剥离，标志性的事件是1984年工商银行和人民银行正式分家，人民银行过去承担的工商信贷和储蓄业务由中国工商银行专业经营，中国人民银行开始专门行使中央银行的职能，集中力量研究和实施全国金融的宏观决策，加强信贷总量的控制和金融机构的资金调节，以保持货币稳定。人民银行分支行的业务实行垂直领导，设立中国人民银行理事会，作为协调决策机构；建立存款准备金制度和中央银行对专业银行的贷款制度，初步确定了中央银行制度的基本框架。[①]

五是央行成为混业监管者。从1984年起，中国人民银行开始行使中央银行职能；同时，中国人民银行也肩负起对包括银行、证券、保险、信托在内的整个中国金融业的监管职责。人民银行在专门行使中央银行职能的初期，随着全国经济体制改革深化和经济高速发展，为适应多种金融机构、多种融资渠道和多种信用工具不断涌现的需要，中国人民银行不断改革机制，搞活金融，发展金融市场，促进金融制度创新。中国人民银行努力探索和改进宏观调控的手段和方式，在改进计划调控手段的基础上，逐步运用利率、存款准备金率、中央银行贷款等手段来控制信贷和货币的供给，以求达到"宏观管住、微观搞活、稳中求活"的效果，在制止"信贷膨胀""经济过热"，促进经济结构调整的过程中，初步培育了运用货币政策调节经济的能力。不过此时，中国人民银行仍然同时肩负宏观的货币政策调控和微观的金融行业监管职责，尤其是1986年《中华人民共和国银行管理暂行条例》颁布后，从法律上明确了中国人民银行作为中央银行和金融监管当局的职责。

---

① 王国刚：《中国银行业70年：简要历程、主要特点和历史经验》，《管理世界》2019年第7期。

六是证券市场开始发展。1986年8月，证券业务在金融机构开始萌芽。1987年，经中国人民银行批准，在深圳成立了中国第一家证券公司——深圳特区证券公司；1988年7月，中国首家股份制证券公司——上海万国证券公司成立，接下来几年，一些证券公司相继成立。进入20世纪90年代，股份公司、证券公司相继出现以后，在国务院的授权下，中国人民银行开始酝酿批准成立正规的证券交易所。1990年11月14日，经国务院授权，中国人民银行批准上海证券交易所成立，11月26日，上交所召开成立大会，这是新中国成立以来设立的首家证券交易所。1991年4月11日，经国务院授权，中国人民银行批准深圳证券交易所成立，7月3日正式营业。上海、深圳两家证券交易所的成立，是中国证券市场正式起步发展的开端。[①]

二　分业监管：1992—2016 年

此阶段为改革开放改革提速期，主要特点是中国金融监管由混业监管走向分业监管。[②]

一是成立"一委一会"。邓小平南方谈话后，经济体制改革的步伐加快。1992年9月，三大全国性证券公司组建：由工行牵头筹建的华夏证券有限公司（北京）、由建行牵头筹建的国泰证券有限公司（上海）、由农行牵头筹建的南方证券有限公司（深圳）宣告成立。随着证券交易所的成立、证券公司的增加和股份公司的增加，中国人民银行在监管银行和信托公司的同时监管证券市场和证券机构，难免有些力不从心，证券市场相继出现了一系列违规操作、市场混乱等问题。这里面比较有名的是1990年"8·10事件"，当时股票的分红派息远高于银行利息，但股票当时发行少，需求严重大于供给，出现内部私自截留的行为，导致投资者抗议舞弊行为。证券市场针对这些问题，国务院开始酝酿成立专门的证券市场监管机构。1992年10月27日，

[①] 刘鸿儒：《中国资本市场的发展与展望》，《金融科学》1999年第2期。
[②] 王忠生：《中国金融监管制度变迁研究》，湖南大学出版社2012年版。

国务院证券委员会成立，朱镕基副总理兼任主任，刘鸿儒、周道炯任副主任，委员由国务院有关部委的领导组成。国务院证券委是国家对全国证券市场进行统一宏观管理的主要机构，负责制定有关证券市场发展的重大政策和拟定有关管理法规，证券委办公室负责处理日常事务，《中华人民共和国证券法》起草工作就始于当年，这是新中国成立以来第一部按照国际惯例、由国家最高立法机构组织而非由政府某个部门组织起草的经济法。在成立国务院证券委的同时，还成立了中国证监会，由有证券专业知识和实践经验的专家组成，刘鸿儒任主席。中国证监会作为国务院证券委的执行部门，负责对证券市场进行监督管理的工作。"一委一会"成立以后，其职权范围随着市场的发展逐步完善。1993年11月，国务院决定将期货市场的试点工作交由国务院证券委负责，中国证监会具体执行。值得一提的是，"一委一会"成立以后，虽然开始负责对证券市场的监管，但是对于证券公司的审批和监管仍旧是中国人民银行的职责。1994年7月18日，国务院证券委做出决定，由中国证监会配合中国人民银行共同审批、监管证券经营机构。对证券公司的监管权开始出现分化。直到1995年3月，国务院正式批准《中国证券监督管理委员会机构编制方案》，确定中国证监会为国务院直属副部级事业单位，是国务院证券委的监管执行机构，依照法律、法规的规定，对证券期货市场进行监管。

二是上位法逐步完善。1995年3月18日，第八届全国人民代表大会第三次会议通过《中华人民共和国中国人民银行法》，首次以国家立法形式确立了中国人民银行作为中央银行的地位，标志着中央银行体制走向了法制化、规范化的轨道，是中央银行制度建设的重要里程碑。[①] 5月10日，第八届全国人民代表大会常务委员会第十三次会议通过了《中华人民共和国商业银行法》，颁布的目的是保护商业银行、存款人和其他客户的合法权益，规范商业银行的行为，提高信贷资产质量，加强监督管理，保障商业银行的稳健运行，维护金融秩序，

[①] 郑万春：《中国银行业改革历程与趋势展望》，《清华金融评论》2018年第7期。

促进社会主义市场经济的发展。6月30日，第八届全国人民代表大会常务委员会第十四次会议通过了《中华人民共和国保险法》，保险行业发展跨入了崭新历史阶段，保险监管有法可依。

三是分业监管框架初步形成。1997年7月，一场亚洲金融危机让领导层开始意识到防范和化解金融风险必须依靠一个专门的强有力的机构。1997年11月，中央召开首次全国金融工作会议，会议强调，要从根本上解决金融领域存在的问题，开创金融改革和发展的新局面，必须根据社会主义市场经济发展的要求，强化人民银行的金融监管职能，加快国有银行的商业化步伐，并健全多层次、多类型金融机构体系；必须依法治理金融，规范和维护社会主义市场经济的金融秩序，严厉惩治犯罪和违法违规活动，把一切金融活动纳入规范化、法制化的轨道。会议决定对金融业实行分业监管，将国务院证券委和中国证监会合并为新的中国证监会，同时成立中国保监会，分别专司中国证券业和保险业的监管，人民银行专司对银行业、信托业的监管。

四是成立证监会。1998年9月，国务院批准了中国证监会三定方案，进一步明确中国证监会为国务院直属事业单位，是全国证券期货市场的主管部门，明确了中国证监会的监管职能。经过这些改革，中国证监会职能明显加强，集中统一的全国证券监管体制基本形成。[①]
2000年2月，周小川从建设银行行长调任证监会主席。在周小川的领导下，证监会开始对证券公司强化监管，促使证券公司建立良好的公司治理机制。2000—2002年，证监会在这三年间出台了大量对证券公司的监管规定。2002年年底，农业银行行长尚福林调任中国证监会主席。此时，经历了一年多时间的股市低迷，证券公司的问题、困难和风险已经开始集中暴露。随着证券公司问题的集中暴露，整个证券行业都面临着整体洗牌。为了化解风险，从2005年年中开始，由中国人民银行通过提供再贷款、通过中央汇金公司和建银投资公司来参股部

---

① 陈岱松：《回望中国资本市场的发展历程——纪念改革开放30年》，《科技与经济》2009年第1期。

分证券公司和提供紧急性援助的方式，对一些证券公司进行了重整。

五是成立保监会。1998年11月18日，中国保险监督管理委员会成立，原中国人民保险（集团）公司董事长马永伟担任首任主席。成立之初的保监会是国务院直属副部级事业单位，是全国商业保险的主管部门，据国务院授权履行行政管理职能，依照法律、法规统一监督管理全国保险市场。保监会成立之后，中国人民银行不再肩负保险业的监管职责。

六是成立四大资产管理公司。1999年，财政部分别出资100亿元相继组建成立信达、东方、长城、华融四大资产管理公司，分别接受中国建设银行、中国银行、中国农业银行和中国工商银行运作过程中产生的不良资产近1.4万亿元。此举被认为是深化金融改革、防范和化解金融风险的一项重大决策，标志着在清理银行不良债权、重塑银企关系上走出了关键且实质性的一步。[1]

七是成立银监会。2002年2月5日，第二次全国金融工作会议召开。会议之前，高层提出了三个方案：一是维持央行监管；二是设立与外管局类似的银监局；三是设立与证监会类似的银监会。最后考虑到集中监管力量、提升专业水平和部门之间相互制约等因素，决定成立银监会，人民银行则彻底不再肩负机构金融监管职责，其使命变成了：在国务院领导下制定和执行货币政策、维护金融稳定、提供金融服务的宏观调控部门。[2] 2003年，按照党的十六届二中全会审议通过的《关于深化行政管理体制和机构改革的意见》和十届人大一次会议批准的国务院机构改革方案，将中国人民银行对银行、金融资产管理公司、信托投资公司及其他存款类金融机构的监管职能分离出来，并和中央金融工委的相关职能进行整合，成立中国银行业监督管理委员会。2003年4月2日，时任国务院总理温家宝主持召开国务院常务会

---

[1] 陈岱松：《回望中国资本市场的发展历程——纪念改革开放30年》，《科技与经济》2009年第1期。

[2] 郭田勇：《金融业60年发展历程谈》，《中国中小企业》2009年第12期。

议，会议讨论并原则上通过了中国银行业监督管理委员会"三定"（定职责、定机构、定编制）规定。新设立的中国银行业监督管理委员会将根据授权统一监督管理银行、金融资产管理公司、信托投资公司及其他存款类金融机构。2003年4月28日，中国银监会正式挂牌成立，履行由人民银行分拆出来的银行业监管职责。此后，中国人民银行不再肩负具体的金融监管职责。这是中国银行业监管体制改革的重大举措，也是中国金融分业监管体制最终形成的标志。

八是明确央行维护金融稳定的职能。在2003年9月30日公布的中国人民银行"三定"方案中，维护金融稳定被确定为与制定和执行货币政策同等重要的央行两大职责之一。在2003年12月27日全国人大常委会会议通过的《中华人民共和国中国人民银行法》修正案，维护金融稳定作为央行的重要职责得到法律的承认。同时颁布的还有《中华人民共和国银行业监督管理法》，其主要目是通过金融监管的专业化分工，进一步加强银行业的监管、降低银行风险，维护国家金融稳定和保护广大人民群众的财产安全。[①]

从分业监管履职历程来看，银证保监管经历了来自不同发展阶段的不同挑战。

银行业监管方面，以2008年国际金融危机为界，可再细分为两个时期：

第一时期，即2003—2007年。主要特征为银行业监管框架初步建立。

一是"四四六"监管要求。2003年4月28日，担任过国开行副行长、人民银行副行长、光大集团董事长、国际金融协会副主席，时任中国银行董事长、行长的刘明康挂帅履新，中国银行业监管翻开历史新篇章。2003年12月27日，第十届全国人大常委会第六次会议通过了中国第一部银行业监管的专门法律——《中华人民共和国银行业

---

① 王国刚：《中国银行业70年：简要历程、主要特点和历史经验》，《管理世界》2019年第7期。

监督管理法》，银监会监管对象、监管职责、监管手段和监管措施均被法定。监管权力的运作也通过该部法律进行了规范和约束。银监会成立伊始，即确立"管法人、管风险、管内控、提高透明度"全新监管理念，明确了四个监管目标和六条良好监管标准，并作为指导银行业监管的基本原则和纲领，这也是银监人熟记于心的"四四六"监管要求。

二是建立健全风险为本的审慎监管框架。2004年，以资本监管为基础的银行业审慎监管框架初步形成。明确资本充足率、资产质量、信用风险、市场风险等审慎监管指标。国有商业银行股份制改革和农村信用社改革也于2004年启动。2006年，公司治理、内部控制、合规风险管理等方面监管法规初步建立，风险为本的监管框架进一步完善。

三是尝试机构监管和功能监管相统一。2005年，银监会成立了业务创新监管协作部，在加强机构监管的同时推动完善功能监管。当年，《商业银行个人理财业务管理暂行办法》和《商业银行个人理财业务风险管理指引》出台，对银行理财门槛准入和销售合规方面进行规范。但当时监管手段比较稚嫩，对投资风险的监管手段不多，没有考虑中国特色的银行"刚性兑付"传统。

四是完成国有商业银行股份制改革。工、中、建、交四家国有商业银行完成股份制改革，剥离不良资产，引入战略投资者，成功上市。

五是鼓励和引导银行业金融机构服务实体经济。改善中小企业（后期为小微企业）金融服务是银监会多年的工作重点。2005年推行小微企业"六项机制"建设，此后每年对小微企业金融服务都有新要求，"四单制度""两（三）个不低于"成为小微企业关键词。

六是完善组织建设。2006年，银监会成立银行监管四部，负责对政策性银行、邮储机构及资产管理公司实施监管。2007年，《银监法》修订，赋予银监会相关调查权。农村地区银行业金融机构准入在2006年年末被适度放宽，新型农村金融机构——村镇银行于当年诞生，农村区域金融服务空白逐渐得到填补，农村地区金融服务水平逐步得到提升。

第二时期，即 2008—2016 年。主要特征为应对各类风险，监管框架逐步完善。

一是应对危机。2008 年，国际金融危机席卷全球，从那一年开始，中国经历了经济发展的一个个困难年。然而，危机的影响似乎只是冲击了外需，4 万亿元投资规模重振中国信心，危机过后，产能继续扩张，金融继续繁荣。2008 年年底，在"保增长、扩内需、调结构"的宏观调控要求下，中国银行业金融机构总资产突破 60 万亿元，是 2003 年的 2.3 倍。农业银行股改上市，大量不良贷款再次剥离，主要商业银行不良贷款率下降 15.5 个百分点。2009 年，银监会颁布实施了影响深远的"三法一指引"（《固定资产贷款管理办法》《流动资金贷款管理暂行办法》《个人贷款管理暂行办法》和《项目融资业务指引》），标志着中国贷款规则的革命性、制度性变革。为应对国际金融危机，央行和银监会联合提出支持有条件的地方政府组建投融资平台，拓宽中央政府投资项目的配套资金融资渠道，由此拉开了地方政府融资平台加速扩张的序幕，2009 年新增 2000 多家平台公司，年末达到 8000 多家。

二是初步应对地方政府融资平台风险。2010 年，银监会意识到地方政府融资平台风险，对平台公司实施名单制管理，督促银行业金融机构按照"逐包打开、逐笔核对、重新评估、整改保全"的方针，推进地方政府融资平台贷款分类处置工作。

三是尝试规范影子银行业务。2011 年，金融稳定理事会（FSB）审议通过了"影子银行"的定义、监测方法和框架以及相应的监管措施，防范监管套利。银监会出台了规范银信理财合作、理财产品销售、理财业务风险管理方面的文件。此外，《商业银行贷款损失准备管理办法》对贷款拨备充足的要求为金融逆周期奠定了理论基础。2013 年，全国银行业理财信息登记系统正式上线运行，银监会印发了《关于进一步规范商业银行理财业务投资运作有关问题的通知》，"非标准化债权资产"概念横空出世，"非标"资产受到 35% 与 4% 双限制，年末理财规模突破 10 万亿元。2014 年，五部委联合印发的"127 号文"成为银行从业者阅读次数最多的文件，一些旧的同业投融资模式难以为继，错误的会计计量方法被纠正，同业专营得到有效治理。但很快利用混业资管多层嵌套的"金融创新"陆续诞生，并被争相模仿，年末理财规模突破 15 万亿元。2015 年，"存贷比"由监管指标调整为监测指标，《商业银行流动性风险管理办法（试行）》《杠杆率管理办法》（修订）。为了堵住银行信贷资产违规出表，承担隐性的回购与担保，"108 号文"要求信贷资产流转在银登中心集中登记，但考虑量大，登记工作先易后难，循序渐进。2016 年，监管部门承认了贷款收益权作为一项独特的财产权可以出表，"82 号文"进一步明确出信贷资产收益权让方银行需要在银登中心办理转让集中登记，完成转让和集中登记的，相关资产不计入非标准化债权资产统计。金融创新过度表外化、融资业务过度同业化，引发了高层对交叉金融风险的担忧。当年，银监会印发了《商业银行全面风险管理指引》，要求银行将"信用风险、市场风险、流动性风险、操作风险、国别风险、银行账户利率风险、声誉风险、战略风险、信息科技风险以及其他风险"纳入全面风险管理体系。印发了《进一步加强信用风险管理的通知》，要求银行改进统一授信管理，按照穿透原则准确计量风险、拨备和资本。2016 年《商业银行理财业务监督管理办法》《商业银行表外业务风险管理指引》两份征求意见稿始终未能问世，显然对于这种打破银行、券商、保险等不同类型金融机构分业监管的资管业务，在缺乏协调、功能监管尚不健全的现实面前，监管上仍没想好该怎么管。2016 年年末，理财规模达到 29 万亿元，整个金融行业资管规模突破 100 万亿元，资管产品你中嵌我，我中套你，通道业务泛滥、大量杠杆被隐藏，谁也弄不清资管的底层资产规模到底是多少。

四是专项整治银行业金融机构不规范经营。2011 年 10 月，原证监会主席尚福林担任银监会第二任主席。2012 年 1 月，银监会出台了具有持续影响力的"七不准、四公开"，即《关于整治银行业金融机构不规范经营的通知》，专项整治运动持续数年，至今仍在"四不当"

（不当收费）整治中留有余威。另外一项运动是农村金融服务"三大工程"，即金融服务进村入社区工程、阳光信贷工程、富民惠农金融创新工程。

五是与国际监管标准接轨。2012年6月，符合国情、与国际标准接轨的《商业银行资本管理办法（试行）》出台，2013年1月1日起正式实施。

六是开展民营银行试点。2014年，银监会开展了首批民营银行试点工作，五家民营银行获得试点资格，深圳前海微众银行股份有限公司年末成立。

七是重塑监管组织框架。2015年年初，银监会按照监管规则制定与执行相分离、审慎监管与行为监管相分离、行政事务与监管事项相分离、现场检查与监管处罚相分离的思路，从规制监管、功能监管、机构监管、监管支持四个条线，对内设机构重新进行了职责划分和编制调整。主要监管部门有十七个，即一厅（办公厅），四局（政研局、审慎局、检查局、消保局），十二部（法规部、普惠金融部、信科部、创新部、政策银行部、大型银行部、股份制银行部、城市银行部、农村金融部、信托部、非银部、处非办）。

证券业监管方面，可再细分为四个时期：

第一时期，即1992—2003年。主要特征为证券业监管框架初步建立。

一是多个市场监管初步试点。1992年中国证监会的成立，标志着中国证券市场开始逐步纳入全国统一监管框架，全国性市场由此开始发展。中国证券市场在监管部门的推动下，建立了一系列的规章制度，初步形成了证券市场的法规体系。1993年4月22日，李鹏总理签署国务院令第112号，《股票发行与交易管理暂行条例》正式颁布实施。1993年7月7日，国务院证券委员会发布《证券交易所管理暂行办法》。1993年8月2日，国务院发布《企业债券管理条例》。1993年11月，国务院决定将期货市场的试点工作交由国务院证券委负责，中国证监会具体执行。1994年7月18日，国务院证券委做出决定，由中国证监会配合中国人民银行共同审批、监管证券经营机构，这时对证券公司的监管权开始出现分化。1996年6月7日，上交所拟选择市场最具代表性的30家上市公司作为样本，编制"上证30指数"，并在7月1日正式推出。

二是处置国债市场风波。1995年2月23日，上海国债市场出现异常的剧烈震荡，史称"327风波"，这直接导致了同年5月17日，中国证监会发出《关于暂停国债期货交易试点的紧急通知》，规定各国债期货交易场所一律不准会员开新仓，由交易场所组织会员协议平仓。

三是从"一委一会"变为"一会"。1997年8月15日，国务院做出决定，沪深证交所划归中国证监会直接管理。1997年11月，中央召开首次全国金融工作会议，会议决定对金融业实行分业监管，合并国务院证券委和中国证监会成为新的中国证监会；同时成立中国保监会，分别专司中国证券业和保险业的监管；人民银行专司对银行业、信托业的监管。1997年12月12日，中国证监会发布《证券投资基金管理暂行办法》的有关实施准则，中国证监会开始受理设立基金管理公司和证券投资基金的申请。1998年，国务院证券委撤销，中国证监会成为中国证券期货市场的监管部门，并在全国设立了派出机构，证监会监管证券业的格局基本形成。1998年12月29日，酝酿5年多的《证券法》获得人大常委会的通过，于1999年7月1日起正式实施，《证券法》以法律形式确认了证券市场的地位，奠定了中国证券市场基本的法律框架，使中国证券市场的法制建设进入了一个新的历史阶段。

四是对外开放不断深入。2001年2月，经国务院批准，中国证监会决定境内居民可投资B股市场。2002年12月，中国证监会颁布并施行《合格境外机构投资者境内证券投资管理暂行办法》，这标志着中国QFII制度正式启动。2003年10月28日，第十届全国人大常委会第五次会议通过《证券投资基金法》，于2004年6月1日起施行，为推进上市公司治理结构改善，大力培育机构投资者，不断改革完善股票发行和交易制度，促进证券市场的规范发展和对外开放提供了法律保障。

第二时期，即2004—2012年。主要特征为证券业改革深化发展和规范发展阶段，以券商综合治理和股权分置改革为代表事件。

一是券商综合治理。2004年8月，按照党中央、国务院的决策，中国证监会启动了为期3年的证券公司综合治理，有效化解了行业多年积累的风险，逐步建立了以净资本为核心的风险监控、客户资金第三方存管、公司合规管理等基础性制度，相关监管法规和监管制度渐成体系，证券公司合规管理和风险控制能力明显提高。

二是股权分置改革。2005年4月，经国务院批准，中国证监会发布了《关于上市公司股权分置改革试点有关问题的通知》，启动股权分置改革试点工作。股权分置改革后A股进入全流通时代，大小股东利益趋于一致。

三是以改革促创新。2006年1月，修订后的《证券法》《公司法》正式施行。2007年7月，中国证监会下发了《证券公司分类监管工作指引（试行）》，这是对证券公司风险监管的新举措。一系列改革举措有力推动了证券市场的发展，但对市场认识的不深刻和监管的不完善也造成了市场的不理性——2007年11月至2008年10月，受国际金融危机的影响，上证指数从6124点跌至1664点，历时12个月，最大跌幅达72.8%，这就是股民心中挥之不去的阴影"08股灾"。

四是多层次资本市场建立。2004年5月起，深交所在主板市场内设立中小企业板块，是证券市场制度创新的一大举措。为解决创业型企业、中小型企业及高科技产业企业等的融资需求，2009年10月证监会推出创业板，标志着中国多层次资本市场体系框架基本建成。2010年3月融资融券、4月股指期货的推出为资本市场提供了双向交易机制，这是中国证券市场又一重大创新举措。

第三时期，即2013—2015年。主要特征为金融自由化创新不断加快，金融监管有所放松。

一是政策层面有所松动。2012年8月、2013年2月转融资、转融券业务陆续推出，有效地扩大了融资融券发展所需的资金和证券来源。2013年11月，党的十八届三中全会召开，全会提出对金融领域的改革，将为证券市场带来新的发展机遇。2013年11月30日，中国证监会发布《关于进一步推进新股发行体制改革的意见》，新一轮新股发行制度改革正式启动。2013年12月，新三板准入条件进一步放开，新三板市场正式扩容至全国。随着多层次资本市场体系的建立和完善，新股发行体制改革的深化，新三板、股指期货等制度创新和产品创新的推进，中国证券市场逐步走向成熟，企业融资渠道不断丰富。

二是券商资管创新加速。2001年，证监会下发《关于规范证券公司受托投资管理业务的通知》，首次界定了证券公司受托投资管理业务，证券公司资产管理业务开始起步。2003年，证监会颁布《证券公司客户资产管理业务试行办法》，券商资管正式登上历史舞台，但由于券商资管采取审批制，审批周期较长，投资范围受限，券商资管业务一直发展缓慢。2012年5月，券商创新大会召开，会议认为，当前中国证券行业的金融创新迎来了历史最好时期，会议制定了证券行业改革创新的11个方面的举措，最大限度放松了行业管制，拉开了行业创新发展的序幕，中国证券业从此迎来黄金发展期。2012年证监会相继颁布《证券公司客户资产管理业务管理办法》《证券公司集合资产管理业务实施细则》和《证券公司定向资产管理业务实施细则》（"一法两则"），最大限度放宽行业管制，拓宽投资范围。政策红利的释放，奠定了这一时期券商资管繁荣发展的基础。2013年10月21日，《基金管理公司特定客户资产管理业务试点办法》颁布，基金子公司登上历史舞台，由于政策限制较少，基金子公司业务规模迅速做大。

三是风险初步显现。2014年年底，央行宣布决定自11月22日起下调金融机构人民币贷款和存款基准利率，时隔两年半再次降息，启动了2015年的大牛市——2015年上半年，在政策利好和流动性充沛的背景下，银行表内外资金借道信托、资管、私募基金等进入股市，为本轮牛市推波助澜。随着上证综指不断走高，监管层意识到资本市场内积累的风险，开始颁布政策抑制金融杠杆的增加。2015年6月，受监管层"降杠杆"的影响，A股市场遭受重挫，股市的泡沫终于破裂。2015年下半年起，在股市和债市相继走熊之后，证监会监管思路由鼓励创新变为稳中求进，去杠杆、引导资金脱虚向实成为证券业乃至金融行业的主旋律。

第四时期，即2016年至今。主要特征为证券市场监管不断加强。

2016年起，央行、证监会、银监会和保监会针对大量资金在金融体系内空转的现象，颁布一系列政策，引导资金脱虚向实，共同推进资管行业供给侧改革。"一行三会"的密集发声，体现了监管思路和监管标准的逐步趋同。2016年7月，证监会颁布《证券期货经营机构私募资产管理业务运作管理暂行规定》，对证券期货经营机构私募资产管理业务作了严格规范，结构化产品杠杆比例大幅降低；10月，证监会颁布新版风控指标，通过净资本指标约束定向资管业务。

保险业监管方面，以2008年国际金融危机为界，可再细分为两个时期：

第一时期，即1998—2011年。主要特征为逐步放宽对保险业务投资限制。

一是监管格局初步形成。1998年11月18日，中国保险监督管理委员会正式登上历史舞台——保监会根据国务院授权履行行政管理职能，依照法律法规统一监督管理全国保险市场。2003年3月，中国银监会成立，同年，保监会升格为国务院直属正部级事业单位，获得了与中国银监会和中国证监会同样的地位，自此，"一行三会"的金融监管格局确立，一直延续到本轮金融监管改革。

二是险资投资范围不断拓展。2005年，保监会和证监会联合发布《保险机构投资者股票投资管理暂行办法》，保险资金获准直接入市。2006年，保险公司被允许用人民币自有资金购买外汇，进行境外投资。同年6月，《国务院关于保险业改革发展的若干意见》（又称"国十条"）正式发布，保险行业得以扩大资产配置到股票等资产类别，险资投资范围不断拓展，中国保险业迎来了黄金年代，但也为保险业乱象埋下了伏笔。2007年中国人寿、中国平安保险、中国太保相继登陆A股市场。

三是建立第一代偿付能力监管制度体系。2008年次贷危机爆发之后，国际上普遍将偿付能力监管作为现代保险监管的核心，中国保监会也扭转保险行业发展与监管的思路，从做大做强转化为风险防范。始建于2003年中国第一代偿付能力监管制度体系到2007年基本成型，但随着中国保险市场快速发展，该体系已不能适应新的发展形势。突出表现在三个方面：一是风险反映不够全面，风险计量不够科学；二是监管框架存在一定缺陷；三是定性监管有待加强。

第二时期，即2012—2016年。主要特征为进入金融自由化，保险业野蛮扩张。

一是进入"宽监管"模式。2011年10月，原农业银行董事长项俊波接任保监会主席，保险业"最好的时代"同时也是"最坏的时代"拉开帷幕，伴随而来的是2012年金融自由化的开始，"大资管时代"来势汹汹——《中国保监会关于保险资产管理公司开展资产管理产品业务试点有关问题的通知》也于2013年2月正式出台。2014年，《国务院关于加快发展现代保险服务业的若干意见》（"新国十条"）发布，保险业新一轮的改革创新开始，"放开前端、管住后端"的监管理念为保险资金的滥用放开了更大的口子。2015年取消了保险销售（含保险代理）、保险经纪从业人员资格核准审批事项，使得保险业"宽监管"模式不断推进。

二是各类风险相继爆发。同时，金融自由化鼓励金融行业投融资方式的各种创新使得资管和通道业务无序发展，而分业监管体制及"三会"之间的相对独立关系又造成了监管的"真空地带"，彼时，恒大系、宝能系、安邦系、生命系、阳光保险系、国华人寿系、华夏人寿系等保险公司纷纷崛起弄潮。2015年7月，可以称为保险行业由盛转衰之点的"宝万之争"爆发，宝能系以"万能险"为资金弹药库，动用各类资管产品以高杠杆运作方式耗资数百亿收购万科股权，背后涉及银行、证券、保险、信托等多类市场参与方，将保险业不规范运作模式开发到了极致。2016年证监会主席刘士余痛批民营控股的保险业是"土豪、妖精、害人精",证监会和保监会之间的监管不衔接和矛盾走向公开化,虽然保监会理直气壮地摆出"保险业姓保、保监会姓监",但已于事无补。

第三节 适度混业监管(2017—2019年)

此阶段为强监管时代,主要特点是"两会"合并和加强监管统筹协调。

一是"两会"合并。2017年第五次全国金融工作会议指出:"要加强金融监管协调、补齐监管短板。坚持问题导向,针对突出问题加强协调,强化综合监管,突出功能监管和行为监管。要促进金融机构降低经营成本,清理规范中间业务环节,避免变相抬高实体经济融资成本。"实质上是要求通过加强混业监管,解决分业监管带来的监管不足和监管空白等问题。2018年3月13日,国务院官网发布《关于国务院机构改革方案的说明》,决定将中国银行业监督管理委员会和中国保险监督管理委员会的职责整合,组建中国银行保险监督管理委员会,作为国务院直属事业单位。其主要职责是:依照法律法规统一监督管理银行业和保险业,维护银行业和保险业合法、稳健运行,防范和化解金融风险,保护金融消费者合法权益,维护金融稳定。结合近年来银监会、保监会领导层调整,行业内机构的市场表现来看,此次整合中保监会被银监会"兼并"的意味更重。同时,这也标志着1998年成立的保监会在规范运营20年后正式退出历史舞台,银行、保险之间的监管边界消弭。这是中国金融监管领域的重大变革,标志着中国"分业监管"的金融监管格局被打破,由"一行三会"转变为"一委一行两会",向着"混业监管"的金融经济发展要求迈进。

二是加强监管统筹协调。为补齐监管短板和从更高层次上推动金融监管协调,2017年7月全国金融工作会议宣布,在"一行三会"之上设立国务院金融稳定发展委员会(以下简称"金稳会")。党的十九大进一步强调"健全金融监管体系,守住不发生系统性金融风险的底线"。2017 年 11 月,为贯彻党的十九大精神和落实全国金融工作会议要求,金稳会正式成立,作为国务院统筹协调金融稳定和改革发展重大问题的议事协调机构。金稳会的主要职责是:落实党中央、国务院关于金融工作的决策部署;审议金融业改革发展重大规划;统筹金融改革发展与监管,协调货币政策与金融监管相关事项,统筹协调金融监管重大事项,协调金融政策与相关财政政策、产业政策等;分析研判国际国内金融形势,做好国际金融风险应对,研究系统性金融风险防范处置和维护金融稳定重大政策;指导地方金融改革发展与监管,对金融管理部门和地方政府进行业务监督和履职问责等。与此前联席会相比,金稳会的协调层次更高、职责范围更广,一定程度上标志着中国金融监管协调机制建设进入新阶段。

三是整治违规乱象。2017 年,监管层延续 2016 年严监管的主基调,"依法监管、从严监管、全面监管"思想贯穿始终。从银证保监会颁布的一系列文件来看,监管层在股市巨幅震荡后将防控风险作为第一要务,着眼于严肃市场纪律,保证稳中求进发展。2017 年 2 月,一行三会流出的"资管新规"内审稿拉开了本轮资管去杠杆的序幕;2017 年 11 月底,《关于规范金融机构资产管理业务的指导意见(征求意见稿)》出台,狂飙猛进的大资管时代开始落下帷幕,各券商通道业务的清理整顿工作陆续开展。2018 年 4 月 27 日,《关于规范金融机构资产管理业务的指导意见》正式发布,宣告了资管野蛮发展的时代的终结,主动管理规范发展时代的来临。银行监管方面,2017 年 2 月,郭树清接任银监会主席,银行业强监管时代到来。4 月前后,银监会连发八道"金牌",四份银监发文旨在强化风险管控,补上监管短板,加快金融去杠杆,促进实体经济发展,对银行业监管要求则是风险可控、坚持商业可持续原则。四份银监办发文则针对银行业"三套利""三违反""四不当""十乱象"进行专项治理整顿,尤其是过去几年银行业突飞猛进的同业业务、投资业务和理财业务成为本次专项治理的重点。保险监管方面,2017 年 4 月,保监会主席项俊波接受组织审查。随后,保监会印发"35号文",即《中国保监会关于进一步加强保险业风险防控工作的通知》,强调当前和今后一段时期保险监管的主要任务核心是"强监管、补短板、堵漏洞、防风险,提升服务实体能力水平",宣告了保险业野蛮扩张时期的结束。2018年2月23日,中国保监会宣布:"鉴于安邦集团存在违反法律法规的经营行为,可能严重危及公司偿付能力,为保持安邦集团照常经营,保护保险消费者合法权益,依照《中华人民共和国保险法》有关规定,保监会决定于2018年2月23日起,对安邦集团实施接管,接管期限一年。"这预示着国家将从政府和市场两个层面对保险业的违规乱象进行深度整治——此时新任保监会主席的迟迟未定,似乎也预示了保监会的未来命运。

第四节　中国金融监管的特征

一　金融监管制度变迁具有渐进性

相对于激进式制度改革方式,中国特色的渐进式经济体制改革的特点:第一,改革过程在总体上表现为"部分改革""分步走""先易后难""由浅入深""摸着石头过河"和"循序渐进"的方式。[1] 第二,在旧体制改革阻力较大还"改不动"的时候,便会采取"体制外增量改革"的模式。第三,充分利用已有的组织资源推进市场取向的改革,而不是拆除原有的组织结构。与经济体制改革相一致,中国的金融监管体制改革也选择了"渐进式改革"的改革道路,表现为:中国的金融监管制度变迁一开始就确定了有步骤、分阶段、由局部到整体、由直接管理到间接管理过渡的目标;金融体制改革和金融监管制度变迁大体上与经济体制改革思路相适应,沿着市场经济的方向推进,在政府的调控下,以建立中央银行调节体系、开拓金融市场和推

---

[1] 郭田勇:《金融业60年发展历程谈》,《中国中小企业》2009年第12期。

进国有专业银行经营机制转变为主要内容进行了一系列循序渐进、逐步深化的改革过程；从金融体制改革的成效看，虽然国有商业银行的改革取得很大进展，但治理结构方面的问题依然存在。金融体制改革的真正进展与经济体制改革的成效一样主要表现在增量方面，即在金融资源的增量方面引入市场机制，如商业性金融机构的创新、金融工具的多元化、货币市场和资本市场的快速成长等；在金融组织结构的改革方面，充分体现了利用原有组织资源进行改组和调整的特点，重视组织之间的衔接性，而不是采取"推倒重来"的方式；与其他方面的具体制度改革相比，金融监管制度变迁的渐进性还表现在它一直是在政府慎重监控下稳定进行的，整顿金融秩序和强化宏观调控总是与市场化金融体制改革相伴而行。

二 政府主导整个金融监管制度变迁

中国金融监管体制改革是在政府的强力推动下进行的。这种政府主导型的金融监管变迁具有强制性制度变迁的特征，即在经济金融发展的基础上，金融监管的各个发展阶段都有强烈的政府推动的色彩。从中国金融监管制度的发展演变来看，在经济转轨时期，中国控制性金融监管制度的形成与发展以及审慎监管制度的加强，其中都体现出强烈的政府主导型制度变迁的特征。中国金融监管制度变迁的政府主导型特征，是制度经济学中"制度变化的供给主要取决于一个社会各既得利益集团的权力结构或力量对比"的深刻反映。以初始条件为高度集权的计划经济体制的改革进程，决定了政府在资源配置权力和政治力量上的高度集中。为此政府不仅拥有资源配置和政治过程中的绝对优势，而且构成决定制度变革供给中的主导力量，从而使金融制度变革的取向、深度、广度、速率和战略选择等基本上取决于政府的意愿和能力。

三 金融监管相对于微观金融发展的滞后性

在现实经济生活中，金融监管也要不停地变化，以适应金融活动发展的需要，这也正是金融监管理论和实践需要不断发展变化的原因之一。金融监管制度变革相对于微观金融发展的滞后性主要表现在金融监管工作中常常出现空白点，忽视或部分放弃了对某些金融领域和金融活动的监管，致使某些社会成员扰乱社会金融秩序的现象屡有发生，使金融风险呈上升或加剧之势。中国金融监管制度变革的滞后性具有其客观性。第一，从事物本身发展规律看，先发展后规范具有必然性。而且制度的改革和完善有一个过程，作为金融监管制度核心的法规的健全也有一个滞后的效应。第二，因为金融监管制度是一国社会经济金融历史的产物，是为经济金融发展服务的，所以，中国较低的经济发展水平决定了金融发展水平以及金融监管制度的有效性较低，经济发展水平制约了金融监管水平。第三，金融监管者的素质滞后于金融业务的发展和新技术的应用，加上中国的金融监管体制是从高度集中的计划经济体制下的金融管理发展演变而来的，监管手段单一，监管的行政性、强制性色彩较浓，监管者对金融监管的认识水平还有待进一步提高。第四，由于金融监管制度是由各国的具体国情和历史环境所决定的，而中国自秦朝以来一直是一个高度中央集权的国家，政府在经济发展决策中具有举足轻重的地位，决定了中国的制度变迁方式是政府主导型。

四 激励与约束相对等是有效金融监管的根本保障

任何公共权力的正当行使都离不开一定的激励约束机制。没有了监督，握有权柄者必然会运用自己的权力牟取私利，从而导致腐败。从经济学的角度分析，监管者也是"经济人"。当监管人员的个人目标与公共利益相抵触时，或者由于不恰当的激励机制使监管人员有意或无意地懈怠工作，缺乏积极沟通信息的动力时，监管成本肯定会上升，而收益会明显下降。一个好的激励约束机制，不仅包括经济激励，还应包括对事业满足感、认同感这些目标价值的肯定，好的激励机制会使监管政策执行成本最低，决策时滞缩短、决策信息更完备、协调更容易、失误更少，监管的成效会更大。金融监管者的激励问题对金融监管十分重要，有时甚至会关系到整个监管政策的成败。[1] 所以，一套完善的监督监管者的激励机制是有效金融监管的根本保障之一。

参考文献

陈岱松：《回望中国资本市场的发展历程——纪念改革开放 30 年》，《科技与经济》2009 年第 1 期。

郭田勇：《金融业 60 年发展历程谈》，《中国中小企业》2009 年第 12 期。

李泉、陈欣妍：《中国保险业 70 年：发展历程与前景展望》，《中国保险》2019 年第 10 期。

刘鸿儒：《中国资本市场的发展与展望》，《金融科学》1999 年第 2 期。

陆岷峰、周军煜：《中国银行业七十年发展足迹回顾及未来趋势研判》，《济南大学学报》（社会科学版）2019 年第 4 期。

沈坤荣、李莉：《银行监管：防范危机还是促进发展？——基于跨国数据的实证研究及其对中国的启示》，《管理世界》2005 年第 10 期。

田宏杰、郑志：《激励还是控权：中国金融监管现代化的机能定位》，《国家行政学院学报》2009 年第 3 期。

王国刚：《中国银行业 70 年：简要历程、主要特点和历史经验》，《管理世界》2019 年第 7 期。

王忠生：《中国金融监管制度变迁研究》，湖南大学出版社 2012 年版。

张昊：《改革开放四十年我国金融改革历程与展望——从国家财政角度的观察与思考》，《财政科学》2018 年第 8 期。

郑万春：《中国银行业改革历程与趋势展望》，《清华金融评论》2018 年第 7 期。

---

[1] 田宏杰、郑志：《激励还是控权：中国金融监管现代化的机能定位》，《国家行政学院学报》2009 年第 3 期。

第五章

新中国金融对外开放的变迁与探索

改革开放是决定实现"两个一百年"奋斗目标、实现中华民族伟大复兴的关键一招。具体到金融领域，2019年2月22日，习近平总书记在中共中央政治局第十三次集体学习时深刻指出："要把金融改革开放任务落实到位，同时根据国际经济金融发展形势变化和我国发展战略需要，研究推进新的改革开放举措。"金融是现代经济的血脉，是国家重要的核心竞争力，扩大金融对外开放既是中国建设现代化经济体系的需要，也是融入全球化经济格局的要求。随着中国高水平对外开放新格局的形成、企业迈入全球新时代，继续扩大金融对外开放对于激发实体经济活力、注入金融发展动力、提升参与全球金融治理能力、打造新形势下金融强国实力具有重要战略意义。

2019年是新中国成立70周年，也是中国金融蓬勃发展、扩大开放的70年。70年来，中国金融业迎难而上，披荆斩棘，经历了从单一落后迈向成熟健全的建设历程；与时俱进，主动应变，实现了由计划到市场、由封闭半封闭到全面开放的伟大变革。回顾历史，1948年12月1日，在中共中央部署下，中国人民银行组建成立，标志着新中国金融事业的正式发端。1978年12月，党中央召开十一届三中全会，开启了改革开放和社会主义现代化建设的伟大征程。1994年1月1日起，人民币汇率实现并轨，中国金融对外开放按下"快进键"。2001年12月，中国正式加入世界贸易组织（WTO），实现了从国际金融规则"接受者"到"参与制定者"的角色转变。党的十八届三中全会以来，中国开放的大门越开越大，金融对外开放有序推进，不断迈出新步伐、取得新成绩。

沿着新中国成立70年来金融发展脉络，本章系统梳理中国金融对外开放的进程与成就，充分总结金融对外开放的特点与经验，着重分析新形势下金融对外开放的重点及应对，对于下一步积极稳妥扩大金融对外开放、以开放促进金融供给侧结构性改革具有积极的参考意义。

第一节 金融对外开放的基本理论

一 金融对外开放的内涵

依据面向对象不同，金融对外开放与对内开放相呼应，二者共同组成金融开放（Financial Openness）的两面。有关金融对外开放的具体内涵，学界尚未形成统一观点。国外学者通常将金融对外开放等价于资本账户自由化（Capital Account Liberalization）。资本账户自由化确为金融对外开放的核心要义，但事实上金融对外开放内涵远不止于此。概括地说，国内现有文献对金融对外开放内涵的阐述主要涉及开放对象、制度安排、状态演变三个方面。

从开放领域角度出发，金融对外开放多被划为两个层次。北京国际金融论坛课题组认为中国金融对外开放具有双重内涵[1]：一是指涵盖金融机构、金融业务、金融市场、金融人才在内的金融业对外开放；二是指包括人民币国际化、国际收支、国际资本流动在内的对外金融对外开放。近年来，国内研究多沿用这一思路，如吴光豪、陈靖、王爱俭等将金融对外开放区分为金融业开放与资本账户开放，其中前者涉及金融机构与金融市场开放，后者则囊括汇率形成机制改革与人民

---

[1] 北京国际金融论坛课题组：《中国金融对外开放：历程、挑战与应对》，《经济参考研究》2009年第4期。

币国际化等内容。具体到中国现实，中国金融对外开放将遵循金融业对外开放与汇率形成机制的改革、资本项目可兑换改革相互配合、共同推进的原则。从开放路径看，金融业开放相较于资本账户开放的步伐可以迈得更快、更大。

从制度安排角度出发，金融对外开放是放松金融管制的一种具体表现。陆人指出，金融对外开放围绕放松金融机构经营管制、汇率管制展开。① 陈卫东对这一观点进行补充，说明金融对外开放蕴含"引进来"与"走出去"的"双向开放"深意，不仅包括一国对外来金融相关活动放松管制，也包含本国金融主体及要素进入他国（地区）时所面临的政策约束程度。② 张金清等认为旨在放松或取消对本国金融市场准入准出限制、金融业务办理限制、金融机构跨境经营限制、国际资本自由流动限制的法律法规及政策文件均为扩大金融对外开放可依赖的政策工具。③

从状态演变视角出发，金融对外开放可视为金融封闭的对立状态。姜波克从静态和动态两方面剖析金融对外开放的内涵：静态金融对外开放是指一个国家（或地区）的金融市场对外开放；动态金融对外开放则指一个国家（或地区）由金融封闭状态向金融对外开放状态转变的过程。④ 钱小安认为，金融对外开放体现了金融全球化、一体化趋势下国家（或地区）间金融机构、金融市场的融合过程。⑤ 为适应这一动态变化，发展中国家需对封闭经济条件下建立起的金融体系做出相应的政策调整。

---

① 陆人：《可供借鉴的经验——澳大利亚、新西兰金融开放政策一瞥》，《中国金融》1987年第2期。
② 陈卫东：《全面评估中国金融业开放："引进来"和"走出去"》，《新视野》2019年第1期。
③ 张金清、赵伟、刘庆富：《"资本账户开放"与"金融开放"内在关系的剖析》，《复旦学报》（社会科学版）2008年第5期。
④ 姜波克：《人民币自由兑换和资本管制》，复旦大学出版社1999年版。
⑤ 钱小安：《金融开放条件下的金融安全问题》，《管理世界》2001年第6期。

二 金融对外开放、金融自由化与金融全球化的逻辑关系

诞生于20世纪70年代的金融自由化（Financial Liberalization）理论为金融对外开放提供了深厚的理论基础。1973年，美国经济学家McKinnon和Shaw分别就发展中国家金融抑制（Financial Repression）问题进行研究，认为发展中国家金融市场的二元结构特征存在天然的不合理，政府部门采取的金融抑制措施将进一步放大资源配置扭曲，放缓资本积累速度，拖累实体部门产出水平，加剧金融市场脆弱性。若要破解这一难题，政府部门则应实施金融自由化改革，放松对利率、汇率等金融变量的管制，消除对资本自由流动的限制，实现金融深化（Financial Deepening）。Kaminsky和Schmukler认为资本账户自由化、金融部门自由化、股票市场自由化是金融自由化的三重内涵。[①] 由此可见，金融对外开放与金融自由化多有交叉，它们均强调当局应对金融体系进行"松绑"，减少金融市场限制，促使金融资源合理配置。但是相较而言，金融自由化更为强调利率市场化改革与资本账户自由化，金融对外开放却在此基础上更进一步，囊括开放金融市场、金融机构与金融业务等更多层次的含义。贾俐贞指出，只有解除包括资本账户管制在内的所有金融抑制才能真正实现金融自由化，而首要步骤就是逐步开放本国金融市场。[②] 陈雨露和罗煜认为，金融对外开放不是完全意义上的金融自由化，并一针见血地指出美国等发达国家所采取的保持总体开放、实施定向约束的"开放式金融保护政策"便是典例。[③]

在金融自由化理论的指导下，国际金融自由化运动应运而生。20世纪60年代以来，美、英、日等主要资本主义国家大刀阔斧推进利率市场化、汇率形成机制改革与金融服务自由化改革。20世纪70年代

[①] Kaminsky, G., Schmukler, S., "Short-run Pain, Long-run Gain: The Effects of Financial Liberalization", *World Bank Working Paper*, No.2912, 2002.

[②] 贾俐贞：《金融自由化与中国金融开放》，博士学位论文，中共中央党校，2005年。

[③] 陈雨露、罗煜：《金融开放与经济增长：一个述评》，《管理世界》2007年第4期。

至 80 年代全球金融融合水平不断提升，来自拉美、东南亚的部分发展中国家争相步入金融自由化改革浪潮，并在资本账户开放方面做出大胆尝试。这一时期的学术界对金融自由化的影响进行了广泛深刻的讨论。部分学者认为金融自由化政策对促进一国金融发展、经济增长具有积极意义。Park 指出，金融自由化为韩国带来加速金融深化、改善金融机构借贷行为、转变货币政策调控手段与促进汇率形成机制改革等诸多好处。[1] Demirgüç – Kunt、Levine 和 Min 同样以韩国银行业为分析对象，发现随着外资银行准入壁垒的降低，韩国国内银行体系在竞争效应的影响下不断改善自身经营效率。[2] 李社环等认为金融自由化能够促进经济繁荣，金融监管与金融自由化政策的不协调、不同步才是造成金融危机的根源。[3] Bekaert、Harvey 和 Lundblad 运用多组时间、国家、区域维度数据进行实验，发现金融自由化能够以平均每 5 年提升国内生产总值 1% 的速率促进经济增长。[4] 陈雨露和罗煜总结金融开放通过降低资本成本、淘汰低效机构两条渠道推动经济增长。[5] 李泽广和吕剑从包含 82 个不同类型经济体的面板数据中找到金融对外开放能够带来不同程度经济增长的"数量效应"与"质量效应"的证据。[6] 然而，20 世纪 90 年代爆发于拉美、东南亚国家的一系列金融危机敦促政界、学界反思金融自由化带来的后果。Demirgüç – Kunt 和 Detragiache 对全球 53 个国家 1980—1995 年的面板数据进行分析，发现自由

---

[1] Park, W., "Financial Liberalization: The Korean Experience", In Ito, T., Krueger, A. (eds.), *Financial Deregulation and Integration in East Asia*, Chicago: University of Chicago Press, 1996, pp. 247 – 276.

[2] Demirgüç – Kunt, A., Levine, R., Min, H. G., "Opening to Foreign Banks: Issues of Stability, Efficiency, and Growth", *Proceedings Bank of Korea Conference on the Implications of Globalization of World Financial Markets*, Seoul, Korea: Centre Bank of Korea, 1998, pp. 83 – 105.

[3] 李社环、余光、周蓉：《论金融自由化、金融危机和金融监管》，《世界经济文汇》1999 年第 6 期。

[4] Bekaert, G., Harvey, C. R., Lundblad, C., "Financial Openness and the Chinese Growth Experience", https://ssrn.com/abstract=991640, 2007.

[5] 陈雨露、罗煜：《金融开放与经济增长：一个述评》，《管理世界》2007 年第 4 期。

[6] 李泽广、吕剑：《金融开放的"数量效应"与"质量效应"再检验——来自跨国的经验证据》，《国际金融研究》2017 年第 4 期。

的金融体系更易发生银行业危机,即使宏观经济表现稳健的国家也需谨慎安排金融对外开放次序。[1] Broner 和 Ventura[2]、Furceri 和 Loungani[3] 发现对于部分金融市场不健全、金融机构不完善的发展中国家,解除资本账户自由化限制的金融自由化政策不仅不会带来经济效益,反而将加剧资本外逃,放大金融风险。刘伟和黄少安利用跨国面板数据分析得出长期金融自由化将显著增加银行危机发生概率。[4] 贾根良和何增平从马克思—明斯基金融不稳定性理论逻辑视角阐述了金融自由化势必加强发展中国家对发达国家的经济依附,加之国内不成熟的金融市场与有限的政策空间,发展中国家将难逃金融危机困局。[5]

常与金融对外开放相提并论的另一话题为金融全球化。金融全球化是经济全球化的重要组成部分。张燕玲指出,金融全球化是指资金在全球范围内的筹集、分配、运用和流动,包括国际金融机构及各国货币的交叉使用。[6] 李扬另辟蹊径,认为金融全球化更偏重于全球金融活动与风险发生机制的密切联系,并指出实体经济因素、金融技术因素及经济制度因素是导致金融全球化发展的重要因素。[7] 因此,金融全球化是建立在扩大金融对外开放基础上的全球金融体系的一种运动趋势,是全球视野下金融自由化的一种高级表现。

综上可知,金融对外开放可被总结为国家(或地区)综合运用政策制度手段,逐步降低金融业(含金融机构、金融业务、金融市场等)"引进来"与"走出去"的"门槛",有序放松对资本账户自由

---

[1] Demirgüç‐Kunt, A., Detragiache, E., "Financial Liberalization and Financial Fragility", IMF Working Paper, June 1998.

[2] Broner, F. A., Ventura, J., "Rethinking the Effects of Financial Liberalization", NBER Working Paper, No. 16640, 2010.

[3] Furceri, D., Loungani, P., "Capital Account Liberalization and Inequality", IMF Working Paper, No. WP/15/243, 2015.

[4] 刘伟、黄少安:《金融自由化会增加金融危机的发生吗——基于1970—2017年全球66个国家的实证研究》,《山西财经大学学报》2019年第7期。

[5] 贾根良、何增平:《金融开放与发展中国家的金融困局》,《马克思主义研究》2019年第5期。

[6] 张燕玲:《金融全球化与金融产品创新》,《国际金融研究》1998年第12期。

[7] 李扬:《金融全球化:原因和事实》,《国际经济评论》1999年第11期。

化的管制以提升金融自由化程度，最终实现该国家（或地区）金融体系由封闭走向开放的过程。学界普遍观点认为，降低金融服务业开放门槛在长期对一国经济金融发展具有显著的促进作用，但盲目开放资本账户可能招致重大金融风险。虽然资本账户开放属于金融对外开放的核心环节，但是鉴于中国仍处于对资本账户自由化的观点论证期，因此本章在行文过程中对中国银行业、保险业对外开放 70 年历程着墨更多。

第二节　中国金融业对外开放历程回顾

金融业开放是中国金融对外开放格局的重要构成部分，是中国金融对外开放战略中先试先行的"领头兵"。新中国成立 70 年以来，中国金融业坚持对外开放，优化开放结构，提高开放质量，在双向开放过程中多措并举、多点开花，实现开放深度与广度的双拓展，形成参与国际经济金融合作竞争的新优势。

一　银行业对外开放

银行业在中国金融体系中占有主导地位，开放银行业是实现金融全面开放的关键之举。回溯历史，中国银行业在"引进来"与"走出去"的双向开放之路上摸索前行，先后经历五个发展阶段，积累了丰富宝贵的开放经验。

1949—1978 年：夯基垒台建设期。新中国成立之初，国内百业凋零、百废待兴，国际局势紧张严峻，为尽快修复经济体系，党和国家确立了以集中统一为特征的计划经济体制，并辅之以相应的金融配套措施。在新中国计划经济制度背景下，非市场化金融体系初具雏形，为未来金融业扩大开放奠定基础。

首先，在行业管理方面，形成以人民银行为核心的金融管理体系。1948 年 12 月 1 日，中国人民银行在河北省石家庄市正式成立，并于 1949 年 9 月正式成为政务院直属单位，行使国家银行职能。到 1952 年国民经济恢复基本完成时，中国已建立起以人民银行为核心的垂直金融组织架构体系。"统存统贷"制度的实施进一步强化人民银行统一调配与管理国家资金的职能。1958—1976 年，新中国进入一段特殊发展时期，经济秩序再现混乱，中国人民银行的指挥职能受到削弱，直至 1978 年被重新恢复独立办公地位。

其次，在机构设立方面，建立服务不同类别经济建设的金融机构。新中国成立后，中国银行与交通银行被人民政府接管改组，分别负有经营管理外汇与支持全国实业的历史使命。1951 年，隶属人民银行的中国农业合作银行（中国农业银行前身）成立，发挥服务新中国农村经济金融发展建设职能。1954 年，直属财务部的中国人民建设银行（中国建设银行前身）成立，专门管理和分配国家用于基础设施建设的计划资金。这一时期，民族资本银行整顿改造基本完成，公私合营银行逐步纳入中国人民银行管理体系，新中国银行机构体系粗具规模。

在货币与外汇制度方面，确立以人民币为法定货币的统一货币制度与集中管理的外汇制度。新中国成立后，在党中央的领导下，人民币在我国境内逐步确立本位币地位，成为全国统一货币，中国人民银行承担货币发行与制定货币政策的职责。为规范外汇市场、肃清非法游资，中央人民政府指导人民银行实行统一外汇管理制度，集中办理汇兑、外汇业务。在统一货币制度与外汇制度的配合下，人民币币值实现稳定，物价水平走向回落，新中国成立初期的恶性通货膨胀成功得到抑制，国民经济得以复苏。

1979—1992 年：对外开放起步期。1978 年 12 月，党中央召开十一届三中全会，做出改革开放的伟大决策。这是新中国成立以来党的历史上意义深远的转折，标志着中国特色社会主义事业从此踏上高歌猛进的崭新征程。在改革开放起步期，中国银行业顺应发展之大局，深入推进体制改革，积极扩大对外开放，通过吸引外国银行来华经营为国内经济建设提供外资、技术支持。这一时期，中国银行业表现出中央银行与商业银行分离、中资机构与外资机构并存的特征，银行体系由一元结构逐步走向多元化。

第五章　新中国金融对外开放的变迁与探索　　　　　　　　　　155

在机构开放方面，1979年12月，日本输出入银行在中国设立首家外国银行代表处，拉开外国银行走进中国市场的序幕。1981年7月，中国政府以深圳、珠海、汕头、厦门四个经济特区为试点，允许外国银行在特区内设立营业性机构，银行业对外开放迈出实质性的一步。1982年，南洋商业银行率先在深圳设立第一家外资银行分行，服务香港和内地客户的跨境金融需求。1983年，国务院颁布《关于侨资、外资金融机构在中国设立常驻机构的管理办法》，旨在加强国内外金融交流。1984年5月，国务院批准大连等14个城市为全国首批沿海开放城市，大幅敞开外资引进窗口。1985年4月，国务院发布《中华人民共和国经济特区外资银行、中外合资银行管理条例》，从政策法规层面对外国机构来华"办厂"表示支持。1987年，党的十三大召开，"一个中心、两个基本点"被确立为党在社会主义初期阶段的基本路线。1990年，中央决定开发上海浦东新区，并推出一系列招商引资优惠政策。同年9月，人民银行出台《上海外资金融机构、中外合资金融机构管理办法》，花旗银行、汇丰银行、渣打银行等国际知名银行纷至沓来，上海逐步被打造为中国金融对外开放的门户城市。1992年，邓小平在南方谈话中强调"基本路线要管一百年"，并就改革开放姓"社"姓"资"的问题提出"三个有利于"的判断标准，为中国改革开放事业注入"强心剂"。

　　这一时期，中国银行业遵循"以市场换技术"的开放原则，以将外资银行"引进来"的单向开放为主，"走出去"的步子放得相对较缓；以经济特区、沿海开放城市等试点城市的局部开放为主，循序渐进推进全面开放。然而开放之路并非一帆风顺，压力主要源自各界对于外资银行对中国市场的不确定性冲击的担心。杨鲁邦表示由于中国金融体制尚未成熟，开放外资银行作用有限，反将加剧国内金融风险，因此对扩大开放持观望态度。[①] 唐云鸿、庄勤、朱良清、唐海燕、何德旭等学者对开放表示支持，认为开放虽有可能导致利润损失、经济

---

① 杨鲁邦：《开放外资银行条件尚未成熟》，《上海金融》1988年第11期。

脆弱、竞争加剧、管理困难等不良后果,但从长远看利大于弊,关键在于加强国内金融建设并正确把握对开放的时机与程度。唐云鸿认为我国银行业开放可适度提速,扩大范围,以帮助外资银行释放经营活力。[①] 事实证明,中国银行业"摸着石头过河",摸索出一条与改革开放初期阶段相适应的对外开放之路,为推进全面开放奠定了基础。

1993—2000 年:快马加鞭提速期。党的十一届三中全会以来,党和国家牢牢抓住经济建设的工作重点,一心一意谋发展,聚精会神搞建设,在多层次多领域实现重大突破。在银行业开放提速期,中国经济体制改革实现重要突破,社会主义市场经济体制正式确立,相配套的金融体制改革稳步推进,包括人民银行成功实现政策制定与业务经营功能的分离、国有专业银行实现政策银行与商业银行职能的分离,这些举措为银行业加速开放营造了稳定的国内环境。

这一时期,外资银行在中国市场经营模式、业务范围等实质性问题得到重点关注。1994 年 4 月 1 日起,《中华人民共和国外资金融机构管理条例》正式生效,这是中国第一部全面规范外资金融银行行为的法律法规。1996 年 4 月,配套的《中华人民共和国外资金融机构管理条例实施细则》出台。1996 年 12 月,国务院批准上海浦东新区为试点,同意其中符合条件的外资金融机构经营人民币业务,花旗银行、汇丰银行、三菱银行与日本兴业银行四家银行上海分行成为首批获得资格的外资机构。这一举措顺应了中国金融业持续扩大对外开放的趋势,标志着中国金融市场开始向更深层次的开放迈进。同一时期,伴随中国光大银行完成股份制改造,亚洲开发银行以 200 万美金参股光大银行,成为改革开放后中国银行股权对境外投资者开放的首例。1996 年 8 月,深圳成为继上海后的第二个允许外资金融机构从事人民币业务的试点城市。1999 年 3 月,人民银行取消外资银行设立营业性分支机构的地域门槛,实现中国中心城市开放。1999 年 7 月,人民银

---

① 唐云鸿:《开放政策与金融改革——对开放外资银行的看法》,《世界经济研究》1985 年第 4 期。

行再度发力,做出扩大上海、深圳外资银行经营人民币业务的地域范围、规模限制、业务类型的决策。

与起步期相比,提速期银行业开放程度"更上一层楼",不仅实现开放地域的扩张与开放模式的创新,也实现了开放政策的"大踏步"。其中最具代表性的政策措施是有序向外资银行开放人民币业务,这也成为当时学界的研究焦点。从积极方面来看,对外资银行开放人民币业务能够带来诸多正面效应,比如利于中国金融市场适度竞争,利于中国充分利用外资金融机构的先进技术经验,利于中国国际金融中心的建设以及利于中国金融业与国际深度接轨等。庄峻指出,开放人民币业务是中国与世界资本市场沟通的渠道,对发展中国间接融资与吸引外商直接投资具有积极作用。① 此外该举措还利于中国申请加入关税与贸易总协定(GATT,世界贸易组织前身)。邹欣和李金玉强调,向外资银行开放人民币业务符合《服务贸易总协定》要求,中国若要成功"入世",开放人民币业务势在必行。② 从外资银行视角来看,从事人民币业务能够帮助其尽快熟悉国内银行规范化运作,融入国内金融市场大环境,同时为其进入中国银行间市场创造了契机。经过为期1年经营人民币业务的尝试,1998年4月,在人民银行批准下,位于上海浦东的8家外资银行成为首批进入中国银行间市场的外资机构,参与经营人民币拆借、债券买卖与回购等业务。

然而,当时中国正处于金融体制改革的关键节点,金融领域各类乱象亟待肃清,风险化解"箭在弦上"。以开放促改革是否行得通,取决于改革与开放的节奏配合。世界银行在《1989年世界发展报告》中指出:"对外开放应当一直等到实行对内改革和国内市场复苏之后再开始。"因此,面对当时中国金融体制改革困难重重的现实,杜巨澜和方汉明对开放人民币业务可能造成的客户外流、资金外流进而影响中国金融体制转型表示担忧。陈友云、林志远从竞争角度分析开放

---

① 庄峻:《论开放外资银行人民币业务的意义及风险》,《经济学动态》1997年第5期。
② 邹欣、李金玉:《对外资银行开放人民币业务的几点认识》,《中国金融》1998年第10期。

政策的后果，认为中外银行实力相差悬殊，中国商业银行可能在严峻竞争中"出局"。① 李晓红就人民币业务"适度开放"给出由点及面、循序渐进的政策建议。② 事实上，中国正是遵循这一开放原则，配合银行业对内改革的节奏，从选择试点到全面放开，顺利实现银行业改革开放进程中的重要一跃。

2001—2017 年：稳健有序发展期。经过前期政策初探，中国金融业改革开放积累许多宝贵经验，前进路径日渐清晰。2001 年 12 月 11 日，中国正式加入世界贸易组织，标志着中国真正融入世界经济发展之主流，在国际合作与分工中逐步掌握话语权。全球化趋势为中国经济金融发展带来新机遇，在符合中国经济发展需要、提升国内银行业整体竞争力的原则指引下，中国银行业迎来稳健有序开放的全新阶段。

在"引进来"方面，中国银行业持续发力，有关外资银行机构设立、业务经营的服务性开放力度不断加大。"入世"成功后，中国积极履行银行业 5 年开放过渡期的承诺，迅速推出《中华人民共和国外资金融机构管理条例》与《实施细则》。在新的政策指引下，2001—2005 年，全国主要城市外资银行经营人民币业务限制相继被放开（见表 5.1），人民币同业拆借市场进入壁垒也于 2002 年 4 月被拆除。2006 年 11 月，国务院审批通过《中华人民共和国外资银行管理条例》，旨在取消对外资银行进入中国经营的非审慎性限制。这是中国第一部系统性、专业性的用以加强和完善对外资银行监督管理的法规条例。2014 年 11 月，国务院对该条例进行修订，取消对外资银行、中外合资银行在中国境内设立分行的营运资金限制，并放宽对外国金融机构在中国设立各类营业性机构的条件要求。2017 年 3 月，银监会发布《关于外资银行开展部分业务有关事项的通知》，放开对外商独资银

---

① 陈友云：《论对外资银行开放人民币业务》，《财经问题研究》1994 年第 6 期；林志远：《向外资银行开放人民币市场要慎重决策》，《宏观经济管理》1996 年第 8 期。

② 李晓红：《浅谈适度开放外资银行人民币业务的意义和步骤》，《经济评论》1994 年第 5 期。

行、中外合资银行开展国债承销业务的管制。

表 5.1　　　　中国开放外资金融机构经营人民币业务时间

时间	外资金融机构经营人民币业务开放城市
2000 年 12 月	上海、深圳、天津、大连
2002 年 12 月	广州、青岛、珠海、南京、武汉
2003 年 12 月	济南、福州、成都、重庆
2004 年 12 月	昆明、北京、厦门、沈阳、西安
2005 年 12 月	汕头、宁波、哈尔滨、长春、兰州、银川、西宁
2006 年 12 月	取消外资银行经营人民币业务的地域和客户限制

资料来源：根据公开资料整理。

由于设立与注册门槛不断降低，在华经营的外资银行机构数量逐年上升。《中国银行业监督管理委员会 2017 年报》显示，截至 2017 年年底，共有 14 个国家和地区的银行在华设立 38 家外商独资银行（下设 322 家分行）、1 家合资银行（下设 1 家分行）；30 个国家和地区的 73 家外国银行在华设立 122 家分行。从外资金融机构入股情况看，中国商业银行积极引入境外投资者。2003 年 12 月，银监会发布《境外金融机构投资入股中资金融机构管理办法》，为中资银行引入境外机构投资者提供政策依据。2004—2009 年，中国银行业充分发挥"以开放促改革"的思路，积极引入境外投资者，助力商业银行股份制改革。在遵循"以我为主、循序渐进、安全可控、竞争合作、互利共赢"原则下，国内金融机构不断加强"引资、引制、引智、引技"。截至 2008 年年底，中国工商银行、中国银行、中国建设银行和交通银行相继引进 9 家境外机构战略投资者，国内银行金融机构共引进境外资本 327.8 亿美元。[①]

[①] 中国银行业监督管理委员会宣传工作部：《中国银行业监督管理委员会 2009 年报》，中国金融出版社 2010 年版。

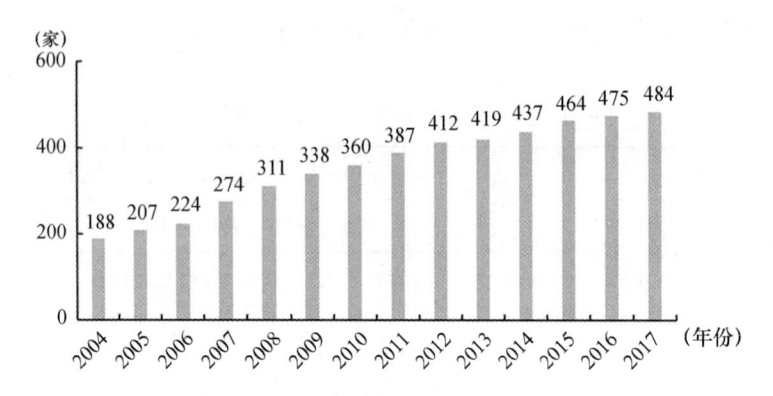

图 5.1　中国外资银行营业机构数量变化

资料来源：《中国银行业监督管理委员会年报（2004—2017）》。

表 5.2　2004 年至 2007 年国有商业银行引进境外战略投资者情况

国有商业银行	协议时间	境外战略合作伙伴
交通银行	2004 年 8 月	汇丰银行
中国建设银行	2005 年 6 月	美洲银行
	2005 年 7 月	亚洲金融控股私人有限公司
中国银行	2005 年 8 月	苏格兰皇家银行、亚洲金融控股私人有限公司
	2005 年 9 月	瑞银集团
	2005 年 10 月	亚洲开发银行
中国工商银行	2006 年 1 月	高盛投资团（包括高盛集团、安联集团及美国运通公司）

资料来源：根据公开资料整理。

在"走出去"方面，中国银行业加快步伐。一是中资银行海外布局稳步扩大。1995 年 9 月，全国人大常委会审议通过《中华人民共和国商业银行法》，明确指出商业银行可根据业务需要在境外设立分支机构。"入世"以来，随着中国与国际社会交流日渐频繁，中国银行机构开始奔赴海外"建厂"。截至 2017 年年底，共有 23 家中资银行在 65 个国家（地区）设立了 238 家一级机构（55 家子行、141 家分行、39 家代表处以及 3 家合资银行），数量较 2006 年增长 2.6 倍。2015 年金秋时节,"一带一路"倡议横空出世,经过两年多的发展,至 2017 年年底,已有 10 家中资银行在 26 个"一带一路"沿线国家设立了 68 家一级机构。在粤港澳金融合作方面,截至 2017 年年底,共有 17 家在港持牌中资银行、2 家在港有限持牌中资银行以及 7 家在澳中资银行正常营业。

二是中资银行境外上市热度不减。随着商业银行财务重组顺利实施、股份制改造深入深化、境外投资者不断涌入,中国商业银行上市条件日趋成熟。2005 年 10 月,中国建设银行率先"登陆"H 股市场,并于 2007 年 9 月回归 A 股市场,标志着中国金融体制改革取得突破性成果。2006 年 6—7 月,中国银行股票相继在港交所与上交所挂牌上市。同年 10 月,中国工商银行实现 H 股、A 股同时发行,创下全球首例。截至 2006 年年底,中资银行境外上市累计筹资 412.9 亿美元。2010 年 7 月,中国农业银行在沪、港上市成功,标志着中国四大国有商业银行上市进程告一段落。

这一时期中国银行体系对外开放向深、向广发展所取得的成绩得到国际社会的充分肯定。来自世界银行的 Čihák、Demirgüç-Kunt、Feyen 和 Levine 指出,"入世"后金融体系逐步开放与银行体系资本重组、审慎监管制度升级、利率汇率政策改革一道促成中国金融体系商业化转型与银行系统实力巩固。[1] 此阶段开放中出现的问题也引发国内学术界的热烈讨论。一是从对外开放本身出发对银行业开放水平进行测度。孔艳杰证明了 2003—2007 年中国银行业对外开放处于中等适度水平。[2] 贲圣林等构建银行国际化指数,发现"一带一路"背景下中资银行国际化水平有所提升但总体水平依然偏低。[3] 魏勇强和张文静通过对比中外资银行国际化指数,认为中资商业银行在"走出去"

---

[1] Čihák, M., Demirgüç-Kunt, A., Feyen, E., Levine, R., "Benchmarking Financial Systems Around the World", *World Bank Policy Research Working Paper*, No. 6175, 2016.

[2] 孔艳杰:《中国银行业对外开放度测评及理性开放策略研究》,《国际金融研究》2009 年第 3 期。

[3] 贲圣林等:《中外资银行国际化对比》,《中国金融》2016 年第 22 期。

过程中仍面临国际化程度偏低、国际化模式不合理、国际化经验不足等问题。①

二是从国家安全视角分析银行业开放的风险效应。吕祥勋从金融主权、金融效率、金融国际地位三个视角统筹考虑引进战略投资者、外资银行入驻、外资入股及中资银行"走出去"对国家金融安全的影响,发现以上举措尚未对中国金融安全构成威胁。②周慧君和顾金宏运用阶段与演化理论分析了外资银行渗透度与中国银行体系稳定性之间存在显著倒"U"型关系。③王曙光和张逸昕在总结归纳银行业外资引入对微观个体稳定性的影响的基础上对中国数据进行实证检验,发现外资持股比例增高能够显著提高银行资本充足率等稳定性比率。④

三是从微观企业层面分析银行业开放的溢出效应。殷孟波和石琴构建 Panzar – Rosse 模型证明外资银行进入是导致中国银行业市场竞争加剧的主要原因。⑤孙兆斌证明了外资入股将显著改善被参股银行的财务绩效,但对全要素生产率改善有限。⑥徐枫和范达强从投入—产出视角发现外资银行进入市场能够显著提高中国银行业要素生产率。⑦田素华和徐明东运用回归模型分析得出上海(江苏)外资银行会对当地各类行业将产生差异性促进作用,从而显著影响当地产业结构。⑧李伟采用 SFA 方法发现国内银行效率与外资银行进入中国市场程度呈

---

① 魏勇强、张文静:《中资商业银行"走出去":挑战与对策》,《金融观察》2018 年第 7 期。

② 吕祥勋:《中国银行业对外开放安全性实证分析——基于新型国家金融安全理念的视角》,《经济与管理研究》2009 年第 10 期。

③ 周慧君、顾金宏:《外资银行渗透对我国银行体系稳定性的影响——基于阶段与演化理论的实证研究》,《金融发展研究》2009 年第 11 期。

④ 王曙光、张逸昕:《银行业外资引入与国家金融安全——基于微观个体稳定性的实证分析》,《金融与经济》2018 年第 1 期。

⑤ 殷孟波、石琴:《金融业全面开放对我国银行业竞争度的影响——基于 Panzar – Rosse 模型的实证研究》,《财贸经济》2009 年第 11 期。

⑥ 孙兆斌:《银行业全面开放与中国商业银行的效率改进》,《金融论坛》2010 年第 2 期。

⑦ 徐枫、范达强:《外资银行对中国银行业的溢出效应》,《金融论坛》2011 年第 4 期。

⑧ 田素华、徐明东:《外资银行进入中国不同行业影响差异的经验证据》,《金融研究》2011 年第 10 期。

"U"型关系，并对外资参股表现出正向反馈。① 孙婷构建个体固定效应模型对中国中、外资银行经营绩效进行比较，发现中资上市银行经营绩效整体高于外资银行，但外资银行在利率市场化过程中经营更为稳健。② 杨兴全和申艳艳对中国上市公司构建现金持有模型，证明外资银行进入能够缓解中国企业的融资约束。③ 诸竹君等研究发现外资银行进入将为制造业带来显著"加成率效应"，有助于中国制造业竞争力提升。④

总体来看，中国银行业在这一时期的对外开放历程充满机遇又备受挑战。以"入世"为契机，中国银行业进入对外开放从过渡期迈向大有可为的新阶段。2007年，肇始于美国的次贷危机席卷全球金融市场，致使金融生态严重紊乱，中国银行业开放进程亦被波及。党的十八大以来，国际国内形势发生了复杂深刻的变化，全面深化改革成为"破题"关键。在"新常态"背景下，中国银行业搭上"一带一路"建设的"快车道"，实现新一轮改革开放中的再突破。2017年以来，中国金融监管协调机制不断完善，为下一阶段稳步推进全面开放撑起制度"保护伞"。

2018年以来：全面开放新时期。基于以习近平同志为核心的党中央对国际形势新变化的准确判断，党的十九大报告做出新时期全面深化改革背景下推动形成全面开放新格局的重大战略部署，并强调"中国开放的大门不会关闭，只会越开越大"。2018年4月，习近平总书记在博鳌亚洲论坛年会开幕式上重申这一开放理念，同时承诺中国将采取大幅放宽市场准入的重大举措并使其尽快落地。中央政治局第十三次集体学习对新时期中国金融对外开放再提新要求——要提高金融业全球竞争能力，扩大金融高水平双向开放，提高开放条件下经济金

---

① 李伟：《外资银行进入对中国商业银行效率的影响》，《金融监管研究》2012年第3期。
② 孙婷：《我国中、外资银行经营业绩比较分析——基于利率市场化视角》，《金融发展研究》2015年第5期。
③ 杨兴全、申艳艳：《外资银行进入影响公司现金持有吗？》，《金融经济学研究》2016年第4期。
④ 诸竹君、黄先海、余骁：《金融业开放与中国制造业竞争力提升》，《数量经济技术经济研究》2018年第3期。

融管理能力和防控风险能力，提高参与国际金融治理能力。

本着"宜早不宜迟，宜快不宜慢"的原则，中国人民银行及各金融监管部门抓紧落实中国金融业对外开放重大举措。2018年4月，中国人民银行行长易纲在博鳌亚洲论坛年会上宣布中国金融业对外开放时间表，共包含11项有关金融机构、金融业务、金融市场开放的政策安排。有关银行业开放方面，一是放松外资持股比例一步到位。"时间表"明确表示取消银行和金融资产管理公司的外资持股比例限制。二是放宽机构设立范围，允许外国银行在我国境内同时设立分行和子行。2018年4月27日，银保监会顺势推出12条加快落实银行业和保险业对外开放的举措（"金融开放12条"），就进一步开放银行业、保险业的具体事宜形成答复。2018年8月，银保监会发布《关于废止和修改部分规章的决定》，取消中资银行和金融资产管理公司外资持股比例限制的举措正式落地。2019年5月1日，银保监会主席郭树清详细阐述未来一段时间银保监会拟推出的12条扩大金融对外开放新措施（"金融开放新12条"），全面开放银行业限制。在放松机构设立条件方面，未来将取消外国银行来华设立法人银行和分行的总资产要求，同时放宽合资银行中方股东限制。在放宽业务办理限制方面，彻底放开人民币业务，并允许外资银行经营"代理收付款项"业务。2019年7月20日，国务院金融稳定发展委员会办公室发布《关于进一步扩大金融业对外开放的有关举措》（"金融业对外开放11条"），表示将鼓励境外金融机构参与设立、投资入股商业银行理财子公司，同时允许境外资管机构与中资银行或保险公司子公司合资设立外资控股理财公司，并允许外资机构获得银行间债券市场A类主承销牌照，意味着中国银行业已经做好充分准备迎接外资全面渗透。

银行业全面开放的有利之处不胜枚举，对于激发国内金融市场竞争活力、改善中小机构经营环境、缓解中小企业融资难问题都有积极意义。可以看到，进入全面开放新时期后的中国金融服务业尤其是银行业的开放力度前所未有，不但将旧的条条框框"一放到底"，而且主动探索扩大开放的新模式，银行业全面开放可计日程功。这些举措不仅彰显了党和国家对银行业实力的充足信心,也体现了中国银行业已做好与国际竞争者"百舸争流"的充足准备。

表 5.3　　2018 年以来银行业扩大开放政策措施的相应变化

开放措施	具体内容		相关政策	政策来源
机构设立	资产要求	原规定	对设立外资独资、合资银行以及分行的外国银行分别有 100 亿、200 亿美元的总资产要求	2018 年 2 月 13 日,《中国银监会外资银行行政许可事项实施办法(修订)》
		新规定	拟取消外国银行来华设立外资法人银行、分行的总资产要求	2019 年 5 月 1 日,银保监会主席郭树清答记者问
	设立营业机构要求	原规定	外国银行分行可申请改制为外资法人银行,但二者不可同时设立	2018 年 2 月 13 日,《中国银监会外资银行行政许可事项实施办法(修订)》
		新规定	允许外国银行在中国境内同时设立子行与分行	2018 年 11 月 28 日,《银保监会关于修改〈中华人民共和国外资银行管理条例实施细则〉的决定(征求意见稿)》
	设立新型金融机构	新规定	鼓励境外金融机构参与设立、投资入股商业银行理财子公司;允许境外资产管理机构与中资银行或保险公司的子公司合资设立外资控股理财公司	2019 年 7 月 20 日,国务院金融稳定发展委员会办公室发布《关于进一步扩大金融业对外开放的有关举措》
外资入股	持股比例要求	原规定	单个境外金融机构及其关联方向单个中资银行、金融资产管理公司投资入股比例不得超过 20%、多个境外金融机构及其关联方入股比例合计不得超过 25%	2003 年 12 月 8 日,《境外金融机构投资入股中资金融机构管理办法》

续表

开放措施	具体内容		相关政策	政策来源
外资入股	持股比例要求	新规定	取消上述持股比例上限	2018年8月23日,《中国银保监会关于废止和修改部分规章的决定》
			按照内外资一致原则,拟同时取消单家中资银行和单家外资银行对中资商业银行的持股比例上限	2019年5月1日,银保监会主席郭树清答记者问
业务开办	人民币业务	原规定	外资银行营业性机构初次申请经营人民币业务应满足提出申请前在中国境内开业1年以上	2018年2月13日,《中国银监会外资银行行政许可事项实施办法(修订)》
		新规定	拟允许外资银行开业时即可经营人民币业务	2019年5月1日,银保监会主席郭树清答记者问
	债券承销业务	原规定	外资营业机构业务范围不含政府债券承销业务	2014年11月27日,《外资银行管理条例(修订)》
		新规定	拟允许外国银行分行从事"代理发行、代理兑付、承销政府债券"业务	2018年4月27日,《银保监会加快落实银行业和保险业对外开放举措》

资料来源:根据公开资料整理。

二 保险业对外开放

保险业是现代金融体系的支柱产业之一,是社会稳定发展、人民美好生活的重要保障。1949年10月20日,以中国人民保险公司在北京成立为标志,新中国保险业开启从无到有的建设历程。在党中央、国务院的正确领导下,中国保险业顺应潮流,开拓进取,始终走在开放前列,为金融各领域开放提供重要借鉴。

1979—1991年：行业恢复重建期。党的十一届三中全会后，停业已久的中国保险业迎来重振的曙光。1979年是恢复重建保险业的工作筹备期。同年4月，国务院批准《中国人民银行分行行长会议纪要》，并对保险业复业规划做出安排，中国人民银行随后颁布《关于恢复国内保险业务和加强保险机构的通知》，中国保险业"而今迈步从头越"。同年11月，全国保险工作会议召开，在总结历史经验的基础上对1980年恢复国内保险业进行全面部署，标志着中国保险业重获"新生"。

20世纪80年代，中国保险体系完成初步重建。一是保险业务逐步恢复。1980年，在全国保险工作会议精神的指导下，中国人民保险公司全国各地分支机构相继恢复经营。1980年和1982年，国内先后恢复办理财产保险业务与人身保险业务。经过10年发展，中国保险市场重现繁荣：保险险种日益增多，财产保险门类由以企业财产保险为主增长至200余种门类；保费收入逐年增长，1990年保费收入较1980年增长近40倍。二是法律法规不断完善。1983年9月，国务院颁布《中华人民共和国财产保险合同条例》，这是中国第一部针对财产保险制定的专门法规。为加强国家对保险业务的管理，1985年3月，国务院发布《保险企业管理暂行条例》，对保险企业申请设立、中国人民保险公司业务范围、保险企业偿付能力、再保险业务做出规定，为促进保险事业多元化发展创造条件。三是市场主体丰富多元。1985年之前，中国保险市场以人民保险公司垄断经营为特征。在政策的大力支持下，1986年，新疆生产建设兵团农牧业生产保险公司和交通银行保险业务部两家国营保险机构先后成立。1988年，中国第一家股份制保险公司平安保险公司成立，彻底打破保险市场国有企业垄断局面。1991年，太平洋保险公司成立，保险市场竞争机制逐渐形成。

此阶段的中国保险业以修复重建为目的，以封闭半封闭式发展为特征。保险市场开放以外国公司设立驻华代表处为主要形式，以加强外国公司对中国市场的了解，为后续业务拓展提前"踩点"。截至1992年，共有22家外资保险公司在华设立28家代表处，为日后扩大开放确立良好基础。

1992—2000 年：开放初步试水期。20 世纪 90 年代初期，中国保险业扩大开放的问题被提上日程。从宏观经济背景看，中国在改革开放道路上已探索十余年，取得赫然的发展成绩。从制度改革方向看，市场化方向改革是大势所趋。从对外开放进程看，加入世界贸易组织、深度接轨国际社会是中国下一步扩大开放的强烈诉求。从金融对外开放情况看，20 世纪 80 年代中国银行业已率先行动，形成先试点、后全面的开放布局。从行业自身特征看，中国保险业尚处于起步阶段，提升与完善空间较大。

结合以上现实，学界就保险业是否开放、怎样开放的问题展开旷日持久的争辩。李谦详细概括开放保险业的利弊，认为开放保险业利于其发挥经济补偿职能、合理分散风险、助力国内改革、学习先进技术、扩大产品范围，但可能造成加剧逆向选择、挤压民族企业、损害客户利益等不良后果。[①] 魏华林等认为开放保险市场不仅是建立社会主义经济体制的要求，是可持续发展的保障，也是行业自身谋求发展、金融市场国际化、中国加入世界贸易组织的需要。[②] 在开放模式上，吕宙指出保险市场在初期开放阶段必须遵循适度审慎原则。[③] 杨利田汲取台湾保险市场开放经验，认为中国保险业应采取分段开放方式。[④] 魏华林综合考虑中国保险经济发展程度、保险资源状况、风险承受能力后提出有限制、有选择、有步骤的开放原则。[⑤] 何志光和钱文浩、朱华和成竹、沈亮、宋一欣等都强调对外开放的同时必须确保对民族保险业的保护。在开放路径上，从市场角度出发，郝演苏认为应按照直接业务市场、分保业务市场、中介业务市场的顺序进行开放[⑥]；从地域角度出发，陈守云、谢金玉提出应以沿海城市为试点，自东向西

[①] 李谦：《关于开放保险市场的思考》，《上海金融》1992 年第 8 期。
[②] 魏华林：《论我国保险市场开放的几个问题》，《保险研究》1997 年第 1 期。
[③] 吕宙：《对我国保险市场对外开放问题的思考》，《宏观经济管理》1996 年第 12 期。
[④] 杨利田：《论我国保险市场开放的对策》，《保险研究》1997 年第 1 期。
[⑤] 魏华林：《论我国保险市场开放的几个问题》，《保险研究》1997 年第 1 期。
[⑥] 郝演苏：《略论开放我国保险市场的若干问题》，《保险研究》1995 年第 5 期。

依次开放。①

　　置身于势不可当的全球化潮流中，中国保险业未因争议而放缓开放脚步。在机构入驻方面，中国保险业按照由点及面、循序开放的原则，先从试点城市着手。1992 年，国务院批准上海成为全国首个保险业务对外开放试点。同年 9 月，《上海外资保险机构暂行管理办法》出台，为外国保险公司进入上海提供法律保障。9 月 25 日，美国友邦保险公司获准在上海设立分公司经营财产险与寿险业务。这是中国保险业开放史上一座里程碑，至此，中国保险市场实现真正意义上的"打开国门，面向世界"。1994 年 7 月，日本东京海上火灾保险株式会社上海分公司正式营业，成为改革开放后国内首家外资独资财险公司。1995 年，保险业开放试点扩大至广州、深圳等城市。1996 年 11 月，由中化集团与加拿大宏利人寿保险公司合资组建的中宏人寿保险公司在沪成立，成为国内首家中外合资寿险公司。截至 2001 年年底，中国共有外资保险营业性机构 32 家，该年度外资保险机构保费收入高达 32.84 亿元。个人营销代理机制等先进管理理念与技术跟随外资机构一同进入中国市场，推动中国保险业实现跨越式发展。在外资参股方面，1994 年 6 月，平安保险公司引入美国摩根士丹利与高盛两大战略投资者，成为国内首家外资入股的保险公司。1996 年 10 月，新华人寿成立之初，苏黎世保险公司即以委托持股的方式选择入股。在境外设厂方面，中国人民保险集团、太平洋保险公司、平安保险公司等业界翘楚接连走出国门，在部分国家和地区设立分支机构。2000 年 6 月，太平洋保险集团股份有限公司成功在 H 股上市，成为首家在境外上市的中资保险企业。

　　除了制度改革与政策支持，中国保险业初期开放取得的斐然成绩得益于两方面因素。一是国内庞大的市场需求对外国保险公司极富吸引力。中国保险业起步晚，潜力大，是外国保险公司开拓海外业务的

---

① 陈守云：《在保险领域促进两岸经济合作与发展——兼谈保险市场对外开放问题》，《福建金融》1990 年第 5 期；谢金玉：《论我国保险市场的对外开放》，《保险论坛》1998 年第 3 期。

丰厚沃土。二是监管升级为扩大开放提供保障。1995年10月，《中华人民共和国保险法》正式颁布，从此保险行业进入有法可依、分业经营的新阶段。1998年和2001年，中国保险监督管理委员会与中国保险行业协会先后成立，上层监管与行业自律共同为保险行业健康发展保驾护航。2000年，保监会成为国际保险监督官协会（International Association of Insurance Supervisors, IAIS）成员，使国内保险业进一步与全球保险行业发展标准靠拢。

2001—2017年：高速接轨国际期。按照"入世"承诺，自2001年12月中国正式加入世界贸易组织起，保险业进入为期3年的开放过渡期。过渡时间相对较短意味着保险业必须争分夺秒扩大开放。事实证明，中国保险业始终认真贯彻党中央、国务院的决策部署，有条不紊推进开放，迅速成为这一阶段开放速度最快、开放程度最高的金融行业。

政策的大力支持是中国保险业能够实现高速接轨国际的一个重要前提。中国"入世"前夕，国务院颁布《中华人民共和国外资保险公司管理条例》（以下简称《管理条例》），这是中国第一部用于专门监督管理外资保险公司各类行为的正式法规，充分表明中国政府部门支持保险业扩大开放的坚定决心。《管理条例》明确规定，申请设立外资保险公司的外国保险公司应当满足"5-3-2"要求（30年经营经验、2年在华代表处、50亿美元申请前一年年末总资产要求）并经中国保监会批准后，方可在中国境内设立符合其他相关规定的合资公司、独资公司及外国保险公司分公司等不同类别的营业性机构。2004年5月，保监会发布《中华人民共和国外资保险公司管理条例实施细则》，对合资寿险公司外资持股比例做出不超过50%的限制性要求。

在3年过渡期内，中国保险业充分信守"入世"承诺，不断放宽准入门槛。从开放地域看，外资保险公司准入地域限制全部取消，中国保险业实现地理范围的全面开放。分业务领域看，对于寿险公司，除了具有合资形式限制、50%的持股比例限制以及设立条件限制，其他完全享受国民待遇；对于非寿险公司，仅留有设立条件限制及交强险业务经营限制；对于再保险业务，法定分保比例由"入世"时的20%降至5%。在畅通无阻的政策渠道下，外国保险公司掀起进入中国市场的热潮。截至2004年年底，共有来自14个国家和地区的40家外资保险公司在中国设立77个营业机构，年保费收入较2001年增长近3倍。在"走出去"方面，随着国有保险公司股份制改革基本完成，2003年11月，中国人保控股有限公司在香港成功上市，这是内地首家在海外上市的金融机构，拉开中资金融机构进军海外的序幕。此外，引进战略投资者参股也成为中资保险公司优化股权结构的常见策略。

完成平稳过渡的中国保险业迎来稳健开放的新阶段。截至2017年年底，中国共有外资保险公司56家（其中，外资产险公司22家，外资寿险公司28家，外资再保险公司6家），总资产份额达到6.1%。从发展机遇来看，"一带一路"倡议所涉及的沿线国家多，保险需求大，投资范围广，为中国保险业"走出去"提供新的广阔平台。

这一阶段保险业对外开放特征可以总结为开放广度得到充分拓展，开放深度有待挖掘。全面取消外资保险机构地域限制，意味着中国各地区均有机会参与保险开放进程、享受开放成果；大幅放宽外资保险机构业务限制，意味着中国保险行业与外国保险公司分别实现多元化市场竞争与丰厚利润回报的双赢。然而由于"5-3-2"设立条件以及其他限制性条例的存在，可能导致"想进的不能进"和"能进的不想进"两方面问题，现实中的一个具体反映就是中国保险市场上外资机构数量多，资产比重却很小。当然，这同样说明中国保险业仍有巨大的开放潜力。

2018年以来：全面开放新时期。中国保险业在对外开放方面已经取得优异成绩。此时此刻，呼吁更大程度的开放既是实现行业可持续发展的要求，也是将中国改革开放事业实践到底的必然选择。易纲指出，由于中国保险业发展的历史短、基础差、底子薄、整体水平不高，与发达国家和中国经济社会发展的要求相比，还存在较大差距，更进一步的开放仍然是必要的。①

通过对前期开放进程的梳理可知,中国保险业对外开放还留有几个问题,事关实现保险业全面开放大局。一是合资寿险公司外资持股比例限制问题。从现实意义来看,对外资方49%的持股比例限制能够确保国内出资方在合资企业经营中的控制权。但是,针对中资方掌握控制权是否有必要的问题,孙祁祥等人早在2012年就进行了前瞻性探讨。他们认为,首先,50%的限制能够加剧公司内斗,引发长期内耗,且在中外出资方关系良好的情形下,何方掌握控制权并不重要;其次,这一限制的深层意义在于限制外资独资寿险公司存在,这种做法恰恰不利于促进中国保险市场充分竞争,因此取消限制将是历史必然。二是外资保险公司设立条件问题。对比中资与外资保险机构的设立条件可知,中资保险机构拥有绝对的"主场优势"。这种内外有别、区别对待的政策差异相当于为中资企业扣上"保护罩",但过度保护不利于中国市场产生"鲇鱼效应"。三是外资保险营业性机构的业务范围问题。这方面的限制包括外资财产险公司仍不具有经营交强险等法定业务资格、外资保险经纪公司业务受限等,这些限制同样制约中国保险市场充分竞争。若以上限制始终存在,那么外资保险营业性机构只能成为中国保险市场的"二等公民",始终无法真正享受"国民待遇"。

2018年是中国金融新一轮对外开放年,重磅政策措施相继出台,直击保险业开放"要害"。一是放松股权比例限制。针对寿险公司外资持股比例问题,2018年4月,易纲在博鳌亚洲论坛年会上明确表示将上限放松至51%,三年后不再设限。2019年7月出台的"金融业对外开放11条"将政策实施的过渡期由2021年提前至2020年。对于保险资产管理公司股份问题,未来将允许境外投资者持有股份超过25%。此外,未来在华外资保险公司股东范围将扩大至境外金融机构。二是放松设立条件限制。2019年5月,银保监会发布的"金融开放新

---

① 易纲:《中国金融业对外开放路径与逻辑》,《中国改革》2014年第10期。

12 条"规定，取消对外国保险经纪公司在华经营业务的经营年限及总资产要求限制，同时允许外国保险集团公司投资设立保险类机构。"金融业对外开放 11 条"进一步取消外国保险公司 30 年经营年限要求，并允许境外金融机构投资设立、参股养老金管理公司。三是放松业务开办范围限制。中国于 2018 年博鳌亚洲论坛年会时便做出对符合条件的外国投资者放开保险代理业务和保险公估业务、完全放开保险外资经纪公司经营范围的决定。

从广度与深度的二维视角看，2018 年以来的中国保险业对外开放实现了质的飞跃。外资寿险公司将在中国市场由"群演"变"主角"，对促进国内保险市场适度竞争、完善市场规则、加快创新产品研发、保护消费者权益、引进高技术人才都具有重要积极意义。在广阔的发展前景下，中国保险业必将焕发新光彩。

三　证券业对外开放

证券业是一国现代化金融产业的重要组成部分，证券业对外开放是一国资本市场完全开放的关键步骤。改革开放以来，中国资本市场不断发展壮大，证券业已成为资本市场有序发展的重要载体。与银行业、保险业相比，中国证券业开放程度有所不及，这与证券业起步较晚、基础较薄、风险面广的特征有关。随着中国证券市场建设日臻成熟，进一步扩大证券业开放指日可待。

1979—2000 年：破土而出萌芽期。资本市场的出现是证券业诞生的前提，社会主义经济体制改革是资本市场形成的先决条件。新中国成立前后，党和政府曾于天津、北京两地成立证券交易所，这是中国发展证券业的一次有益尝试。然而，与计划经济体制下"统存统贷"的资金划拨模式不匹配，两家交易所很快"夭折"，新中国证券事业就此搁置。直至党的十一届三中全会做出将党和国家的工作重心转移到经济建设上来的战略决策，搞生产、搞建设需要大量资金支持，中国资本市场便在这样的经济社会背景下萌芽，中断近 30 年的中国证券业随之破土而出、重见天日。

20世纪80年代上半期是中国证券发行市场的起步期。股票发行是股份制改革的关键环节。1984年，随着经济体制改革重心向城市转移，北京、上海、广州等城市开始选择部分企业作为早期股份制改革试点，半公开或公开发行股票。1984年11月，上海飞乐音响股份有限公司获批发行50万元股票，成为新中国历史上的头一次。随着股份制改革在全国城市普及，股票发行也实现了从不规范的内部集资、半公开发行阶段到规范的公开发行阶段的过渡。截至1990年年底，中国共有4750家企业通过发行各类股票筹资42.01亿元。债券发行是大量筹资的重要手段。1981年人民政府恢复发行国库券，标志着债券发行市场开始运作。随后，企业债、金融债相继出现，极大拓宽中国企业、银行机构的融资渠道，为恢复中国经济建设做出突出贡献。20世纪80年代下半期，证券流通市场开始起步。为满足证券持有人转让变现的需求，柜台交易业务竞相出现。1986年，沈阳市信托公司与中国工商银行上海市信托公司先后开办债券和股票柜台交易业务，二级市场自发起步。

在证券市场萌芽阶段，中国证券交易业务由信托投资公司和综合性银行兼营代办。随着发行市场和流通市场的相继发育，各界有关将证券从信托、银行体系中剥离的呼声日益强烈。1987年9月，全国首家专业证券公司深圳经济特区证券公司正式成立，意味着中国证券业发展扬帆起航。20世纪80年代末期，证券公司在全国各地如雨后春笋般接连冒出，比如上海形成申银证券公司、万国证券公司、海通证券公司三足鼎立的局面。

随着经营机构粗具规模，配套监管业已落实，整个证券行业渐入佳境，建设更高水平证券交易机构被提上日程。经过多方筹备，沪深两大交易所分别于1990年11月和1991年7月正式营业。随后，中国证券业协会和中国证券监督管理委员会相继成立，标志着中国现代证券行业迈向市场经营与统一监管的新征途。

机构设施相继完善为中国开放证券市场争取了机会。这一时期中国证券市场开放的标志性事件之一就是建立与发展人民币特种股票

(B股)市场。在国内经济建设"如火如荼"背景下,引导外资绕过资本账户管制从而合理"入场"或将成为缓解国内资金短缺的有益"良方"。1991年11月29日,上海电真空B股发行上市,标志着以吸引外资为目的的B股市场的初步建立。1993年,灿坤集团公开发行"闽灿坤B",成为首个在B股上市的境外企业。1995年12月发布的《国务院关于股份有限公司境内上市外资股的规定》将B股市场的主要投资人限制为境外投资者,采用外币投资,实施境外结算,国内投资者被"拒之门外",与A股市场"泾渭分明"。随后几年,B股上市公司进行了发行可转债、转换B股交投类型等一系列积极尝试,以期扩大市场吸引力,增大外资投入规模。从意义来看,B股市场发展不仅为境内企业注入新鲜的资金"血液",同时带动国内证券机构经营范围向国际业务覆盖。

除了在"自家门口"迎外资,中国融资主体还主动投入境外市场。从20世纪80年代初期开始,中国财政部、金融机构、非金融企业纷纷在国际债券市场亮相。以主权债为例,1987年,财政部代表中国政府在德国法兰克福发行3亿德国马克债,成为中国首笔外币主权债券。对于国内大型企业来说,境外上市是筹集外资的首选。1995年11月,《国务院关于股份有限公司境外募集股份》发布施行,对境内股份制有限公司向海外募集资金表示充分肯定。证监会于1999年7月发布的《关于企业申请境外上市有关问题的通知》更是明确指出"成熟一家,批准一家",为企业提供强有力的政策保障。从具体实践看,1993—2000年,中国企业掀起多次赴境外上市浪潮,企业经营类型涵盖制造、交通运输、能源消费、高科技、移动通信等多个行业[1],其中在香港联交所主板上市的公司数多达44家。

毋庸置疑,改革开放初期阶段建设发展中国证券市场面临重重阻力。在社会主义市场经济体制确立前夕,证券业所遭遇的非议与反对

---

[1] 戴学来:《中国证券市场开放:国际比较与战略研究》,博士学位论文,复旦大学,2004年。

声音甚为猛烈，从侧面反映了当时社会"恐资""恐市"的情绪。1992年，邓小平南方谈话中定调，对于证券、股市"要坚决地试"，"对了，放开；错了，纠正，关了就是了"。坚定大胆实践、勇于创新的理念，中国有价证券交易规模与日俱增，交易制度不断更新，经营服务机构遍地开花，法律与监管体系持续完善。20世纪末，中国已形成多层次、多样化的证券市场结构体系。若是单从对外开放这一方面来看，虽然这一时期中国证券业发展取得了长足进步，但是处于萌芽期的中国证券市场整体规模、市场结构、投资者结构与发达国家相比仍为逊色，开放时机尚未成熟。因此这一时期中国证券业及证券市场开放幅度甚微，外国证券机构在中国以设立代表处为主，中国证券市场"引进来"规模相对有限，而有能力"走出去"的市场主体类型存在局限。

2001—2017年：平流缓进开放期。"入世"是推动中国证券业扩大开放、走向国际化的"催化剂"。"入世"时，中国曾对外资证券服务机构进驻中国市场做出有关开放市场准入、业务范围、会员资格的四项承诺。为了切实履行这些承诺，这一时期中国证券业配合出台相应法律法规，从政策支持的角度大幅放宽准入条件，为证券机构、业务、市场开放蓄势。

在证券服务业开放方面，2002年7月1日，由中国证监会发布的《外资参股证券公司设立规则》和《外资参股基金管理公司设立规则》同日实施，其中明确规定了外资参股境内证券机构的业务范围、持股比例等问题，充分契合并提前履行"入世"承诺。2002年12月27日，由招商证券股份有限公司和荷兰国际集团（ING）联合成立的招商基金管理公司是中国加入WTO后首家中外合资基金管理公司。成立于2003年4月25日的华欧国际证券有限责任公司（2009年12月2日更名为财富里昂证券有限责任公司）是中国加入WTO后获准成立的首家中外合资证券公司。2004年10月1日，《证券投资基金管理公司管理办法》正式施行，并对基金管理公司境内外股东资格做出更明确的规定。2012年10月，证监会对《外资参股证券公司设立规则》

做出修订，将外国投资者在合资证券公司中的持股比例上限由 1/3 提高到 49%，这是中国在主动开放证券行业过程中的积极尝试。自 2008 年证监会重新恢复批准设立合资证券公司到 2017 年年底，中国境内合资证券公司数目由 8 家增至 13 家，合资基金管理数目由 33 家增至 44 家，合资期货公司也从 0 家增至 2 家。

在双向开放的"双箭头"下，中资证券公司不甘示弱，勇征海外。在《中华人民共和国证券法》的支持下，截至 2017 年年底，国内 31 家证券公司和 24 家基金管理公司共在境外设立或收购 56 家子公司，20 家期货公司设立 21 家境外子公司。

分地域情况看，中国内地证券服务业与港澳地区的双向合作交流更为密切。《关于建立更紧密经贸关系的安排》（CEPA）及其补充协议不断放宽内地与港澳地区证券经营服务机构互设分支机构的条件限制。2008 年 4 月，证监会发布《关于证券投资基金管理公司在香港设立机构的规定》，充分发挥香港在中资机构"走出去"过程中起到的"枢纽"作用。截至 2016 年年底，共有 31 家证券公司、24 家基金管理公司和 18 家期货公司获批在港设立分公司。2017 年，中国内地进一步放开港、澳金融机构经营限制，允许符合条件的港、澳资金融机构在沪、深等城市设立合资全牌照证券公司，合并持股比例限制高达 51%，说明中国内地证券行业已实现向港、澳金融机构的深度开放。此外特别值得关注的是，自由贸易试验区正成为中国金融双向开放先试先行的天然"桥头堡"。2013 年中国（上海）自由贸易试验区挂牌成立，"允许金融市场在自贸试验区内建立面向国际的交易平台"（《中国（上海）自由贸易试验区管理办法》，2013）。在机构管理方面，率先设立负面清单为指引，对外资机构市场准入与国民待遇做出限制，提高金融开放创新透明度；在服务创新方面，自由贸易账户功能不断拓宽，跨境双向人民币资金池业务顺利展开，各类金融机构扎根自贸区国际交易平台。以上海自贸区做样板，广东、福建等自贸区纷纷开展金融对外开放创新业务，竞相争做开放的"试验田"。随着证券机构与业务开放范围不断拓展，如何在资本账户未完全开放情形下合理搭建外资流入中国金融市场的"管道"成为"入世"之后我们面临的更为迫切的问题。这一时期中国投资对外开放成就主要集中于两个方面：一是外资进入金融市场的渠道框架逐渐成形。从渠道构建来看，彼时韩国、巴西、印度、荷兰等国以及中国台湾地区已在合格境外机构投资者（Qualified Foreign Institutional Investor，QFII）制度建设方面取得了颇为丰富的经验，而中国正处于由准开放向开放过渡的关键时期，QFII 制度是符合当时中国国情的较成功的开放策略。[①] 2002 年 12 月，中国证监会联合人民银行发布《合格境外机构投资者境内证券投资管理暂行办法》，就合格境外机构投资者申请资格、托管结算、投资操作等行为形成明确规章，交易所内资股、国债、企业债券以及证监会批准的其他金融工具向合格境外机构投资者敞开。国家外汇管理局制定相应的《合格境外机构投资者境内证券投资外汇管理暂行规定》，进一步明确托管人资格申请、合格投资者投资额度等具体事宜，并初步将额度配给上限定为 7.75 亿美元。作为一项最基本的外资引入渠道，合格境外机构投资者制度在中国正式实施标志着过渡时期外国机构投资者直接参与中国金融市场路径初步打通。

在 QFII 实施的早期阶段，很多学者关注 QFII 制度的有效性问题。业界普遍认为，QFII 需以遵循价值投资为理念，不提倡短线炒作。[②] 经过为期几年的实践，不乏文献发现 QFII 在某些情形下能够平滑 A 股波动[③]、增进企业收益[④]、缓解融资困境[⑤]、改善信息环境[⑥]，但是

---

① 高翔：《QFII 制度：国际经验及其对中国的借鉴》，《世界经济》2001 年第 11 期；封文丽：《QFII——中国证券市场深度开发的制度选择》，《当代财经》2003 年第 2 期。
② 耿群：《中国 QFII 制度及其影响分析》，《国际金融研究》2002 年第 12 期；孙立、林丽：《QFII 投资中国内地证券市场的实证分析》，《金融研究》2006 年第 7 期。
③ 赵旭、林澍、彭渝：《QFII 是 A 股市场的稳定器吗?》，《金融理论与实践》2017 年第 6 期；朱相平、彭田田：《QFII 持股对中国股票市场稳定性的影响——基于中美贸易摩擦背景下的研究》，《宏观经济研究》2019 年第 5 期。
④ 殷红、蓝发钦：《行业视角下 QFII 影响中国股市的实证研究》，《国际金融研究》2007 年第 10 期。
⑤ 邓川、孙金金：《QFII 持股、产权性质与企业融资约束》，《管理世界》2014 年第 5 期。
⑥ 李春涛等：《它山之石：QFII 与上市公司信息披露》，《金融研究》2018 年第 12 期。

QFII 制度不够成熟会使得市场非理性行为无法避免。①

为推动内地市场与港、澳地区市场的深度互动，人民币合格境外机构投资者（RMB Qualified Foreign Institutional Investor，RQFII）制度于 2011 年 12 月底试点运营。2014 年与 2016 年，"沪港通"与"深港通"试点相继开通，内地与香港股票市场逐步实现深度交流合作。截至 2017 年年底，累计 310 家境外机构获得 QFII 资格，226 家境外机构获得 RQFII 资格，其中"一带一路"沿线国家中有 8 个国家的 32 家机构获得 QFII 资格，RQFII 试点覆盖其中 6 个国家，累计投资额度折合 3300 亿元人民币。"沪深港通"2017 年全年成交金额突破 4 万亿元。②在债券市场互联互通方面，2017 年 6 月，中国人民银行发布《内地与香港债券市场互联互通合作管理暂行办法》，"债券通"中投资内地银行间债券市场的"北向通"率先试营，银行间市场对外开放更进一步。2018 年，505 家境外机构经由"债券通"进入银行间市场，收支金额合计 1.03 万亿元。

二是市场参与主体日渐丰富。以银行间债券市场为例，2005 年泛亚基金和亚债国际基金借助境内结算代理机构成为首批进入中国银行间债券市场的外国机构投资者。为配合跨境贸易人民币结算试点，境外央行、港澳人民币清算行、跨境贸易人民币结算境外参加银行这三类金融机构在政策支持下于 2010 年加入市场。2013 年 3 月，人民银行宣布《关于合格境外机构投资者投资银行间债券市场有关事项的通知》，QFII 范围正式拓展到银行间债券市场。2016 年，各类被中国人民银行认可的境外金融机构、养老基金等中长期投资者也加入到了市场中。

从融资对外开放成绩看，在股权融资方面，依据《中华人民共和国公司法》组建的外商投资有限责任公司与股份有限公司若符合《中

---

① 蔡则祥、王家华：《QFII 制度下的资本市场转型分析》，《财贸经济》2003 年第 6 期。
② 中国证券监督管理委员会：《中国证券监督管理委员会年报 2017》，中国财政经济出版社 2018 年版。

华人民共和国证券法》与其他相关法律法规、行业政策所规定的上市条件的前提，则可通过IPO、改制上市、并购等多种方式参与中国证券市场融资。在债务融资方面，"熊猫债"市场发行体量日渐扩大。2005年10月，国际金融公司与亚债开发银行在中国银行间债券市场分别发行11.3亿元和10亿元的10年期债券，这是中国最早的"熊猫债"①。借鉴银行间市场的开放经验，2015年12月，"熊猫债"试点登陆交易所市场；次年3月，越秀交通基建有限公司成为在中国交易所债券市场发行首只公开发行债券的境外非金融实体。《中国金融年鉴2018》显示，截至2017年年末，交易所债券市场已累计吸引境外企业发行"熊猫债"56只，融资总金额接近1000亿元。

与境外机构踊跃进入国内市场相对应，国内融资者也将敏锐的目光瞄向海外。在债券融资方面，这一时期中国政府在日本、美国、欧洲等全球主要债券市场频频亮相。截至2004年，中国共发行23笔外币主权债，以超过5年期的长期债为主，涉及美元、日元、欧元、德国马克等多个币种。为支持香港人民币离岸业务快速发展，中国政府于2009年至2016年间暂缓发行外币主权债券，人民币主权债券成为这一时期主权债务最重要的表现形式。截至2016年年末，中国香港共计持有人民币国债1640亿元。2017年10月，财政部在香港发行20亿美元主权债券，意味着中国政府重启外币债券发行进程，这对于提升中国主权债务评级具有积极意义。在股票融资方面，部分企业在通过国内相关部门审核批准后选择以直接上市方式进入境外市场，其中香港、美国证券市场是中资企业境外首次公开募股的首选之地。以港股市场为例，境内企业可选择H股上市或红筹上市模式跻身市场。截至2017年，中国港交所上市公司数为259家，年度融资金额超过1800亿元。但是受审批程序多、等待周期长等因素影响，具有时间短、成功率高等优势的买壳上市、反向收购（Reverse Take-over，RTO）、存托

---

① 刘爽：《我国债券市场对外开放的现状、问题和对策探讨》，《金融市场》2019年第12期。

凭证上市（Depository Receipts，DR）等间接上市手段亦为一些迫切寻求境外资金的中资公司所青睐。

对于境内投资者来说，2007年6月落地的合格境内机构投资者（Qualified Domestic Institutional Investors，QDII）制度为其开展境外证券投资业务提供政策支持。QDII制度出台之后，银行系、证券系与基金系QDII产品竞相斗艳，个人投资者开始成为QDII基金市场的重要参与角色。为进一步推进中国资本市场对外开放，深化内地与港、澳地区的金融交流，2011年12月，允许境内投资人投资境外人民币计价产品的人民币合格境外机构投资者（RMB Qualified Foreign Institutional Investors，RQFII）制度开始试点运营。截至2012年年底，共有207家境外机构获得QFII资格，投资总额度合计374.43亿美元。26家证券经营服务机构的香港子公司获得RQFII试点资格，累计获得670亿元人民币投资额度。分别有32家基金管理公司和13家证券公司获得QDII资格。在双"Q"机制的协调配合下，中资企业融资渠道得以拓宽，跨境资金流动行为得到规范，金融行业竞争格局得以改善，资本市场国际影响力进一步提升。

从开放特点看，这一时期中国证券业一方面以"循序渐进、安全可控、竞争合作、互利共赢"为原则，以兑现"入世"承诺为基础，在证券服务业开放过程中以外资参股为主要方式设立证券服务机构；另一方面充分总结国际上的成功实践，并结合中国国情积极拓宽证券市场投融资对接渠道，为境内企业不断引进外国资金的"活水"。

2018年以来：全面开放新时期。经过多年的改革与开放，中国证券业逐步褪去稚嫩，成为全球资本市场最有活力、最具潜力的成员。但与世界多数新兴国家相比，中国仍是少数对金融机构外资参股比例做出限制的国家之一，金融市场开放度居于新兴国家低位，开放活力有待释放。根据党和国家对加快形成全面开放新格局的部署，放松股权限制、便利境外投资将成为机构与市场未来开放工作的重点。

2018年博鳌亚洲论坛年会上公布的中国金融对外开放"时间表"中阐述两条证券服务业"引进来"的措施：一是将证券公司、基金管理公司、期货公司外资持股比例的上限放松至51%，三年后不再设限；二是不再要求合资证券公司境内股东至少有一家内资证券公司。这意味着外资方可以实现由"参"转"控"的权力转变，在公司治理过程中外资方将拥有更大的自主权。2018年4月28日，《外商投资证券公司管理办法》应景发布，实施近16年的《外资参股证券公司设立规则》同时被废止。新颁布的《外商投资证券公司管理办法》中明确规定外资持股比例"应当符合国家关于证券业对外开放的安排"。11月30日，瑞银集团成功增持瑞银证券股比至51%，成为首家控股境内中外合资金融机构的外国实体。12月，中国证监会再次释放促进证券服务业对外开放的利好信号，表示中国将加快外资控股金融企业审批进度。为推动政策尽快落地，2019年7月，国家金融委办公室发布"金融业对外开放11条"，将取消持股比例的3年过渡期缩减至2年。这一举措是基于党和国家对当前和今后一个时期形势的准确判断，体现了中国坚定不移深化改革开放的决心。2019年8月6日，摩根大通成功获得上投摩根基金管理公司51%的股权，意味着国内首家外资控股合资基金管理公司即将诞生。

证券市场对外开放再添新渠道。第一，为引导龙头创新企业回归A股市场，2018年3月，国务院办公厅转发证监会《关于开展创新企业境内发行股票或存托凭证试点的若干意见》，明确提出在遵循服务国家战略、坚持依法合规、稳步有序推进、切实防控风险原则基础上允许符合相应条件的试点创新企业按程序在境内资本市场申请发行股票或存托凭证上市。与IPO及借壳上市相比，依托存托凭证（Depositiory Receipts，DR）上市所耗时间更短、费用更低，并且能够同时保留境外融资渠道。[①] 目前中国存托凭证试点企业主要从属互联网、大数据、云计算、人工智能、软件和集成电路、高端装备制造、生物医药等高新技术产业和战略性新兴产业，CDR渠道的搭建对于引导海外

[①] 郭田勇：《再回首 再思考 再出发：中国金融改革开放40年》，社会科学文献出版社2018年版。

创新资源回流具有重要战略意义。

第二,"沪伦通"以存托凭证业务为起点进行试水。2018年10月,证监会公布《关于上海证券交易所与伦敦证券交易所互联互通存托凭证业务的监管规定(试行)》,支持沪、伦两市符合条件的基础证券发行人在对方市场公开发行存托凭证。2019年6月17日,"沪伦通"正式通航,中国华泰证券股份有限公司于同日发行"沪伦通"的首只全球存托凭证(GDR)产品。作为继QFII、"沪港通"和"沪深通"之后金融市场开放的又一重要尝试,"沪伦通"的启动对于夯实中英合作伙伴关系、加快资本市场自主开放、推动上海国际金融中心建设、打造一流证券公司实力具有重要意义。

第三,在全面开放新格局加速形成之际,中国就推进外资投融资便利化、扩大化进行了多项改革。在合格境外机构投资者制度建设方面,2018年6月,中国人民银行与国家外汇管理局联手为合格境外投资者制度、人民币合格境外投资者制度松绑,措施包括取消QFII每月汇出资金比例限制,同时取消QFII和RQFII的本金锁定期。2019年1月,QFII总额度直接由2013年7月确定的1500亿美元被直接上调至3000亿美元。2019年9月10日,经国务院批准,国家外汇管理局宣布取消QFII投资额度限制,RQFII试点国家与地区限制一并被取消。QFII制度作为中国资本账户未完全开放背景下最基本、最重要的开放制度安排,是吸引外资入境的主要渠道之一。目前中国以完全开放姿态迎接外资经由QFII渠道入场,从长期来看,这一举措不仅有助于从容应对近年来随着中国债股市场在国际主要指数配置比例不断提高而出现的突增式全球资本对人民币资产的配置需求,更是加快推动形成全面开放新格局的必然之举。截至2020年2月28日,中国QFII审批总额度达到1119.99亿美元,同一时期QDII累计投资审批额度为1039.83亿美元,其中银行类、证券类、保险类与信托类QDII分别占14.3%、45.1%、32.6%和8.0%。此外,人民币债券融资框架建设取得新进展。2018年9月,《全国银行间债券市场境外机构债券发行管理暂行办法》正式出台,首次对发行人资格、申请程序、发行程序做出明确规定。在政策大力推动下，截至 2018 年年末，国际开发机构、外国政府、境外非金融企业、金融机构累计发行"熊猫债"规模超过 3147 亿元，其中非金融企业是"熊猫债"市场最为活跃的发债主体。①

第三节　中国对资本账户开放的相关探索

资本账户开放是金融开放的核心内容，具有两层含义：一是通过取消不平等的货币制度、歧视性税收和补贴、单独汇率等手段确保资金跨境流动不受限制；二是通过取缔与资本交易有关联的外汇管制确保本外币可以自由兑换。② 资本账户开放问题一直是中国金融对外开放的核心议题，改革开放以来有关这一问题的理论论证从未停歇，相关政策实践也从未止步。

一　有关资本账户开放问题的讨论

资本账户开放的利弊问题。利弊关系是左右政策制定者做出资本账户是否开放决定的关键因素，然而也正是因为有关资本账户开放的利弊之争尚无定论，导致很多国家在资本账户开放实践中慎之又慎。从理论来讲，新古典主义经济理论坚持开放资本账户将有效提高资源跨国配置效率，尤其对于资本处于相对劣势的贫穷国家来说更是大有裨益。然而根据各国实际经济数据测得的实证结论却与理论并不完全一致。从经济增长角度来看，Carmignani 和 Chowdhury 以欧洲 15 国为研究对象，发现资本账户自由化有利于区域经济一体化发展。③ Sedik 和 Sun 从 37 个新兴国家数据中挖掘出资本账户开放促进经济增长的正

---

① 中国人民银行：《2019 年人民币国际化报告》，中国人民银行网站，http://www.pbc.gov.cn/huobizhengceersi/214481/3871621/3879422/index.html，2019 年 8 月 23 日。
② 荣晨、涂永红：《资本账户开放的经济增长逻辑》，中国金融出版社 2018 年版。
③ Carmignani, F., Chowdhury, A., "The Impact of Financial Openness on Economic Integration: Evidence from the Europe and the CIS", In Vinhas de Souza, L., Havrylyshyn, O. (eds.), *Return to Growth in CIS Counties*, Berlin, Heidelberg: Springer, 2006, pp. 281–299.

向关系。① 而 Bekaert、Harvey 和 Lundblad 并未找到外商直接投资驱动中国经济增长的有力证据，投资才是造就中国经济增长奇迹的第一动力。② Jeanne、Subramanian 和 Williamson 的跨国面板数据同样未能发现资本账户开放程度与经济增长的显著关系。③ 从防范风险角度看，开放资本账户可能会威胁一国金融安全。邱兆祥等在总结别国经验基础上实证分析得出资本账户开放将加剧利率、汇率和物价的顺周期风险。④ 对于金融体系尚不成熟的发展中国家来说，"金融加速器"的冲击效应可能表现更为明显。⑤

国内学者对是否支持加快开放资本账户同样各执一词，比如张明与伍戈、温军伟曾就资本账户开放在优化资源配置、缓解人民币升值压力、倒逼经济结构性改革、推动人民币国际化方面的作用展开激烈论辩。总体来讲，开放中国资本账户是共识，只是在开放节奏、顺序、程度方面还存在一些值得商榷的问题。

资本账户管制的效率问题。按照国际货币基金组织（International Monetary Fund，IMF）发布的《汇兑安排与汇兑管制年报（2018）》（*Annual Report on Exchange Arrangements and Exchange Restrictions*，*ARE-AER*），资本账户管制包含直接投资清盘、资本与货币市场工具管制、衍生品与其他工具管制、信贷业务管制、直接投资管制、房地产交易管制和个人交易管制七大类。尽管资本账户开放的最终目标是提高经济效益并促进经济增长，但在设计开放路径方面仍需保持谨慎。⑥

---

① Sedik, T., Sun, T., "Effects of Capital Flow Liberalization: What Is the Evidence from Recent Experience in Emerging Market Economies?", IMF Working Paper, No. WP/12/275, 2012.

② Bekaert, G., Harvey, C. R., Lundblad, C., "Financial Openness and the Chinese Growth Experience", https://ssrn.com/abstract=991640, 2007.

③ Jeanne, O., Subramanian, A., Williamson, J., *Who Needs to Open the Capital Account?*, Washington D. C.: Peterson Institute Press, 2012.

④ 邱兆祥、史明坤、安世友：《人民币资本账户逐步开放的顺周期性问题研究》，《国际金融研究》2013 年第 5 期。

⑤ Wei, S., "Managing Financial Globalization: A Guide for Developing Counties Based on the Recent Literature", ADBI Working Paper, No. 804, 2018.

⑥ Fischer, B., Reisen, H., "Financial Opening in Developing Countries", *Intereconomics*, Vol. 28, No. 1, 1993, pp. 44–48.

1997年爆发的亚洲金融危机对东南亚各国经济造成严重破坏，其中韩国、印度尼西亚等率先开放资本账户的国家所受损失尤甚。充分考虑中国市场经济尚不健全的国情，中国政府放缓资本账户开放进程，此后中国资本账户始终伴随不同程度的管制。

"入世"之后，随着金融服务业在对外开放上"大踏步"前进，中国资本管制政策有效性面临更严峻的挑战，对资本管制效率进行评估成为学界关注的热点。张斌指出，资本管制的终极目标在于维护宏观金融稳定，核心目标在于维持货币政策独立性，最终发展趋势在于与国际标准接轨，因此建立统一领导的浮动资本管理体系是最具效率的制度选择。[①] 金荦和李子奈对1994年市场经济改革以来的中国资本管制效率进行研究，认为资本管制在维持金融危机时货币政策稳定性、控制短期资本流动以及抑制资本外逃方面效果欠佳。[②] 綦建红和鞠磊在总结理论经验的基础上得出资本管制有效性短暂，从而必须采取渐进方式放松管制的结论。[③] 白晓燕和王培杰基于利率平价理论框架验证了中国资本管制在维持货币政策独立性、保持汇率稳定方面基本有效。[④] 2008年国际金融危机爆发后，大量"热钱"流入中国，更多学者对资本管制有效性产生怀疑。徐明东和解学成、黄益平和王勋、苟琴等、朱鹤以及刘红忠等分别利用丰富的模型分析框架深入剖析中国资本管制有效性问题，一致得出中国资本管制措施短期有效、长期逐渐失效的结论。

资本账户开放的条件与时机。开放资本账户已成共识，何时开放、如何开放却无定论。拉美金融危机、亚洲金融危机给予新兴国家政策制定者深刻的政策启示，即一国在放松或解除资本账户管制之前，必须慎重斟酌国内经济金融情况是否已经满足开放的前提条件。早在

---

① 张斌：《增进中国资本管制的有效性研究——从宏观经济稳定视角出发》，《管理世界》2002年第11期。
② 金荦、李子奈：《中国资本管制有效性分析》，《世界经济》2005年第8期。
③ 綦建红、鞠磊：《关于资本管制有效性的理论与经验分析》，《东岳论丛》2008年第1期。
④ 白晓燕、王培杰：《资本管制有效性与中国汇率制度改革》，《数量经济技术经济研究》2008年第9期。

1998年，国际货币基金组织在"资本账户自由化的有序路径"的研讨会上就对资本账户开放的前提条件进行总结：一是要有健全的宏观经济政策框架，尤其是货币政策与财政政策要与汇率制度安排相一致；二是要有健全的国内金融体系，包括完善的监管体系与宏观审慎监管条例；三是要有强大且独立的中央银行；四是要进行及时、准确、综合的数据披露，包括中央银行准备金以及远期交易等信息。以上四个条件侧重于宏观视角，中国学者在此基础上加以补充。张礼卿、朱丰根认为中国必须有合理充裕的外汇储备以应对国际游资带来的金融风险。① 张礼卿、丁银高和梁姝娜、羌建新认为健康的微观经济主体将是外资的"消化者"，因此在资本账户开放前国内应建立现代公司制度。姜波克和朱云高从内外均衡视角对资本账户开放进行动态分析，认为国际收支结构可维持性是实现资本账户开放的核心。② 邱崇明认为，由于产业竞争力能够左右一国贸易条件与国际收支地位、实现内外均衡、推动经济增长、稳定财政收支，因此产业竞争力是开放资本账户的关键前提。③

就当前中国是否已具备开放资本账户的条件，赞同与反对声兼而有之。黄益平和谢沛初认为，由于中国宏观经济环境稳定，总体财政状况健康，金融体系改革见效，因此有序推进资本账户开放事不宜迟。④ 中国人民银行调查统计司课题组发布研究报告称，中国正处于资本账户开放的战略机遇期，加快开放的条件基本成熟。王曦等从实证角度对跨国数据进行分析，认为当前中国开放程度远低于国际规

---

① 张礼卿：《资本账户开放的政策性框架：前提条件、速度和顺序》，《国际金融研究》1999年第11期；朱丰根：《中国资本项目自由开放的基本条件剖析》，《现代经济探讨》2013年第6期。
② 姜波克、朱云高：《资本账户开放研究：一种基于内外均衡的分析框架》，《国际金融研究》2004年第4期。
③ 邱崇明：《资本账户开放的核心条件：理论与实证分析》，《国际金融研究》2006年第2期。
④ 黄益平、谢沛初：《我国资本项目开放的条件、时机与进程》，《中国金融》2011年第14期。

律，进一步适度开放资本账户的条件已成熟。① 从反对意见看，林毅夫认为无论是从中国改革进程、经济发展阶段，还是从国际经济形势看，当前并非开放良机，遑论完全开放资本账户。② 张斌认为汇率改革与国内尚未完成的金融市场化改革是挡在中国资本账户开放前的"硬骨头"。③ 张春生等同样认为在不成熟的金融市场条件下不能"越级"开放资本账户。④

资本账户开放的次序与路径。资本账户开放并非一项孤立的政策措施，它与国内经济制度改革、贸易自由化与经常项目开放、利率市场化改革和汇率市场化改革密切相关。学界对资本账户开放与后三者的开放顺序进行了大量的探讨。

从资本账户开放与经济体制改革的次序看，计国忠认为根据"次优定理"，经济金融体制改革必须在放松资本账户管制前进行。⑤ 汪涛和张宁指出，资本账户开放应该在国内金融改革取得重大进展、金融体系更加健全之后进行⑥，这一观点与1998年国际货币基金组织给出的政策观点相一致，尤其对于新兴市场而言，制度建设格外重要。杨小海等基于DSGE模型的政策模拟结果同样显示经济结构改革应先于资本账户开放，并提出引导居民部门降低风险厌恶水平以及加快金融体系改革都将有效缓解资本加速外流。⑦

从资本账户开放与贸易自由化和经常项目开放的次序看，张礼

---

① 王曦、陈中飞、王茜：《我国资本账户加速开放的条件基本成熟了吗?》，《国际金融研究》2015年第1期。
② 林毅夫：《我为什么不支持资本账户完全开放》，载陈元、钱颖一主编《资本账户开放：战略、时机与路线图》，社会科学文献出版社2014年版。
③ 张斌：《增进中国资本管制的有效性研究——从宏观经济稳定视角出发》，《管理世界》2002年第11期。
④ 张春生、梁涛、蒋海：《我国资本项目的开放条件成熟了吗——基于金融市场的分析》，《经济学家》2017年第1期。
⑤ 计国忠：《资本账户开放次序的比较研究及中国的选择》，《世界经济研究》2004年第2期。
⑥ 汪涛、张宁：《资本账户开放之前应大力推进国内金融改革》，载陈元、钱颖一主编《资本账户开放：战略、时机与路线图》，社会科学文献出版社2014年版。
⑦ 杨小海、刘红忠、王弟海：《中国应加速推进资本账户开放吗？——基于DSGE的政策模拟研究》，《经济研究》2017年第8期。

卿、计国忠、熊芳和黄宪均认为贸易自由化和经常账户开放能够缓冲大量资本流入的负面影响，因此二者应先于资本账户开放。事实上，中国于1996年就实现人民币在经常账户下的自由可兑换，印证了经常项目应先于资本账户开放的事实。荣晨和涂永红对发达国家经常项目开放与资本账户开放间隔时间进行统计，发现多数国家开放间隔分布在20年至30年之间。① 仅从这一经验角度看，目前距离中国经常账户自由化已有23年，可以考虑进一步向资本账户自由化方向发力。

从资本账户开放与利率市场化改革和汇率市场化改革的次序看，基于蒙代尔的"三元悖论"，国内部分学者形成"先内后外"的金融改革开放观点，即一个国家在完成利率市场化和汇率形成机制改革以后才能开放资本账户。② 黄志刚和郭桂霞建立小国开放经济模型模拟改革次序对宏观经济稳定的影响，发现资本账户开放先行将加剧经济波动。③ 陈中飞等使用计量模型证明三者之间的确存在先后次序，应该汇率先行，利率次之，资本账户最后。④ 彭红枫等对开放经济下的资本管制与外汇市场干预政策组合进行探索，发现实施完全浮动汇率制度与开放资本账户的政策搭配将显著提高经济福利水平，并提出中国应遵循先改革汇率形成机制、后开放资本账户的政策路径。⑤ 中国人民银行调查统计司课题组则认为"先内后外"改革路径限于理论，难以实践，并以"两条腿走路"作比，认为应当协调推进、渐进并举推进三项制度改革。⑥

---

① 荣晨、涂永红：《资本账户开放的经济增长逻辑》，中国金融出版社2018年版。
② 盛松成：《我国需要协调推进金融改革开放》，载陈元、钱颖一主编《资本账户开放：战略、时机与路线图》，社会科学文献出版社2014年版；马亚明、胡春阳：《金融发展、汇改最优次序与长期经济增长——基于118个经济体的面板模型的分析》，《国际金融研究》2020年第2期。
③ 黄志刚、郭桂霞：《资本账户开放与利率市场化次序对宏观经济稳定性的影响》，《世界经济》2016年第9期。
④ 陈中飞、王曦、王伟：《利率市场化、汇率自由化和资本账户开放的顺序》，《世界经济》2017年第6期。
⑤ 彭红枫、肖组沔、祝小全：《汇率市场化与资本账户开放的路径选择》，《世界经济》2018年第8期。
⑥ 中国人民银行调查统计司课题组：《协调推进利率、汇率改革和资本账户开放》，《金融市场研究》2012年第7期。

从资本账户自身的开放顺序看，易宪容通过总结多国开放经验，认为应先开放直接投资，再开放证券投资；在证券投资中遵循股权、债券、衍生品工具的开放顺序；先开放资本流入，再开放资本流出。①李巍和张志超从金融稳定视角出发，认为债券市场开放应优先于股票市场开放，此举将有效降低国内金融市场不稳定程度。②

二 中国在资本账户自由化道路上的探索

在迂回中前进、在盘旋中上升是中国资本账户开放进程的显著特征。从时间看，以党的十一届三中全会、亚洲金融危机、加入世贸组织为节点，中国资本账户管制政策先后经历了放松—收紧—放松的发展历程。汇率形成与国际资本流动是衡量经济体金融开放程度的核心指标③，中国金融开放始终以推进人民币汇率机制改革与资本自由流动为根本。目前，中国实际上已形成一条利率市场化改革、人民币汇率机制改革与资本账户开放三项改革协调推进的制度改革路径。

1979—1996年：外汇管制放松期。在新中国成立之初的国民经济恢复期，经济发展面临储蓄与外汇的"双缺口"，经济政策出发点都围绕计划经济体制而展开。与"统存统贷"制度相类似，这一时期国家外汇管制同样严格，中国银行作为专业外汇管理、经营机构负责购买全部外贸企业外汇。党的十一届三中全会以后，中国外汇管理体制改革起步。1979年3月，国家外汇管理局成立，分割中国银行管理职能成为专门外汇监督管理机构。为改善外汇收入严重匮乏的现状，中国开始放松外汇管制，授权部分金融机构经营外汇业务，鼓励企业出口创汇，外汇留存制度配合而生，并由此形成官方利率与外汇调剂市场利率并存的双重汇率制度。与此同时，外国直接投资（Foreign Di-

---

① 易宪容：《中国资本帐开放的条件与顺序》，《江苏社会科学》2002年第5期。
② 李巍、张志超：《不同类型资本账户开放的最优时点选择》，《金融研究》2009年第11期。
③ Wu, X., "Reform and Evolution of Finance in China: Evidence from China's Reform and Opening-up in the Past 40 Years", *Economic and Political Studies*, Vol. 7, No. 4, 2019, pp. 377–412.

rect Investment，FDI）在中国"落地生根"，深圳、珠海、厦门、汕头四个经济特区则是吸引外资的第一批试点，绿地投资（Green Field Investment）项目如雨后春笋般涌现。随着社会主义市场经济制度确立，中国外汇管理体制发生重大改革。1993年年末，人民银行发布《关于进一步改革外汇管理体制的公告》，取消外汇双轨制，实现人民币官方汇率与外汇调剂价格汇率并轨，实行以市场供求为基础、单一的、有管理的浮动汇率制度。同一时期，中国外汇交易中心在上海成立。为进一步放松外汇管制，1996年，中国正式成为国际货币基金组织第八条款国（Article Ⅷ Member），所有经常性国际支付和转移限制被取消，实现人民币经常账户完全可兑换。在人民币兑美元贬值刺激下，中国对外出口竞争力大幅提升，经常账户顺差持续扩大，加之FDI作为中国资本流入的首要来源，中国外汇储备由1993年的不足200亿美元迅速翻涨至1997年亚洲金融危机前夕的1200亿美元。

1997—2000年：政策持续收紧期。1997年爆发的亚洲金融危机促使中国政府慎重考虑中国国情后做出收紧资本账户管制的决定。这期间，为打击骗汇、逃汇等违法违规的资本流动行为，中国政府对资本账户外汇实施严格的管理政策，要求境内机构的资本账户外汇收入必须按规定时间调回，外汇市场各类行为均需经过外汇管理部门批准。收紧性管制政策与前期积累的充裕的外汇储备使得中国成功抵御亚洲金融危机的毁灭性冲击。相应地，这一时期资本账户开放进程被全面暂停。

2000—2012年：开放政策重启期。随着亚洲金融危机阴霾逐渐远去，加入WTO成为促成中国重启资本账户开放进程的重要契机。2003年，党的十六届三中全会审议通过《中共中央关于完善社会主义市场经济体制若干问题的决定》，明确提出"在有效防范风险的前提下，有选择、分步骤放宽对跨境资本交易活动的限制，逐步实现资本项目可兑换"。此时我国虽然没有明确给出资本账户完全开放的具体时间，但已开始着手更多准备工作。在人民币汇率形成机制改革方面，人民币渐进升值既是资本市场开放的基本前提，也是实现人民币国际化的必要条件。① 受"双顺差"钳制，彼时人民币升值阻力重重。2005年的"7·21汇改"是改革路上浓墨重彩的一笔。"7·21汇改"真正确立以市场供求为基础、参考一篮子货币进行调节、有管理的浮动汇率制度。此后，人民币不再盯住美元，开启渐进升值进程，最终稳定于合理汇兑区间。在支持资本跨境流动方面，境外直接投资（Overseas Direct Investment，ODI）与 QFII、QDII、RQFII 制度的相继实施使得中国企业、金融市场与国际联系更紧密。2009 年 7 月，人民币跨境结算试点正式启动，大大便利进出口企业结算要求。然而受国际金融危机冲击，由美联储量化宽松政策创造的过剩流动性疯狂涌入中国市场，对中国金融安全造成一定隐患。

　　2013 年至今：多措并举发力期。在中国经济新常态的新形势下，党的十八大作出有关全面深化改革的重要战略部署，中国改革开放进入新阶段。2013 年 11 月，党的十八届三中全会通过《全面深化改革若干重大问题的决定》，对下一步金融市场化改革提出要求，要"推动资本市场双向开放，有序提高跨境资本和金融交易可兑换程度，建立健全宏观审慎管理框架下的外债和资本流动管理体系，加快实现人民币资本项目可兑换"。这一时期，中国现代化金融制度体系得到充分完善。一是利率市场化改革几近完成。2013 年金融机构贷款利率管制完全放开，2015 年存款利率上限被取消，"两轨并一轨"进入最后一程。二是汇率形成机制改革不断深入。2015 年的"8·11汇改"进一步完善人民币兑美元中间报价机制，敦促"热钱"加速回流。同年 12 月发布 CFETS 人民币汇率指数。三是人民币国际化进程持续提速。2016 年 10 月 1 日，人民币正式加入 SDR，向自由可兑换货币方向成功迈出一大步。Ma 和 Mccauley 在对比中印两国资本账户开放水平时指出，人民币国际化进程加快是推动中国资本账户开放水平超越印度

---

①　吴婷婷、肖晓和李东耳：《金融市场开放与货币国际化：国别案例与比较分析》，《西南金融》2018 年第 12 期。

的关键助力。① 四是资本流动周期驱使资本账户开放取得新进展。② 特别地，自 2013 年中国（上海）自由贸易试验区挂牌成立以来，上海自贸区成为"率先实行人民币资本项目可兑换"的领航者。截至 2019 年 8 月，中国在建自由贸易区数已达到 18 个，资本账户开放试点范围有望进一步扩大。在内地与港、澳地区交流合作方面，2014 年与 2016 年，"沪港通"与"深港通"试点相继开通，两岸证券市场协同发展进入新阶段。2017 年 7 月，"债券通"正式通过审批，"北向通"开始试营。2019 年 7 月国务院发布的"金融业对外开放 11 条"中再次做出进一步便利境外机构投资者投资银行间债券市场的安排。在对外开放政策支持下，2013 年至 2017 年间境内市场过剩资本得以流出。2016 年中国境外直接投资总额达到 2164 亿美元，较 2013 年增长近 2 倍。直至 2019 年，中国外商直接投资前 10 个月同比增长 2.3%，FDI 重新回到正值。③

可以看到，中国在促进资本账户开放方面做出许多努力，尤其是党的十八大以来的相关政策为扩大开放提供便利。但是由于当前国内国际形势复杂紧张，中国有关资本账户开放的制度安排仍应当秉持趋利避害、积极审慎的原则。事实上，很多文献已经证明资本账户开放与增长之间无必然联系，比如李学峰和文茜通过国际比较研究发现资本市场开放程度与市场有效性之间并无正向关系，存在管制的中国资本市场效率依然较高。④ 也有学者发现资本账户开放加剧金融风险的事实证据，比如王维安和钱晓霞从宏观审慎监管角度分析短期跨境资

---

① Ma, G., Mccauley, R., "Financial Openness of China and India: Implications for Capital Account Liberalization", Bruegel Working Paper, No. 2014/05, 2014.
② 张文、邓拓：《资本账户开放：理论与中国实践》，载方福前主编《引进西方经济学四十年》，社会科学文献出版社 2018 年版。
③ World Bank Group, "China Economic Update, December 2019: Cyclical Risks and Structural Imperatives", World Bank Operational Studies, No. 33063, 2019.
④ 李学峰、文茜：《资本市场对外开放提升了市场有效性吗？——一项国际比较研究》，《国际金融研究》2012 年第 8 期。

本流动对国内金融市场的负面冲击，认为管制措施仍有必要。[1] 马勇和王芳、付伟运用实证模型验证资本账户开放是把"双刃剑"，促进经济增长的同时加剧金融市场波动。[2] 因此，一味追求开放速度、开放程度是不必要的，更重要的是应顺时而谋，灵活应变，主动把握开放节奏，协调推进改革进程。

第四节　中国金融对外开放经验总结与反思

开放是国家繁荣发展的必由之路。70 年来，中国金融在发展道路上步履不停，上下求索。新中国成立初期，党和政府"白手起家"，引导经济秩序回正轨，金融体系渐成形。党的十一届三中全会后，沐浴改革开放春风，中国金融业打开国门迎接外国机构、外资入场，金融市场换新颜。2001 年中国加入世界贸易组织，中国金融业切实履行"入世"承诺，稳步推动开放进程。党的十九大以来，中国金融业开放迈大步，打开全面开放新格局。中国金融机构与金融市场在对外开放进程中积极利用国内外两个市场、两种资源，相互借鉴，共谋发展，为发展更高层次的开放型经济打下坚实基础。

一　中国金融对外开放 70 年的宝贵经验

具有 70 年成功实践经验的中国金融对外开放可谓特色鲜明：以服务经济发展为己任，顺应政策导向之大局，借鉴国际经验，结合基本国情，遵循自主、渐进、可控的开放原则，形成先易后难、以点带面、自浅入深的开放路径。这些宝贵经验贯穿中国金融对外开放 70 年始终，为下一步加快推动形成全面开放新格局奠定基础。

---

[1] 王维安、钱晓霞：《金融开放、短期跨境资本流动与资本市场稳定——基于宏观审慎监管视角》，《浙江大学学报》（人文社会科学版）2017 年第 5 期。

[2] 马勇、王芳：《金融开放、经济波动与金融波动》，《世界经济》2018 年第 2 期；付伟：《资本账户开放对经济增长实证研究及对我国启示》，《西南金融》2019 年第 3 期。

从金融对外开放总路径看，中国按照金融服务开放先试先行、资本账户开放审慎推进的顺序稳步扩大开放水平，而这种渐进式开放原则同样被践行于所有实施对外开放政策的金融分领域。

从金融服务对外开放历程看，"入世"以前，银行业、保险业和证券业在改革开放政策指引下先后迈出向外资机构开放的步伐。这一时期金融服务对外开放主要以主动学习借鉴为目的，以具有成熟经营模式、丰富管理经验、先进技术水平的外资金融机构为参考，以允许外资金融机构设立非营利性、无经营权的驻华机构代表处过渡到允许设立分支机构、参与业务经营，形成金融服务的初步开放，在经营的地域范围、业务范围、客户范围等方面仍保留严格限制。"入世"之后，中国制定各行业专门法规政策以兑现"入世"承诺条款，并根据实际发展情况有选择性地放宽机构设立、股权限制、业务经营管制，在确保国内金融经济安全的同时审慎扩大开放。

从金融市场对外开放历程看，渠道式开放成为资本账户未完全开放时满足境内外投融资者参与国内资本市场的首选方案。对于境外投资者来说，一方面他们进入中国资本市场的渠道越来越多，包括从20世纪90年代中国初步建成的专门用来吸引外资的B股市场，到21世纪以来QFII、RQFII、"沪港通""深港通""沪伦通""债券通"悉数亮相；另一方面涉及境外投资者准入资格、投资对象、投资额度的限制越来越少，中国金融市场正在稳步成为全球范围内最具吸引力的新兴市场。对于境外融资者来说，虽然目前非居民仍无法在境内股票市场上市融资，但是通过在银行间债券市场发行"熊猫债"筹资的障碍已基本被清除。

从资本账户对外开放历程看，中国始终立足基本国情审慎选择资本账户开放时机与内容，顾全大局，严防风险，不激进，不贸然。实践证明，资本账户无法脱离经济体制改革、利率市场化改革与人民币汇率形成机制改革而径自开放。虽然中国金融改革并未完全遵循汇率先行、利率随后、资本账户最后的理论开放路径，事实上改革的长期性、阶段性、审慎性特征也决定了机械式照搬理论并不可行，但整体上表现为环环相扣、协同共进。具体到开放内容，中国坚持分步骤、有计划的开放原则，最初选定具有长期稳定、风险可控的直接投资作为开放的突破口，并先以经济特区、经济技术开发区为试点观其成效，然后再以渠道式开放为特征逐步放开资本市场投资的口子。

70年来，金融对外开放为中国经济社会发展烙上深刻印记，充分印证改革与开放共同构成推动我国经济社会持续向上发展的"双引擎"。单从金融视角出发，在促进金融服务体系建设方面，金融对外开放一方面在金融服务市场激发"榜样效应""鲶鱼效应"，引导国内金融机构积极借鉴国际先进经验，更新管理理念，创新服务模式，释放行业活力，重塑市场竞争力；另一方面倒逼金融基础设施建设完善升级，其中既包括应用于跨境人民币支付、清算、结算需求的硬件设施体系从无至有，也涵盖金融法律法规、监管架构等软件约束的漏洞补齐。可以说，金融对外开放是加速中国由分业监管转向功能监管、从单一调控转向"双支柱"宏观调控体系的重要外部推动力。在提升国际金融话语权方面，一方面直接投资为中国带来大量外汇储备，迅速提升中国经济金融实力；另一方面放松资本账户管制的客观要求不断推动利率市场化改革与汇率形成机制改革协同共进，又在一定程度上加速人民币国际化进程。而在推动实体经济增长上，金融对外开放大大实现贸易、投资的便利化，提高国际资源配置效率，为中国产业升级、企业进步创造新机遇，是经济发展的重要推动力。

二 当前中国金融开放情况的基本评价

1. 金融服务对外开放：政策上已完全放开，实践中仍大有可为。在党的十九大提出"全面开放新格局"治国理政方针之前，外资持股比例上限一直是外资进入中国金融服务市场的一条"红线"。历史上出于对民族金融业的保护，中国迟迟没有完全放开这一限制，这就导致外资注资机构在中国市场所能发挥的功能极其有限。然而随着中国金融服务业快速发展、金融市场化不断提速，放开这一比例限制的时机已然到来。从博鳌亚洲论坛2018年年会公布的中国金融对外开放

"时间表"，到 2019 年 5 月银保监会推出的"金融开放新 12 条"与 2019 年 7 月国务院金融委办公室发布的"金融业对外开放 11 条"，都在反复强调对三大金融服务业外资由"参"转"控"的时间安排，充分体现了中国全面扩大金融业开放的决心与诚心。而随着 2020 年 1 月 15 日《中美第一阶段经贸协议》的达成，中国取消保险机构、证券机构外资持股限制的时间被敲定于 2020 年 4 月 1 日。因此从政策层面看，中国金融服务市场已基本实现对外全面开放。然而从实际来看，中国金融服务所实现的开放水平与政策预期仍存在较大差距。首先表现为外资金融机构占比低。以银行业为例，图 5.2 显示 2004 年至 2017 年间中国外资银行营业机构总资产数总体呈现上升趋势，2017 年总资产数量接近 2004 年的 6—7 倍。然而从比例来看，从 2008 年国际金融危机以来外资银行营业机构占银行业总资产比例整体下降，近年来甚至不及 2%。与世界银行所列示的部分同等收入水平国家相比，中国外资银行不仅数量比例处于低水平，资产比例更为落后（见图 5.3）。外资保险机构在中国市场发育同样迟缓，2004 年至 2017 年间资产份额仅从 3.5% 上升至 6.1%，在国内市场中的竞争力极其有限（见图 5.4）。造成这些现象的原因既与外资机构面临准入约束、持股约束、业务约束等政策束缚有关，也受外资机构业务集中度高、难以开拓本土资源优势等自身劣势的影响。

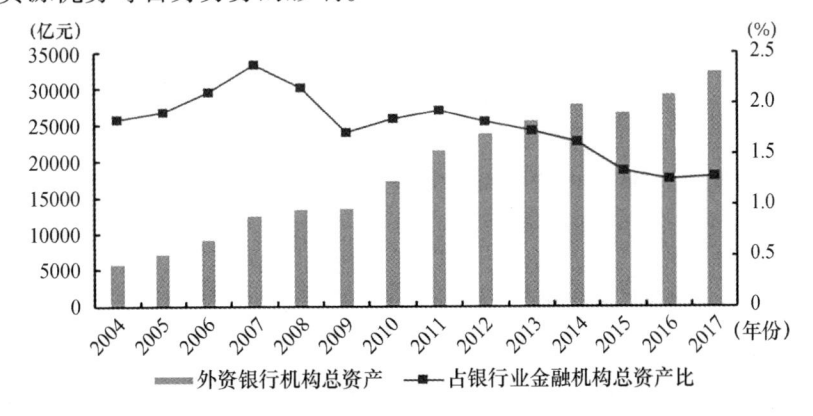

图 5.2 中国外资银行营业机构总资产及占比变化

资料来源：《中国银行业监督管理委员会年报（2004—2017）》。

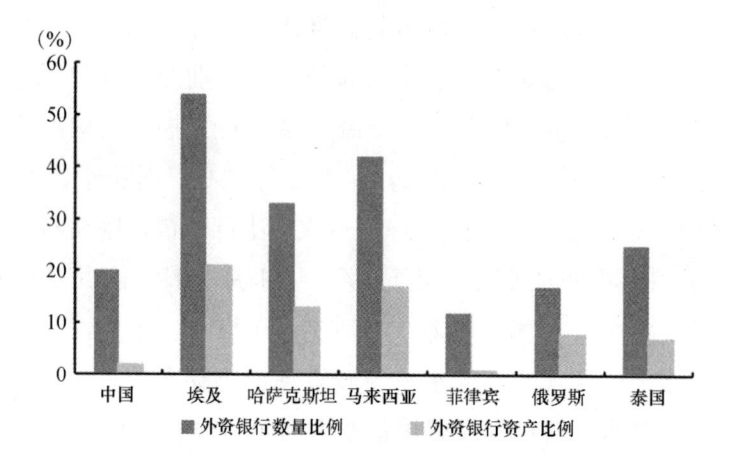

图5.3 2013年中国与部分同等收入水平国家银行业开放情况

资料来源：国际货币基金组织全球金融发展数据库（Global Financial Development Database）。

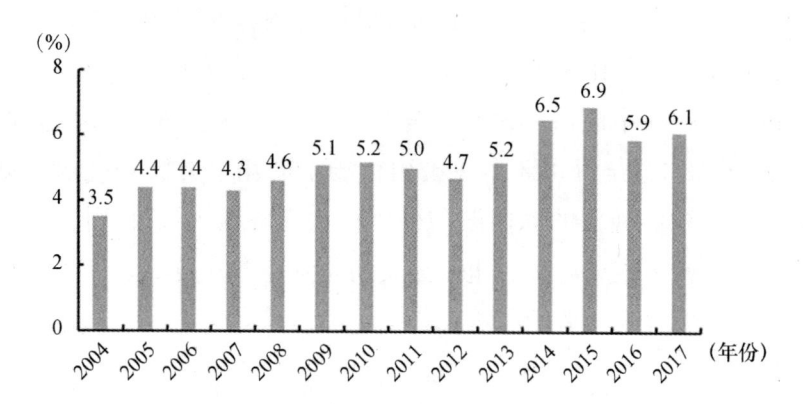

图5.4 外资保险占中国保险市场资产比重

资料来源：Wind。

其次表现为开放水平不均衡。由于中国证券业起步晚、业务复杂、风险面广，因此证券业是三个行业中开放时间最晚、开放速度最慢、开放程度最小的行业。从各行业对外开放政策法规的颁布时间可知，党和国家按照银行业、保险业、证券业的先后顺序对金融业开放进行部署，银行业开放可追溯至20世纪80年代早期，证券业开放则集中于"入世"之后。以机构设立为例，银行业、保险业外资经营机构组织类型要比证券业更丰富，业务范围更广。从"入世"后三个行业的具体表现看，2018年以前，证券业对外开放局限于"入世"承诺所规定的部分，银行业和保险业进行了更多主动开放的实践。然而在当前一并开放银行业、证券业、保险业外资持股比例限制的政策前提下，证券业经营风险值得重点关注。

表5.4　　中国银行业、保险业、证券业对外开放法律法规

银行业	保险业	证券业
《关于侨资、外资金融机构在中国设立常驻机构的管理办法》（1983）	《上海外资保险机构暂行管理办法》（1992）	《外资参股证券公司设立规则》（2002）
《中华人民共和国经济特区外资银行、中外合资银行管理条例》（1985）	《中华人民共和国外资保险公司管理条例》（2001）	《外资参股基金管理公司设立规则》（2007）
《上海外资金融机构、中外合资金融机构管理办法》（1990）	《中华人民共和国外资保险公司管理条例实施细则》（2004）	《关于证券投资基金管理公司在香港设立机构的规定》（2008）
《中华人民共和国外资金融机构管理条例》（1994）		《外商投资证券公司管理办法》（2018）
《中华人民共和国外资金融机构管理条例实施细则》（1996）		《证券公司和证券投资基金管理公司境外设立、收购、参股经营机构管理办法》（2018）
《外资金融机构驻华代表机构管理办法》（2002）		
《中华人民共和国外资银行管理条例》（2006）		

资料来源：根据公开资料整理。

2. 金融市场对外开放：总体开放水平相对较低，子市场开放程度存在差异。与发达国家相比，中国金融市场在对外开放投融资资格、

渠道、产品方面水平仍然较低，其中债券市场开放程度高于股票市场。考虑债券市场对外开放，境外投资者可以通过结算代理模式直接入市、QFII 和 RQFII 以及"北向通"三种方式投资中国债券市场，与此同时，包括国际开发机构、外国央行、国际组织、境外金融机构、非金融企业、养老基金等多类非居民主体均可在中国银行间市场发行人民币债券筹集资金。然而包括会计与审计政策、托管与结算规则、信用评级技术等软件金融基础设施的不足制约了中国债券市场进一步对外开放。① 此外，中国银行间市场与债券市场的二元分割结构同样削弱了债券市场对外开放的便利性与平衡性。

考虑股票市场对外开放，境外机构投资者可以通过 QFII、RQFII、"沪港通""深港通""沪伦通"等专门通道参与交易 A 股市场金融产品，而符合条件的境外个人投资者同样可以通过三个"通"直接投资规定市场的标的股票，但目前一级市场仍然对非居民保持封闭。事实上，能够通过 QFII 和 RQFII 高准入门槛审核的境外机构数量并不多，而三个"通"又直接对投资者来源造成限定，因此 A 股市场开放程度可以说是非常有限。此外，随着 A 股市场迅速成为吸引境外投资者的主体，B 股市场何去何从也是下一步金融市场发展规划需要考虑的现实问题。

3. 资本账户对外开放：长期目标从未改变，扩大开放终将抵达。根据 2018 年版 AREAER，中国 2017 年不可兑换项目集中于非居民参与国内货币市场与衍生工具发行方面，证券市场交易、房地产交易与个人交易实现部分项目可兑换。从定量角度来看，中国资本账户究竟开放几何并无定论。根据国际通用的 Chinn - Ito 名义开放度指数②，2017 年中国资本账户开放度为 0.166，在 182 个经济体中与南非、巴

---

① 《径山报告》课题组：《中国金融开放的下半场》，中信出版社 2018 年版。
② Chinn - Ito 名义开放度指数是 Chinn 和 Ito 两位学者运用主成分分析法从 AREAER 中的多重汇率、经常账户交易管制、资本账户交易管制、解约出口收汇要求四个虚拟变量提取的平均期为 5 年的基于规则的资本账户开放度指标，取值范围在 0—1 之间，数值越大表示资本账户名义开放水平越高。

西、印度等其他 66 个经济体共同排名在 106 位。IMF 在《中国 2019 年度第四条磋商报告》中指出："从法规上讲，中国的资本账户仍然是相对封闭的。"然而国内学者却普遍认为中国资本账户真实开放水平要更高。中国人民大学国际货币研究所运用四档约束式方法测得 2017 年中国资本账户开放度已达到 0.701，较 2012 年提升近 40 个百分点。① 郭树清指出，若是从事实而非原则角度出发，中国资本账户开放度远比 IMF 等机构的评估结果要高，并结合中国实际国情对 IMF 的评估结果进行了逐项反驳。②

从结论看，中国资本账户已基本实现可兑换这一事实毋庸置疑。自改革开放初期中国就果断开放直接投资，到"入世"之后加快证券投资开放部署，中国在开放资本账户的目标上一直是坚定的。虽然国际资本加速流动曾触发过政策层面的短期收紧，但是从长期来看，中国实现资本账户开放的目标终究可抵达。

三 有关中国金融进一步对外开放的建议

习近平主席在第二届"一带一路"国际高峰论坛开幕式演讲时指出："中国扩大开放的举措，是根据中国改革发展客观需要作出的自主选择，这有利于推动经济高质量发展，有利于满足人民对美好生活的向往，有利于世界和平、稳定、发展。"回顾新中国成立 70 年来金融对外开放足迹，从大门紧闭到全面开放新格局，从浅尝初试到全方位、多层次、宽领域，中国金融业走出一条富有中国特色、符合中国国情的开放之路。根据金融对外开放最新时间表，2020 年是中国金融对外开放的关键之年、转折之年，我们应坚持原则，与时俱进，从容应对，把握机遇，推进金融更高层次开放。

从总体思路来看，须以"宜早不宜迟，宜快不宜慢"作指导，坚

---

① 中国人民大学国际货币研究所：《人民币国际化报告 2019——高质量发展与高水平金融开放（发布稿）》，2019 国际货币论坛会议论文，2019 年 7 月。

② 郭树清：《中国资本市场开放和人民币资本项目可兑换》，《金融监管研究》2012 年第 6 期。

定目标信念，坚持渐进可控开放原则，使金融开放步速始终与基本国情相适应，与服务实体经济的目标相适应。一是参照对外开放时间表，稳步推进金融服务开放。《中美第一阶段经贸协议》将中国金融服务完全开放的时间迅速推至眼前，然而按照中国"金融业对外开放11条"时间表，2020年本就是中国依据自身国情做出扩大金融服务开放、放松外资持股比例承诺的兑现之年，与此次协议内容基本相吻合，金融服务又是中国金融对外开放时间最早、经验最足、准备最充分的领域，因此该协议并非打乱中国自主开放阵脚的"洪水猛兽"，谈判结果反而为推动我国既定政策的有效实施再添新助力。

二是坚定资本账户长期开放目标不动摇，协调推进国内改革与资本账户开放。从短期来看，疫情极有可能对2020年全球经济发展造成较严重的负面冲击，强刺激性经济政策与恐慌性市场情绪交叠升级再次暴露全球金融体系的脆弱性。然而当前中国金融体系在面对风险冲击时比以往任何一个时刻都更富有韧性，这不仅表现为中国已经在市场化资本流动管理方面取得了一定经验，更包括2016年以来"双支柱"宏观调控框架在中国的正式确立。加之经济长期向好预期不改变，因此无须因短期中潜在风险冲击而改变长期对外开放立场，在短期没有合适的"窗口期"则可将资本账户对外开放的步伐灵活放缓。此外，政策制定者应通过向社会公众传递清晰有力的政策信号，以此有效提振市场信心，为短期经济建设恢复营造良好的社会环境。

从具体实施来看，须将升级金融基础设施体系放主位。第一，服务型金融基础设施决定金融对外开放的效率上限。以债券市场扩大开放为例，一是要推动制度体系与国际惯例相接轨，比如可以通过制定既与国内法律相统一又与国际惯例相契合的下位法来专门规范境外发债主体行为；可以通过允许让境外发债主体以国际会计与审计规则为主体提高操作灵活性。二是要推动信用评级市场再升级。中国在金融对外开放"时间表"中已做出允许外资机构对银行间债券市场和交易所债券市场的所有种类债券评级的承诺，随着未来中国信用评级公信力的提升，势必将有更多国际投资者打消疑虑进入中国市场。

第二，防范型金融基础设施决定金融对外开放的安全底线。一是宏观审慎与微观监管相配合，共同抵御资本跨境流动风险。以维护外汇稳定为基础，丰富宏观审慎评估工具箱，建立健全异常性大额跨境资本流动监测与预警机制；以微观监管为协调，加强金融机构行为监管，严厉打击金融机构违法犯罪。二是事前甄别与事中考核相配合，共同维护金融机构体系安全、稳健。在完全放开外资持股比例限制的情形下，更应加大对外资机构风控能力与盈利能力的双效监控，努力将优质股东引进来，将投机机构关在外。三是培养企业家精神与开放资本账户相配合。江春等证明一国企业家精神强弱能够显著影响资本账户开放的风险效应，因此中国未来发展不可忽视市场公平竞争机制建设，以为优秀企业家培育营造良好的市场环境。①

站在中国金融开放70年的历史节点，面对世界百年未有之大变局，中国经济发展新征程即将开启，机遇与挑战正在孕育。中国金融对外开放之路不可逆转，全面开放道阻且长，却行之将至。

参考文献

[美]埃斯瓦尔·S.普拉萨德、[印]拉古拉迈·G.拉詹：《资本账户开放的实用主义方法》，成福蕊译，载崔之元、王中忱、汪晖主编《区域（2015年总第4辑）》，社会科学文献出版社2015年版。

白晓燕、王培杰：《资本管制有效性与中国汇率制度改革》，《数量经济技术经济研究》2008年第9期。

北京国际金融论坛课题组：《中国金融对外开放：历程、挑战与应对》，《经济参考研究》2009年第4期。

贲圣林、俞洁芳、顾月、吕佳敏：《中外资银行国际化对比》，《中国金融》2016年第22期。

蔡则祥、王家华：《QFII制度下的资本市场转型分析》，《财贸经济》

---

① 江春、马晓鑫、赵烨旸：《企业家精神会影响资本账户开放的风险效应吗?》，《国际金融研究》2020年第2期。

2003 年第 6 期。

陈靖、徐建国、曾振灏：《金融开放的次序》，《中国金融》2019 年第 10 期。

陈守云：《在保险领域促进两岸经济合作与发展——兼谈保险市场对外开放问题》，《福建金融》1990 年第 5 期。

陈卫东：《全面评估中国金融业开放："引进来"和"走出去"》，《新视野》2019 年第 1 期。

陈友云：《论对外资银行开放人民币业务》，《财经问题研究》1994 年第 6 期。

陈雨露、罗煜：《金融开放与经济增长：一个述评》，《管理世界》2007 年第 4 期。

陈中飞、王曦、王伟：《利率市场化、汇率自由化和资本账户开放的顺序》，《世界经济》2017 年第 6 期。

戴学来：《中国证券市场开放：国际比较与战略研究》，博士学位论文，复旦大学，2004 年。

邓川、孙金金：《QFII 持股、产权性质与企业融资约束》，《管理世界》2014 年第 5 期。

丁银高、梁姝娜：《我国开放资本项目的条件差距与对策》，《经济纵横》2001 年第 7 期。

杜巨澜：《开放外资银行人民币业务的宏观金融效应初探》，《金融研究》1994 年第 5 期。

方汉明：《开放外资银行人民币业务问题刍议》，《国际金融研究》1994 年第 4 期。

封文丽：《QFII——中国证券市场深度开发的制度选择》，《当代财经》2003 年第 2 期。

付伟：《资本账户开放对经济增长实证研究及对我国启示》，《西南金融》2019 年第 3 期。

郝演苏：《略论开放我国保险市场的若干问题》，《保险研究》1995 年第 5 期。

高翔：《QFII 制度：国际经验及其对中国的借鉴》，《世界经济》2001年第 11 期。

耿群：《中国 QFII 制度及其影响分析》，《国际金融研究》2002 年第 12期。

宫著铭：《关于整顿和发展我国证券行业的设想》，《财贸经济》1990年第 1 期。

苟琴、王戴黎、鄢萍、黄益平：《中国短期资本流动管制是否有效》，《世界经济》2012 年第 2 期。

郭树清：《中国资本市场开放和人民币资本项目可兑换》，《金融监管研究》2012 年第 6 期。

郭田勇：《再回首 再思考 再出发：中国金融改革开放 40 年》，社会科学文献出版社 2018 年版。

何德旭：《引进外资银行：中国金融业对外开放的重要举措——访著名经济学家刘国光教授》，《银行与企业》1993 年第 12 期。

何志光、钱文浩：《保险市场开放中民族寿险业的保护政策》，《上海保险》1996 年第 10 期。

黄益平、王勋：《中国资本项目管制有效性分析》，《金融发展评论》2010 年第 6 期。

黄益平、谢沛初：《我国资本项目开放的条件、时机与进程》，《中国金融》2011 年第 14 期。

黄志刚、郭桂霞：《资本账户开放与利率市场化次序对宏观经济稳定性的影响》，《世界经济》2016 年第 9 期。

《径山报告》课题组：《中国金融开放的下半场》，中信出版社 2018年版。

贾根良、何增平：《金融开放与发展中国家的金融困局》，《马克思主义研究》2019 年第 5 期。

贾俐贞：《金融自由化与中国金融开放》，博士学位论文，中共中央党校，2005 年。

计国忠：《资本账户开放次序的比较研究及中国的选择》，《世界经济研究》2004 年第 2 期。

江春、马晓鑫、赵烨旸：《企业家精神会影响资本账户开放的风险效应吗？》，《国际金融研究》2020 年第 2 期。

姜波克：《人民币自由兑换和资本管制》，复旦大学出版社 1999 年版。

姜波克、朱云高：《资本账户开放研究：一种基于内外均衡的分析框架》，《国际金融研究》2004 年第 4 期。

姜维俊：《进一步开放外资银行的思考》，《财经科学》1989 年第 5 期。

金荦、李子奈：《中国资本管制有效性分析》，《世界经济》2005 年第 8 期。

孔艳杰：《中国银行业对外开放度测评及理性开放策略研究》，《国际金融研究》2009 年第 3 期。

李春涛、刘贝贝、周鹏、张璇：《它山之石：QFII 与上市公司信息披露》，《金融研究》2018 年第 12 期。

李谦：《关于开放保险市场的思考》，《上海金融》1992 年第 8 期。

李社环、余光、周蓉：《论金融自由化、金融危机和金融监管》，《世界经济文汇》1999 年第 6 期。

李伟：《外资银行进入对中国商业银行效率的影响》，《金融监管研究》2012 年第 3 期。

李巍、张志超：《不同类型资本账户开放的最优时点选择》，《金融研究》2009 年第 11 期。

李晓红：《浅谈适度开放外资银行人民币业务的意义和步骤》，《经济评论》1994 年第 5 期。

李学峰、文茜：《资本市场对外开放提升了市场有效性吗？——一项国际比较研究》，《国际金融研究》2012 年第 8 期。

李扬：《金融全球化：原因和事实》，《国际经济评论》1999 年第 11 期。

李泽广、吕剑：《金融开放的"数量效应"与"质量效应"再检验——来自跨国的经验证据》，《国际金融研究》2017 年第 4 期。

林毅夫：《我为什么不支持资本账户完全开放》，载陈元、钱颖一主编

《资本账户开放：战略、时机与路线图》，社会科学文献出版社2014年版。

林志远：《向外资银行开放人民币市场要慎重决策》，《宏观经济管理》1996年第8期。

刘成彦、胡枫、王皓：《QFII也存在羊群行为吗?》，《金融研究》2007年第10期。

刘红忠、杨小海、韩永超：《再论中国资本管制有效性》，《世界经济文汇》2015年第6期。

刘爽：《我国债券市场对外开放的现状、问题和对策探讨》，《金融市场》2019年第12期。

刘伟、黄少安：《金融自由化会增加金融危机的发生吗——基于1970—2017年全球66个国家的实证研究》，《山西财经大学学报》2019年第7期。

陆人：《可供借鉴的经验——澳大利亚、新西兰金融开放政策一瞥》，《中国金融》1987年第2期。

吕祥勍：《中国银行业对外开放安全性实证分析——基于新型国家金融安全理念的视角》，《经济与管理研究》2009年第10期。

吕宙：《对我国保险市场对外开放问题的思考》，《宏观经济管理》1996年第12期。

马亚明、胡春阳：《金融发展、汇改最优次序与长期经济增长——基于118个经济体的面板模型的分析》，《国际金融研究》2020年第2期。

马勇、王芳：《金融开放、经济波动与金融波动》，《世界经济》2018年第2期。

潘金根：《加入世贸组织对中国证券业的影响及对策》，《国际金融研究》1999年第12期。

彭红枫、肖组沔、祝小全：《汇率市场化与资本账户开放的路径选择》，《世界经济》2018年第8期。

綦建红、鞠磊：《关于资本管制有效性的理论与经验分析》，《东岳论丛》2008年第1期。

钱小安：《金融开放条件下的金融安全问题》，《管理世界》2001年第6期。

羌建新：《浅析发展中国家资本账户开放的前提条件》，《国际关系学院学报》2005年第3期。

邱崇明：《资本账户开放的核心条件：理论与实证分析》，《国际金融研究》2006年第2期。

邱兆祥、史明坤、安世友：《人民币资本账户逐步开放的顺周期性问题研究》，《国际金融研究》2013年第5期。

荣晨、涂永红：《资本账户开放的经济增长逻辑》，中国金融出版社2018年版。

沈亮：《浅析我国保险市场对外开放的问题》，《浙江金融》1997年第11期。

盛松成：《我国需要协调推进金融改革开放》，载陈元、钱颖一主编《资本账户开放：战略、时机与路线图》，社会科学文献出版社2014年版。

宋一欣：《现阶段我国开放保险市场的基本判断与政策建议》，《上海金融》1998年第1期。

孙立、林丽：《QFII投资中国内地证券市场的实证分析》，《金融研究》2006年第7期。

孙祁祥、王国军、郑伟：《中国保险市场对外开放的重大议题与政策选择：2012—2020》，《保险研究》2012年第2期。

孙婷：《我国中、外资银行经营业绩比较分析——基于利率市场化视角》，《金融发展研究》2015年第5期。

孙兆斌：《银行业全面开放与中国商业银行的效率改进》，《金融论坛》2010年第2期。

唐海燕：《开放外资银行与保护我国银行业的发展》，《上海金融》1990年第10期。

唐云鸿：《开放政策与金融改革——对开放外资银行的看法》，《世界经济研究》1985年第4期。

田素华、徐明东:《外资银行进入中国不同行业影响差异的经验证据》,《金融研究》2011年第10期。

王曙光、张逸昕:《银行业外资引入与国家金融安全——基于微观个体稳定性的实证分析》,《金融与经济》2018年第1期。

汪涛、张宁:《资本账户开放之前应大力推进国内金融改革》,载陈元、钱颖一主编《资本账户开放:战略、时机与路线图》,社会科学文献出版社2014年版。

王爱俭、方云龙、王璟怡:《金融开放40年:进程、成就与中国经验》,《现代财经》2019年第3期。

王维安、钱晓霞:《金融开放、短期跨境资本流动与资本市场稳定——基于宏观审慎监管视角》,《浙江大学学报》(人文社会科学版)2017年第5期。

王曦、陈中飞、王茜:《我国资本账户加速开放的条件基本成熟了吗?》,《国际金融研究》2015年第1期。

王兴业、冯迅:《对我国证券业开放的认识与思考》,《国际经济合作》2007年第5期。

魏华林:《论我国保险市场开放的几个问题》,《保险研究》1997年第1期。

魏华林、俞自由、郭杨:《中国保险市场的开放及其监管(一)》,《保险研究》1998年第7期。

魏勇强、张文静:《中资商业银行"走出去":挑战与对策》,《金融观察》2018年第7期。

伍戈、温军伟:《破解资本账户开放迷思——与张明博士商榷》,载陈元、钱颖一主编《资本账户开放:战略、时机与路线图》,社会科学文献出版社2014年版。

吴光豪:《金融开放的内涵、国际经验及启示》,《改革发展》2018年第6期。

吴婷婷、肖晓、李东耳:《金融市场开放与货币国际化:国别案例与比较分析》，《西南金融》2018年第12期。

谢金玉：《论我国保险市场的对外开放》，《保险论坛》1998年第3期。

熊芳、黄宪：《中国资本账户开放次序的实证分析》，《国际金融研究》2008年第3期。

徐国祥、蔡文靖：《金融发展下资本账户开放对货币国际化的影响》，《国际金融研究》2018年第5期。

徐枫、范达强：《外资银行对中国银行业的溢出效应》，《金融论坛》2011年第4期。

徐明东、解学成：《中国资本管制有效性动态研究：1982—2008》，《财经研究》2009年第6期。

许文峰：《浅议银行业与证券业分离的必要性》，《金融理论与实践》1992年第11期。

杨利田：《论我国保险市场开放的对策》，《保险研究》1997年第1期。

杨鲁邦：《开放外资银行条件尚未成熟》，《上海金融》1988年第11期。

杨小海、刘红忠、王弟海：《中国应加速推进资本账户开放吗？——基于DSGE的政策模拟研究》，《经济研究》2017年第8期。

杨兴全、申艳艳：《外资银行进入影响公司现金持有吗？》，《金融经济学研究》2016年第4期。

易纲：《中国金融业对外开放路径与逻辑》，《中国改革》2014年第10期。

易宪容：《中国资本帐开放的条件与顺序》，《江苏社会科学》2002年第5期。

殷红、蓝发钦：《行业视角下QFII影响中国股市的实证研究》，《国际金融研究》2007年第10期。

殷孟波、石琴：《金融业全面开放对我国银行业竞争度的影响——基于Panzar-Rosse模型的实证研究》，《财贸经济》2009年第11期。

赵旭、林澍、彭渝：《QFII是A股市场的稳定器吗？》，《金融理论与实践》2017年第6期。

张斌:《增进中国资本管制的有效性研究——从宏观经济稳定视角出发》,《管理世界》2002 年第 11 期。

张斌:《资本项目开放是奢望》,载陈元、钱颖一主编《资本账户开放:战略、时机与路线图》,社会科学文献出版社 2014 年版。

张成思、朱越腾:《对外开放、金融发展与利益集团困局》,《世界经济》2017 年第 4 期。

张成思、朱越腾、芦哲:《对外开放对金融发展的抑制效应之谜》,《金融研究》2013 年第 6 期。

张春生、梁涛、蒋海:《我国资本项目的开放条件成熟了吗——基于金融市场的分析》,《经济学家》2017 年第 1 期。

张金清、赵伟、刘庆富:《"资本账户开放"与"金融开放"内在关系的剖析》,《复旦学报》(社会科学版) 2008 年第 5 期。

张礼卿:《资本账户开放的政策性框架:前提条件、速度和顺序》,《国际金融研究》1999 年第 11 期。

张明:《加快资本账户开放的八大迷思》,《财经》2013 年第 14 期。

张文、邓拓:《资本账户开放:理论与中国实践》,载方福前主编《引进西方经济学四十年》,社会科学文献出版社 2018 年版。

张燕玲:《金融全球化与金融产品创新》,《国际金融研究》1998 年第 12 期。

朱华、成竹:《对我国保险市场对外开放问题的调查与思考》,《经济改革与发展》1996 年第 7 期。

朱良清:《沿海地区开放外资银行利多弊少》,《上海金融》1988 年第 11 期。

朱荣华、左晓慧:《金融开放是平抑还是加剧中国经济波动——货币政策视角》,《经济问题》2018 年第 12 期。

朱相平、彭田田:《QFII 持股对中国股票市场稳定性的影响——基于中美贸易摩擦背景下的研究》,《宏观经济研究》2019 年第 5 期。

庄峻:《论开放外资银行人民币业务的意义及风险》,《经济学动态》1997 年第 5 期。

庄勤：《加速向侨外资银行开放问题的探讨》，《世界经济研究》1986年第4期。

《中国金融年鉴》编辑部：《中国金融年鉴2018》，中国金融年鉴杂志社有限公司2019年版。

中国人民大学国际货币研究所：《人民币国际化报告2019——高质量发展与高水平金融开放（发布稿）》，2019国际货币论坛会议论文，2019年7月。

中国人民银行：《2019年人民币国际化报告》，中国人民银行网站，http://www.pbc.gov.cn/huobizhengceersi/214481/3871621/3879422/index.html，2019年8月23日。

中国人民银行调查统计司课题组：《我国加快资本账户开放的条件基本成熟》，《中国金融》2012年第5期。

中国人民银行调查统计司课题组：《协调推进利率、汇率改革和资本账户开放》，《金融市场研究》2012年第7期。

中国银行业监督管理委员会宣传工作部：《中国银行业监督管理委员会2009年报》，中国金融出版社2010年版。

中国银行业监督管理委员会宣传工作部：《中国银行业监督管理委员会2017年报》，中国金融出版社2018年版。

中国证券监督管理委员会：《中国证券监督管理委员会年报2017》，中国财政经济出版社2018年版。

周慧君、顾金宏：《外资银行渗透对我国银行体系稳定性的影响——基于阶段与演化理论的实证研究》，《金融发展研究》2009年第11期。

朱丰根：《中国资本项目自由开放的基本条件剖析》，《现代经济探讨》2013年第6期。

朱鹤：《基于AB-SETAR模型的中国资本管制实际程度度量》，《国际金融研究》2015年第10期。

诸竹君、黄先海、余骁：《金融业开放与中国制造业竞争力提升》，《数量经济技术经济研究》2018年第3期。

邹欣、李金玉：《对外资银行开放人民币业务的几点认识》，《中国金融》1998年第10期。

Bekaert, G., Harvey, C. R., Lundblad, C., "Financial Openness and the Chinese Growth Experience", https://ssrn.com/abstract=991640, 2007.

Bekaert, G., Harvey, C. R., Lundblad, C., "Financial Openness and Productivity", NBER Working Paper, No. 14843, 2009.

Broner, F. A., Ventura, J., "Rethinking the Effects of Financial Liberalization", NBER Working Paper, No. 16640, 2010.

Carmignani, F., Chowdhury, A., "The Impact of Financial Openness on Economic Integration: Evidence from the Europe and the CIS", In Vinhas de Souza, L., Havrylyshyn, O. (eds.), *Return to Growth in CIS Counties*, Berlin, Heidelberg: Springer, 2006.

Čihák, M., Demirgüç-Kunt, A., Feyen, E., Levine, R., "Benchmarking Financial Systems Around the World", World Bank Policy Research Working Paper, No. 6175, 2016.

Demirgüç-Kunt, A., Detragiache, E., "Financial Liberalization and Financial Fragility", IMF Working Paper, June 1998.

Demirgüç-Kunt, A., Levine, R., Min, H. G., "Opening to Foreign Banks: Issues of Stability, Efficiency, and Growth", *Proceedings Bank of Korea Conference on the Implications of Globalization of World Financial Markets*, Seoul, Korea: Centre Bank of Korea, 1998.

Edwards, S., "Financial Openness, Sudden Stops, and Current Account Reversals", NBER Working Paper, No. 10277, 2004.

Fischer, B., Reisen, H., "Financial Opening in Developing Countries", *Intereconomics*, Vol. 28, No. 1, 1993.

Furceri, D., Loungani, P., "Capital Account Liberalization and Inequality", IMF Working Paper, No. WP/15/243, 2015.

International Monetary Fund, "Seminar Discusses the Orderly Path to Capital Account Liberalization", *IMF Survey*, Vol. 27, No. 6, 1998.

International Monetary Fund, *Annual Report on Exchange Arrangements and Exchange Restrictions 2011*, Washington, D. C.: IME, 2012.

International Monetary Fund, *Annual Report on Exchange Arrangements and Exchange Restrictions 2018*, Washington, D. C.: IME, 2019.

International Monetary Fund, "People's Republic of China 2019 Article IV Consultation – Press Release; Staff Report; Staff Statement and Statement by the Executive Director for China", IMF Staff Country Reports, No. 19/266, 2019.

Jeanne, O., Subramanian, A., Williamson, J., *Who Needs to Open the Capital Account?*, Washington D. C.: Peterson Institute Press, 2012.

Kaminsky, G., Schmukler, S., "Short – run Pain, Long – run Gain: The Effects of Financial Liberalization", World Bank Working Paper, No. 2912, 2002.

Ma, G., Mccauley, R., "Financial Openness of China and India: Implications for Capital Account Liberalization", Bruegel Working Paper, No. 2014/05, 2014.

McKinnon, R., *Money and Capital in Economic Development*, Washington, D. C.: Brookings Institution Press, 1973.

Park, W., "Financial Liberalization: The Korean Experience", In Ito, T., Krueger, A. (eds.), *Financial Deregulation and Integration in East Asia*, Chicago: University of Chicago Press, 1996.

Quinn, D., Inclan, C., "The Origins of Financial Openness: A Study of Current and Capital Account Liberalization", *American Journal of Political Science*, Vol. 41, No. 3, 1997.

Sedik, T., Sun, T., "Effects of Capital Flow Liberalization: What Is the Evidence from Recent Experience in Emerging Market Economies?", IMF Working Paper, No. WP/12/275, 2012.

Shaw, E., *Financial Deepening in Economic Development*, Oxford: University Press, 1973.

Wei, S., "Managing Financial Globalization: A Guide for Developing Counties Based on the Recent Literature", ADBI Working Paper, No. 804, 2018.

World Bank Group, "China Economic Update, December 2019: Cyclical Risks and Structural Imperatives", World Bank Operational Studies, No. 33063, 2019.

Wu, X., "Reform and Evolution of Finance in China: Evidence from China's Reform and Opening – up in the Past 40 Years", *Economic and Political Studies*, Vol. 7, No. 4, 2019.

第 六 章

开放新兴经济体的货币政策
——以捷克为例

新兴和转型经济体的货币政策所要面临的问题有其特殊性。传统的货币政策传导机制只能被一步步地建立，教科书里的货币政策工作模型只能部分地得以应用。在本章中，我们将介绍捷克经济自1991年转型以来的货币政策发展历程。货币政策以及与之密切相关的汇率政策对捷克的商业周期、通货膨胀以及就业具有重大的影响。货币政策经历了从固定汇率到盯住通胀目标；从外国投机资本的大规模涌入到货币危机；从自由浮动汇率到汇率承诺的一系列发展变化。同时，捷克的货币政策还必须对全球货币政策的变动做出反应，在某些情况下（如退出汇率承诺），捷克的案例具有一定的典型性。尽管各国遇到的情况不尽相同，但过去四分之一世纪中捷克的经验教训可以为新兴经济体国家带来一些有益的参考。

第一节 转型之初的货币政策和金融体系

首先，我们回顾一下20世纪90年代初，捷克从中央计划经济向市场经济转型的历史。不同于标准的市场化体系，当时的捷克斯洛伐克银行体系由中央银行和一些独立的、营利性的商业银行构成。这一体系建立在垄断的国有中央银行的基础之上，在80年代初就已经显示出了很多不足，当年（即在政治变革之前）就已经准备要将其改造为更经典的结构：即一个独立的中央银行和若干专业化商业银行（尽管仍为国有）。到了20世纪90年代初，一个简单的二元制体系被建立起来了，尽管这一体系与现代经典银行体系仍有较大差距，例如，没有银行间市场，以及中央银行没有一组标准化工具用于制定日常的货币政策。

从中央计划经济向市场经济的转型真正开始于1991年。需提醒大家注意的是，直到1990年年末，不仅大部分经济活动仍掌控在国家手中，而且几乎所有产品的价格都是以行政命令方式予以固定的。同时，对外贸易也受到管制，国内货币（克朗）不能自由兑换成外国货币。在1991年年初，两个最为激烈的改革措施就是价格自由化和外贸自由化，以及货币的有限（所谓的内部）可兑换。显而易见，上述这些措施都与货币政策密切相关：价格自由化会导致价格水平的急剧上升，外贸开放意味着必须找到新的汇率水平，以使本外币的兑换（尽管只是有限的）能够持续。下面，让我们深入了解一下这些措施。

20世纪90年代初，货币政策的主要任务是对抗通货膨胀。在此之前，几十年来所有价格都是通过行政命令方式确定的，步入90年代后，人们普遍认为价格水平没有反映当时全部经济主体所持有的货币量。中央计划经济处在"太多的钱追逐太少的商品"的状态（这在计划经济体制中亦属常见），也就是说，经济学家普遍认为存在着所谓的"货币过剩"。因此，人们担心经济可能会陷入通胀甚至恶性通胀的循环。为了防止这种情况的出现，央行应该采取什么样的措施呢？由于央行并没有制定政策的标准化工具，这个问题就显得更加紧迫了。同时，人们也在怀疑那些在市场经济环境下被证明有效的宏观经济理论是否能对几乎没有任何私营经济元素，仍处在计划经济体制下的捷克同样适用。

尽管存有疑问，但唯一可行的解决方案，只有对货币和财政政策实行双约束。1991年制定预算时（当时为联邦预算），为了争取当年能够实现财政盈余，而实施了财政约束政策。尽管当年并未实现盈余，但是财政约束的趋势已经十分明显了。至于货币政策，其约束方式是保持住克朗对一篮子外国可兑换货币的固定名义汇率的稳定，同时保持货币存量的适度增长。这一货币政策从原理上来讲是具有双重意义的。

首先，一个稳定的名义汇率将会为经济活动中的各类主体提供某种"名义锚"。考虑到国内和欧洲其他地区剧烈的经济社会变革，经济活动主体几乎不可能做出合理的预期。但是，"名义锚"至少可以在一段时间内为经济活动主体确保一部分变量的稳定性（名义汇率实际上在接下来的五年都基本保持了稳定）。但是，捷克斯洛伐克克朗不能在国际市场上自由兑换。内部可兑换意味着只有企业可以自由获得外国货币向国外付款，但企业也有义务向授权的（国有）银行按照现行汇率出售其外汇收入。家庭仅可因旅游等原因有限地获得外汇。

货币约束的理论基础是基于传统的量化公式（quantitative equation）。此时，一群倾向于货币主义学说（20世纪七八十年代在美欧影响甚远）的捷克斯洛伐克市场派经济学家，正在着手准备实施经济转型。在转型伊始，货币政策受到货币主义理论（代表人物为 Milton Friedman）的影响也就是顺理成章的事了。货币主义强调的是货币存量的稳定（和适度）增长，实际上它是一种更为精致的量化公式。用货币主义的主张来应对捷克斯洛伐克的情况看起来应是方便而有效的。货币过剩的具体规模虽难以准确地评估，但看上去比其他东欧国家要小一些。无论如何，如果允许价格自由上涨，货币过剩（实际上仅是公众持有货币量与货币实际需求量间的失衡）应该会迅速消失，传统的量化公式将会大获全胜。为了避免货币过剩消除后，再次出现高通胀甚至恶性通胀，控制住货币总量，保持一个温和的增长应该就可以了。

在1991年1月，大多数商品和服务的价格被允许自由上涨后的一个月内，涨价幅度超过了30%。这是过去几十年来所积累的货币过剩在某种程度上得到释放的结果，同时也是货币贬值的结果。最终，约束性的货币政策（伴随着保守的财政政策）在克服通胀方面取得了成功。通胀从令人震惊的每月 30% 的增长，迅速下降到 1991 年年末的每月 1%，很显然，恶性通胀的影响已不复存在。由于当时金融市场尚不发达，货币约束无法采取提高短期利率这样的标准化操作，取而代之的是，央行要求商业银行提高新增贷款的利率并同时实施行政措施限制贷款增速。尽管行政限制手段不完全符合自由市场的要求，但确实稳定了价格。尽管如此，货币约束也带来了一些问题——对新增贷款的限制不可避免地增加了公司的融资难度，无疑会造成公司间债务的增加。但是，这些问题属于为了对抗通胀而不可避免的一点副作用。

金融市场的结构也逐渐成长为更加标准的形式：小型私营银行开始在市场上出现，并且与大型国有银行展开竞争（尽管很多小银行后来陷入资产质量不良的困境）。由于当时克朗不能完全自由兑换，且资本流动受到限制，因此国内得以执行与外部市场不同的利率，并且货币政策可以保持完全的独立自主。后来这一情况发生了改变，由于资本的可自由流动以及外国投资者信心的高涨，货币政策也与国际金融市场联系得更加密切。但在此之前，又发生了一件重要和意外的历史事件，不可避免地改变了捷克斯洛伐克的货币发展进程。

由于政治、历史原因（在此不作赘述），捷克斯洛伐克解体成了两个独立的国家——捷克共和国和斯洛伐克共和国，两国都有各自的中央银行。这一事实造成了随后两国货币的各自独立。[①]

最初，两国同意，尽管政治上独立，但依然可组成一个拥有两个成员的货币联盟（及关税同盟）。其实，货币联盟真的曾经被建立起来过，但是由于对联盟能否存续缺乏信心，以及两国经济政策的方向不同，最终货币联盟走向了终结。事实上，这个货币联盟只存在了不足一千小时。公众和企业都认为斯洛伐克作为货币联盟中弱势的一方，最终将不得不退出联盟，而新发行的斯洛伐克货币也不得不贬值。为此，为了规避可能的贬值，各类经济活动主体都开始将资金从斯洛

---

① 考虑到两个国家的和平分离，捷克斯洛伐克的分离也称为"和平解体"。

伐克的银行转到捷克的银行。这就导致斯洛伐克银行的储备减少，加速了货币联盟的崩溃。在1993年2月，捷克创立了新的货币——捷克朗，印钞机也开动起来了，货币分离在四天内完成。捷克中央银行（捷克国家银行 CNB）利用利率政策继续保持有限的货币供应量增长，并将汇率保持在1991年联邦解体前捷克与主要贸易伙伴所设定的水平上（在1993年，斯洛伐克克朗贬值了大约10%）。总而言之，可以说尽管联邦的解体造成了很多意料之外的复杂情况，但并没有使捷克的货币政策脱离1991年年初设置的轨道。

从事后的结果来看，尤其是与经历过转型的其他东欧国家相比，可以认为，在转型之初所选择的货币政策，尽管经历了最初的阵痛，但最终证明是成功的。那些在最初阶段没有选择进行充分货币约束的国家一般都经历了长时期的通胀，有的国家甚至深受恶性通胀的打击（见表6.1）。就实际增长而言，它们的结果更糟，它们迟早都必须实行货币约束政策。

表6.1　　　　　　　　各转型经济体通胀率对比

国家	期限	GDP变化（累计百分比）	通货膨胀（累计百分比）
捷克共和国	1991—1993年	-13	110
匈牙利	1990—1993年	-18	165
波兰	1990—1991年	-18	1066
罗马尼亚	1991—1992年	-21	737
斯洛伐克	1991—1993年	-24	118
保加利亚	1990—1993年	-27	1702
爱沙尼亚	1991—1994年	-33	9086
俄罗斯	1992—1996年	-35	289000
立陶宛	1992—1994年	-41	9040
乌克兰	1991—1999年	-61	46000000

注：GDP明显收缩的第一年选定为转型收缩的开始。连续收缩的最后一年视为周期的结束。
资料来源：WIIW 统计手册（2006）。

尽管20世纪90年代初的几年，苏联各国（曾是捷克斯洛伐克的重要市场）的经济已经从解体后崩溃的谷底渐渐恢复，但是捷克经济从1994年才开始真正恢复增长，并在1995年开始加速。捷克共和国与国际货币基金组织（IMF）之间关系的转折点发生在1994年中期，当时捷克将IMF的贷款提前还清，并将剩余的份额（最初计划在1996—1999年还清）也提前还清了。这使得捷克共和国成为中东欧第一个转型成功的国家，不再是IMF的债务人。所有这些都使得捷克货币（虽是新兴货币）赢得了国际市场的信心并成为众多国际金融集团投资的对象。同时，国内政策也不得不对资本的流动更加开放：在私有化进程中，很多国有资产被外国投资者买走，投资者们自然要求更合理的资本流动便利。

第二节 捷克货币政策的"三难"困境

一 "三难"困境

在20世纪90年代中期，捷克货币政策面对的不是两难境地，而是"三难"困境。"三难"困境指的是试图要让货币体系同时做到三方面的目标，其中每一个方面都单独可行，但同时实现所有三个目标就变得尤为困难。这三个方面是：货币政策自主（可以理解为独立确定利率水平或确定货币供应量增长率）、汇率稳定以及保证资本的可自由流动。这种货币政策目标的组合，在文献中被称之为"三元悖论"，因为理论显示，这三个方面目标是彼此不相融的。在此三方面中，任何两个的组合都是可持续的，但是，一旦要求三个方面一起兼顾，经济政策就会陷入困难的境地。

货币政策可以自主（自行设置利率），汇率也可以固定，但国际资本流动必须受到限制。在上述条件下，想要让较高的国内利率不会导致资本流入，只能是采取制度设置不许其流入。固定汇率为各类经济活动主体提供了稳定性，有利于收益核算，这对于小型开放经济体来说非常重要。支持固定汇率的另一个或多或少带有政治色彩的理由是，面对国内的压力时，政府可以以此为理由来维护严格的货币和财政纪律。

但是，一旦资本完全可自由流动，而汇率保持固定，就会为外国投资者（或投机者）创造套利机会。他们会将货币兑换成具有更高利息收入的币种，然后按照固定汇率将收入换回原始货币。其结果是，资本的流入流出（如国内利率低，则资本流出）不可控，货币政策也就丧失了自主权。因此，固定汇率和资本自由流动是可能的，但自主的货币政策则不可能。需要指出的是，上述两个目标组合也适用于货币联盟，并且是成员国决定加入货币联盟前必须考虑的一个事实。

同时保有独立的货币政策和资本的自由流动是否可能？这一组合也是可持续的，但条件是汇率不能固定。在此情况下，汇率波动意味着国内与国外市场的利差不会自动产生无风险盈利机会。例如，如果国内利率高，并不一定就意味着外国投资者对国内货币的投资一定会盈利。由于汇率可以自由浮动，高利息收入可能在未来部分甚至全部被汇率损失所抵消。在这种条件下，货币政策不仅是自主的，而且在某些情况下会更有效。在其他条件不变的情况下，提高利率通常会导致货币升值，反之亦然。接下来，汇率的变化与利率的变化会同向地影响经济（即提高汇率会导致货币紧缩）。因此，中央银行使用一种工具就可以激活更多的渠道来传导其货币政策。尽管这一组合初看上去是非常理想的，但也存在着缺陷，主要是汇率的不稳定性及难以预测。

在本质上，捷克的货币政策经历了教科书式的"三难"困境，因为它曾在短期内试图维持三元悖论，最终也不得不以教科书式的方式予以放弃。实际上，三元悖论的情况开始于1995年，当时《外汇法》的修改大大放宽了资本流动。尽管如此大幅度的政策放宽并非是一件迫在眉睫的事，但是当年此举却被视为捷克能否被承认为标准市场化经济体的最后一个指标。这些改革措施也确实符合捷克扩大对外开放，增加对外贸易并吸引外资参与私有化进程和更多地在捷建立新企业的需要。但是，也很难说这样一个举措是否过于轻率（考虑到此时距离经济转型开始还不到五年）。下面让我们从理论的角度更加深入地探讨一下这个问题。

如何抉择允许资本自由流动的时机以及允许自由流动的程度，这也是从计划经济体制向市场经济体制转型过程中会遇到的一个特别的问题。毫无疑问，国际资本的可自由流动是自由经济体制的一个标志性指标，因此，在既定期限内实现这一指标也是经济体制转型的目标之一。问题是这一过渡期应该有多长。同时，人们可能会问，资本全面自由流动的代价及其收益是什么，以及资本自由流动应该如何与已有的货币体系相衔接。

在深入研究这些问题之前，有必要更加准确地区分不同类型国际资本流动的差别。第一类流动是经常账户交易。这些交易主要与外贸有关，随着外贸的自由化，这些交易也基本实现自由化。毫无疑问，这些交易的放开是有必要的，否则外国投资者就无法将在此经济体获得的利润汇回母国。如果投资者无法自由地转移利润，外国投资会大幅减少甚至不复存在。因此，对这些交易的放开是毋庸置疑的。

在上述背景下，通过对国际收支金融账户（financial account of the balance of payments）交易情况的分析，我们会得到一些有意思的发现。尽管这些交易被细分到很多子类，但外国直接投资（FDI）始终是其中一个重要组成部分。外国直接投资（以及相关交易）的投资方向是比较分散的，但主要被用于收购现有企业的股权、设立新公司或是对以往的投资项目追加投资。放开用于上述目的的资本流动也是没有什么问题的。

但是，其他的金融账户交易，特别是主要涉及证券投资、存贷款、并购、债券、金融衍生品和其他金融工具的交易，能否对其也放开管制这就是个问题。需要说明的是，与外国直接投资相比，上述交易实际上是完全不同的交易。我们先关注一个具体的问题：国外实体把钱存到国内银行，或者相反的情况，国内金融机构向国外实体提供贷款。存款形式的资本流入不同于外国直接投资，外国存款人没有直接投资于任何公司的股权,也没有在国内设立新的企业。存款人只是为国内金融机构临时提供了资本,通过国内的金融体系这些新增的资本被配置到了各个领域——国内企业信贷、政府债务、经营或消费目的的贷款等。因此,存款类投资者与其他投资者所关心的市场信息是不同的。存款类投资者主要感兴趣的是纯粹的金融指标。存款类投资以他国的国内货币进行投资,获得他国国内利率作为收益,因此他们重点关注名义汇率的短期变化、国内外利率差以及被投资机构的流动性安全。而外国直接投资则完全与实体经济的表现相挂钩。

投资者投资的目的是获取高利润。从宏观经济的角度来看,金融账户资本流入后的去向是较模糊的。粗略地来讲,与理想模型下的外国直接投资相类似:金融账户资本流入后,应该有更多的部分被用于投资到国内实体经济中,而不仅是单纯地进行储蓄。金融账户与FDI的区别在于金融账号资本需再经由国内的金融体系重新定向。在理想的情况下,如果投资项目获得了这部分外来的资金,取得成功的可能性也会提高,项目收益会略高于外国投资者所获得的利息。这样积累下来,整个经济体的资本存量会越来越多,国内产出也会因此而提高。

但是,金融账户资本的完全可自由流动是存在争议的,因为现实世界完全不同于上述的理想情况。首先也是最重要的是,要想让金融资本流入能够取得预期的效果,其前提条件是国内的金融体系具有在国内经济中重新分配这些外国资本的能力。诚然,在各个转型经济体中,金融(银行)体系是存在的,但是在一个经济大环境与机构情况都在迅速变化的背景下,想要有效地分配资源,与在一个可充分获得信息、无摩擦、无缺陷的理想环境下,对金融体系能力的挑战是天差地别的。

与变化中的国有银行相伴的,是在转型大潮中才出现的新兴的私人金融中介机构,而现代化的金融监管体系也是在此时才应运而生,实际上,监管者们必须学会如何在新条件下实施监管。人们普遍质疑,在经济转型阶段,捷克的银行体系是否能胜任它们所应肩负的责任。后来,错误的资本配置甚至威胁到了银行系统的稳定。外国投资者可以通过短期投资和与大型（通常仍属国有）国内银行进行交易，在很大程度上保护他们自身的利益免受债务人（国内银行）破产风险的影响。正如后来被事实所证明的那样——大型银行具有"隐性的国家信用担保"。

Klaus 在资本流动自由化时担任总理，后来他指出："我们没有特别领会我们最近不断强调的第二条规则。这一规则就是：在我们开放外国资金流动，特别是资本账户流动之前，要有一个基本稳定的银行和金融体系。"[①]今天我们看到，值得玩味的是，像经济合作与发展组织（OECD）这样的专业国际组织积极推动金融账户的自由可兑换和短期交易。很难说，这是否是出于意识形态原因，还是出于金融利益集团影响的结果，但是，Griffith-Jones 等证明，在第三次浪潮中加入 OECD 的国家中（墨西哥在 1994 年，捷克共和国在 1995 年，波兰、匈牙利和韩国在 1996 年加入），都被要求迅速开放金融账户；而在土耳其、葡萄牙和希腊等国，其金融账户的逐步开放经历了 20 年之久。

金融账户的可自由交易还可能导致汇率的波动。外汇市场越小，汇率变化就越明显。但是，汇率的波动会触发实体经济做出相应的调整——它们会影响产业结构、行业盈利水平、进出口规模等。汇率更可能会进一步影响资本的流入。在一段时间内和在一定程度上，可能会出现具有破坏性的投机行为：由于吸引投资者的不仅仅是利率差，还包括汇率方面的收益前景，发现他国货币走强时，投资者会增加投资。这样汇率将继续走强，脱离经济的基本面。汇率主要受投资者对于汇率预期的影响，这里就有个自我心理加强的因素：如果预期某种货币会升值，就投资该货币的资产，这将进一步推动其升值，反之亦然。尽管汇率无法偏离基准水平太长时间，但问题是，正是偏离这一事实实际上也改变了基准水平（基础性指标由于汇率波动而变化）。以上是对于一个具有弹性的汇率制度的一般性结论，这些结论对一个

---

① Klaus, V., Tomšík, V, *Makroekonomická fakta české transformace*, NC Publishing, Praha, 2008.

相对较小的经济体更为重要，尤其是在汇率容易波动的经济转型时期。①

我们回过来看一下 20 世纪 90 年代中期捷克的情况。今天看来，当时的形势明显形成了"三元悖论"，但在 20 世纪 90 年代中期却没有被充分地认识到。首先，对于外国资本的流入是否足以影响货币政策，当时并还没有清楚的认知。毕竟，捷克克朗在 1993 年才成为独立的货币，同样，捷克银行业（外国投资者通过捷克银行体系将资本投入捷克经济）也相对年轻，几乎没有什么历史。

资本自由流动的模型（对利率差极其敏感）仅仅是一个理论上的抽象结论。投资者或投机者考虑到投资目的地国的风险，会对其投资进行分散。捷克货币政策能否对资本流入正确地使用其政策工具，以及是否能保持自主性（至少是部分），这是个需要用实践来检验的问题。捷克中央银行至少做了它应做的努力。为了使外汇的流入不至于造成捷克克朗的升值，央行必须干预外汇市场——买入外汇和据此新发克朗。这些新发的克朗最终出现在各种银行客户的账户上。这当然造成了货币供应量的增加，推动捷克国内利率下降并支持了信贷增长。为此，捷克国家银行不得不再次消除汇率干预的后遗症。这意味着还必须从商业银行手里借入，与干预汇率时所新发的同等数量的克朗，以使国内货币供应不至于失控。但是，这就形成了一个恶性循环：资本的流入造成货币总量的增加，央行向商业银行出售债券来回收这些流动性，但代价是维持甚至推高了市场利率，这反过来又吸引了更多外国资本流入。因此形成了一个不可持续的循环。

为了进一步研究上述问题，我们也对所谓的补偿系数进行了检验，来观察资金回收操作对于资本流入的影响。假设回收 1 个货币单

---

① Obstfeld 开发了一个模型，根据这一模型，对小型开放经济体的投机性攻击可以导致贬值，即使经济体的基本面是健康的。机制如下：从国内银行借入国内货币的投机者将国内货币抛售，造成大幅贬值，这导致国内价格上涨。保持初始的汇率水平将带来通缩、产量下滑和失业增加。为此，政府或中央银行将接受新的贬值后的汇率作为影响更少的选择，以维持其他政策目标。这一机制的特点可以从 1998 年亚洲金融危机的现实中观察到。

位，可能导致额外流入0.5个单位，那么回收操作只有一半的效果。但如果补偿系数接近1，则意味着中央银行每回收1个货币单会导致1个单位的额外流入。额外流入的货币再次被回收，但又会导致同样的资本流入。也就是说，这意味着货币政策自主权的消失。因此，补偿系数可以作为一个可量化的指标来考察货币政策陷于"三元悖论"中的程度。尽管需要更长时间的观察才能做出经济学结论，但当时已经有研究指出补偿系数逐渐提高，货币政策的自主权就会逐渐丧失。[1]对捷克经济的信心、转型成功给予外界的鼓舞，造成了极大的投资乐观情绪，带来了资本的流入，在今天看来可能问题不大，但考虑到当时的经济体量和货币供应量规模，流入的资本还是相当可观的。

当流入的资本完全（或至少在很大程度上）被回收时，纯粹以金融投资为目标的资本流入对经济会有何影响呢？对于外国投资者来说，他们投资的金融资本转换为国内货币并赚取国内（即高于国外）的利息。但是，这些资本未由国内银行转为贷款，支持国内的投资项目。反而，由央行将它们从经济中回收，最终由央行为其支付了利息。尽管央行可以用购买到的外汇在国外进行投资，但其收益（金融资本流入主要是为了追求高利率）低于外国投资者拿走的收益。因此，金融资本的流入对经济是不利的。不论是经济体的资本存量，还是生产总量都没有因为金融资本的投入而增加，对于转型国家来说，向外国投资者支付的回报与增加的外汇储备所带来的回报之间的差额，就形成了这些国家的交易损失。

二 中央银行作为商业银行的债务人

资本流入及其后的回收操作，导致捷克货币政策的功能性发生了根本性的变化，这一变化一直延续至今。外汇干预和后续的回收，改变了央行资产负债表的结构。大多数国家的央行是向商业银行出借资

---

[1] Tomšík, V., "Výzkum kompenzačního koeficientu v podmínkách ČR v letech 1993 – 1996", *Finance a uvěr*, roč. 48, č. 6, pp. 357 – 379. （in Czech only）

金（为此成为债权人），由于回收的需要，捷克中央银行的角色正相反。新流入的资金数量巨大，以至于商业银行无须从央行借取流动性。相反，为了消除多余的流动性，中央银行实际上成为商业银行的债务人（见图6.1）。对于商业银行在央行的短期存款，央行要以所谓的回购利率支付利息，这也成为捷克货币政策的基础性利率工具。其结果是，捷克国家银行在资产负债表的负债侧对商业银行负债，过往干预所累计形成的外汇储备则成了资产侧的主要部分。自此以后，捷克的货币体系就开始以流动性回收模式运行了。央行资产结构的变化，是过往货币政策造成的一个意外结果，这也对央行调控经济的效果产生了直接的影响。

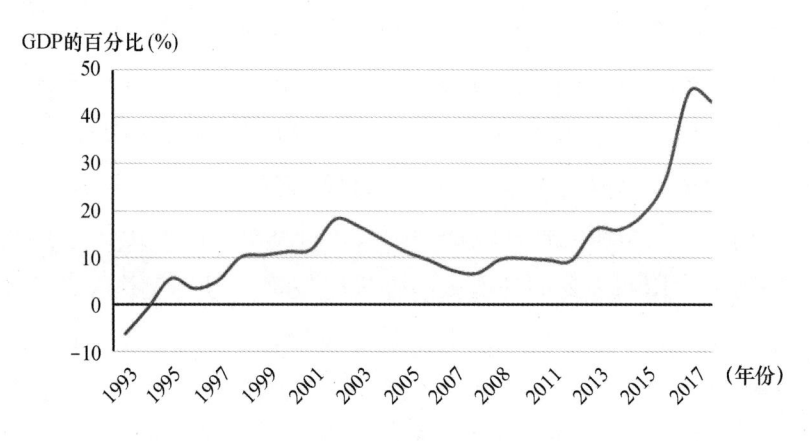

图 6.1　商业银行在捷克国家银行的净存款

注：商业银行的正值净存款意味着 CNB 为其债务人。

资料来源：CNB、OECD 以及作者的计算。

这种情况带来了很多问题。在这一机制下，货币政策还能否像教科书中所描述的那样，由央行为商业银行提供流动性？这种异常的情况是否是因为经济转型中，像货币需求量这类因素的干扰？尽管这些问题和其他问题并不属于传统货币理论所讨论的对象，但依然值得进一步深入研究。最终，在捷克共和国（在其他转型国家程度较轻），大家默认了流动性回收模式不会造成重大影响，货币政策就此一直运行至今。

首先，我们从理论的角度看一下这个问题。[1]我们来比较一下两种类型的货币体系：在第一种类型中，在货币概览报告（monetary survey）中，作为资产端与货币总量（如 M2）相对应的主要为国内净资产（NDA，特别是所发放的贷款）。第二种类型的货币体系中国外净资产（NFA），央行持有的外汇储备是广义货币发行量的主要对应物。[2] 第一种类型为标准类型，无须评论。我们重点审视一下第二种类型。这样一种体系可能是因回收外汇所增加的流动性而形成的。在商业银行资产负债表中的资产侧，持有对央行的债券，原因是商业银行在流动性退出时将资金存入央行；这也相应地减少了对客户的新增商业贷款。

在这两种货币体系下，资金需求如何对利率变化做出反应？想要精确地回答这一问题，我们尚需要借助完善的模型，但基本上来说在两种不同的体系下，资金需求会对相同的利率变化做出不同的反应。在商业借款占比较少的体系中（即流动性回收体系），对利率的变化可能不是很敏感，因为私人借款人的反应在这一体系中的影响力有限。同时，广义货币需求（即货币供给的增速）也显示，如果商业银行贷款在货币供给中所占比率较低，这样的体系不稳定性更高。因此从理论分析上我们可以看出，央行回收流动性的体系与提供流动性的体系有很多的不同之处。特别是当经济体从一种体系向另一种体系转变的时候，经济行为的不确定性更会大大增加。

三 解决"三难"困境的努力

捷克的货币政策如何处理"三难"困境？摆脱三元悖论的第一个努力，是部分放开汇率。1996 年 2 月，汇率浮动幅度扩大至初始中间

---

[1] 详细情况参见 Mandel, M., Tomšík, V., "Monetary Policy Efficiency in Conditions of Excess Liquidity Withdrawal", *Prague Economic Papers*, Vol. 23, No. 1, 2014, pp. 3 – 23.

[2] 货币调查可以视为商业银行和中央银行的合并资产负债表，流通货币在负债侧。

价的 +/-7.5%。汇率还不是完全自由，但至少可在一定程度上浮动，这样对克朗资产的投资不再是无风险套利了。实际上，这一措施在一定程度上缓解了资本的流入，但事实证明这还远远不够。利率的差异过于诱人，以至于这种不够坚决的解决方案不可能奏效。同时，在1996—1997年，出现了一种新的现象，即所谓的克朗欧元债券。这些克朗定价的债券由捷克共和国以外的欧洲金融机构发行，目的是使规模较小的实体也有机会参与捷克克朗投资。这再一次增加了对克朗的需求，资本流入又再次卷土重来。

在扩大浮动程度的同时，捷克央行也尝试以其他措施来减缓货币供应的增速，同时巩固宏观经济的平衡。这一措施是提高对银行准备金的要求（从8.5%提高到11.5%），从理论上讲，这应该能够通过减小所谓的货币乘数从而放缓货币供应的增长，甚至使其下降。货币乘数表示的是货币供应量与储存在央行的货币之间的一个比例关系。央行新发的货币，一部分由居民以现金形式持有，一部分由银行以超额或法定准备金的形式持有。存款准备金就是在存贷款循环中制造出的"漏洞"，因此，货币供应量才能由央行所存储的货币量来控制。例如，如果央行要求商业银行提高准备金，货币乘数效应就会减小，对于一个给定的基础货币量，全部货币供应量就会更少。至少教科书中关于货币创造的理论是这么说的。

确实，1996年中期，提高准备金的要求会使货币乘数下降。但另外，捷克的银行体系正运行在一个非典型的回收流动性体系下——捷克银行业无须从央行借取流动性，相反央行需要向商业银行借钱以回收流动性。这样，对于商业银行来说，达到超额准备金的要求并不困难。商业银行自愿存放一部分流动性，将其存到央行（捷克国家银行向其支付回购利率），这回不是作为中央银行票据，而是作为储备金。从会计的角度来看，这仅仅是对商业银行资产的重新分类。因此，提高准备金是否能像理论预期的那样奏效，其实并不确定。但是，无论是由于提高准备金的政策，还是货币政策以外的其他因素，事实是货币供应增速在1996年中期开始下降了。

第三节　货币危机

然而，在1997年春天，一个外部因素最终改变了捷克货币政策的"三难"困境。1997年5月，发生了一连串事件，被称为货币危机或货币震荡，最终造成捷克放弃了汇率中间价，引入所谓的克朗浮动汇率。这证明了三元悖论确实不可能长期维持，货币政策恢复了自主权，资本的自由流动也得以保全，但必须为此付出的代价是放弃汇率稳定。我们来简要看一下危机爆发之前的情况。

1995年和1996年，经济增长迅速，失业率较低，实际工资连续三年保持了约10%的增长率，但实际的劳动生产率并没有相应地提高。通货膨胀率大约为每年8%到10%，这意味着实际汇率（即按价格水平调整后计算的汇率）大幅走强。然而，需求的增速超过产出，外部不平衡在迅速恶化。即使财政政策没有过于宽松（并且公共债务水平较低），1996年依然出现了小幅财政赤字（当年为选举年），这也为经济又增加了需求侧的刺激。同时外贸也出现了逆差，主要原因是私人部门需求的增长——包括消费和投资。较高的投资水平在转型经济体里看上去是顺理成章且值得鼓励的，这反映了原有企业的现代转型升级和新企业的涌现。在某种程度上，可以预期贸易赤字将随着投资效果显现和出口产能的增长而逐渐化解。但这一预期过于乐观了，历史没有留给它足够的时间来证明自己。

1997年的前几个月，经济增长开始放缓。这有可能是因为央行此前的紧缩措施（特别是1996年中期提高准备金的决定）。然而此时一些捷克大型公司的竞争力也出现了问题，小型民营银行出现倒闭。在1997年年初，经常账户赤字约为GDP的8%，很明显捷克经济正处于一个脆弱的关口。1997年春，东南亚金融危机突然爆发，连续打击了泰国、韩国、印度尼西亚等国家。① 尽管捷克经济与这些国家的联系并不紧密，但捷克也被外国投资者视为所谓的新兴国家集团的一员。过去几年来一直支撑着外资强劲流入的投资者信心也迅速地发生了变化。央行不得不面对资本外流，不得不采取干预措施以支持克朗。对克朗贬值的投机更进一步损坏了人们的信心：部分投资者开始"下注"克朗下跌，他们借入克朗，迅速兑换为外国货币，并认准将来回购时克朗会进一步走弱（即做空）。捷克央行努力进行抵御，迅速提高了利率（一周回购利率提高到年化利率75%）。但是，很明显这样的抵御措施无法长期持续，最终，捷克央行决定放弃固定汇率体系，建立有管理的浮动汇率机制。央行也停止对外汇市场的系统性操作（除了对收购政府私有化收益的资金和欧盟资金的进出），汇率或多或少可以自由浮动，这种情况直至2013年（见图6.2）。实际上央行做出了所谓的汇率承诺（exchange rate commitment）。

图6.2 名义汇率

资料来源：EUROSTAT。

---

① 关于东南亚危机的详细描述，参见 Radelet, Steven, et al., "The East Asian Financial Crisis: Diagnosis, Remedies, Prospects", *Brookings Papers on Economic Activity*, Vol. 1998, No. 1, 1998, pp. 1-90; Calvo, G. A., Mishkin, F. S., "The Mirage of Exchange Rate Regimes for Emerging Market Countries", *Journal of Economic Perspectives*, Vol. 17, No. 4, 2003.

放宽对汇率的控制，导致其立即走弱，与1997年年初相比，最高跌幅达15%，但在一年之内又逐渐回升到了危机前的水平。利率也在以一个不至于造成新一轮贬值的速率逐渐下降。[1]就这样，与东南亚国家相比，捷克的这场货币动荡是比较温和的，它并未造成经济衰退。总而言之，这场危机给捷克共和国上了一节关于如何运用经济政策的课，捷克从中学到了：要融入世界经济，成为其中的一个组成部分，就要做好准备承受住世界经济所带来的正反两方面的冲击。

在一定程度上，是危机而不是政策制定者结束掉了三元悖论。但危机无法决定未来的货币政策。尽管货币政策在汇率放宽之后重新恢复了自主权，但却发现自己处在一个无所适从的境地：如果将来不想再这样仓促应战，那就是时候设计一个新的货币政策体系了。

第四节 寻找新的货币政策体系

对于新的货币政策体系存在着多个选项。其中一个选项是将汇率盯住某一选定货币（如当时的德国马克和未来的欧元）。有些转型国家迟早会选择这一选项，这也是波罗的海国家和保加利亚这样的小型经济体所作的选择。上述这些国家甚至还采用了强有力的措施将汇率固定，即所谓的货币局（monetary committee）制度。货币局制度的实质，是央行发行的所有货币均有外汇储备做准备，以此提供信用保障。这种安排的代价就是丧失（这次是完全）货币政策的自主权。即使捷克国家银行有大量的外汇储备来实施货币局制度，在经过前几年的固定汇率的教训之后，重新固定汇率也不是一个现实的选择。在货币动荡之后，内外部环境都不够稳定，同时大家依然认为捷克共和国应该有货币政策的自主权。

---

[1] 关于货币震荡期间事件的详细记录，见 Šmídková, K., *Koruna Exchange Rate Turbulence in May 1997*, ČNB, VP č.2, 1998.

另外一个现实的选择是货币目标制。原则上来讲,这一方案是比较容易实行的,之前捷克国家银行甚至曾经在固定汇率,以及货币总量增长影响其决策的情况下设置过货币目标。尽管前几年捷克国家银行未达到其设立的这些货币目标,但那主要是因为流入的外汇没有被完全地回收,于是既定的货币目标被迫让位于维持固定汇率的决策。然而,在20世纪90年代末,货币目标制在全世界已经开始衰落。使其偏离货币主义解决方案的原因,是货币需求量的稳定性问题。这特别反映在狭义货币如M1上。最为著名的一句话就是前加拿大央行行长Gerald Bouey在20世纪80年代所说的:"我们没有放弃M1,是M1放弃了我们。"①通常对M2的需求更为稳定,原因是M2包含了定期存款,并且对利率的变化更具免疫力。在捷克的案例中,货币需求仍然很不稳定,或是货币流动性很高,以至于它们无法被当作目标来制定积极稳健的货币政策。

这些反对货币目标制的理由,对于其他的转型经济体也是同样成立的。转型经济体国家的一个合乎逻辑的共同点就是,原本就不稳定的宏观经济又加上了剧烈的体制转型。在一个十年前只有一家国有银行、只能向公众提供活期和定期存款的国家里,银行业的发展、新金融产品的出现,肯定只会加剧货币需求的不稳定。

尽管货币主义是经济转型设计者们的灵魂导师,并且在转型之初的价格自由化改革中,对于遏制恶性通胀的出现(在很多转型经济体都发生过)也起到了一定的积极作用,但此时货币主义已经不再适合被用来为捷克制定切实可行的货币政策了。实际上,在此后的几年里,货币需求量的变化也印证了20世纪90年代初人们就担心会出现的不稳定性。M1每年增速的波动都在10%左右,所以以此来设定货币政策目标是不可行的(见图6.3)。同样,M2的增速尽管比M1更稳定,但还达不到足够稳定到可以预测的程度。以M2来说,我们无法断定货币总量的变化只是经济活动的结果(就像内生货币理论的结论一

---

① Šmídková, K., *Koruna Exchange Rate Turbulence in May 1997*, ČNB, VP č. 2, 1998.

样),还是一个可以影响经济活动的因素。2001 年以来,看上去是经济活动引导了货币总量的变化,而不是货币供应量影响经济活动。① 尽管货币总量是一个货币政策的基础性信息,至少是当前以及近一个时期内经济状况的一个表象指标。但它不足以指导如何管理利率,管理利率需要的是对未来经济形势的预判。② 把货币目标制作为货币政策制度是有相当的难度的。(更不用说央行其实难以精确地控制广义货币的发行量。)

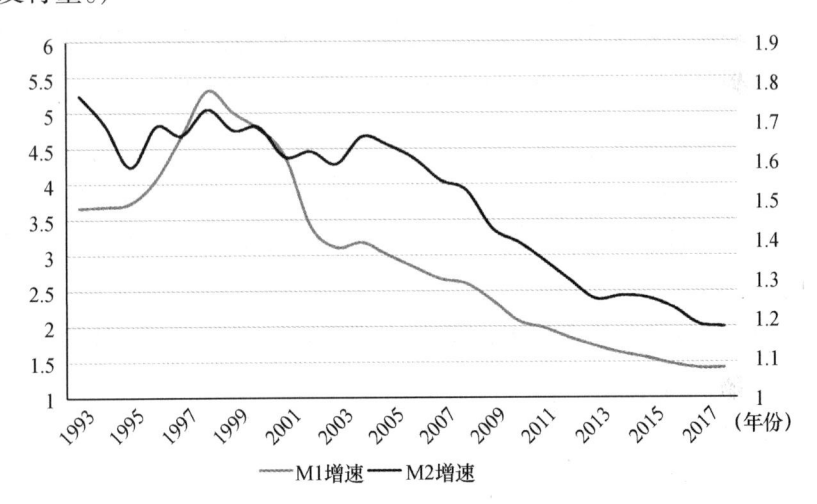

图 6.3　货币总额的增速

注：基于与年度 GDP 与当年年底货币总额之比。左纵轴为 GDP/M1；右纵轴为 GDP/M2。

资料来源：CNB、OECD 和作者的计算。

货币政策的最后一个可行的选择,就是所谓的通货膨胀目标制。到今天它已经成为各国普遍的货币政策制度,但在 20 世纪 90 年代末

---

① 实际上,根据 Granger 因果测试,我们不能排除总需求是货币供应变化的"原因"。详细分析见 Tomšík, V., Viktorová, D., "The Relationship between Money and Output in the Czech Republic", *Eastern European Economics*, Vol. 44, No. 2, 2006。

② 根据货币供应增长率的大幅波动而调整利率,可能导致中央银行犯下严重的错误：例如,在 2001 年下半年,货币供应量增幅达 12%—13%,但在下一年,名义产品增长或需求增长并未加速,实际上还出现了放缓。利率的提高将放大周期循环。相反,在 2003 年,货币利率降到历史低点,货币供应量年增长 3%。但之后,经济繁荣一直延续到了 2007 年。任何为应对货币供应低速增长而降低利率的行为,都事与愿违。

它还没有这么流行。按照今天的观点，新西兰是第一个实行通货膨胀目标制的国家，接下来是加拿大，其他国家随后也逐渐加入了这个行列。但在1997年年底，捷克共和国决定采用这一新货币政策制度时，它依然属于一种创新性的货币政策安排。

一　通货膨胀目标制

捷克共和国引入通货膨胀目标制，主要是基于以下原因：

1. 货币主义的措施不可避免地带有一些可能会造成利率波动的问题（货币乘数和货币需求量不稳定，货币总量与通货膨胀间的联系不清晰）。

2. 由于有效工具数量有限，央行无法追求除价格稳定外的更多的主要目标（这对只使用一种工具——利率的央行来说更是尤为严峻的问题）。

3. 通胀目标制对市场来说是一种透明的制度，可以有效地影响通胀预期和利率的稳定。

4. 低通胀本身具有其社会意义，低通胀比较不容易造成不公平的收入和财富再分配。

5. 低水平且稳定的通胀，有利于GDP的长期增长。

6. 考虑到需要加入欧洲货币联盟，有必要控制通胀以达到马斯特里赫特条约所要求的标准。

与在20世纪90年代初实施这一制度的国家相比，捷克共和国当时的经济情况更为不利。如表6.2所示，在采用通胀目标制的前一年，捷克经济出现了相对较高的经常账户失衡。除了欠佳的宏观经济表现外，其他一些后来被公认为实施通胀目标制的必要条件也同样缺乏：这包括金融业的稳定、清晰的利率传导机制，最后也是最终需要的货币政策与财政政策的协调。捷克共和国是全世界第九个采用这一制度的国家，是转型国家里的第一个。此后，波兰（1998年）、匈牙利（2001年）和斯洛伐克（2004年）陆续采用了此制度。

此外，从一开始，捷克的通胀目标制就有一些特别之处。在发达经济体中，通货膨胀目标制是作为一个保持较低且相对稳定通胀水平的工具，而在捷克，它被直接用于降低通胀。通胀目标制开始于一个具有惯性的高通胀环境，并计划将通胀水平逐渐降低到发达国家的通常水平。尽管这样一个过程序并没有先例，但与当时的理论认知并不矛盾。甚至可以认为，假设通胀目标制是值得信赖的并且经济活动主体都足够理性，那依靠通胀目标制来降低通胀，应该会比用别的手段，比如降低货币供应量，带来更少的痛苦和付出更小的代价（指失业和生产损失等方面）。

实际上，通胀目标制所寻求的是直接影响各类经济活动主体的预期，如果他们是理性的，并且相信通胀目标可以实现，那么通胀目标制就更容易起效。但是，在捷克当时的经济情况下，没有人真正相信这样的一个过于乐观的想法能够实现。归根结底，通胀目标制及其设定的通胀目标必须首先赢得社会的充分信任，而这一过程花费了很多年的时间。

表6.2 实施通货膨胀目标制的经济起点

国家	实施通胀目标制的年份	之前的通货膨胀率（%）	经常账户余额（GDP 的百分比）
澳大利亚	1993	0.9	-3.8
加拿大	1991	3.1	-3.4
芬兰	1993	2.6	-4.7
西班牙	1994	4.5	-1.2
瑞典	1993	2.8	-3.6
英国	1992	3.7	-1.4
捷克共和国	1998	10.0	-6.1

资料来源：OECD。

在考察通胀目标制的实际效果之前，我们先简要解释一下其理论基础。通胀目标制的理论基础是新凯恩斯主义，其观点认为存在着一些真实的天然（均衡）变量（如潜在的产品产量、自然失业率、实际利率、实际均衡汇率等）。同时，这一观点假设没有动荡的话，经济会恢复到稳定的状态。价格和工资的摩擦力使得经济不会瞬间回到稳定状态。天然变量的当前值与其均衡值之间存在着偏离，这就构成了经济周期；央行的任务，就是努力使周期平稳地转化。因此央行可以通过利率政策，将通胀率控制在一个较低的、稳定的水平上，保持经济接近于稳定状态，从而对经济发展发挥积极的作用。

从经济学史的观点来看，有必要指出，"新凯恩斯主义"这个名称具有一定的误导性，因为根据凯恩斯的思想，只需要去管控价格和工资的摩擦力，并且暗示了货币的内生性。"天然"（均衡）变量和存在着稳定状态的观点，与（后）凯恩斯主义的想法背道而驰。例如，国际金融危机的发生已经证明，通胀目标模型因其新古典主义特质，并不适于预测和描述危机现象。根据（后）凯恩斯主义理论，一些"破坏性"的过程（不是爆炸性），在具有稳定状态的中期线性模型中不能被忠实地呈现出来。

在简化的模型中，通胀目标制可以被描述为两个函数性的关系——央行反应函数和通胀预测函数。央行反应就是央行如何设置利率（以实现自己设定的通胀目标，以及如何调整以控制预测值与目标值之间的差距）。通胀预测函数说明央行使用哪些变量来预测未来的通胀（这反过来又作用于央行反应函数）。这两种函数关系告诉我们，通胀目标制的执行程序包括以下几个基本步骤：

（1）设置通胀目标；

（2）进行通胀预测；

（3）通过短期央行利率（或其他工具）实行操作管理。

在设置通胀目标时，央行首先决定是否监测标准的消费者物价指数（CPI），还是更倾向于关注针对核心通胀的调整后的物价指数或其他类型的价格指数。选择 CPI 以外的其他价格指数可能是由于部分商品价格会受到季节性或周期性的影响，央行无法有效干预其短期波动，例如，农产品价格。选择价格指数的问题还有可能与服务价格有关，而有些服务价格可能由中央政府或地方政府进行行政管理。这些商品和服务可能未被纳入标准价格指数的统计中，或是根据其对物价的影响力进行了某些调整。这也是捷克经济当时面临的情况：1997年年底，大约18%的消费品价格受到行政管制。为此，通胀目标制以所谓的"净"通胀目标开始，即排除受管制商品的价格的通胀率。虽然达到净通胀目标对于央行来说更容易，但公众难以理解，而且各界对通胀的预期肯定是关于整体通胀的，而不是净通胀。

央行努力达到的通胀目标，可以是一个涨幅区间（如1%—3%）或一个特定的值（如2%）。幅度区间有两个缺点：a. 对通胀预期的引导比较模糊；b. 如果超过区间，中央银行将承受更大的舆论压力。

另外，整个通胀目标体系，充满了各种的不确定性，有些情况下，央行不必一定坚持自己的通胀目标。例如，世界商品市场出现价格震荡、间接税增加、汇率因投机因素而变化等。这些短期的价格冲击，都会使通胀（或通缩）的形势发生变化。

央行的短期利率是通胀目标制的主要工具（至少是在正常情况下）。在运营管理中，央行通过设置货币政策利率，使通胀达到目标。如果预测通胀将超过（或低于）所设目标，央行应该逐渐提高（或降低）利率。利率的逐渐变化，旨在通过沟通，使金融市场平稳地适应新形势。

中期通胀预测可能是通胀目标制中最为引人注目和引起最多讨论的部分。从央行的角度来看，货币政策展望是（捷克国家银行每12—18个月）至关重要的，因为从货币政策的范畴来看，央行的短期利率变化是效率最高的工具。按照惯例，央行发布所谓的无条件通胀预测，用以传递可能的利率变化信号。如果央行发布的通胀预测是以利率不变为前提的，我们认为这是所谓的有条件预测。无条件预测之所以更为适宜是因为：只有无条件预测才对央行如何设置利率以实现通胀目标具有指导意义，因为有条件预测假设了利率不变。

一系列新凯恩斯主义的动态模型构成了通胀预测模型的基础。这些动态模型也都有不同程度的微观经济学基础。预测模型可分为两个世代。第一代模型主要基于瑞典经济学家 L. Svensson 的研究成果。不同国家的中央银行对其进行了各种修改，从国际货币基金组织到商业银行都用其来分析央行的行为。第二代的代表是新凯恩斯主义的预测模型，使用动态随机一般均衡模型（DSGE）[①]，推导出微观经济现象中蕴含的宏观经济关系。捷克国家银行[②]和欧洲中央银行[③]就使用的是这一类模型。

二 通胀目标制在捷克的实践经验

在 1998—2001 年的第一阶段，捷克国家银行的目标是年度价格水平，即所谓的净通胀指数的变化幅度。通胀目标设置在每年度的最后一个月。净通胀指数的计算中，不包括受中央政府和地方政府价格管控的项目。除了剔除了价格管控项目外，净通胀指数也可以兼容间接税收造成的价格波动。

在第一阶段，通胀不仅从高水平降到了目标值，甚至还低于目标值。所以前四年通胀目标制的结果是好坏参半的：通胀下降（见图 6.4），通胀预期也明显下降，但央行并没有达到其所设置的目标。部分原因是 1998 年原材料价格的意外下跌和汇率的意外升高。即使排除这些不可预测的因素，今天可以说货币政策在这一阶段也有些过于从紧了。尽管低通胀被视为正面的成就，但低于通胀目标却是一个不好的现象。实际上，如果市场参与者相信央行的目标并以此为自己行为的依据，商业活动中总会有一方，会因为央行没有达到既定目标，而利益受损。系统性地低于目标对债权人有利，但会对债务人造成损

[①] Rotemberg, J. J., Woodford, M., "An Optimization – Based Econometric Framework for the Evaluation of Monetary Policy", *NBER Macroeconomics Annual*, Vol. 12, 1997, pp. 297 – 346; Clarida, R., Gali, J., Gertler, M., "The Science of Monetary Policy: A New Keynesian Perspective", *Journal of Economic Literature*, Vol. 37, No. 4, 1999, pp. 1661—1707.

[②] Andrle, M., Hlédik, T., Kameník, O., Vlček, J., "Implementing the New Structural Model of the Czech National Bank", *CNB WP 2*, 2009.

[③] Smets, F., Wouters, R., *An Estimated Dynamic Stochastic General Equilibrium Model of the Euro Area*, JEEA, Vol. 1, No. 5, 2003, pp. 123 – 1175.

失;因为最终的实际利率会超过最初预期的利率,后者是基于既定通胀目标而设定的。类似的情况也可以用于预期与实际汇率间的关系,这对于进出口商的计算非常重要,尽管在汇率问题上形成机制会更为复杂,很难预料名义汇率会如何对系统性地低于通胀目标做出反应。

在第一阶段,通胀目标制经历了一个逐步完善的过程,特别是在公众沟通和开放性方面。由于通胀目标制在很大程度上需要对经济活动主体直接施加影响,所以沟通是这一货币政策制度的重要组成部分。《通胀报告》逐渐成为一个沟通货币政策的基础性的公共文件,这种机制也就此被固定了下来。

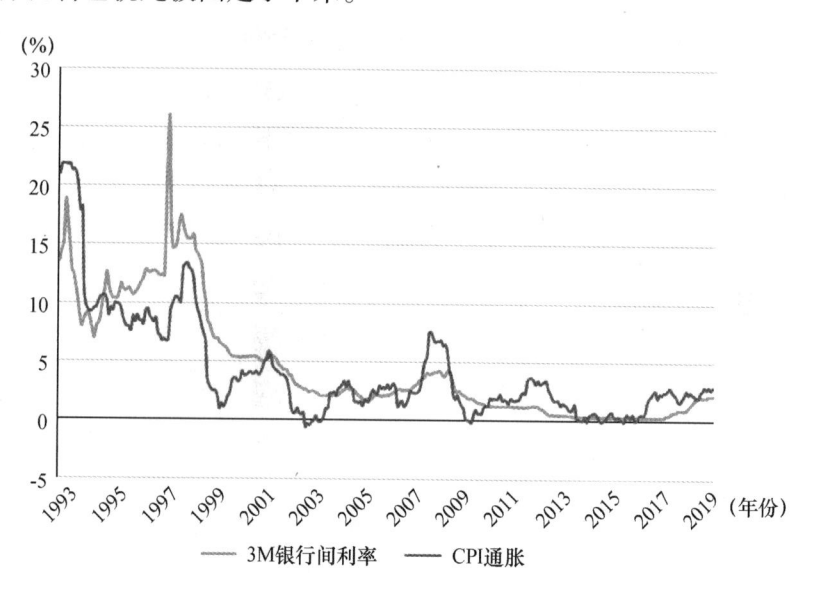

图 6.4 捷克的季度银行间利率(3M)和 CPI 通胀历史数据

资料来源:EUROSTAT。

2002 年以来,捷克国家银行进行了两次系统性调整。通胀目标开始瞄准标准 CPI 通胀(不仅仅是"净通胀"),这对于公众来说更易于理解,并且目标设定为一个小幅向下趋势的走廊,在 2002 年 1 月设置为 3%—5%,在 2005 年 12 月为 2%—4%。2005 年以来,捷克国家银行决定维持 3% 的目标点,在 2010 年下降到 2%,同时 CPI 通胀上下波动不超过 1 个百分点。引入目标点的原因是,与此前的幅度目标相比,目标点更能影响通胀预期。

捷克国家银行定期提供12—18个月的通胀预测。考虑到利率变化对通胀作用的时间,捷克国家银行认为这一货币政策展望周期是最佳的选择。直到2002年,捷克国家银行都一直在发布有条件通胀预测。这些预测是基于央行在预测期内不对利率做出改变这一条件而做出的。当央行改变利率时,这种预测就丧失了效力。这也经常招致公众的批评。为此,从2002年中期,捷克国家银行开始根据"核心QPM模型"[中期宏观经济模拟模型,此模型具有校准后的参数、变量以及跳空缺口(gap patterns),并体现了L. Svensson的方法],创建和发布无条件通胀预测。① 预测得出的数据(通胀和GDP)开始以扇形图的形式呈现,其容纳了利率变化这个因素。扇形图反映了预测准确的概率空间30%、50%、70%和90%(参见图6.5扇形图例)。

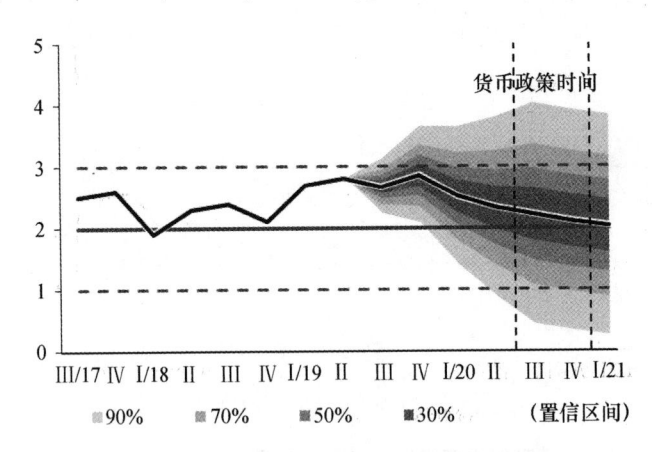

图6.5 捷克国家银行通胀预测的扇形图示例

资料来源:CNB。

货币政策利率轨迹也是无条件通胀预测的一部分。预测中展现出利率变化的轨迹,以确保央行达到既定的通胀目标。在这种情形下,

---

① 关于QPM模型的说明,参见Beneš, J., Hlédik, T., Vávra, D., Vlček, J., "The Quarterly Projection Model and its Properties", *The CNBs Forecasting and Policy Analysis System*, 2003, pp. 63 – 98.

央行实际是在预言自身的行为,并依据这些预言来预测通胀的走势。

2008年以来,捷克国家银行转为使用"g3核心模型——DSGE"(中期动态随机一般均衡模型,包括由连续的微观经济推导出的行为关系,有11个分区和参数校验)。[①]同年,捷克国家银行开始发布预测PRIBOR 3M市场利率轨迹(还是以扇形图呈现)。捷克国家银行也同时使用标准计量经济模型进行短期预测,这些模型同样使用高频统计数据。这些结构性模型的优势是,允许货币政策模拟和预测备选方案。恰在此时,在实施新模型工具之后不久,捷克和大多数国家的经济就遭受2008年开始于美国的严重经济危机的冲击,经济危机通过金融和外贸领域传播蔓延,给捷克共和国带来了巨大的震动。对于捷克经济来说,危机的原因完全是外部的,也是不可预测的。尽管如此,可以说改进后的预测工具(外部环境作为外生变量被输入)在基本功能上取得了成功。但是,由于经济危机的影响,以及后续的财政紧缩,迅速使央行的主要工具如短期利率降到几乎为零的水平(出于法律原因设置为0.05%)。

就这样,经济政策进入了一种并非完全不可知,但又不是经济学教科书所描述过的模式——今天人们将这一境地称为ZLB,即零利率下限。如果通胀目标和经济形势预示着利率将为负数,货币政策要如何应对?有的国家尝试(今天看来是长期性的)打破零利率"禁忌"(如瑞士和瑞典)。捷克国家银行决定采取别的措施。它并未放弃通胀目标制作为其货币政策体制,但放弃了实现目标的现有工具即利率。比照那句关于货币目标制的名言,人们可以说"我们没有放弃利率,是利率放弃了我们"。作为实现通胀目标的新工具,所谓的汇率承诺应运而生。央行保持捷克克朗汇率处于弱势,以防止螺旋式地通缩。为此,其必须按照贬值的方向来进行干预。汇率承诺在2013年秋季被实施,并且(与原来的预期相反)存在了超过三年的时间——直到

[①] 参见 Andrle, M., Hlédik, T., Kameník, O., Vlček, J., "Implementing the New Structural Model of the Czech National Bank", *CNB WP 2*, 2009.

2017年春天才结束。尽管货币体制继续为通胀目标制,但是在汇率承诺(以及承诺的退出)时期,这一体系又被附加了很多特别的功能和形式。

第五节 结论

自转型以来,捷克货币政策经历了一段精彩纷呈的历史,从一个充满不确定性的环境出发,到货币分家,再到巨额资本流入,直到货币危机。回望那段历史,我们才体会到最终选择通胀目标制的正确性。

总体上,捷克国家银行在2000年以后才有了自己的货币政策体系,对于捷克经济的相对稳定发展做出了应有的贡献。尽管有时过分压低了通胀水平反而"阻碍了"经济的发展,尽管既定的通胀目标大多数都未能实现,但捷克经济逐渐开始显示出相对较高的真实GDP成长,并逐渐实现了外部均衡。在2008年国际金融危机造成的剧烈经济波动下,捷克货币管理当局所赢得的信用帮助了捷克克朗和捷克经济走出困境。危机的余波又为捷克的货币政策带来了新的挑战,那就是如何运用好汇率承诺措施。如果捷克共和国决定加入欧洲货币联盟,它的货币政策还将面对更多的未知的挑战。

参考文献

Andrle, M., Hlédik, T., Kameník, O., Vlček, J., "Implementing the New Structural Model of the Czech National Bank", *CNB WP* 2, 2009.

Beneš, J., Hlédik, T., Vávra, D., Vlček, J., "The Quarterly Projection Model and its Properties", *The CNBs Forecasting and Policy Analysis System*, 2003.

Bluedorn, J. C., Bowdler, C., "The Empirics of International Monetary Transmission: Identification and the Impossible Trinity", *Journal of*

Money, Credit and Banking, Vol. 42, No. 4, 2010.

Calvo, G. A., Mishkin, F. S., "The Mirage of Exchange Rate Regimes for Emerging Market Countries", *Journal of Economic Perspectives*, Vol. 17, No. 4.

Clarida, R., Gali, J., Gertler, M., "The Science of Monetary Policy: A New Keynesian Perspective", *Journal of Economic Literature*, Vol. 37, No. 4, 1999.

Griffith-Jones, S., Gottschalk, R., Cirera, X., "The OECD Experience with Capital Account Liberalisation", Working Paper at Institute of Development Studies, University of Sussex, 2000.

Hrnčíř, M., "Exchange Rate and the Transition: the Case of the Czech Republic", *Politická ekonomie*, č. 4, 1993.

Klaus, V., Tomšík, V., *Makroekonomická faktačeské transformace*, NC Publishing, Praha, 2008.

Mandel, M., Tomšík, V., "Monetary Policy Efficiency in Conditions of Excess Liquidity Withdrawal", *Prague Economic Papers*, Vol. 23, No. 1, 2014.

Obstfeld, M., "Models of Currency Crises with Self-Fulfilling Features", *European Economic Review*, Vol. 40, Issues 3-5, 1996.

Obstfeld, M., Shambaugh, J. C., Tylor, A. M., "The Trilemma in History: Tradeoffs among Exchange Rates, Monetary Policies, and Capital Mobility", *The Review of Economics and Statistics*, MIT Press, Vol. 87, No. 3, 2005.

Radelet, Steven, et al., "The East Asian Financial Crisis: Diagnosis, Remedies, Prospects", *Brookings Papers on Economic Activity*, Vol. 1998, No. 1, 1998.

Rose, A. K., "Exchange Rate Volatility, Monetary Policy, and Capital Mobility: Empirical Evidence on the Holy Trinity", *NBER Working Paper*, No. 4630, 1994.

Rotemberg, J. J., Woodford, M., "An Optimization – Based Econometric Framework for the Evaluation of Monetary Policy", *NBER Macroeconomics Annual*, Vol. 12, 1997.

Smets, F., Wouters, R., *An Estimated Dynamic Stochastic General Equilibrium Model of the Euro Area*, JEEA, Vol. 1, No. 5, 2003.

Svensson, L., "Inflation Forecast Targeting: Implementing and Monitoring Inflation Targets", *European Economic Review*, Vol. 41, No. 6, 1997.

Svensson, L., "Open – Economy Inflation Targeting", *NBER Working Paper*, No. 6545, 1998.

Šmídková, K., *Koruna Exchange Rate Turbulence in May 1997*, ČNB, VP č. 2, 1998.

Thiessen, G., "Can a Bank Change? The Evolution of Monetary Policy at the Bank of Canada 1935 – 2000", public lecture available atwww. bankofcanada. ca.

Tomšík, V., "Výzkum kompenzačního koeficientu v podmínkách ČR v letech 1993 – 1996", *Finance a uvěr*, roč. 48, č. 6. (in Czech only)

Tomšík, V., Viktorová, D., "The Relationship between Money and Output in the Czech Republic", *Eastern European Economics*, Vol. 44, No. 2, 2006.

WIIW Handbook of Statistics—Central, East and Southeast Europe, the Vienna Institute for International Economic Studies, Vienna, 2006.

第 七 章

转型经济体银行业的若干问题

与大部分欧盟成员国相比,捷克的金融业有着很多独特之处。捷克金融业的资产总额大约为捷克 GDP 的 1.5 倍,而在西欧国家中,无一例外,国家资产负债表中金融业的资产都超过 GDP 的 3 倍。捷克金融业的规模较小,部分原因是捷克的人均 GDP 还低于欧洲平均水平(一般情况下,金融业的规模会超过 GDP,因此在发达国家,金融业所占比重通常较高)。同时,金融业规模较小也有其历史原因:捷克共和国在 1997 年到 1999 年经历了经济衰退并伴随着银行业危机。20 世纪 90 年代末之后,银行业资产负债表的情况逐步得到改善,但同时银行对贷款发放也更为谨慎,这才形成了今天捷克金融业相对于捷克经济发展水平规模较小的现状。

另外,金融业和银行业的规模较小,也未必是一个缺点。现在人们普遍认为,有些国家的金融业规模过大(特别是 2008 年以前在爱尔兰和冰岛),它们在 2008—2009 年的经济危机中受到的伤害也更大。

捷克银行业的一个特点是其所有权结构:90% 以上由外国资本持有。外国资本的绝对控制有其历史原因。大型国有银行的私有化,必然造成股权落入外国金融集团手中(当时还不存在捷克的民营金融集团)。而很多在 20 世纪 90 年代设立的小型内资银行都受到了 1997—1999 年经济衰退的严重打击,又因为其自身经营上的失误,最后大多退出了市场。经历了 20 世纪 90 年代的时事变迁,2000 年以后的捷克银行业,整体上变得更加集中,利润也更高。理论上来说,高回报应该吸引新的行业参与者，但严监管（监管者为中央银行——捷克国家银行，以下简称CNB）和相对较小的市场规模，限制了新市场主体的进入。

在以下的章节中，我们将分析与银行业有关的一系列特定问题。有的问题是具有普遍性的，有的则是转型经济体所特有的。话题将涉及银行业规模，相应的金融业规模，以及在对发达国家的追赶式发展（economic convergence）中金融业所发挥的作用。考虑到2008—2009年国际金融危机的影响，房地产价格与银行业的关系也值得特别关注。除此之外，我们还会论及所谓的银行业联盟的话题，以及相对较新的所谓主权风险和宏观审慎政策及其工具。在最后一节，我们将谈论宏观审慎政策与传统货币政策的协调配合问题。

第一节　金融业的规模及其在促进转型经济体和新兴经济体经济增长中的作用

站在新兴经济体的角度，金融业对于促进经济增长能发挥什么样的作用？在详细讨论这一问题之前，我们提出两个具有普遍性的观点。第一个非常明显的观点是，金融业规模过小将影响实际增长。第二个观点（只是在2008—2009年的国际金融危机之后才变得加清晰）是金融业的过度发展或规模过大，将造成经济的脆弱以及资源的错配，同样也会影响经济增长。

金融危机引发了对于金融业规模及其在经济中所起作用的讨论，很多人认为，至少在某些国家，金融业已经过度发展了。过度就意味着，应该存在着某种金融业的均衡甚至是"最优"规模，才谈得上实际规模出现了偏离。这看起来是有道理的，因为其他行业也存在着均衡规模。但在其他行业，如果偏离了均衡，如增长过快或产能过剩，行业利润就会下降，反之亦然，市场的力量可以纠正这种偏离。因此，确保某个行业处在最优规模，通常不是经济政策的目标。但是对于金融业，情况是有些特殊的（可能建筑业也有这种特殊性，如果对建筑业的需求其实是由金融业在背后支撑着的话）。金融业信贷量的迅速增长，可能在多年以后才变得不可持续，继而成为不良贷款，这样金融业的规模是否偏离了均衡水平，就变得至关重要。考虑到金融业在社会经济中所承担的重要角色，其规模的变化对经济会产生巨大的冲击。今天，我们普遍认为存在"金融循环"（financial cycle），尽管其定义还不够清晰。贷款的急剧增加可能会影响资产价格，增加企业和家庭的净财富，这反过来又提高了其获得新贷款的能力。上述机制从两个方向互为因果共同作用，恶化了正常的商业周期。

金融业的均衡规模确实是存在的，但无法直接观察。对于这一问题，尚没有过硬的理论为经济政策提供支持。因此，关于行业规模的意见，无论是认为其低于还是高于均衡水平，都只能是探讨性的。并且这也使得监管政策更容易犯错，要么是政策过于宽松——使金融业过度增长；要么是过于严格，影响到对实体经济的投资。也许，监管者永远也无法说清金融业的均衡或最优规模是多少。但确实存在着一些规律值得研究，并且为新兴经济体在采用巴塞尔协议Ⅲ时，提供一些有益的建议。

一个基本的规律是，人均收入与金融中介的深入程度存在一个正相关关系（举例来说，深入程度可以用金融业对国内其他私人部门发放的贷款量来衡量，见图7.1）。从图7.1中我们可以看出，信贷总量和金融业规模的增长均快于GDP的增长。同时还意味着不存在一个私人信贷量与GDP的固定均衡比值，因为均衡本身就是在不断变化的。特别是在追赶型经济体（converging economies）中，我们可以预期，信贷总量和银行资产负债表的规模都将迅速增长，同时这也并非就是不可持续的。

这种正相关有几种可能的解释。一种解释是金融业管理着企业和家庭的资产。金融业所管理的资产数量与经济中的资本存量的关系更密切，而不是收入，资本存量的一部分本身就是由金融业资金所支撑的。根据传统的经济增长模型，在追赶型经济体中，人们会积累资本，

"资本对收入比"因此增加（同时资本的边际产出下降）。同时国内"信贷总量对收入比"也会增加（贷款是资本存量的一部分）。

但这并不是唯一的解释。法律环境的改善也会提高金融中介服务水平，因为更好的法律体系会带来更高的确定性，会使私人合同得到更好的履行。人口结构和养老金系统的完善程度也会影响到金融业的均衡规模，因为养老金储蓄要由金融业来管理。在高收入国家，人们还有可能对资产的多元化配置有更高的要求。降低风险实现资产的多元化配置，可被视作一种高端的金融服务。

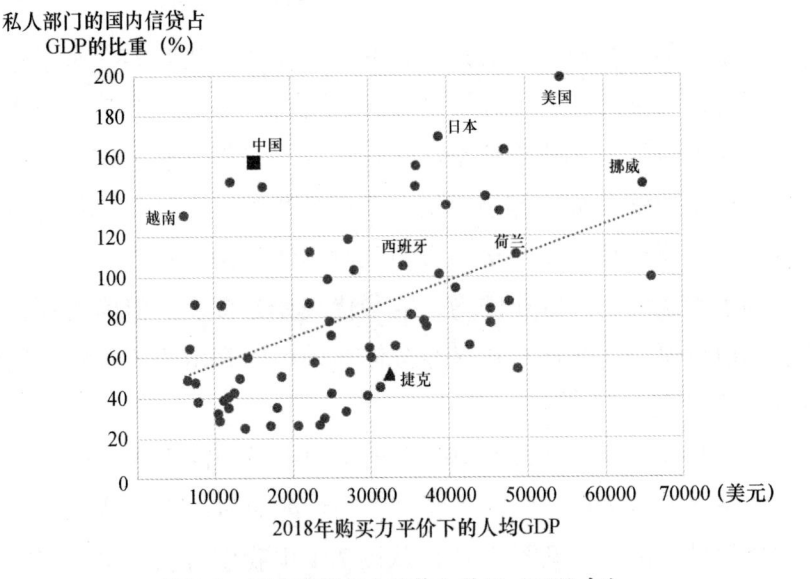

图 7.1　国内信贷与人均收入关系（2018 年）

资料来源：世界银行信息和作者计算。

收入与金融服务深化程度之间的关系会给转型和新兴经济体带来一定的影响。首先，如果这些经济体确实处于经济上升时期，相对于其 GDP，金融业的均衡规模应该有所增加。当转型与新兴经济体的监管部门看到金融业规模增长较快时，不应为此感到惊讶；因为首先人均收入正在迅速增加，而经济将会沿着"收入—金融深化程度"曲线向前发展。当然这有可能与巴塞尔协议Ⅲ的部分内容（比如逆周期资本缓冲）有些矛盾，如果仅仅是机械地理解巴塞尔协议Ⅲ的话。

我们以捷克共和国为例，进一步说明这个问题。捷克国内的信贷总量现在可能已经超过了均衡水平，并且将均衡水平向上推高，这个均衡水平是依据 Hodrick-Prescott 滤波分析等工具估算的。捷克的信贷总量与收入比的增长趋势初看上去似乎不可持续，因为在过去的15年里，它增加了一倍多。很明显，如果金融业继续按照现有节奏增长，用不了几年时间，相对于经济规模来说，捷克的金融业规模就将变得过于庞大。为此，看起来应该使用反周期资本缓冲等措施来减缓增长速度。但是，考虑到收入水平，捷克金融业的规模还不是很大，有的人甚至认为其规模过小（见图7.1，捷克的收入水平—金融深化程度拟合值为130）。近十年来的快速增长并没有问题，因为这只是对1997—1999年银行危机的补偿，并且不大可能按照现有节奏继续增长下去（见图7.2）。捷克的经验显示，在制定涉及金融业规模或增长率的监管政策时，必须要考虑经济体自身的特点和其历史沿革，不能仅仅机械地依赖比率或趋势的数字。

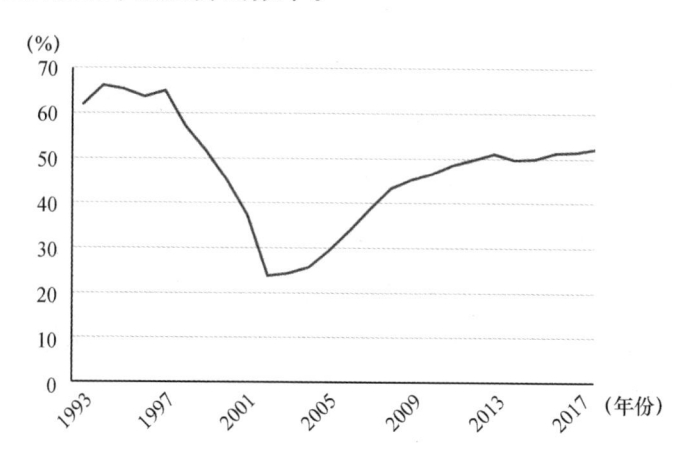

图 7.2　捷克金融业的规模（私人部门信贷占 GDP 的比重）

资料来源：世界银行、CNB 和作者计算。

对于转型和新兴经济体来说，金融业在促进经济增长和追赶发达国家的过程中将发挥什么样的作用？长期以来，经济理论忽视了金融对于长期经济增长的作用，尽管在一些较早的文献中有过一些富有创造性的论述。一个核心的问题是，金融是引领经济发展（Schumpeter的观点）的拉动力；还是只是经济发展的跟随者，企业才是经济发展的内在动力（Joan Robinson的观点）。Levine的一项大型调查也没有得出明确的结论[1]，调查显示"现有资料可以表明，金融业不是单纯地跟随其他行业的发展。但也没有任何理由证明其他行业的发展是受到金融业的引领"。实际上，"引领观点"和"跟随观点"并不一定相互排斥。很多实验测试支持"引领观点"，如Rajan，Zingales、Wurgler、King与Levine。这意味着金融业有助于增加盈利性好的行业的资本存量，将储蓄引导到生产性的用途。

理论上，投资人首先会考虑投资回报最高的项目。熊彼特的一个观点就是——金融业引导资本流入有利可图的项目。一个完善的金融体系可以使一国经济更接近于新古典主义增长理论所描述的状态，因此经济得以加速增长。人们不会去从事预期回报低于存款利率的投资项目，那些项目生产率太低。此外，预期回报高于贷款利率的项目，金融业就会对它们进行投资。投资回报处于存款利率和贷款利率之间的项目，可能会有人去投资，但这些投资不会来自金融业。存贷款利率之间的利差减少了从金融业获得投资的项目；如果利差过高，金融业配置资源的效率将会被减弱。

在现实世界中，由于种种原因，资本配置会偏离最优状态。银行和其他金融中介机构无法对投资项目进行真实的评估，在转型和新兴国家这一问题可能更为严重。因为这类经济体的银行类机构通常使用的是不够精细的打分方法，并且与发达国家相比，它们的经济和法律环境也更不稳定、更难以预测。

资本错配也可能是由于金融周期造成的。众所周知，金融周期会使价格暂时脱离均衡值，进入一个不可持续的发展趋势。谈到资本错

---

[1] Levine, R., "Finance and Growth: Theory and Evidence in Handbook of Economic Growth", *Elsevier*, 2005, pp. 865–934.

配与金融周期的关系，经常会有人以房地产价格为例（房地产价格问题的详述参见以下章节），但商品价格和其他价格也会受到金融周期的影响。当某些行业的利润增加，金融业就会为其提供资金，以至造成该行业过度扩张。当然，金融周期造成的资本错配应该由监管部门承担起纠正（和预防）的责任。

错配也可能是由法律或监管环境所诱发的。如果契约难以被执行，将造成金融业偏好投资于有可强制执行抵押物的项目（如房地产项目）。但是，这些项目并不是生产效率最高的项目，甚至可能根本就没有生产力，这就降低了配置效率。在某些情况下，甚至还可能造成"金融业的两重性"[1]——某些行业得不到金融支持，同时有些行业又会出现投资过热。

第二节 房地产价格及其他资产价格与金融稳定性的关系

长期以来，经济学理论一直强调货币政策（传统认为它只是针对宏观经济），可能对某些特定行业和特定市场产生意料之外的副作用。例如，以利率为政策工具，会对那些利率敏感型的行业和市场，产生加倍的影响。毫无悬念，这些行业主要是生产资本品的行业（如建筑业）；以及资产价格会受利率共同影响的市场，这类资产主要是金融资产，特别是债券。尽管利率变化所造成的金融资产价格波动可能会对银行的资产负债表产生影响，但一般情况下银行完全可以管控这一风险。对于捷克银行来说，利率与金融资产价格的关联并不是特别重要，因为捷克银行所持有的可交易金融资产在其总资产中的比例相对较低，并且会长期保持在较低水平。

---

[1] Thorat, U., "Overview in Financial Sector Regulation for Growth", Equity and Stability, BIS Papers, No. 62, 2012.

从金融稳定和经济政策的视角来看，货币政策与非金融资产价格之间的关系更引人关注，从体量上看也更为重要，特别是房产的价格。2000年以后，住房抵押贷款逐渐成为捷克银行的一项重要的业务，金额超过了公司贷款（见图7.3）。但这并非是捷克独有的情况，房地产相关贷款在很多国家，包括发达市场经济国家和新兴市场国家都在大幅增加。房地产贷款会对金融银行体系乃至整个经济造成重大影响，这已经不是一个新话题了。

以日本为例，众所周知，20世纪80年代的房地产泡沫，在90年代造成了严重的金融问题和经济的长期停滞不前。2008年的次贷危机造成了美国自20世纪30年代以来最大的金融危机；毋庸置疑，房地产贷款需要被给予特别的关注。说起来有些荒谬，在"大萧条"前指引货币政策的宏观经济模型中，从没有明确地考虑过房地产市场这一因素并将其与货币政策联系起来。事实上，在这些模型中，通常也未考虑其他的金融摩擦。

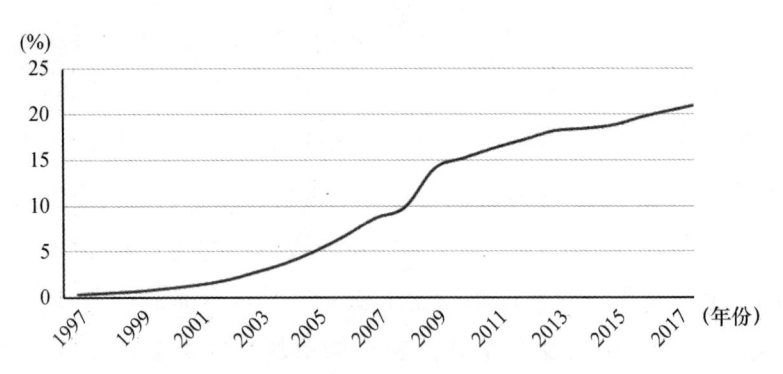

图7.3　捷克未偿付住房抵押贷款占GDP的比率

资料来源：CNB、捷克统计局和作者计算。

货币政策、房地产价格与金融稳定性之间的关系，可以用以下这个模型简单说明。利率同时影响购买房地产的可能性和经济性。利率的降低会导致大批人群选择购买房产——一方面是因为更多的人可以负担得起贷款了，另一方面是因为每月还款额与房租相比变得更划算。因此利息减少，使购买房地产变得更有吸引力。这看起来对银行也有利——降低利率可以改善客户现金流状况，在其他条件不变的情况下，这同样也会降低住房抵押贷款中不良贷款的比例。房贷变得更具吸引力了，这又会对房地产市场造成影响。新房供应相对于整个房地产业的体量是相对较少的，而且，新房供应对需求变化的反应会存在一定的滞后。[①] 同时，有的房地产具有稀缺性（历史性建筑、特殊地点的房地产）及土地的不可再生性。所有这些因素使得降低利率后，房地产（实际）的价格会升高。如果这一过程持续的时间足够长，并且经济持续繁荣，市场情绪乐观，房地产市场可能出现自我加强的预期：预期价格会进一步提高，因此经济活动主体会购买更多的房地产。

实际上，由于房地产供应缺乏弹性和新房供应的大幅滞后，房地产价格会上涨，这又进一步使经济活动主体坚信房地产价格会持续上涨，从而形成房地产市场的价格泡沫。很明显，这一进程不可能持久，并且在本质上是不可持续的。但是，在经济活动主体（无论是在供应侧、需求侧还是金融中介侧）充分认识到这点之前，房地产价格就已经偏离了长期均衡价格，整个房地产市场也会脱离实体经济。同时，房地产通常被视为"真正的"资产，其名义价格过去一直保持增长。这在很多经济活动主体心中形成了一个误区，认为房地产价格不会下降，投资房地产无风险。

实际上，这是一个不稳定投机的典型例子——经济活动主体希望购买资产，但并非为了直接使用或为了利息收入，而是认为通过持有该资产可以实现资本收益。其他很多市场也存在不稳定投机的例子（商品、货币、股票），但与其他市场相比，房地产市场存在着一些特殊性。不同的房产之间的可比性较低，由于较高的交易成本，市场运行缓慢。最后需要指出的是，即使在发达经济体，也不可能有人对房地产的下跌进行投机，只能在价格上涨这个方向上进行操作。如果市

[①] 同时，滞后由于制度限制（如建筑许可证）和其他监管障碍得到放大。特别是在捷克共和国，这些限制极其重要。为此，在短期和中期，房地产市场主要由需求决定。

场上存在"意见分歧",即部分市场参与者相信未来会上涨,而其他人认为价格会下降,那些认为价格会下降的人也只能进行平仓操作,不能按商品市场或股市的方式对下跌进行投机。

无论如何,我们对房地产泡沫尤为感兴趣,尤其是从银行的角度。在第一阶段,市场价格上升,这对于作为出借方的银行有利。不仅是因为利率下降使得客户的现金流得到改善(如上所述),同时房产价格上涨也使得现有贷款更有保障。例如,如果抵押贷款最初只占房地产价值的90%(即LTV为90%),房地产价格的上涨可以降低LTV,并且(在借款人的任何属性都没有改变的情况下)银行手中的债权变得更安全了。这些因素都起到了降低不良贷款(NPL)的作用。

因此,在第一阶段发生的房贷数量的增长,看起来对银行业是正面的,但接下来的新增房贷则是被用于购买已经日益昂贵的房产(房贷的平均贷款也会规模相应地增长)。此外,大部分新增贷款被用于投机性购房。而且,借款人的结构也在逐渐改变,在安全借款人已经拥有房款之后,低息进一步增加了高风险借款人的比例。所有这些都是在不良贷款(临时)下降的情况下发生的,所以银行此时注意不到风险。即使在这一阶段,银行也还是有机会减少风险溢价和减少信贷发放的。发生在房贷市场的事只是一个更为普遍现象的具体表现,这个现象被称为"金融稳定性悖论"。这一悖论指出,影响未来金融稳定的祸根,早在金融平稳和繁荣的时期就已经埋下。很明显,银行的房贷将暴露在越来越大的风险中。

房产泡沫迟早会破灭。很多原因都可能终结上述进程:利率可能会大幅上升,繁荣可能会开始消退,对其他领域的投资乐观情绪可能会减弱等,或者房地产泡沫也可能会自行终止。[①] 取决于戳破泡沫的原因以及价格偏离长期均衡价格的程度,房地产泡沫可能有几种不同

---

① 如果房地产需求的增长不像最初预期的那样快速,房地产泡沫将自然结束,其结果是,房地产价格增长放缓或停止。但是,在泡沫顶端的高价,已经包含了对继续上升的假设(这是所谓的Gordon公式的适用),如果上涨没有出现,部分投机需求将下降,价格不仅停止上升,而且会开始下降。

的终结模式。房地产价格的急剧下降对金融稳定有着巨大影响。如果说房地产价格增长提升了贷款的安全保障,那么价格下降时产生的就是反作用。即使借款人的现金流没有变化,贷款的安全性也会下降。对于那些在泡沫顶点发放的房贷,房产价格可能会下降到贷款金额之下,这样贷款的一部分实际上就没有抵押保证了。同时,如果泡沫的破灭伴随着经济衰退,借款人的现金流将会恶化,不良贷款的比例将会升高。

需要指出的是,银行对房地产泡沫破灭的本能反应会使情况进一步恶化,加剧价格的下跌。不良贷款比例的增加和房地产价格的下跌,会增加风险溢价,银行会因此收紧信贷。这样就造成新发放房贷的减少幅度可能会大于实际需求的降幅。如果因为贷款违约而出现强行收房,银行就会在需求下降的同时,出现在房地产的供给侧,这将进一步加剧价格下跌。最后,房贷市场会对银行的资产负债表造成极大的负面影响,银行被迫收紧对其他行业的贷款,即使其他行业最初并未受到影响。在房贷市场有着巨大风险敞口和资产权益比较高(large asset-to-equity ratio)的银行,将会发现自己面临着一个困难的处境,这又会对银行间市场造成冲击。因此,有许多直接和间接的渠道可以让房贷市场的冲击影响到金融稳定并波及实体经济的各个领域。

当然,以上只是对金融稳定与住房抵押贷款间关系的一般性描述,省略了不同金融周期中的很多细节。过去20年,特别是在金融危机之后,人们进行了更为详细和深入的理论研究,尝试破解这些现象。但是,其实在20世纪八九十年代,部分经济学家(特别是后凯恩斯主义者)就已经认为金融市场是内在不稳定的。为此,他们对于当时的自由化趋势持怀疑态度,或许,这一群人中最杰出的经济学家是 Hyman Minski,他归纳了不同类型的债务融资。他认为私人债务的增加,通常是为投机行为在融资,是造成金融动荡的一个典型原因。[①]

[①] 他已经在他的再论述凯恩斯《就业、利息和货币通论》的论文中解释了金融不稳定理论,见 Hyman Minsky, *John Maynard Keynes*, Columbia University Press, 1975.

关于货币政策、房地产市场和住房抵押贷款市场之间的关系，Iacoviello 是提及最广的理论模型之一。① 在这一模型中，名义贷款（受抵押物价值的影响）作为所谓的金融加速器，强化了需求波动造成的冲击。在 2008 年以后，房地产市场与商业周期相关这一事实，已经没有疑问了。甚至在金融危机爆发之前，这种相关性就已经得到了实验证明。Goodhart、Hofman 关于 17 个国家的长期样本研究表明，房地产价格、货币变量和宏观经济之间确实存在一定的关系，并且在 1985 年以后这些关系变得日益明显。② 部分作者如 Leamer 的观点更为犀利，他们认为（至少是在美国的情况下），商业周期实际上就是房地产市场周期。根据 Leamer 的观点，货币政策必须意识到其对房地产市场的影响，这是美国经济周期最为重要的组成部分。③ 他还指出，经济政策做出反应的最佳时机，是建筑活动超过正常水平（即超过之前的增长趋势）但仍在加速的时期。

尽管出现了说明房地产市场、货币政策和金融稳定性之间关系的模型，而且以后也会有更多研究成果，但在实际监管中，依然存在着如何识别房地产市场泡沫的问题。同时，事实证明，尽管我们凭直觉知道泡沫对市场意味着什么，但要想对其给出一个清晰的定义却并不容易，困难在于如何通过可验证的指标来识别。在 20 世纪 90 年代早期，Stiglitz 提了一种定义泡沫的方法，泡沫指：今天的价格之所以高，是因为投资者相信明天的价格会更高，尽管经济的基本要素并不能支持这个价格水平。④ 对此，Lind 认为这样的定义是含糊不清的，不仅是因为"基本要素"指什么语焉不详，还因为这样的定义没有对泡沫

---

① Iacoviello, M., "House Prices, Borrowing Constraints, and Monetary Policy in the Business Cycle", *American Economic Review*, Vol. 95, No. 3, 2005, pp. 739 – 764.

② Goodhart, C., Hofmann, B., "House Prices, Money, Credit, and the Macroeconomy", *Oxford Review of Economic Policy*, Vol. 24, No. 1, 2008, pp. 180 – 205.

③ Leamer, E. E., "Housing Really Is the Business Cycle: What Survives the Lessons of 2008 – 2009?", *Journal of Money, Credit and Banking*, Vol. 47, 2015, pp. 43 – 50.

④ Stiglitz, J. E., "Symposium on bubbles", *Journal of Economic Perspectives*, Vol. 4, No. 2, 1990, pp. 13 – 18.

的过程进行完整分析，即不仅是房地产价格的上涨，也应包括其后续的下跌。① 根据 Lind 的观点，价格泡沫的定义只能是关于价格演进过程的（而不应尝试直接地定义），如果资产价格上涨数月或数年，然后出现剧烈的下跌，则为泡沫。但是，这一定义的明显弱点在于，泡沫只能在事后才被识别。但对于监管和金融稳定来说，重要的是在其开始形成时就识别出泡沫。为此，Shiller 提出确定泡沫出现的多个评价标准。在这些标准中，除了价格迅速上升外，还包括了在旁助推的媒体炒作、公众对某类资产的兴趣明显地提高（在本例中为房地产）、社会上出现新的理论为这种不寻常的涨价辩护，以及对贷款审批标准的放宽。

但即使房地产泡沫能够被识别出来，也还不清楚经济政策应该如何应对。从金融稳定性的角度来看，无疑应该以某种方式做出反应，但使用什么工具、用多大的力度，这些都不确定。货币政策是否应该直接调整利率以作应对？毕竟，如上所示，利率是影响房地产等长期资产估值和影响信贷供给的基础性因素。此外，利率的使用可能会与其他的货币政策目标相冲突（如通货膨胀目标，具体情况如下）。按照传统的 Tinbergen 原则，每个经济政策目标必须至少要有一个独立的工具，因此如果使用利率来刺破房地产泡沫，将会造成利率工具的不堪重负，并使利率操作方向陷于矛盾之中。在宏观审慎监管（即针对独立的经济实体的工具）或宏观审慎工具（即对整个市场的工具）中，还是有很多其他可用的手段的。这些手段包括银行风险敞口限制、LTV 限制、债务收入比等。实际上，CNB 也使用过这些工具（如图 7.4 所示）。

让我们简要地回顾一下捷克共和国住房抵押贷款市场和房地产价格的发展过程。如图 7.3 所示，只是在 2000 年以后，房贷才出现大幅增长。并且从 2008 年起，才有了系统可比和连续的房地产价格数据。这限制了对房地产价格变化过程的评估，但依然可以明显看出，房地

---

① Lind, H., "Price Bubbles in Housing Markets: Concept, Theory and Indicators", *International Journal of Housing Markets and Analysis*, Vol. 2 No. 1, 2009, pp. 78–90.

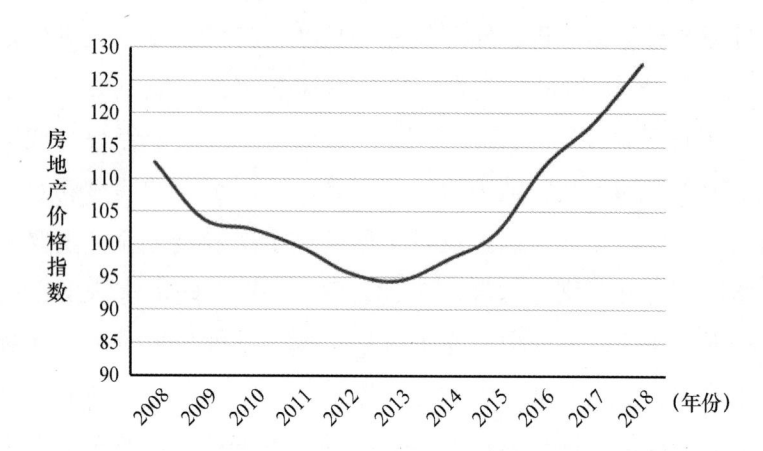

260　　中国与捷克：金融的变迁及转型

图7.4　捷克共和国房地产价格（以2015年价格平均值=100）

资料来源：CNB、捷克统计局和作者计算。

产价格在2008年达到了峰值（在其他很多国家同样如此）接着就是大幅的下降（见图7.4）。从2008年的峰值到2013年房地产价格下降幅度（根据2015年价格水平计算）为16%。虽然这与其他很多国家（英国、爱尔兰、西班牙等）相比幅度并不算太大，但也可以表明2008年的价格确实过高。然而从2014年开始，房价再度上涨（自2013年到2018年累计增长35%）。还不能断定，这是否就是房地产泡

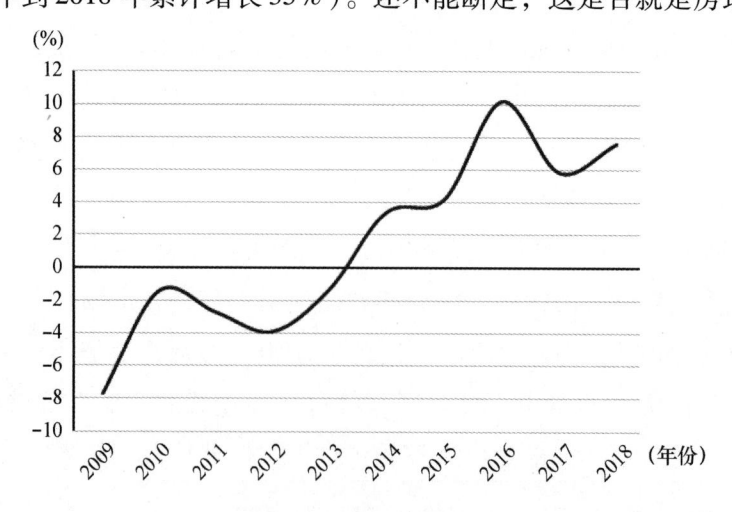

图7.5　捷克共和国房地产价格年度变化

资料来源：CNB、捷克统计局和作者计算。

沫，但增长率已经连续多年处于异常水平（见图7.5）。为此，作为监管部门，CNB使用了宏观审慎工具来减缓房贷的增长。

第三节 主权风险和主权风险敞口

与金融稳定相关的一个特殊话题是主权风险和主权风险敞口，在2010年后，这些话题更加受到关注。一方面，主权风险指政府违约的危险，即政府无法（或不愿意）履行义务。另一方面，主权风险敞口在国际上还没有一个清晰和固定的定义，我们将其理解为持有政府债务出现损失的可能。

在传统监管体系中，以国内货币发行的本国政府债券被视为无风险高流动性资产。政府作为发行人，因为拥有征税权而获得极高的信用度。公共财政长期以来被认为，不仅可以帮助政府转移偿债成本，还可以使政府通过调整税收在偿债时获得更大的灵活空间。尽管政府债券具有这些特殊属性，但只在一定程度内被视为是无风险的。国家的偿债能力需要得到投资者和信用评级机构的认可。随着政府债务的增加，以保守的评级标准是无法一直做出无风险评级的。

有意思的是，现行的欧洲银行业监管制度不予考虑本国政府违约的可能性，并且允许将与政府债务相关的信用风险认定为零。与其他资产相比，欧洲的监管部门对政府债券予以格外积极的评级，并认为政府部门的债务是安全的。这种偏向性是极其明显的，比如，一般情况下监管机构对本国政府的债券作零加权风险资产处理，对以政府债券为抵押物的风险资产的资本充足要求也非常低。同时，政府债券被视作高流动性资产，全部的主权风险敞口通常也不计算在风险敞口限额之内。

对于主权风险敞口监管的方式和力度，各方面意见不一。支持加强监管的一方认为，不存在没有风险的资产，有必要通过监管工具降低主权风险水平。反对者则认为，在国家现有债务水平已经较高的情况下很难进行更严格的管理，因此只能通过事前审慎监管的方式循序渐进地加以管理。

作为主权风险敞口监管的一部分，必须特别关注以下几个领域：资本充足要求、总体敞口上限、利率风险管理以及流动性要求。下面，我们逐一看一下这些领域。

对于如何确定覆盖主权风险敞口所需要的资本要求（capital requirements），银行可以利用外部评级法或内部评级法（IRB，即银行自己来做评级），来对主权风险设定权重。欧盟信用风险指令（CRD IV），允许国家监管部门对本国政府债券赋予零风险。根据IRB法，银行内部将评估三个与主权风险有关的参数：（1）违约的可能性；（2）违约后的风险敞口；（3）违约率。这样，IRB法并没有默认赋予主权风险敞口零风险权重，但也确实可能得出零风险的结论。同时，银行可能早已将IRB法使用在主权风险敞口以外的风险评估上，但对主权风险敞口仍然给予零风险权重。很难找到一个各国通用的，对于政府债务问题的清晰的前瞻性的指标。国际监管规则的制定者也不希望自己被卷入政府债务风险的争议之中。通常，某种程度上作为托词，他们会说，对于涉及主权风险敞口的信用事件，任何金额的资本充足要求都可能是不足够的。

收紧主权风险敞口的一个可能的做法是：监管机构控制金融机构对单一交易对手或经济上相关联的客户群的风险敞口规模。一般情况下，设定的风险敞口上限为资本的25%，以缓解风险在银行资产负债表中的累计程度。但是欧盟成员国现在会完全或部分地对中央政府或中央银行（或地区政府）的风险豁免这一要求。取消这一豁免或至少设定一个别的关于主权风险的限额，可以有助于缓解主权风险敞口过于集中的问题。但也有批评人士认为，对监管机构设定银行可持有政府债券的严格限额，并不能解决问题，只会将问题转嫁给其他金融机构。这对捷克这样的金融业相对不发达的小国来说确实会是个问题。捷克金融业完全由银行主导，如果限制银行的持债份额，可能会导致捷克政府债务的一部分由非居民持有，因为捷克其他类型的金融机构更加没有足够的体量来应对政府债务的风险。这样，对银行信用风险敞口的管制可能变为潜在的货币风险（非居民持有大量公共债务）。

主权风险敞口同时也是利率风险的一个来源。然而，一般只是在交易账户下，才会对政府债券的利率风险设定最低资本要求。如果政府的债务水平接近某一阈值，超过此值泡沫将不再可控，政府的偿债和债券续发能力也将开始恶化，主权风险也因此被认为会开始加剧。上述情况将大大增加利率大幅提高和所持债券价格下跌的可能性。在这样的情况下，监管机构大概率（在 Pillar 2 内）会采取额外的审慎监管措施，来调整对主权风险的评估并提高资本要求。

巴塞尔协议Ⅲ中规定零风险权重资产将自动被分类为高流动性资产，因此它们获得了流动性要求（requirements of liquidity）所规定的参数。这一规定提高了银行持有政府债券的积极性，以便更容易地遵守流动性要求；而如果这些债券实际上没有那么高的质量或流动性的话，这就会造成这些银行的合规水平被错误地高估。再次强调，转型经济体的金融市场相对较小，因此如果仅仅因为政府债券（正式地）被赋予了零风险权重，就将其归类为流动性，这是不切实际的。

收紧主权风险监管是可以产生一些正面效果的，长期来讲，这会对金融机构（银行业）的稳定发挥积极作用。抑制所谓的挤出效应（crowding out effect），对经济是有益的，如果监管政策更倾向于对政府的借款，那么对私营部门的借款实际上是受到歧视的。同时，收紧对主权风险的监管，可以促使政府降低债务与 GDP 比。但是，对主权风险引入更严格的监管，就必须考虑到金融和政府之间的双向关系，同时也必须考虑政府的现有债务水平和债务结构。如果两者间的关系已经形成系统重要性，并且政府债务水平已经处于高位，那以实施审慎监管措施不会一下子起效，必须采取逐步的温和的方式，这样两方面都有足够的时间来适应变化。

第四节　银行业联盟

另外一个被称为银行业联盟的话题，对捷克共和国来说也是非常重要的，因为捷克的金融业基本为外国企业所有。银行业联盟意味着将监管权委托给了捷克以外的国家机构或直接委托给了某个超国家机构。对于银行业联盟人们可以提出很多的反对意见，但最基本的一条反对意见是"不存在放之四海皆准的监管体制"。在这一点上，组建银行业联盟在很大程度上可能会重复当年欧洲货币联盟犯过的错误，这些错误的影响一直延续至今。

如前所述，捷克银行业主要由外国实体所拥有（主要是外国银行类机构）。但它们是在捷克成立的独立法人实体（independent legal entities），受捷克监管机构（即CNB）的监管，并须遵守捷克的法律法规。如果外国银行通过其在捷克的分支机构（branches）开展业务，国内监管机构对其的监管空间就会比较小；在这种情况下，主要的监管责任落在境外监管机构的身上。例如，其母公司注册地所在国的监管机构。捷克银行业所有权结构的这些特点，意味着国内与国外监管机构权力边界的任何调整变化，都会对捷克监管机构造成深远的影响。

因此，确保金融稳定的一个重要方面是跨境金融机构在海外以何种形式开展业务；以及跨境金融机构母公司所在国监督机构与业务经营所在国监督机构之间如何建立起沟通合作机制。这一点在2008年、2009年的金融危机中表现得尤为明显。要求具有系统重要性的银行在海外市场上以独立法人（而非分支机构）的形式运作，可以在很大程度上保证金融稳定。这样做可以降低危机跨境蔓延的可能性，并大幅度抑制外国资金继续吹大泡沫的能力。同时，监管经验证明，存在过多的外资分支机构，对监管机构来说不是件好事，因为监管机构最终还是需要对这些自己没有太多管辖权的机构的行为负责。如果某个具有系统重要性的海外金融机构，从子公司模式转为分支机构模式，为保证国家的总体金融稳定，对其经营活动有必要进行格外严密的监控。

问题在于，关于银行业联盟的整个想法都是不够成熟的。实际上，在宏观经济和金融方面，每个成员的情况都各不相同。在各国之间，无论是银行的盈利能力（长期以来，捷克银行业一直是欧盟利润最高的国家之一）、贷款组合的质量及内部构成，都存在着极大的差异。资产组合质量的差异，主要是由于不同国家的宏观经济状况、不同的房地产价格、不同的抵押情况等诸多因素造成的。即使在欧盟和欧元区内部，各国银行所发放的私人贷款量与该国 GDP 的比值，也都差异很大。捷克银行业对家庭和非金融公司所发放的贷款，在欧盟中，是数量最少的几个国家之一。

根据现有的方案，一体化金融框架或"银行业联盟"建立在以下四点之上：

（1）欧洲单一银行监管，由 ECB（欧洲中央银行）实施；
（2）欧洲共同存款保险体系；
（3）一个用于重组欧洲银行业的共同体系（基金）；
（4）单一的规则手册，由欧洲银行管理局（EBA）颁布。

出于集团利益（及其优势）的动机，跨国公司的母公司或子公司可能将流动性和资本从健康的银行转移到有问题的银行。显然，在此情况下，危机在一个金融集团内会传播得更快也更凶猛。如果对金融集团的内部交易疏于监管，将是向错误方向迈出的一步。将分公司降级成一种与母公司关联更加紧密的实体，这种方案也是有问题的，因为当母公司遇到风险时，风险很容易就会蔓延到这些子实体。George Soros 将大型银行或金融集团比作一艘油轮[①]，如果油轮内部不用分隔物分成更小的内部隔舱，遇到风暴，内部的石油很容易就能使整个油轮倾覆。金融集团正符合这个比喻：如果流动性、资产和负债可以在金融集团成员之间自由流动，发生金融风暴时可能使整个集团沉没。

[①] George Soros 在电影《监守自盗》中做了这个著名的比喻。

在欧洲和美国的最新监管举措中，对这一逻辑已经有所体现。对系统重要性金融机构（所谓的 SIFI）强调要有一些特殊的监管措施，如对银行经营活动范围的限制、对金融杠杆规模的限制等，这些都体现了油轮不能太大，如果太大则须分成小舱的逻辑。

另外一个重大风险是预防和处置危机的权力和工具，由本国监管机构的手里，转移到金融集团母公司所在国监管机构或欧洲层面监管机构的手里。这将阻碍 CNB 作为中央银行行使监管职能。如前所述，联盟的各成员国在宏观经济和金融方面具有很大的异质性并且捷克金融业也有很多自身的特点，将监管权移到另外一个国家或更高层面是不合逻辑的。

银行业联盟的功能之一是共同的存款保险体系，一个国家的存款保险基金应该怎样被用于解决其他国家遇到的问题？比如，如果一家银行破产了，它的存款人和债权人可以从某个资金池中得到补偿。银行业重组基金也是能起到相同作用。两者实际上应该算是某种非正式的财政联盟：银行业联盟的方案中写道，那些希望对超国家存款担保基金和行业重整基金施加影响的国家，这些支出最终将全部或部分地影响到该国国内预算。

总体上来说，银行业联盟是继其他监管变革之后的又一场监管海啸。然而，许多拟议和实施的措施，都与金融危机爆发前很久就为人所知的一条监管理论背道而驰。[①] 根据这一理论，监管措施之间的核心区别就在于其是否增加了道德风险。增加道德风险的例子有：扩展存款保险（弱化银行存款人和债权人的审慎），所有的"银行税"都没有体现任何的风险相关性（使银行的行为更加冒险），以及为银行提供额外的资金以应对它们未来的问题（将再度弱化审慎经营，加剧银行的冒险行为）。相反，降低道德风险的措施主要是风险相关的资本要求和流动性要求。银行业联盟的方案基本属于第一类监管措施，即增加道德风险的措施，显然这不是正确的道路。

---

① Benston, G., Kaufman, G., "The Appropriate Role of Bank Regulation", 1996.

第五节 宏观审慎政策

在21世纪初，一个流行的观点是价格稳定应该通过货币政策工具予以保证，而金融的稳定则应通过宏观审慎监管来实现。[1] 然而，在应对信用和价格泡沫以及随后的2008年国际金融危机时，流行的观点是，传统的宏观审慎监管应该由宏观审慎政策工具来加以补充完善。与此同时，人们认为，价格稳定（即达到通胀目标）本身不足以维持金融稳定。甚至相反，有可能因盲目追求通胀目标而恶化金融稳定。为对抗本币升值而实施的量化宽松或汇率干预（如捷克案例）措施，将使一大批国家的银行体系运行在流动性过剩的环境下。在此情况下，收紧商业银行从中央银行获得的信贷，不再能够对商业银行提供中期信贷的能力造成足够的约束。此时央行对商业银行放款活动的影响力，远远小于商业银行向央行借取流动性的时期。在金融危机之后，很多央行还遇到了货币政策的零利率下限问题，而银行（及其客户）在零利率情况下仍然是要追求投资回报的，这将会给未来的金融稳定制造更多的问题。

宏观审慎政策是宏观审慎监管的具体应用，通过防控个别的或是相互关联的机构出现可能引发系统性风险的苗头，从而降低金融系统的脆弱性。宏观审慎政策是预防性的，基于对系统性风险指标的分析。关于金融稳定有一个悖论，最大的风险出现在多个指标都在持续向好的"繁荣时期"（见第二节），必须在这时就做出反应。系统性风险的出现是由于金融机构制造了不断增加、相互关联的风险敞口（典型的是抵押贷款），并且易受相同的宏观经济因素的影响。在繁荣时期发放的贷款的风险，将在下一次经济衰退时，体现在银行贷款质量分类

---

[1] Bernanke, B., "Asset–Price 'Bubbles' and Monetary Policy", *New York Chapter of the National Association for Business Economics*, New York, 15 October, 2002.

和拨备金的数字上。同时，系统性风险还来自经济活动主体间的相互关系。系统风险不仅仅是单个机构风险的叠加。很可能虽然单个机构看起来是健康的，但整个系统却呈现出高系统性风险的指征（所谓多米诺效应）。

在中央银行的职能框架中引入宏观审慎政策，反映了全球对中央银行任务理解的转变。2013年以来，作为货币政策制定和监管机关，除了实现价格稳定的目标外，CNB还正式负责提升金融的稳定性。为此，CNB使用了宏观审慎政策工具、宏观审慎监管以及其他必要的措施。银行业的宏观审慎政策可以通过很多工具实施。[①] 下面，我们来梳理一下CNB为保持金融稳定实际使用了哪些宏观审慎工具。

对于金融稳定工具的选择，在很大程度上，是为了与欧盟法律相适应。作为对巴塞尔协议Ⅲ监管理念的体现，CRD Ⅳ（资本要求指令）引入了逆周期资本缓冲这一重要的宏观审慎工具。这一工具的目的，是提高金融系统的弹性，以应对银行业在金融周期中制造的风险，特别是因信贷波动而引起的经济周期波动。如果负责宏观审慎政策的部门认为系统性风险的周期性分量正在增高，应通过增加准备金来争取更多的缓冲空间，以确保银行业将来能有足够的资本。相反，如经济处在下行周期，并伴随着金融局势紧张及信贷损失的增加，应该降低储备金，以用作覆盖损失的资本缓冲。这一覆盖将会防止金融业将震荡传导给实体经济并维持银行的信贷供应。

CNB每季度设置逆周期资本缓冲率，在2014年秋季第一次发布。缓冲率或提高或保持现有水平时，在缓冲率生效前，都会给所涉机构一年的准备时间，但在特殊情况下CNB可缩短这一期限（如存在较高的系统性风险时）。一方面，如果缓冲率下降，则会立即宣布新的缓冲率（缓冲率下降对银行来说不是负担）。当遇到严重的冲击，可能

[①] ESRB, The ESRB Handbook on Operationalising Macro-prudential Policy in the Banking Sector, March 2014.

诱发信贷紧缩的风险时，CNB 可迅速将反周期准备金降到零。另一方面，如果金融周期放缓，信贷过度增长的风险降低，CNB 也可以逐步下调反周期准备金率来释放准备金。

另外一个工具是覆盖系统性风险的资本缓冲。其目的是抑制因系统重要性银行的潜在不稳定因素而造成的系统性风险。任何系统重要性银行的不稳定都会损害对银行业能否有效提供服务的信心，从而影响整个金融系统和捷克经济。当然，实际应用这一工具的关键问题是决定哪些银行是具有系统重要性的银行，哪些不是系统重要性银行。CNB 使用一系列指标来评估银行的系统重要性，主要有四个说明银行重要性的参数：规模、复杂性、对经济的不可替代性以及与其他金融机构的相互关系，而且系统重要性银行之间存在着差异——有些银行比其他的更为重要，这样很明显 CNB 对每个银行适用不同的资本缓冲率以覆盖系统性风险。另外，只对按系统重要性排序靠前的少数几家银行施用资本缓冲准备金的要求（2018 年，对五个最重要的银行适用资本缓冲）。CNB 至少每两年要重新审查一次设定系统性风险准备金的理由。

安全资本准备金（security capital reserve）是保护银行资本的新审慎工具。这是银行按总风险敞口的 2.5% 计提的一级资本。遵守安全资本缓冲的要求，是《银行法》对所有银行的强制性要求，其比率长期不变。这项准备金通常纳入宏观审慎工具。但实际上，传统的微观审慎资本要求里就有相应的项目，尽管其确实也有宏观审慎的效果。

最后，是关于如何设置拨备要求以管理住房抵押贷款风险的一些意见，这也是保持金融稳定的重要工具之一，CNB 曾短暂地使用过。这些工具的目标，是防止抵押贷款过度增长与房地产价格增长之间互相推动的循环。如前所述，金融业系统性风险在金融周期扩张阶段开始累积，放贷标准宽松、房贷迅速增长，房地产价格也同时上涨。为此，CNB 定期对房贷市场的形势发展进行评估，对住房抵押贷款的风险管理提出拨备率建议（以下简称建议）。①建议包括对所选择的宏观审慎工具给出一个推荐上限和一些其他的规则。推荐上限主要与贷款/估值比（LTV）和负债收入比（DTI）或 DSTI（debt service-to-income，还款负担与收入比）有关。如对于 LTV 指标，建议的目的主要是防止所谓的 100% 抵押，即买方不投入任何权益的情况下进行抵押贷款。显而易见，这样的抵押潜在风险很高。2019 年的建议上限为 LTV 90%，同时介于 80%—90% 之间 LTV 的抵押不得超过新增贷款的 15%。设定的 DTI 是抵押不得超过年净收入的 9 倍。对于 DSTI，月还款不得超过月净收入的 45%。

第六节　货币政策与宏观审慎政策的互动

考虑到货币政策和宏观审慎政策影响整个金融业的运行以及最终影响到整个经济，监管机构必须考虑两者间的联系并保证其相互配合协调。②这两种政策的组合取决于不同周期的交汇点——经济周期、金融周期和信贷周期（即银行对企业和家庭借款的周期），每种周期又都有其各自的特点。金融周期除受信贷周期的影响外，还受到资本市场和公共债务周期的影响，其时间会长于商业周期。然而，经济周期和信贷周期有着相对类似的时间进程。同时，信贷周期和金融周期具有比经济周期更强的波动性。

彼此间需要配合协调，是因为大家都认为货币政策工具和宏观审慎政策工具可以对价格稳定和金融稳定产生直接和间接的作用。但是，这两种政策有时会相向而行，有时也会背道而驰。这就要求对其在不同的经济阶段和金融周期的互动，以及潜在的配合协调方式进行

---

① 从法律角度看，这确实只是一个意见，因为 CNB 没有（截至 2019 年）法定权力为银行设置有法律约束力的 LTV 比率限额。

② IMF, "The Interaction of Monetary and Macroprudential Policies", IMF Policy Paper, 2013.

研究分析。①

目前中央银行分析宏观经济发展的模型中,主要运用利率和汇率的传导机制来发挥作用。货币政策通过以下几个渠道的传导来发挥作用:银行信贷渠道传导(以及类似的银行资本渠道)、资产负债表渠道传导和高风险经营渠道传导。下面我们详细了解一下这些渠道。

银行信贷渠道传导通过控制银行贷款的发放来产生作用。货币政策当局会影响银行获得资金的能力(特别是资金的成本)。在通胀低于通胀目标的情况下,货币政策利率下降,银行获得资金的成本降低。家庭和商业贷款变得更便宜,信用评级也更为宽松。那些在货币政策宽松之前可能会被评估为具有较高风险的家庭和公司,现在就符合获得贷款的条件了。银行资本的变化也可产生类似效果,宽松的货币政策降低了货币政策利率,提高了银行盈利,故而提高了银行的资本,银行也就可以发放更多的贷款。

另外两种被提及最广的传导渠道则必须依赖于一个前提条件,这个前提条件被比喻为"马儿到河里饮水",即商业银行向中央银行借款的条件下才会起效。而在捷克,商业银行将过多的流动性存放在中央银行,货币政策利率的提高,将提升银行的盈利。② 此外,降低货币政策利率会降低商业银行的盈利,为此银行将如何做出反馈还没有明确的答案。

资产负债表渠道通过影响资产价格来影响家庭和公司获得贷款的能力。作为对利率下降的反应,资产价格会有所上升,资产可以被用作为申请贷款的抵押物。③ 这将降低借款人为获得融资所支付的成本。信贷需求的增加,也将提升信贷市场的活跃度。资产负债表渠道也经

---

① Borio, C., "Monetary Policy and Financial Stability: What Role in Prevention and Recovery?", BIS Working Paper 440, 2014; IMF, "The Interaction of Monetary and Macroprudential Policies", IMF Policy Paper, 2013.

② Mandel, M., Tomšík, V., "Monetary Policy Efficiency in Conditions of Excess Liquidity Withdrawal", *Prague Economic Papers*, Vol. 23, No. 1, 2014, pp. 3–23.

③ Bernanke, B., Gertler, M., "Agency Costs, Net Worth, and Business Fluctuations", *American Economic Review*, Vol. 79, No. 1, 1989, pp. 14–31.

常在房地产泡沫中出现（见第二节）。

最近几年，经济学家日益重视高风险经营渠道（risk – taking channel），这一传导渠道聚焦于金融机构的行为。短期来看，宽松的货币政策有助于促进银行的稳定，因为低利率有助于提高贷款组合的总体质量。但是如果长期利率较低，银行就会有更多的动机去增加其资产负债表，以实现在低利率水平下的收入目标。[1] 银行会降低信贷审批标准并提供更高金额的贷款。这样，如果货币政策利率长期保持在非常低的水平，不仅会影响贷款发放的数量，而且会影响其质量。[2]

对于国际资本流动性较高的小型开放经济体来说，有必要说明一下，通胀目标制有可能会成为威胁金融稳定的一个潜在因素。我们想象一下，央行提高货币政策利率，以防止未来的通胀超过通胀目标；由于本币贷款利率的提高，借款人可能将其贷款需求的一部分转到利率较低的外币贷款。但是，如果一段时间之后，外币出现大幅升值，借款人的债务成本将增加，很多人可能无法偿还贷款。捷克经济没有受到这一风险的影响，因为过去十年间的名义利率都很低。但2014年以后，匈牙利经济（以及在较小程度上的克罗地亚和奥地利经济）受到了这一问题的影响，很多家庭的抵押贷款是以瑞士法郎标定的，因为瑞士法郎的利率远低于本币利率。

在美联储、欧洲央行和英国央行量化宽松政策的背景下，围绕着货币政策与宏观审慎政策之间的相互作用，展开了一场激烈的辩论。有很多证据显示，宽松的货币条件对于：房地产价格估值过高、公司债权市场过度活跃、风险评估不足及债券收益下降，都起到了推波助澜的作用。结论是：宽松的货币政策对金融稳定的潜在的负面影响，可通过及时、适当的宏观审慎工具予以有效纠正。但与此同时，也有

---

[1] Diamond, D. W., Rajan, R. G., "Illiquid Banks, Financial Stability, and Interest Rate Policy", *Journal of Political Economy*, Vol. 120, No. 3, 2012, pp. 552 – 591.

[2] Maddaloni, A., Peydró, J., "Monetary Policy, Macroprudential Policy, and Banking Stability: Evidence from the Euro Area", *International Journal of Central Banking*, Vol. 9, No. 1, 2013, pp. 121 – 169.

人担心，密集使用宏观审慎工具可能会抵消支持经济增长的货币政策，并引发通缩压力。

货币政策与宏观审慎政策之间是可能发生冲突的。最大限度减小冲突的政策组合，取决于商业周期和金融周期所处的阶段，两种政策的各种适当组合见表7.1。看上去，这些组合符合逻辑没有争议，有时候确实是这样的，但有时候很难决定什么才是正确的组合。如果经济正开始从衰退和银行业危机中复苏，把这两种政策都设置为宽松状态，就会朝着一个方向共同发挥作用，因为通胀压力和金融机构的冒险倾向都很低。如果经济处在信贷加速增长、金融开始失衡的阶段，维持宽松的货币政策，一开始可能有助于进一步改善当前的金融风险指标（特别是通过降低借款人的违约率），但也可能会积累隐藏的风险，导致贷款组合的质量在未来突然恶化。这时，两种政策应该同时为中性或者将宏观审慎政策设置为收紧。

表7.1　　　　　　　　货币政策与宏观审慎政策的互动

		通货膨胀压力		通货紧缩压力	
		需求强	需求弱	需求强	需求弱
信贷快速增长和资产价格上升	货币政策	紧缩 > IT	紧缩	宽松 < IT	宽松
	宏观审慎政策	紧缩	紧缩	紧缩	紧缩
信贷下降和资产价格下降	货币政策	紧缩	紧缩 < IT	宽松	宽松 > IT
	宏观审慎政策	宽松	宽松	宽松	宽松

注：> IT 和 < IT 指货币政策的效果会强于或者弱于实现通胀目标（inflation target IT）所需。通胀接近目标、贷款以合理利率增长和资产价格处在正常水平情况下的组合，未在表中出现，因为在此情况下，两种政策的效果将是温和的且相辅相成的。

资料来源：Frait, J., Malovaná, S., Tomšík, V., "The Interaction of Monetary and Macroprudential Policies in the Pursuit of the Central Bank's Primary Objectives", Czech National Bank, *Financial Stability Report* 2014/2015, 2015, pp. 110–120.

表7.1所示的是关于两种政策的一些认可度较高的组合，但并非都是最优和可行的组合。在某些特定情况下，其他组合可能更有利，也更为必要。在需求较弱，需要加杠杆的时期，宽松的宏观审慎政策

通常会加强对宽松的货币政策的传导，有助于扭转悲观预期，有助于稳定金融业和促进经济活动。但是要实现这一效果的前提条件，是此时的金融业处在相对稳健的状态。如果这时金融业很不稳定，宽松的宏观审慎政策可能导致大家对稳定性更加失去信心，不会产生支持的效果。在此情况下，宏观审慎政策可能无法达到目标，而这又会进一步损害货币政策的效果。因此，毫无疑问，两种政策须相互配合协调。

　　从实践的角度来看，货币当局其实很难做出抉择，特别是当两种政策由不同的部门行使的时候。因为货币政策目标和宏观审慎政策目标能够实现的可能性是不同的。① 通常来说，短期内，宏观经济模型所预测的通胀目标，实现的可能性是较小的，而发生系统性风险的可能性也是较小的，系统性风险更有可能是在中期尺度上发生。此时，货币当局的自然反应是优先追求通胀目标。以金融稳定为优先目标是不太可能的，因为需要大家对金融风险的严重程度先取得一致意见。但是，即使是在上一次金融危机之前，人们也没有达成过这样的共识，而是不断地忽视、淡化显现出的系统性风险。人们对于预期的风险和潜在的脆弱性的认知是不同的，这种差异使得两种政策的协调在实践中变得非常困难。

　　当复苏趋势稳定并且产出接近其最大潜力，同时通胀压力很低且利率水平非常低时，又会遇到一个新的问题。如果这一形势可以长时期保持，信贷动力将会恢复，对风险资产的需求将导致资产价格上涨。2013—2014年，美国和其他一些发达经济体发现自己就处在此类境地。从理论的角度看，部分地收紧宏观审慎政策是一个适当的应对措施，因为家庭和公司过度负债的风险在升高，反过来这又会增加金融业的脆弱性。如果这一步无效，货币政策可能面对一个困难的处境，即是否应该为了金融稳定而收紧货币环境，甚至是以放弃短期通胀目标为代价。中央银行是否应该在一定条件下，实际上放弃其通胀目标，

---

① Adrian, T., Liang, N., "Monetary Policy, Financial Conditions, and Financial Stability", Federal Reserve Bank of New York, Staff Report No. 690, 2014.

转而追求一种"金融稳定性目标"？

对于央行是否应该"逆风而行"，经济学家们还没有形成共识，即是否应该在其货币政策工具中考虑金融稳定性风险，尤其是在稳定性风险还没有显现出来的时候。很多人赞同逆风而行原则上是正确的，但他们怀疑，温和的货币政策利率增长是否能够成为放缓信贷繁荣的有效工具。有人可能认为，不同于独立的宏观审慎工具，货币政策至少可以部分地覆盖造成信贷繁荣的进程和进程间的联系。央行在货币政策方面的独立性，使其能够迅速使用货币工具，而使用宏观审慎工具可能需要与其他部门相互协商，克服政治阻力和法律困难。逆风而行作为对抗系统脆弱性的保护措施，将以银行业的货币政策传导渠道为基础发挥作用。

Woodford指出，在设定货币政策利率时考虑金融稳定性，只是弹性通胀目标制的延伸。[①] 在实现价格目标与金融稳定之间可能存在着对立，但对立也可能产生于实现价格稳定与保持经济活动稳定之间，而第二种对立，正是弹性通胀目标制所涉及的问题之一。与此同时，已经形成的共识是，提高金融稳定性的主要和有效手段是宏观审慎政策工具。只有在特殊情况下才能使用货币政策工具，特别是在信贷增长伴随着资产价格迅速上涨的时期，在此情况下，央行可以名正言顺地对外解释：在货币政策层面，与恪守通胀目标相比，现在更需要对利率作相反方向的调整。此类沟通可以支持宏观审慎政策更好地发挥作用。

第七节 结论

即使在发达市场经济体，银行业也具有极其特殊的特点，对于转

---

① Woodford, M., "Inflation Targeting and Financial Stability", *Sveriges Riksbank Economic Review*, 2012, pp. 7 – 32.

型经济体更是如此,在2008年国际金融危机之后,一些问题再次出现并且在很多情况下依然缺乏令人满意的答案。其中一个问题涉及金融业或银行业的规模。在这一点上,还缺乏令人满意的理论,但看起来行业规模应随着人均GDP的增长而增长,这说明至少对转型国家来说,其银行业的增长速度可以长期高于其经济增长速度。这正是捷克共和国的情况,考虑到国家的经济发展阶段,捷克银行业规模尚相对较小。

金融危机将另一个问题摆到了人们的面前,那就是住房抵押贷款、房地产价格和金融稳定性之间的关系。仅仅在20多年之前,住房抵押贷款市场才在捷克共和国出现,随后,这项业务迅速在捷克银行业中占到举足轻重的地位,这对监管者形成了潜在的挑战。

另外一个最近出现但毫无疑问正在变得日益重要的问题,是关于主权风险敞口和银行业联盟。在如何监管主权风险敞口已经变成一个具有普遍性的问题的同时,银行业联盟对于捷克共和国却是一个特殊的新问题。核心问题是如何监管作为外国银行子公司的银行。这类银行机构有可能构成了转型国家银行业的主体(实际上在捷克共和国构成了银行业的核心)。因此,将监管权转移到母公司所在国的监管机构存在着巨大的风险。与此同时,显而易见的是,母公司与子公司之间会相互影响,母公司所在国与子公司所在国监管机构之间的权力和责任分配,需要进行再界定、再平衡,对于这一点目前也还没有明确的答案。

最后我们讨论了宏观审慎政策的问题。尽管通胀目标制已经成为捷克共和国的一项标准的、成功的货币政策体系,在零利率时期,这一体系必须辅之以维持金融稳定的相应政策。这一点尤为重要,因为传统货币政策和宏观审慎政策有时候会产生相反的影响。CNB(同时作为货币政策和宏观审慎政策的监管部门)寻求在两种政策之间实现平衡。

参考文献

Adrian, T., Liang, N., "Monetary Policy, Financial Conditions, and Financial Stability", Federal Reserve Bank of New York, Staff Report No. 690, 2014.

Benston, G., Kaufman, G., "The Appropriate Role of Bank Regulation", 1996.

Bernanke, B., "Asset-Price 'Bubbles' and Monetary Policy", *New York Chapter of the National Association for Business Economics*, New York, 15 October, 2002.

Bernanke, B., Gertler, M., "Agency Costs, Net Worth, and Business Fluctuations", *American Economic Review*, Vol. 79, No. 1, 1989.

BIS, *84th Annual Report*, June 2014.

Borio, C., "Monetary Policy and Financial Stability: What Role in Prevention and Recovery?", BIS Working Paper 440, 2014.

Diamond, D. W., Rajan, R. G., "Illiquid Banks, Financial Stability, and Interest Rate Policy", *Journal of Political Economy*, Vol. 120, No. 3, 2012.

ECB, Financial Stability Review, November 2014.

Égert, B., Macdonald, R., "Monetary Transmission Mechanism in Central and Eastern Europe: Surveying the Surveyable", *Journal of Economic Surveys*, Vol. 23, No. 2, 2009.

ESRB, The ESRB Handbook on Operationalising Macro-prudential Policy in the Banking Sector, March 2014.

Frait, J., Malovaná, S., Tomšík, V., "The Interaction of Monetary and Macroprudential Policies in the Pursuit of the Central Bank's Primary Objectives", Czech National Bank, *Financial Stability Report 2014/2015*, 2015.

Goodhart, C., Hofmann, B., "House Prices, Money, Credit, and the

Macroeconomy", *Oxford Review of Economic Policy*, Vol. 24, No. 1, 2008.

Hyman Minsky, *John Maynard Keynes*, Columbia University Press, 1975.

Iacoviello, M., "House Prices, Borrowing Constraints, and Monetary Policy in the Business Cycle", *American Economic Review*, Vol. 95, No. 3, 2005.

IMF, Global Financial Stability Report, October 2014.

IMF, "The Interaction of Monetary and Macroprudential Policies", IMF Policy Paper, 2013.

King, R. G., Levine, R., "Finance and Growth: Schumpeter Might Be Right", *Quarterly Journal of Economics*, Vol. 108, No. 3, August 1993a.

Leamer, E. E., "Housing Really Is the Business Cycle: What Survives the Lessons of 2008—2009?", *Journal of Money, Credit and Banking*, Vol. 47, 2015.

Levine, R., "Finance and Growth: Theory and Evidence in Handbook of Economic Growth", *Elsevier*, 2005.

Lind, H., "Price Bubbles in Housing Markets: Concept, Theory and Indicators", *International Journal of Housing Markets and Analysis*, Vol. 2, No. 1, 2009.

Maddaloni, A., Peydró, J., "Monetary Policy, Macroprudential Policy, and Banking Stability: Evidence from the Euro Area", *International Journal of Central Banking*, Vol. 9, No. 1, 2013.

Mandel, M., Tomšík, V., "Monetary Policy Efficiency in Conditions of Excess Liquidity Withdrawal", *Prague Economic Papers*, Vol. 23, No. 1, 2014.

Rajan, R. G., Zingales, L., "Financial Dependence and Growth", *The American Economic Review*, Vol. 88, No. 3, Jun. 1998.

Shiller, R. J., "Shiller's List: How to Diagnose the Next Bubble", *The*

New York Times, January 27th, 2010.

Stiglitz, J. E., "Symposium on Bubbles", *Journal of Economic Perspectives*, Vol. 4, No. 2, 1990.

Thorat, U., "Overview in Financial Sector Regulation for Growth", Equity and Stability, BIS Papers, No. 62, 2012.

Woodford, M., "Inflation Targeting and Financial Stability", *Sveriges Riksbank Economic Review*, 2012.

Wurgler, J., "Financial Markets and the Allocation of Capital", *Journal of Financial Economics*, Vol. 58, 2000.

第八章

零利率时代的货币政策

2008年国际金融危机之后,许多发达国家和新兴市场国家的货币政策都逼近零利率的边缘。此时它们所面临的处境是,维持稳定货币政策的主要(且往往是唯一)工具不再有效。这种情况并非没有先例,日本经济在20世纪90年代初的危机后还会出现一些间歇性的通货紧缩,因此自20世纪90年代以来,日本长期利率一直保持在零左右。不过普遍的观点认为,日本经济的这一情况主要是由于一些其自身的特殊性因素所导致的。无论如何,2008年后大多数国家的名义利率降至20世纪30年代"大萧条"后所未有的水平,而正是那场"大萧条"引发了货币理论和货币政策重大变革。如果货币政策的主要工具(即短期利率)用尽,货币当局还能有什么其他的选择吗?

在本章中,我们将探讨零利率时代货币政策所面临的具体问题。第一个重要问题是利率的零下限问题(以下简称ZLB)。特别是在通货膨胀目标制下,我们会更加详细地关注ZLB问题。随后,在简要回顾了其他货币政策选择之后,我们将论及最近关于负利率政策的一些观点。最后,汇率承诺和汇率干预是利率降至零点之后的一个可行的政策选择,将以2013—2017年的捷克汇率干预措施作为案例讨论。

第一节　零下限和通货膨胀目标

让我们回顾一下当年的情况，2008年年底美联储迅速地将其货币政策利率降至接近于零的水平，并在维持了7年后才再次提高了货币政策利率。英国、丹麦、瑞典、瑞士（尤其是欧元区）央行也迅速将利率降至零，在某些情况下甚至还踏入了小幅负利率的未知领域（见下文）。捷克共和国——作为一个从计划经济体制转型而来的小型开放经济体，也不可避免地遭受到这场完全源自外部的危机的严重影响。捷克国家银行（CNB）没有将利率降到零以下，但在2009年将利率降到了所谓的"技术性零利率"，并保持到了2017年。在2013年，在已经处于零利率的情况下，捷克国家银行没有进一步选择负利率，而是采取了汇率干预措施（见下文）。

在很大程度上，出口、投资及工业生产的急剧下降是对通胀目标制的又一次考验。而在当时，通胀目标制已经是捷克共和国实行了十年的货币政策制度。尽管通胀目标制仍在不断发展（值得一提的是，就在金融危机爆发不久前，又实施了一种新的基于随机动态一般均衡的预测模型），但已经可以说是一种成熟的货币政策管理方式。经历了最初的困难和疑虑后，人们越来越相信，这种货币政策体制是当前最适合捷克经济的选择。

然而，任何通胀目标都是基于或多或少取得过成功的各种预测模型。但是这次危机的爆发，以及其惊人的严重程度，超出了任何模型的预测能力。即使更多的外部经济预测数据（Consensus Economics）《共识预测》中的相关数据，即主要贸易伙伴国的增长、欧元利率预测、油价变化等）被输入预测模型，捷克国家银行也没有一个模型能成功地预测这场危机。捷克国家银行的预测模型侧重于预测捷克的经济运行状况，在给定的外部环境下，对如价格、就业、工资等之间的内在联系进行建模。根据《共识预测》中的数据所作的外部环境预测并没有显示2008年年中会发生经济危机，因此捷克国家银行的预测模型也未能成功做出预测。然而事后评估表明，如果将国外的实际情况输入模型，即使在动荡的外部环境下，这一模型也能很好地预测国内经济的走向。

但随着时间的推移，捷克货币政策也面临着一个在其他通胀目标制国家也都普遍存在的问题，这值得我们进一步关注。这一问题是，当预测模型预示利率将低于零时，通胀目标制应如何反应？基本上有两种选择：一方面，可以对预测模型临时调整，使利率永远不会低于零，这意味着模型将遵守利率不能低于零这个条件。在这种情况下，该模型预测的通胀走向将不再朝着既定目标方向发展——用以实现目标的工具将保持在较高水平（尽管已经接近于零了）。这样一来，预测得到的通胀走向一定会低于所设定的目标，而且随着危机强度和其他外部数据的变化，甚至可能为负值。名义利率的零下限也可被归纳为一个模型，长期来看，该模型不会收敛到稳定状态。众所周知，市场均衡利率（interest rate equilibrium）是不稳定的——一旦失衡，系统并没有自我调节机制使其自发地回归均衡。特别是过高的名义利率也会导致过高的实际利率，这会进一步降低通胀，造成实际利率的升高。如果没有外部力量介入调整，就会形成通货紧缩循环，带来持续的不良后果。

另一方面，如果在数学上允许名义利率为负值，我们就能避免上述问题，通胀将朝着预测范围内的目标前进，但该模型实际上不具有可操作性。在给定的制度安排中，利率降至零以下是有问题的（尽管存在这一可能，我们将在下文讨论）。如果名义利率不能降到模型所预测的水平，那么其他变量的变化也将与模型所预测的不同，导致该模型失灵。然而，如果允许预测模型将利率降到零以下，即使实际政策不能这样做，我们至少也能够了解为恢复稳定，需要实施多大的干涉力度。

关于负利率还有一个方法论的问题。预测模型是以正常环境为前提而设计校准的，比如，利率时高时低，但始终为正。这就提出了一个根本问题：利率降至零以下这一事实是否会改变经济的运行方式，即现有模型不再是预测、描述经济状况的适当工具。随机动态一般均衡的现代模型是基于微观经济学，因此其宏观经济结论基于"深层"参数（经济活动主体的效用或生产函数参数），这并不能保证这些模型在负利率下也能正确预测。在名义利率为负的情况下，经济活动主体的行为可能会发生根本性的改变，换言之，描述其行为的参数将不再有效。负利率将如何影响、在多大程度上影响人们做出的通胀预期？纸币都不会被存到银行里了，这会产生什么结果？更何况，这些模型在设计时都没有对纸币进行特殊处理，不考虑这一因素。负利率对金融行业会有什么影响？哪些经济部门对经济的影响（可能在危机后有些部门就不存在了）只有在金融危机后才会被明确地加入到模型中？

因此，很明显，即使我们接受负名义利率可以在现实中真实存在（正如下文阐述的，已有将其实现的复杂理论），但仍难以确定现有的经济模式是否能在这样的环境下运转。负利率是否会产生一个从根本上完全不同的经济运行模型？Rogoff 在理论物理学中找到了一个类比：正如一个物体接近黑洞时，经典物理定律就不再适用；当经济达到零利率时，经典经济学定律往往也不再适用。在这种环境下，不负责任的财政政策可能会有所收效，而旨在提高经济生产效率的结构性改革却可能会适得其反。因此有很多理由能够解释，为什么央行在已经将利率降至零的情况下，仍会坚决地抗拒负利率，尽力尝试其他的货币政策工具。我们将进一步研究这些替代性工具，其中一种（汇率干预）将在下文详细地加以讨论。但在此之前，有必要厘清零下限和有效下限之间的区别。

第二节 利率有效下限

在传统经济学教科书中，名义利率的下限为零，即 ZLB 问题。如果经济活动主体能够自由地将存款转换为现金，为什么还要把存款放在银行里，承受负利率的风险？然而现实中确实存在着一些原因，使得经济活动主体的确愿意承担负利息，实际情况也证明了这一点。活期存款主要用于交易目的：家庭和企业都愿意用其支付各种交易。如果经济活动主体只使用现金交易，往往成本昂贵，有时甚至会有危险。此外，银行为管理活期账户而收取的费用类似于某种负利息，但经济活动主体仍继续使用活期账户。因此，小额的负利息并不会导致大家放弃存款，都转用现金。如果所有者能安全、便宜地存储大量现金，那些不准备用于交易的存款就会被提取出来转为现金。只有当负利率超过现金支付的交易成本时，交易才会转为以现金进行。

因此，由于这些微观经济原因，利率的实际下限并不为零，名义利率的有效下限实际上略低于零。有效下限（ELB）对货币政策制定者来说是个有趣的现象，因为它设定了一个真正的下限，低于这个下限就可能会出现资金挤兑。Havránek 和 Kolcunová 的一项研究尝试量化这个有效下限，其方法是以若干近似值为基础进行估算，包括贵金属的储存和保险成本、商品交易所用资金的管理成本以及仅用现金交易的便利损失成本。这个估算有很大的不确定性，ELB 值大约在 -0.4%—2% 之间，区间中点在 -1.2% 左右。当我们说到 ZLB 时，实际应该是 ELB——尽管它的名字里并没有零这个字。下限的存在对制定实际经济政策是至关重要的，央行迟早会在降息时触及这一下限。

另一个未被深入研究的问题是，在一个将回收银行体系中的过剩流动性作为货币政策的国家，负利率将产生什么样的效果。由于历史原因，有些国家的央行不是通过短期贷款或公开市场业务向经济系统提供流动性，而是反过来需要回收流动性，从而成为相对于商业银行的净债务人。这一现象显然会影响各经济部门（尤其是银行体系）对货币政策利率变化的敏感性。在以回收流动性为目标的体系中，降息将导致商业银行利息收入下降；而在传统的提供流动性的体系中，降息导致银行的利息成本下降。

利率降至零以下与回收流动性体系会有怎样的相互作用关系？这意味着商业银行将为其在中央银行的存款支付费用，问题是商业银行是否愿意这样做。如前所述，普通经济活动主体（家庭、公司）愿意承担一定程度的负利率（ELB）。然而商业银行与普通民众不同，它们作为专业机构能够相对容易地处理和囤积大量现金。把短期内不会用于交易的资金存在央行，对商业银行来说毫无意义。持有这些存款只会带来巨大的利息成本。由此可以预见，即使在很低的负利率水平下，商业银行也会挤兑它们在央行的存款。这样一来就会导致央行负利率向经济的进一步传导被中断。尽管央行会要求商业银行对其在央行的存款支付利息，但商业银行会将这些存款减至最低限度，并将剩余的部分转化为现金，自己承担成本把这些现金囤积起来。因此，负利率与回收流动性体系的相互作用，可能会导致货币政策的瘫痪，带来流动性陷阱。

一　负利率的替代方案

在详细研究负名义利率的问题之前，我们将分析除了这一存在隐忧的货币政策之外，央行还有什么其他的选择。具体而言，我们将分析三组措施：提高通胀目标，引导市场预期；通过购买资产实施量化宽松；以及汇率承诺——将在单独一节中讨论。

避免负名义利率的一个方法是提高通胀目标。通胀目标独立并不意味着通胀目标必须坚守一个特定的值，通胀目标可根据外部环境的变化而进行调整。就通胀目标制本身而言，它的关注点在于如何实现既定目标。然而，从20多年来许多国家实行通胀目标制的实践来看，通胀目标制显然被认为是一种保持稳定和低水平通胀的工具。一般认为通胀率在2%的水平就足够低了。当然，这个值不是一个神奇的数字，也没有任何的理论含义。根据一些经济学家的观点，考虑到计算通胀时样本量和计算方式的进步，人们现在计算出的通胀可能比实际值高出1—2个百分点。如果真的高出了2%，那么2%的通胀率实际上意味着价格的稳定（低于2%的通胀率实际上是通缩）。

先撇开计算通胀的问题不谈，稳定的低通胀水平显然会导致相对较低的自然名义利率。如果由经济活动主体的资本回报和时间成本所决定的自然实际利率也为2%，那么自然名义利率应该在4%左右。泰勒在论述美国货币政策时研究了这些数值，后来发展为泰勒规则。这就给了央行在达到 ZLB 之前（假设从一个长期均衡利率水平开始降息）大约4个百分点的额外降息空间，这一操作空间是否够用呢？对此没有明确的答案，名义利率在整个降息周期的下调幅度，取决于利率的起始位置和当时的经济形势。经济衰退初期的形势恶化程度和烈度不同，必要的降息幅度也不同。总的来说，4个百分点的操作空间，可能不足以应对下一次经济衰退。问题就在于如何权衡是否值得为了应对未来的危机而长期维持一个较高的通胀水平，以便到时有足够的操作空间。

要判断利率操作空间是否有用尽的可能性我们可参考一些历史经验。正如 Yellen 所指出的，在战后美国所经历的所有经济衰退期，利率平均下降了5个百分点。① 欧元区的历史还很短，在有限的历史中，经济衰退期的平均降息仍达到2.7个百分点（存款便利利率），因为利率已达 ZLB，所以这一降幅也并不一定充分。关于利息，让我们看一下2000年以来捷克共和国、匈牙利和波兰的货币政策利率（见图8.1）。从高峰到最近的利率低谷（即在给定降息周期内的最后一次降息），捷克共和国的利率平均降低2.6个百分点，匈牙利和波兰分别降低4.9个百分点和5.5个百分点。可以看出，这些数值相当接近于各国央行在本已很低的通胀下的操作空间极限（或者实际上已经突破了极限），因此操纵空间耗尽的可能性是很大的。

此外，对操作空间大小的估计也受制于长期市场均衡利率的不确定性。发达国家的长期市场均衡利率早已下降，对此大家已形成了共识。2008年的国际金融危机颠覆了很多旧有的经验，实际均衡利率看起来应在1%左右，而不是泰勒规则中传统认为的2%。导致实际市场

---

① Yellen, J. L., "The Federal Reserve Monetary Policy Toolkit: Past, Present and Future", Speech at the Federal Reserve Bank of Kansas City Symposium on *Designing Resilient Monetary Policy Frameworks for the Future*, 2016.

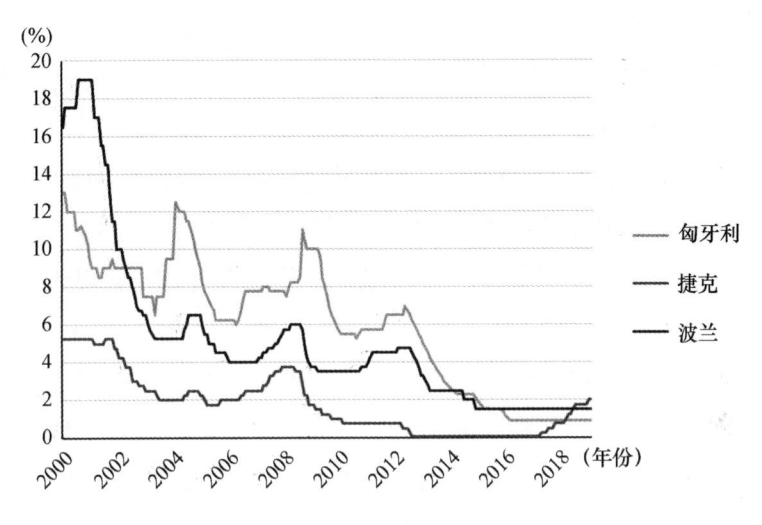

图 8.1　经济转型国家的货币政策利率

资料来源：CNB、MNB、NBP。

均衡利率下降的原因还不完全清楚，我们先提出一些可能的假设。首先，这可能是由于发达国家的人口情况变化——部分人口（将退休人员）增加了储蓄并追求低风险的资产，甚至以降低投资回报为代价。另一个可能的原因是投资品的相对价格下降和整体生产率增长缓慢。此外，收入分配不平等的加剧也有可能是一个原因，因为人口中的高收入群体（其占总收入的比例随着不平等的加剧而增加）似乎有与低收入群体不同（更高）的储蓄倾向。最后一个原因可能是由于新兴经济体国家的一些行为，首先它们的经济都经历了强劲的增长，并且它们都购买发达国家政府发行的资产作为安全的投资品。长期实际利率的下降很可能是以上几个因素共同作用的结果。

不管长期实际均衡利率下降背后的原因是什么，重要的是，在既定的通胀目标下，这一下降将导致操作空间进一步缩小。通胀目标为2%，短期实际均衡利率为1%，名义利率的长期平均值应在3%左右，而不是4%。将操作空间缩小1个百分点看似微不足道，却会使货币政策触及 ZLB 的可能性大大增加。

事实上，在2%的通胀目标下，央行在经济衰退时很有可能丧失操作空间，因此有必要未雨绸缪，考虑一下制定更高的通胀目标是否更为合适。例如，如果目标利率为4%，即使在实际自然利率降低的情况下，平均名义利率也应在5%左右。这并不能保证央行在未来应对经济衰退时不会达到 ZLB，但至少还有一定的操作空间。Blanchard 在担任国际货币基金组织首席经济学家时提出了这一想法①，鉴于其身份，这一想法立即引起了广泛的关注。然而在金融危机爆发十年前，已经有人发出了警告，例如，Fuhrer 等人，称低通胀目标更有可能触及 ZLB 或陷入流动性陷阱。②

提高长期通胀目标的不利一面，首先是要承受高通胀可能为经济带来的所有负面影响。此外，发达国家的央行在20世纪90年代才终于控制住80年代和70年代的高通胀率和经常性的通胀波动，成功地将通胀预期维持在一个较低的水平。是否值得牺牲这些成果，以减少在货币宽松期间触及 ZLB 的可能性？尽管使用通胀目标制的央行会在某些情况下调整目标，但总体上都是致力于降低通胀目标，长期提高通胀目标的做法未有经验可循。如果通胀目标上升，通胀目标制还能否保持其可信度？如果央行改变一次，谁能保证央行未来不会经常地做出变动（例如，向相反的方向变动）？

最后，高通胀目标的坏处还在于，长期的高通胀会带来更多指数化操作和更频繁的价格调整。但货币政策之所以有效，正是因为存在（至少暂时存在）价格刚性。经济活动越接近于经济体系中价格和工资能够迅速、无成本变化的情形，货币政策的实际影响力就越有限。换言之，经济体系中的指数化程度提升，就需要更大的利率浮动来实现相同的目标。因此，增加通胀目标一方面会增加操作空间，另一方面（如果指数扩展了）所需要的操作幅度也会随之增加，即改变所需降息幅度的概率分布。因此，提高通胀目标仍是一个存在争议的问题。

---

① Blanchard, O., Dell'Ariccia, G., Mauro, P., "Rethinking Macroeconomic Policy", Journal of Money Credit and Banking 42 (Issue Supplement 1), 2010, pp. 199 – 213.

② Fuhrer, J. C., Madigan, B. F., "Monetary Policy When Interest Rates Are Bounded at Zero", Review of Economics and Statistics, Vol. 79, No. 4, 1997, pp. 573 – 585.

二 前瞻指引与量化宽松

前瞻指引是一个可以替代负利率的选择。例如，当通胀目标已经达到 ZLB 时，即使在可预见的未来通胀率应该会增加至达到或超过目标，但央行依然可以向社会承诺将名义利率保持在零。这种承诺不会降低当前的短期名义利率或实际利率，但可能会降低人们对未来实际利率的预期，这将有助于支持长期投资。因此，这种承诺并不是提高了通胀目标，而是在既定的货币政策方向上作了一些变通，把枪口抬高一寸，指向比既定的通胀目标稍高一点的位置。这种做法可以降低对未来实际利率的预期。前瞻指引这一概念的问题在于，它很大程度上依赖于预期。事实上，它是希望在通胀实际上升时，通过影响公众对央行未来行为的预期，来克服利率操作空间将被用尽的窘境。然而，如果唯一的办法是说服经济活动主体，使他们相信通胀上升后货币政策仍将保持宽松，那么在利率已无法再降的时候，他们必然会质疑通胀将继续得到充分上升的说法。

因此，只有在央行信誉度足够高，并且能够按央行所希望的方式形成预期的经济活动主体足够多时，前瞻指引才能发挥作用。但这种可信度似乎不太现实。央行董事会成员会不断变动，当央行需要抉择应该是继续维持零利率还是追求通胀目标的时刻，当初做出零利率承诺的那批人可能已经离开这个工作岗位了。这个问题当然是可以解决的，但总的来说还是可能会出现反复不定的问题：一旦实现了通胀目标，央行就不再有动力去兑现其零利率的承诺，这显然会损害央行的可信度。总体而言，前瞻指引只是一种辅助性工具，并不能真正取代已耗尽的利率空间。

另一个替代负利率的方案就是量化宽松。事实上，大多数央行在大萧条时期都采用了这种方法。量化宽松的实施方式和制度细节各不相同，但其原则很简单：央行购买政府或私人发行的资产以置换央行储备。与经典货币政策相比，量化宽松政策通常会对利率有较长期的影响。美联储在量化宽松政策期间的购买量达到 GDP 的 25%，欧洲央行和日本央行的购买量甚至更高。量化宽松政策使"直升机投钱"的想法变成了现实，Milton Friedman 将其引入经济学，而非仅作为一个思想实验。量化宽松政策在多大程度上应该购买私人资产，特别是公司债券，这也是一个问题。量化宽松政策是对那些债券被央行所收购的公司的一种补贴。事实上，由于量化宽松政策，这些债券的风险溢价被人为地降低了。另一方面，根据一些研究，在零利率和市场信心减弱的时期，购买私人债券比购买同等数量的政府债券更有效。[1] 显然，这种量化宽松政策是个敏感话题，因为公众会认为央行只支持特定的行业甚至特定的公司，给央行带来声誉风险。

此外，在许多金融市场欠发达或经济规模较小的国家，这种货币政策是不可能实行的。市场上没有足够的合适资产，或者资产缺乏流动性，就无法实施预定规模的量化宽松，捷克共和国（以及其他不属于任何货币联盟的较小的国家）基本就属于这种情况。有时，量化宽松也会受到法律的阻碍，法律设计时未设想央行会需要开展此类业务。例如，在欧洲，基于历史原因，特别忌讳靠直接融资来支持公共预算（在公开二级市场购买政府债券不视为直接融资）。

总的来说，量化宽松政策已经并且仍将是负利率的主要替代方案。在传统的降息政策用尽之后，它是主导性的货币政策工具。尽管还不能完全评估其效果，但人们一致认为，它至少延缓了危机的进程。然而问题是，这一工具在下一次衰退中是否能够同样奏效？例如，在欧元区和日本，利率仍然为零，量化宽松的潜力也可能已经耗尽。

三 负利率政策建议

上文简要概述了负利率政策的替代方案。负利率议题在下一次经济衰退中可能非常重要，让我们来看看关于负利率政策及其潜在影响的实操性建议。在这里，我们将负利率理解为货币政策利率，央行将

---

[1] Borio, C., Disyatat, P., "Unconventional Monetary Policies: An Appraisal", *Manchester School* 78 (s1), 2010, pp. 53–89.

使其低于有效下限（ELB）。把利率降到低于 ELB 的根本问题是纸币的存在，纸币在此时的名义收益率将为零，当利率进一步跌破 ELB 后，人们就会逃避到仅使用现金的体系中去。因此，要想制定有效的负利率政策，必须找到解决这一问题的方法。

文献中提出三种规避零利率情况下现金问题的方法。第一种方法，简单但极具争议，提议部分甚至全部废除纸币。第二种方法，在 20 世纪初就已经提出，后来凯恩斯对此进行了讨论，即必须定期对钞票进行激活操作。第三种方法，保留纸币但将其从"主要"货币中分离出来，并在纸币与"主要"货币之间引入一种内部兑换率机制，货币政策将实施于"主要"货币。让我们进一步讨论一下这些方法。

如果纸币完全被一种无现金货币所取代，原则上是可以解决 ZLB 问题的。尽管有必要在某些方面调整法律，例如，对存款利息（现在为负）征税的问题，但这是可以解决的。鉴于交易技术的进步，废除纸币和全面过渡到无现金社会似乎是目前的一个可行选择。但由于民众的偏好和习惯，各国对现金的需求量差别很大，例如，斯堪的纳维亚国家对现金的需求一直较低，但中欧（尤其是捷克共和国）的需求则相对较高。

然而由于种种原因，第一种方法的完全取消纸币的做法引起了很大争议，这意味着匿名付款、匿名持有货币等现金才能提供的便利会被就此终结。尽管在一些国家，流通现金仅在经济活动主体的财富中占到很小的份额，但这并不意味着现金的交易量或现金所承载的其他服务也很少。一个不容忽视的事实是，即使家庭实际上只持有少量现金，但仍会以现金作为应急的手段。最后，无现金社会也会产生过度征税的风险。无现金货币为货币政策制定者提供了额外的操作空间，对财政当局也同样很有吸引力。如果经济活动主体不能以现金为掩护，人们的银行账户余额就有可能成为大量潜在税基的来源。

第二种方法，在保留纸币的同时，假设其持有者必须不时地对其进行某种活动，以保持其有效性。例如，定期向钞票加盖印章，这些印章必须从央行购买。这样，纸币也会产生负利息，即购买必要印章的相关费用。这个想法源于 Silvio Gesell，后来被广泛引用，甚至可见于凯恩斯的《通论》，近年来又再次被重提，例如，Goodfriend 建议在钞票中使用磁条而非印章。① 无论如何，这种方法不切合实际，因此只是一种理论选择。

另一种更精致的方法同样也能保住流通中的货币，但现金不能再按固定比率兑换为法定货币，未来的法定货币只能是脱离现金的账户余额。Buiter、IMF 经济学家 Agarwal、Kimball 和其他经济学家将上述方案重又带入人们的视野。这项方案基本上很简单：假定中央银行除了货币政策利率外，还将确定现金对法定货币（例如央行储备）的兑换率。如果利率为负，那么兑换现金的兑换率同样下降，囤积钞票也就不再划算。以此防止经济活动主体因负利率而逃往现金市场。

例如，如果货币政策利率从每年 0 降到 – 3% 并保持在这一水平，以无现金货币为单位的一单位纸币的价格将从平价（即从 1.00 的兑换率）下降到一年后的 0.97，两年后的 0.941，纸币相对于无现金货币的贬值率也可能依据货币政策利率而变化。反之，如果利率为正，则现金的兑换率可以上升并回到平价，理论上甚至可以超过平价。Agarwal 和 Kimball 指出了这种方案的一些有趣的特点，并强调在当前的市场经济中实施这种制度是非常容易的。② 根据上述二人的发现，央行只需以利率为基础制定出一个现金兑换率，并允许商业银行以此兑换率自由兑换央行储备，随后市场就会自发地逐步解决其他的问题了。

可以看出，确实可以引入负利率，且从实际操作的角度来看也不太困难。但负利率虽然能拓宽央行的操作空间，但其长期影响仍不确定。例如，负利率与金融稳定之间将如何相互作用仍然是很大的未知数，因为即使是零利率或极低利率也需要对金融稳定进行密切监控。负利率是否会对银行业产生什么不良影响？它们将如何与外汇市场或

---

① Goodfriend, Marvin, "Overcoming the Zero Bound on Interest Rate Policy", *Journal of Money, Credit, and Banking*, Vol. 32, No. 4, 2000, pp. 1007 – 1035.

② Agarwal, R., Kimball, M., "Breaking through the Zero Lower Bound", *IMF Working Paper* 15/224, 2015.

是新兴的私人网络货币互动？直到有某个经济体真对负利率（低于 ELB 水平）付诸实践前，答案仍是未知数。负利率政策在被实施前还应该有更深入的理论研究作为基础，我们认为这项政策中蕴含着令人担忧的未知风险。

第三节 通胀目标制下的汇率干预政策和汇率承诺

上面我们讨论了负利率的问题，并简单地论及了几种货币政策选择，如量化宽松、改变通胀目标和前瞻指引。汇率干预或汇率承诺是货币政策的另一个重要选项。在一个著名案例中，当时瑞士国家银行（Swiss National Bank）采取了这一选项（虽然没有明确将其作为货币政策工具），此后捷克国家银行也采用了这一选项。在货币政策利率几乎为零、经济正在衰退的情况下，捷克采取汇率承诺作为其货币政策工具（即用以实现通胀目标的工具）。我们将在下文讨论捷克的案例，它代表了转型经济体货币政策的一个新篇章，希望能为读者带来一些有益的历史经验。

2013 年 11 月，由于名义回购利率已降至 0.05% 的技术最低水平，进一步放宽货币政策的操作空间已经耗尽，捷克国家银行发布了不对称汇率承诺，下限为 27 捷克克朗/欧元。不对称汇率承诺意味着捷克国家银行承诺，不允许捷克货币兑欧元升值至超过承诺的水平。即如果本币贬值幅度超过预期水平，央行不会做出回应。为了完整论述，让我们回顾一下经济学原理，由于央行有无限量的本币储备，理论上每个中央银行都能承诺不允许本币升值超过一定水平。这与不允许本币贬值的义务有着根本性的区别，防止贬值时央行受到外汇储备规模以及借入额外储备能力的限制。

从货币状况指数（monetary conditions index，MCI）来看，央行的利率政策与汇率政策有着互相完美替代的可能性。货币状况指数是一种用来衡量当前货币政策相对于基准期货币政策的约束（或扩张）系数的工具。其通常以实际利率和实际汇率的加权平均为基础构建。核心问题是确定利率和汇率的正确权重。权重必须反映经济活动主体对实际利率和实际汇率变化的相对敏感性。通胀率能够回归至2%通胀目标的理论基础是购买力平价理论，即货币的对外贬值将降低本币的购买力，进而逐步推高国内的通胀。然而，这一进程将以多快的速度发展到什么程度，始终是一个问题，而且这还取决于当时所处的经济周期阶段。

根据定义，通货膨胀目标制与自由浮动汇率是相辅相成的。然而，国际货币基金组织的分析表明，使用通胀目标的央行中约有三分之二至少偶尔会干预外汇市场。[①] 在通胀目标制下，也有模型将汇率作为另一种货币政策工具（例如，Ostry、Ghosh、Chamon）或非传统的货币政策工具（例如，McCallum；Svensson；Borio、Disyatat；Stone 等人）。干预措施的使用并不构成货币政策目标或货币政策体系的改变，它只是在现有工具（短期利率）用尽后，在制度（即通胀目标制）允许的范围内换了一种工具。

2013年，当汇率承诺已明确成为捷克货币政策的一个备选工具时，捷克国家银行就如何使用汇率承诺进行了讨论。对于干预措施将如何具体操作还有几个问题需要解决。目标汇率水平应该公开还是保密？干预措施是否需要设定一些极限边界，还是可以无限量地进行干预以维持选定的汇率水平？

虽然没有统一的、普遍接受的"汇率承诺理论"，但捷克央行的理论基础是基于Svensson对一个小型开放经济体所提出的理论。他给出了一个小型开放经济体如何通过干预走出流动性陷阱的"防弹"秘籍，主要依赖于本币贬值以及随后汇率的渐弱走势。汇率承诺是公开和透明的，干预的数量原则上是无限的，以满足维持汇率承诺所需要

---

① IMF, "The Role of the Exchange Rate in Inflation – Targeting Emerging Economies: Targeting Emerging Economies", *Occasional Papers*, 2009.

的量为前提。只有当达到既定的物价目标时，汇率这一工具才会被放下。根据这一模型，不仅可以通过贬值提高本国产品价格在国际贸易中的竞争力，还可以通过降低实际利率和增加通胀预期来摆脱流动性陷阱和通货紧缩的趋势。央行通过承诺无限量干预为这一方案增加可信度，直到最终实现一个明确的、公众认可的目标。

一 实施汇率承诺前的经济状况

决定将捷克克朗贬值并引入汇率承诺的直接原因（从25.60捷克克朗/欧元贬值至27.00捷克克朗/欧元的下限），是由于2013年11月捷克央行的预测明确指出了通缩压力及与之相伴的需求下降。除上述预测外，主要宏观经济指标的运行趋势（见表8.1）也表明，货币政策需要进一步放松。在2010—2011年的短暂增长后，实际国内生产总值再次下降，2013年年初还出现了负增长率。与之相对应的是，一般失业率超过了7%，达到两年来的最高水平。总体CPI通胀率尚处于通胀目标所能容忍区间的下限，但主要是由于部分价格受到管制以及间接税的增加。核心通胀率（即去掉管制价格和税收）在一段时间内一直为负值。

表8.1 汇率承诺时的主要宏观经济指标（在干预措施开始时提供）

GDP（季节性调整），2013年第二季度	-1.3%
通货膨胀 CPI 2013年九月	1.0%
核心通货膨胀 2013年九月	-0.7%
失业率（季节性调整）2013年九月	7.1%
平均名义工资 2013年第二季度	1.2%

资料来源：捷克统计局和捷克央行。

出于上述原因，在采取口头外汇干预大约一年以后，捷克央行选择采取使捷克克朗走弱的货币政策，宣布1∶27的欧元兑捷克克朗汇率承诺。这一措施之所以具有可行性，还因为捷克的国情满足一个重要的假设，即国内银行、公司和家庭没有大额的外汇债务。如果国内经济主体有大额的外汇负债，本币的弱化将导致债务金额的增加（相对于本币），进而产生通货紧缩效应，这将与中央银行的预期效果相反。

鉴于捷克央行的主要法定目标以及明确的通货目标，其货币政策允许的 CPI 增长区间一般是 2%。汇率走弱提高了进口商品的价格，进一步支持了对国内商品的需求。家庭和企业都逐渐发现，对价格下降的预期是错误的，不值得再继续等待价格的进一步下降。需求因此而增加，同时带动了就业和工资的增长。

从世界经济运行的维度来看，一国采取"贬值政策"，可能是有消极影响的，甚至出现所谓的竞争性贬值。尽管（理论上）所有央行都可以同时推行低利率政策（甚至是负利率政策），但削弱本币的汇率干预措施却不能同时地为所有央行所用。本币的贬值总是相对于其他货币而言的，因此不可能出现所有货币同时贬值。

然而，小型开放经济体使用的汇率干预措施，得到了货币基金组织和经合组织等国际组织的广泛支持。很明显，2013 年年底时，汇率只在捷克共和国被用作抑制通货紧缩风险的工具，没有形成竞争性贬值。此外，2014 年 9 月，欧洲央行推出了负利率政策（针对存款便利），并宣布了量化宽松。可以说，欧洲央行后来的这些措施，恰恰证明了捷克央行的汇率政策的合理性，如果没有汇率承诺，克朗兑欧元无疑会大幅走强。

实施汇率承诺后，捷克央行达到通胀目标的时间比最初预期的更长。在相当长的一段时间内，CPI 年通胀率在 0.5% 左右，到 2016 年年底才接近 2% 的目标水平。延长汇率承诺的主要原因是来自外部的强烈的通货紧缩冲击。较低的食品价格也造成了一定影响，由于丰收和俄罗斯对进口农产品实施报复性制裁，农产品价格持续低迷。此外，关于欧元区价格将会上涨的预期并未实现，欧元区实际 PPI 下降约 2%，而不是 2013 年 11 月预测的增长 1.5%。2014 年 12 月，捷克央行对普遍正面的供给冲击做出反应，将这些意外情况纳入通胀目标制的运行工作中。

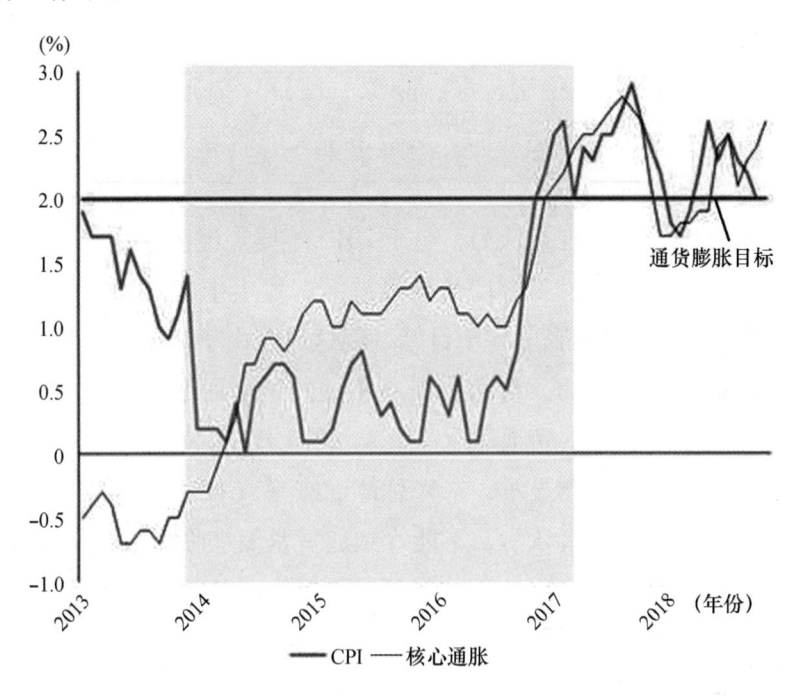

图 8.2 捷克共和国汇率承诺期间的 CPI 和核心通胀

资料来源：捷克国家统计局和捷克央行。

在引入汇率承诺后，尽管经济增长和劳动力市场的形势有所改善，但总体通胀率仍然接近于零（见图 8.2）。世界油价的下跌对此也产生了影响。在这种情况下，捷克央行考虑是否应该将汇率承诺调整到一个较低的水平，即如内部分析所建议的进一步使本国货币贬值。2016 年 5 月至 8 月，捷克央行与外界公开地交换沟通了实施这一方案的可能性。但捷克央行最终认为，低通胀主要是由于成本的下跌，并判断这只是暂时性的情况，因此没有改变汇率承诺水平。

二　对于汇率干预政策和汇率承诺的争议

与干预前水平相比，外汇干预使克朗（对欧元）贬值了约 4.5%，这引起了专业人士和公众的强烈反应。一方面，一些经济学家认为，如果经济体中大部分家庭的储蓄都未增加，则没有道理要为持续通缩和延迟消费而担忧。他们还指出，金融分析师们的通胀展望是积极的，消费价格的下跌是由住房、水、能源、燃料、交通、邮电等"成本性"消费的价格下降所造成的。从货币主义的观点来看，当前货币总量的增长是足够的。

另一方面，也有观点认为，由于2012年捷克经济远低于其生产潜力，失业率不断上升，工资增长明显放缓，发生螺旋式通缩的风险很大。尽管2012年的通胀率高于目标，但这只是由于间接税、价格管制和食品价格增长造成的。与商业周期相关的核心通胀率一段时间以来一直处在远低于目标的负通胀水平（自2009年7月以来，见图8.2）。此外，捷克央行的预测显示，未来总体通胀率（按CPI衡量）将显著下降。新凯恩斯主义者认为，不能等到通货紧缩来临才实施货币政策，而必须具有前瞻性。货币政策如果反应滞后，结束通缩要付出的经济成本就要高得多。

批评贬值政策的人士还表示，这一政策将维持低附加值的生产结构。根据他们的说法，结果将是国内出口商怠于降低成本和进行必要的创新。同时，贬值使进口消费品变得更加昂贵，并使养老金储蓄和以欧元计价的储蓄贬值。

针对这些争论，干预政策的支持者提出了反驳，即经济活动主体的收益最大化不仅指当前收入的最大化，而应包括未来收入的贴现。理性的经济主体会利用汇率的暂时贬值和较高的出口收入来投资生产。因此，与20世纪90年代转型初期的克朗贬值类似，汇率承诺将对实体经济活动产生积极影响。汇率贬值打破了价格可能进一步下跌的预期，打破了等待"更便宜"时再投资的心态。尽管由于汇率承诺而导致的汇率贬值减少了以欧元计价的储蓄，但以欧元计价的支出在家庭总支出中所占的份额微乎其微。

汇率干预被认为是与自由市场制度相矛盾的，它会导致外汇储备的过度增加，国内货币的通胀，以及承诺结束后克朗升值而造成央行的损失（见下文）。作为反驳，我们可以说稳定物价是央行货币政策应该坚守的核心目标。从历史的观点来看，汇率干预和汇率承诺是在技术零利率（0.05%回购利率）的背景下，为实现主要货币政策目标而采取的一个"非常规"工具。

三 汇率承诺出台后央行的对外沟通

事实证明，对央行来说，在危机时期，就非常规的或创新性的货币政策工具与外界进行充分沟通是一项艰巨的任务，必须要向公众充分解释以前没有使用过（或很少使用）的货币政策工具。因此，各国央行不仅需要使用专业的论据，还需要使用简单易懂的论证说明。

汇率承诺的一个副作用是，捷克央行不得不反复解释与干预措施并无直接关系的货币政策问题。它必须解释为什么存在2%的通胀目标、为什么未达到此指标是一个不好的现象、为什么通货紧缩不是央行应该争取的目标等诸如此类的问题。对捷克央行来说，媒体对汇率承诺的强烈反应是导致其调整沟通策略的一个重要原因。事实证明，央行必须使用更直接、更迅速、更能为公众理解的沟通方式。[1]

特别需要指出的是，捷克央行最初将汇率称为一种货币政策工具。然而，汇率本身是一种由商业银行报价的市场价格。因此，从理论角度来说，应该称汇率承诺和汇率干预为央行的货币（或汇率）政策的工具，而不是汇率。后来，这一术语在捷克央行的正式文本和专业术语中逐渐予以统一。

至少从20世纪50年代起的理论性和实践性文献中，就已经开始对汇率干预、货币贬值、汇率承诺以及各种汇率制度展开了研究，并得出了褒贬各异的结论。主要的议题都已被正反双方充分地讨论过多次，尽管这些讨论主要是在贸易平衡、经常账户平衡和货币扩张等背景下进行。因此与通胀目标制相关的问题和发现仍然是个较新的话题。

---

[1] Franta, M., Holub, T., Kral, P., Kubicova, I., Smidkova, K., Vasicek, B., "The Exchange Rate as an Instrument at Zero Interest Rates: The Case of the Czech Republic", *Research and Policy Notes* 2014/03, Czech National Bank, 2014.

即使在执行货币政策的情形下,也有必要进行成本效益分析,必须将上述成本与防止(或避免)通货紧缩、支持增长和就业的社会收益进行比较。尽管汇率干预是一种合法的央行工具,汇率承诺是一种合法的系统性的汇率政策工具,但也必须分析其潜在的成本。正如一些研究(例如,Cincibuch、Holub 和 Hurnik;Stella)所表明的那样,央行因干预汇率将持有更多外汇储备,而由此产生的损失将可通过外汇储备的投资收益及铸币税得到一定程度的补偿。

作为干预的结果,中央银行和商业银行账上的余额都增加了。与此同时,商业银行向中央银行的存款也在不断增加。图 8.3 显示,在进行汇率干预期间(即 2013 年 11 月至 2017 年 4 月),央行的外汇储备从 8950 亿捷克克朗增加到 33550 亿捷克克朗,商业银行在央行的存款从 4590 亿捷克克朗增加到 23330 亿捷克克朗。在汇率干预开始前,商业银行在捷克央行的存款,在商业银行资产负债表中的比率为 9%,干预结束后这一比率上升至 32%。然而,外汇储备的增长并不仅仅是由于汇率干预。还有一笔大额外汇储备,是从捷克政府手中购入了总计约 3000 亿克朗的欧盟资金。同时,值得一提的是,外汇储备也产生了一定的收益(大约是 500 亿克朗)。

如果投机者很快结束投机,资本开始反向流动,那么整个"投机游戏"将只涉及买卖时点的汇率差异;为了阻止资本的反向流动,央行可能会进行反向干预(即与当时执行的使克朗贬值的政策相反的方向,也即结束汇率承诺),央行的反向操作可能盈利也可能亏损。问题是,如果对克朗的投机布局是长期的,捷克央行不采取反向干预措施,而且商业银行和捷克央行的资产负债表都将继续"膨胀",这样一来情况将会变成什么样子?一般来说,商业银行的盈利能力很大程度上取决于捷克央行的利率政策,利率政策控制着商业银行的流动性。

由于捷克央行只为流动性存放提供很低的利率,因此商业银行将维持对客户存款的低利率,同时,商业银行会有更多的动力去进行信贷或投资业务以赚取利润。如果捷克央行在汇率承诺政策结束后提高流动性的利率,以实施从紧的货币政策(这也确实发生了),商业银

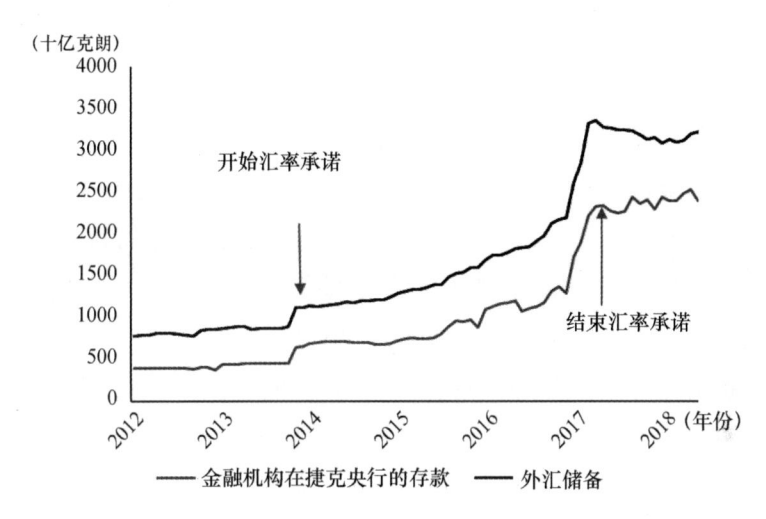

图 8.3　捷克央行的外汇储备及金融机构在捷克央行的存款

资料来源：捷克央行。

行将可能会在不寻求真正银行业务的情况下获得更高的回报。在货币和信贷总量方面，我们可以与 2002 年之后的情况进行一个比较，当时捷克央行刚对捷克克朗的升值进行了大规模干预。随后出现了货币扩张的趋势，2004—2008 年，私营部门贷款的年增长率在 20%—26% 之间。同样可以预期的是，在汇率承诺后的一段时间内，商业银行可能也会面临类似的扩张压力，捷克央行需要应对的将不仅是货币政策，还包括新实施的宏观审慎监管政策。

另一个独立的问题是，捷克央行长期持有大量未平仓的外汇头寸将带来的损失。随着汇率承诺的引入，刚开始进行干预的时候，央行所持有的全部国际储备价值（以本国货币计）将急剧升值。至少从会计的角度来看，这会导致央行因汇率变化而立即获得收益。反之，在干预措施结束后，本币升值导致储备的价值减少，从而导致至少是会计上的损失。问题是，在汇率承诺期间增加的外汇储备，是按贬值后的汇率购买的。因此，承诺结束后的升值（以及由此产生的汇率损失）不仅涉及最初的储备，还涉及干预期间购买的额外储备。更为复杂的是，新增的外汇储备在汇率承诺期内由央行投资，并给央行带来名义回报，而央行为购买外汇所产生的负债，则因为货币政策为零利率，所以并不会产生什么成本。

干预最终是否会导致损失，这取决于承诺结束后本币升值的幅度、外汇储备进行投资的方式及其收益率高低、汇率承诺持续的时间（持续时间越长，央行从投资额外的外汇储备中获得的收益就越多）等因素。央行的净利润通常（尽管是间接）被作为公共财政的收入，因此购买额外外汇储备而造成的潜在损失可被视为汇率承诺的成本。然而由于新增外汇储备的数量存在许多的不确定性，在引入汇率承诺之前，到底需要购入多少外汇是几乎不可能建模预测的，所以实际上不可能量化成本。

四 汇率承诺的退出和与瑞士的汇率干预行动的对比

捷克央行并不是近十年来唯一一家采取外汇干预措施的小型开放经济体的央行。瑞士国家银行（SNB）的干预就是一个著名的案例，因此通过比较这两家银行的干预措施可以得到一些有指导性的启示。

捷克央行于2013年11月宣布了汇率承诺。在这之后的几天内，捷克央行不得不实施干预。紧接着，克朗—欧元汇率就稳定在了承诺水平之上，短期内甚至低于承诺水平。由于对克朗升值的投机（见图8.4），捷克央行被迫在退出汇率承诺前一年重新进行干预。尽管央行对外反复沟通：克朗的升值将是温和的，符合宏观经济基本面的，而且汇率承诺的退出需要一个过程才会传导至物价，故此克朗汇率的升值将会受到一定的阻滞，然而资本不顾这些劝阻又涌入。

2017年4月，在通胀高于目标值，并且实体经济的通胀压力足以在货币政策周期内达到通胀目标的情况下，捷克央行放弃了汇率承诺。干预结束后，捷克克朗的名义汇率仅略有升值（承诺结束后不久升值2%，两年内升值约5%）。因此，捷克央行以一种透明的方式退出了汇率承诺，即在通胀率达到通胀目标之前，央行不放弃承诺。相比之下，一旦通胀达到目标，并且根据（公开的）捷克央行的预测，通胀压力很可能已足够充分，这会让投机者确信，汇率承诺迟早会结

第八章 零利率时代的货币政策

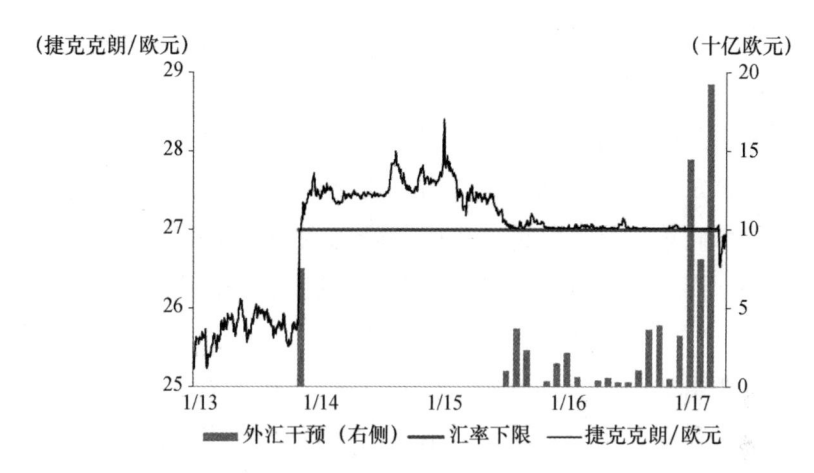

图 8.4 捷克克朗汇率（左侧）和捷克央行的干预措施（右侧）
资料来源：捷克央行。

束。因此，由投机捷克货币升值引发的资本流入是合乎逻辑的。

瑞士央行于 2011 年 10 月宣布了每欧元兑 1.2 瑞士法郎的明确汇率承诺。与捷克央行的情况一样，承诺是不对称的，因此允许任何幅度的贬值。瑞士央行推出这一承诺是因为瑞郎估值过高，这是由于瑞士在全球金融动荡时期被视为 "安全港"，资本流入瑞士造成的。引入汇率承诺相对是成功的，然而瑞郎升值的压力逐渐加大，随之而来的是央行需要干预。在承诺期内，由于大量资本流入，瑞士央行的储备增加了 4 倍之多，而在 2014 年年底（即在实施承诺 3 年后），央行的资产达到 GDP 的 70% 左右。2015 年 1 月，瑞郎仍处于每欧元兑 1.2 瑞郎的干预值，但瑞士央行突然决定放弃汇率承诺。退出是完全出人意料的，尽管同时伴随着负存款利率，这仍导致了瑞郎的大幅升值。从长期来看（到 2019 年年中），瑞郎升值约 10%。然而在短期内，承诺结束的当天，升值幅度达到 22%，在随后的一个时期内甚至达到了 40% 这一令人震惊且不可持续的水平。瑞士汇率承诺的结束造成了剧烈的震荡，影响全球货币市场，在一定程度上甚至影响到货币交易基础设施本身（众多外汇经纪人破产）。

在捷克央行将通胀推高至既定目标的同时，瑞士央行为了应对瑞郎退出承诺后的强劲升值正面临着通货紧缩。退出汇率承诺后，瑞郎大幅升值，而克朗仅小幅升值。捷克共和国和瑞士的汇率承诺产生如此不同结果其原因何在？

首先，是引入汇率承诺的原因。捷克央行将汇率承诺作为一个非标准的货币政策工具，以进一步应对降息空间已用尽且仍存在通缩风险的局势。因此，实行汇率承诺符合通货膨胀目标制和稳定物价的要求。尽管一些市场主体感到意外，但这是扭转通缩压力、保持通胀目标的合乎逻辑的一步。而在瑞士，由于资金流入"安全港"，引入汇率承诺很大程度上是受到瑞郎升值压力的推动。汇率承诺的水平与外部均衡水平不一致，资本的流入仍在继续，因此维持汇率水平从而提高出口竞争力的努力是不可能成功的。

其次，央行必须采取完全不同的沟通策略。捷克央行明确说明了实施汇率承诺与通胀目标制的理由和一致性。它多次延长承诺期限，并表示放弃汇率承诺的条件是可持续地实现通货膨胀目标。因此，这一承诺变得可信，除了最后一个阶段投机性资本大量涌入外，其余时间捷克央行不必干预。相比之下，由于汇率承诺的水平与外国投资者对该国的看法不一致，瑞士央行几乎在整个承诺期内都必须进行干预。此外，瑞士央行从未明确表明汇率承诺的期限，也不清楚在何种条件下（如果的确有的话）将会结束承诺。

最后，是终止汇率承诺的方式。瑞士央行在没有事先通知的情况下突然退出，导致瑞郎汇率急剧走强。相比之下，捷克央行明确表示，只有当通胀目标可以持续实现时，才会终止汇率承诺。此外，捷克央行允许通胀略高于通胀目标，从而将汇率承诺的影响渗透到物价中，抑制了承诺结束后的克朗升值的动力。最后，汇率只是小幅升值，因为克朗实际已经超买，投机资本要想流出，就会给捷克克朗造成贬值的压力。

事后看来，尽管两种情况并非完全可比，但捷克共和国的汇率干预政策仍比瑞士更为成功。瑞士比捷克共和国更早地接受了汇率承诺，最初这有助于捷克央行的对外沟通，但瑞士汇率承诺的意外终止，也使捷克央行陷入了复杂局面之中。外汇市场上的一些外汇交易参与者可能认为,捷克的汇率承诺也将以与瑞士类似的方式终止。然后,捷克央行不得不针对这些预测进行深入沟通和实际干预。

第四节 结论

金融危机爆发后,许多国家不得不将主要的货币政策工具减至零,这在货币理论和货币政策领域产生了新的问题与困难。零利率对透明的通胀目标制提出了挑战,特别是预测模型所暗示的利率为负时,会导致人们抢购现金。我们简要讨论了几种政策选择,其中一些,特别是量化宽松和前瞻指引,在过去十年中得到了实际应用。

鉴于许多国家的利率非常低甚至略微为负,货币当局极有可能在下一次经济衰退时再次面对 ZLB 问题并且情况更加严峻。因此,一些经济学家提出了制度性的建议,探讨如何将负利率纳入货币政策框架,如无现金经济或纸币与法定货币需进行兑换的经济。不过我们认为,这些建议需要经过进一步的理论研究后才能付诸实践。

我们详细描述了最后一种政策选择,即在通货膨胀目标制下的汇率干预。尽管汇率干预显然不能作为一个普遍性建议适用于所有央行,但可以成为一些小型开放经济体货币当局的有用工具。然而,比较瑞士和捷克共和国的干预措施,也可以清楚地看到,这项政策工具的效果取决于实施的理由和退出的方式。

参考文献

Agarwal, R., Kimball, M., "Breaking through the Zero Lower Bound", *IMF Working Paper* 15/224, 2015.

Blanchard, O., Dell'Ariccia, G., Mauro, P., "Rethinking Macroeconomic Policy", *Journal of Money Credit and Banking* 42 (Issue Supplement 1), 2010.

Borio, C., Disyatat, P., "Unconventional Monetary Policies: An Appraisal", *Manchester School* 78 (s1), 2010.

Buiter, W. H., "Negative Nominal Interest Rates: Three Ways to overcome the Zero Lower Bound", *NBER Working Papers*, No. 15118, 2009.

Caballero, R. J., Farhi, E., Gourinchas, P., "Global Imbalances and Currency Wars at the ZLB", *NBER Working Papers*, No. 21670.

Cincibuch, M., Holub, T., Hurník, J., "Central Bank Losses and Economic Convergence", *Finance a úvěr*, Vol. 59, No. 3, 2009.

Filacek, J., Kral, P., "A Look Back at the Discontinued Exchange Rate Commitment", *Inflation Report* II/2017 (attachment), 2017.

Franta, M., Holub, T., Kral, P., Kubicova, I., Smidkova, K., Vasicek, B., "The Exchange Rate as an Instrument at Zero Interest Rates: The Case of the Czech Republic", *Research and Policy Notes* 2014/03, Czech National Bank, 2014.

Fuhrer, J. C., Madigan, B. F., "Monetary Policy When Interest Rates Are Bounded at Zero", *Review of Economics and Statistics*, Vol. 79, No. 4, 1997.

Goodfriend, Marvin, "Overcoming the Zero Bound on Interest Rate Policy", *Journal of Money, Credit, and Banking*, Vol. 32, No. 4, 2006.

Gordon, R. J., "The Boskin Commission Report—A Retrospective One Decade Later", *International Productivity Monitor*, Centre for the Study of Living Standards, Vol. 12, 2006.

IMF, "The Role of the Exchange Rate in Inflation – Targeting Emerging Economies: Targeting Emerging Economies", *Occasional Papers*, 2009.

IMF, "Czech Republic 2013 Article IV Consultation", Country Report No. 3/242, 2013.

Keynes, John Maynard, "The General Theory of Employment, Interest, and Money", Macmillan, 1936.

McCallum, B. T., "Theoretical Analysis Regarding a Zero Lower Bound on Nominal Interest Rates", *Journal of Money, Credit, and Banking*, Vol. 32, 2000.

Ostry, J., Ghosh, A., Chamon, M., "Two Targets, Two Instruments: Monetary and Exchange Rate Policies in Emerging Market Economies", *IMF Staff Discussion Note*, SDN/12/01, 2012.

Stella, P., "Do Central Banks Need Capital?", *IMF Working Paper*, No 83, 1997.

Stone, M., Fujita, K., Ishi, K., "Should Unconventional Balance Sheet Policies be Added to the Central Bank Toolkit? A Review of the Experience So Far", *IMF Working Paper*, No. 145, 2011.

Svensson, L., "The Zero Bound in an Open Economy: A Foolproof Way of Escaping from a Liquidity Trap", *Monetary and Economic Studies*, No. 19 (S-1), 2001.

Taylor, John, B., *Discretion versus Policy Rules in Practice, Carnegie - Rochester Conference Series on Public Policy*, 1993.

Yellen, J. L., "The Federal Reserve Monetary Policy Toolkit: Past, Present and Future", Speech at the Federal Reserve Bank of Kansas City Symposium on *Designing Resilient Monetary Policy Frameworks for the Future*, 2016.

第 九 章

缓解家庭财务压力的一些尝试

面对空前的债务规模、全球经济衰落，债务减免这一"古老"做法能否重振经济，是否存在着巨大的道德风险？

持续十年的低息贷款政策导致全球政府、公司及家庭债务水平创下历史新高，2019 年年中已达 250 万亿美元。[①] 这几乎是全球经济产出的 3 倍，相当于地球上每个男人、女人和儿童背负着大约 32500 美元的债务。这一趋势没有放缓迹象，国际金融研究院（Institute of International Finance）的专家预计，到 2020 年第一季度末，全球债务总规模将突破 257 万亿美元，中美两国是背后的主要驱动因素。

2008 年国际金融危机之后，决策者意图用贷款来推动全球经济增长，这在很大程度上造成了今天的局面。自那时起，利率水平持续走低，低利率甚至负利率让大多数人可以有更多时间处理债务，导致债务水平不断上升。

决策者想方设法要解决经济增长乏力这一难题，他们手中的各项选择都有一个共性：继续扩大债务规模。赤字支出的支持者们认为，央行已经筋疲力尽，因此需要大量财政支出来刺激经济增长。然而，随着世界许多地区放宽货币政策的政策日益缩小，对于那些政府债务

[①] Emre Tiftik, Khadija Mahmood, Rongjin Zhang, "Global Debt Monitor: High Debt May Exacerbate Climate Risk", Institute of International Finance, November 2019.

水平居高不下或正在迅速增长的国家，他们可能更加难以实施财政刺激。

过去50年间，全球经济经历了四轮债务累积。前三轮均以某些新兴市场和发展中经济体爆发金融危机而告终。在2010年开始的这一轮中，这些经济体的债务增长要比以往幅度更大、速度更快、涉及面更广。①

不过，从长期来看，如果经济增速快于债务增速，债务占国内生产总值（GDP）的比重会随之下降。因此，为了控制债务规模，决策者提出了一系列解决方案，其中多数侧重于增长，主张从支出转向投资，例如在基建领域进行投资以拉动增长，同时减少浪费，例如，终止效率低下的能源补贴。

但是，如果政府债务水平过高，决策者可能无法顺畅地通过增加支出或减免税收来刺激疲软的经济，因为这时债权人或许不愿意出资，进一步扩大赤字。为了偿还债务，势必要缩减某些关键领域的支出，比如教育、卫生、基建等，而这些领域的投资关乎国家未来的发展。这种紧张局面，以及由此造成的政策选择范围的缩小，会反映在社会的各个层面。

在最近的一个周期中，由信贷压力导致的恐慌情绪已弥漫至包括阿根廷、土耳其、南非在内的一些国家。近期发生的违约事件显示，世界各国的公司也未能幸免。在寻常百姓人家，债务乌云正笼罩着下一代。以美国为例，学生贷款规模达1.5万亿美元，莘莘学子深陷债务泥潭。

如果债务负担过重，补救措施失灵，以至于威胁到国家主权或家庭财务安全，则有必要实施债务减免。债务减免可以采取多种形式：减少或免除未偿本金、降低利率或延长贷款期限。

---

① World Bank, Global Economic Prospects, Vanuary 2020.

第一节 债务免除

自古以来，每当遇到经济困难，国内债务便会得到免除，特别是对农业债务。20世纪晚期，这一理念被应用于规模较大且造成较大影响的第三世界国家的债务。21世纪初，由于信贷和房地产泡沫的出现，这一工具也越发经常地应用于个人债务。本节将探讨一些免除家庭债务的想法——如何运用古老的手段来解决循环往复的债务问题。

现代思想告诉人们，社会应该是有组织的，这与主张通过取消债务来恢复经济平衡的想法背道而驰。由道德价值和经济思想交织而成的逻辑链条显得异常复杂。事实上，就债务而言，其在道德维度和经济维度上往往是互相冲突的。

从道德上讲，人们期望有债必偿——毕竟，债务是一方给予的恩惠，也是另一方自愿承担的义务。此外，人们不期望捉襟见肘的穷人支付较经济宽裕者更高的利息。但经济学却讲述了一个完全不同的故事。

出借人收取的费用由融资成本、运营成本、资本回报率以及借款人风险所组成。最后一项很重要，覆盖了出借人无法收回全部贷款的风险。因此，从经济学角度来说，出借人需要考虑借款人无力或无意完全偿还贷款的情况。无法还款将造成出借人的损失，因此必须作为风险成本予以考虑。经济实力有限的借款人——无论是国家、公司还是家庭——通常风险成本较高，因此他们需要支付相较于富裕借款人更高的利息，这凸显出了道德直觉和经济现实之间的冲突。

对于家庭而言，低收入借款人的风险较高，因为他们的家庭财务状况往往不稳定，在没有储蓄或其他资源作为支撑的情况下，收入减少和支出增加都很容易导致违约。此外，出于谨慎，对这类人群的风险溢价也较高。如果出借人缺乏有效的定价和风控工具，还会增加不确定性溢价；但是这可以通过建设征信体系来解决。缺少信用记录的家庭，他们的财务状况往往更加难以知晓，受风险溢价的影响，他们需要支付更高的利息。

司法界和经济界的主流观点都认为，所有债务都必须偿还，其中一些债务在明显违约之后依旧会产生利息和费用。

然而，情况并非总是如此，今天仍然存在一些例外。

可以大致看一下债务免除的历史。5000年前，巴比伦及其他美索不达米亚地区的统治者登基后都会开展一项重要工作以恢复经济平衡，内容包括取消个人农业债务、解放奴隶和向持有土地的公民归还被没收的土地。

这些早期经济体的运转离不开信贷，用以购买种子和水，以及缴费和纳税。这些活动都会产生债务，等到收获季节再结算欠款。如果遇到干旱、洪水或虫害导致歉收，就会出现剩余作物不足而无法偿还农业债务的情况。

在这样的困难时期，公元前4世纪的美索不达米亚王室与宗教领袖会继续维持公民的自由，并以此为指导原则，允许他们继续耕地、服兵役和无偿提供必要的封建劳务。他们明白把债务违约的人都抓起来是危险的。

个人债权人不断壮大的势力也产生了一些问题。他们会向耕种者提供贷款，然后迫使他们通过劳作来偿还债务，并从中牟利。在农村地区盛行的高利贷会导致作物盈余无法上缴给王室，同时让劳动力无法履行传统义务，包括参军打仗。失去自由身的债务人可能会逃之夭夭，或投靠敌人，使国家经济蒙受损失，甚至置国家于被周围国家侵占的危险之中，那些侵略国的经济环境更为友好，不存在掠夺性借贷的问题。

从青铜时代的美索不达米亚一直到拜占庭帝国都有这样的紧张关系，中央统治者于是采取行动，将土地归还给缺少土地的人，以维持王室税收和土地保有制为基础的军事力量，而有钱有权的大家族则试图将土地攥在自己手里，拒绝向王室进贡。

因此，从公元前2500年开始，古代近东地区会定期进行债务减免运动。新的统治者常常在继位、战后和建造或翻新寺庙时宣布这些法令。它们逐渐成为一种防止债务扩散和土地止赎的传统手段。

到古巴比伦时代，债务大赦包含三个要素。第一个要素是取消大众所欠的农业债务。商人之间的商业债务按原样保留。第二个要素是释放奴隶、债务人的妻子和孩子，他们已被抵押给债权人。第三个要素是归还债务人向债权人抵押的土地或作物，从而使他们一家能够自给自足，并履行相关义务，包括纳税、服兵役和无偿参加公共工程建设。

这种做法一直持续到公元前1600年前后，农业债务按惯例会被王室免除。但到上古时代结束时，债务不再受王室公告的约束，债权人会夺去债务人的自由和土地。

古埃及也有债务免除的案例。通过研究《摩西法典》和耶稣布道的核心内容，我们发现了关于债务免除的记载。根据《利未记》，希伯来奴隶和囚犯将被释放，债务将被免除，神的恩泽将在七个安息年结束后的禧年（Jubilee year）降临人间。这对以色列土地的所有权和管理产生了特殊影响。

随着古希腊、罗马和以色列的信贷供应方越来越以私人资本为主，土地的私有化程度也不断提高，后来的罗马法律也更倾向于保护债权人的权利，止赎成了土地兼并的工具。

罗马共和国，社会不同阶层之间收入相对平等的局面被打破，不平等与日俱增。纵观其历史，罗马共和国一直受到债务攀升的困扰。在不同时期都发生过债务免除运动。群体之间的社会凝聚力和相互信任不复存在，取而代之的是紧张的关系。斯多葛学派的哲学家将罗马共和国的垮台归咎于债务；人们也愈加缅怀那个债务可以被免除，社会各阶层联系紧密的时代。

同样，中国历史上也有很多免除债务的例子，不胜枚举。早在西汉时期，每逢重大国事，例如，登基，皇帝都会赦免债务，以彰显仁慈。同样，如果遇到自然灾害，他们也会为减轻农民负担而施行债务免除。有些债务是欠税的结果；除此之外，农民在庄稼歉收时借的牛或粮食也会变成无力偿还的债务。

找政府借钱并不总是可行或可负担的，因此民间贷款盛行。与其他地方一样，止赎导致土地流向富裕阶层，使社会矛盾加剧。为了解决这一问题，从 6 世纪开始，皇帝们开始免除个人债务，同时还免除欠国家的钱。公元前 529 年，北魏孝庄帝宣布赦免债务，这是历史记载中首个债务免除的例子。到了唐宋时期，这种做法变得更加频繁，债务大赦高达 18 次，平均每 30 年一次。历史时期不同，大赦的范围也不同：有时只是免除利息，有时利息和本金均被免除。有些大赦仅针对逃亡人口或没有还款能力的穷人。

关于债务免除，有一个有趣的例子。刘宋时期的文帝（424—453 年）意识到，农民负担过重对社会经济的整体发展不利，在短短 29 年的执政期间，他两次免除农民亏欠政府的债务。此外，他还采取了一系列政策，扶持农民、刺激经济。文皇帝的统治时期被称为元嘉之治，是历史上一个国家富裕、社会稳定和文化繁荣的阶段。

因此，债务免除的传统最早可以追溯到公元前 3 世纪中叶的美索不达米亚。

第二节　债务减免的现代案例

当今世界遵循的是罗马法原则，将债权人的诉求置于债务人的经济偿付能力之上。尽管如此，现代社会仍不乏债务减免和宽恕的例子。下文的前两个例子与债务免除有关，随后讨论的是如何针对家庭抵押贷款实施减免，这一情况则更为复杂。

一　哈萨克斯坦

卡西姆·约马特·托卡耶夫在当选哈萨克斯坦共和国 28 年历史上第二任总统约两周后，向国际媒体阐述了他的经济改革设想。

2019 年托卡耶夫宣布的第一项重大政策，是免除这个中亚国家六分之一人口持有的不良贷款。同时，他释放出信号，暗示将调整政策，终止国家对私有银行的救助。银行救助代价不菲，在哈萨克斯坦是一个敏感话题。为了避免银行业在坏账的重压下崩盘，政府至少已向贷款机构注资180亿美元，此举让哈萨克斯坦坠入深渊。

免除债务的主要目的是向弱势群体提供帮扶。公民亏欠银行和小额信贷机构的债务，部分将由政府偿还，主要涉及无担保消费贷款。罚款和罚金将被免除，由银行和小额信贷机构承担相应损失。

援助的对象包括人口较多的家庭、育有残疾儿童的家庭、失去主要收入来源的家庭、残疾的成年人、接受政府社会援助的人群、孤儿，以及在成人之前便失去双亲照料的29岁以下人口。

在免除现有债务的同时，政府还着手严格收紧新贷款发放条件。该法令要求央行采取进一步措施，让金融机构承担更多的责任，包括禁止对逾期90天以上的无担保消费贷款收取罚款、佣金或其他费用；禁止向收入低于最低月生活工资（约78美元）的消费者提供贷款；以及有关无担保消费贷款的其他监管措施。

债务免除究竟会带来什么样的影响？现在下结论还为时过早，外界的评价也是好坏参半。在社会层面，有些人感到愤慨，认为自己多年以来一直辛苦还债，但其他人却突然获利。

二 印度

当收入受到冲击时，印度农民一般选择贷款作为解决方案，贷款的来源既有正式渠道也有非正式渠道，而贷款不仅是为了满足自身投资需求，也是为了缓解消费压力。

印度政府采取了一项政策，旨在利用优先领域贷款（priority sector lending, PSL）规定来扩大对农业的信贷规模。规定要求公有和私有银行向农业领域提供贷款，授信额度须达到机构年度净贷款规模或表外风险敞口等值信贷规模的18%，以较大者为准。其中8%的额度需投向小规模和边缘农户。拥有20家或以上分行的外资银行也必须执行该项要求。

虽然可以获得大规模定向贷款和补贴，并可以享受各项财政激励措施，但印度农业依然结构性失衡，极易产生大幅波动。长期以来，投资匮乏、灌溉方式原始、对季风依赖性高、土地分散和技术落后成了印度农业的标签。产权制度的缺失和农民初始净资产的不足更是雪上加霜。

正如古巴比伦王国时期，农民有时会大举借款以购买种子、设备和其他必需品，之后却深陷债务泥潭。恶劣天气导致的庄稼歉收造成了财务灾难，更有甚者，有农民因不堪债务负担而自杀，酿成家庭悲剧。因此，债务减免计划被政府用来帮助农民迅速摆脱债务困扰，使他们可以重新参与生产和投资活动。

2008年国际金融危机爆发，恰逢印度大选前一年，印度政府随即实施了有史以来规模最大的债务免除计划之一。该计划名为"农业贷款豁免与债务减免方案"（Agricultural Debt Waiver and Debt Relief Scheme），该方案无条件全部或部分免除了全国多达6000万农户的债务，总额达160亿—170亿美元。政府随后向印度的银行注资，全额补偿了该计划下免除的债务，因此，银行并未蒙受任何损失。

包括当时印度政府在内的债务减免支持者认为，该措施有助于缓解由"债务积压"所引发的投资不足。这一现象普遍存在，负债累累的农民不愿意再进行投资，因为他们从任何生产性投资活动中获得的收益，有很大一部分将立即用于支付利息。外界认为，缺乏激励机制是导致农业生产活动停滞不前的原因。印度农业经济规模庞大，倘若可以减轻债务负担，则能为违约者提供一次重新开始的机会，从而刺激经济活动。

这并非印度第一次或最后一次施行债务豁免。第一次大规模免除全国农业贷款发生于1990年，当时国家财政承担了约1000亿印度卢比的成本，按GDP平减指数换算后，等于今天的5055.7亿印度卢比（68亿美元）。2008年，"农业贷款豁免与债务减免方案"如约而至。2014年，安得拉邦和特伦甘纳邦宣布免除农业贷款。2016年，泰米尔纳德邦加入债务减免的阵营。2017年出现了多米诺骨牌效应，接连有几个邦启动豁免计划，予以免除的贷款总规模约相当于 GDP 的 0.8%。

印度债务减免计划的有效性遭到质疑，有充分的经济学证据显示，豁免贷款并没有提高农业生产力，事实上，却导致了道德风险在符合减免条件的家庭群体中上升。有人认为，这些措施会严重破坏信贷文化，从长远来看，会影响许多农民从银行获取贷款的可能性，迫使他们依赖非官方渠道。

三 冰岛

在 2007—2010 年的金融危机之前，冰岛的金融领域一直在迅速扩张，其规模达到该国 GDP 的 10 倍。2008 年 10 月危机到来，冰岛的金融系统随之崩盘。冰岛克朗一夜之间缩水一半以上，在短短几个月内，通胀率就超过了 20%。股市暴跌，房产减值四分之一以上。到 2009 年年初，估计有 80%—90% 的冰岛公司和 25%—30% 的家庭濒临破产。

冰岛政府面临着巨大的社会压力，规模空前的抗议活动时而发生。经过激烈的讨论，政府会同金融界和企业联盟拿出了一个大胆、全面的债务减免计划，成功地遏制了违约率的上升趋势。

项目执行期为两年，包括以下几个方面。首先，出台临时措施，避免出现人们无房可住、无家可归的情况。具体而言，就是暂停止赎和暂停偿还外汇指数及 CPI 指数贷款，并对它们进行重组。大规模止赎容易引发房产抛售，进而导致房地产市场崩盘，因此必须得到控制。

在下一阶段，家庭有机会和贷款机构进行庭外协商来重组贷款。政府成立了债务人监察员办公室，代表家庭进行谈判。逐案谈判虽然耗时，但减少了道德风险。

之后，为了加快项目实施进程，政府出台了一项债务免除计划，针对的是贷款抵押物价值比超过 110% 的按揭贷款，因为这些家庭所持有的房产已经资不抵债。此外，在两年期间，政府向金融行业临时征税，以利息补贴的形式返还给按揭人，补贴金额可观，受益者众多。

中小企业也可以申请减免债务，如果他们可以出具可信的证据来证明未来会产生正向现金流。

由于目标明确，该项目一方面减少了道德风险，另一方面确保最需要帮助的人能够得到扶持，让许多家庭重新走上正轨。2011年，冰岛经济出现反弹，并保持较快的增长势头。

四 匈牙利

匈牙利的经验显示，盲目地将债务重组负担转嫁给摇摇欲坠的银行业会导致金融不稳定加剧，偏离经济发展预期目标。

2008年国际金融危机爆发后，匈牙利福林大幅贬值，对于以外币计价的债务，其偿还成本随之上升，挤压消费。政府最初尝试了包括暂停止赎、自救倡议在内的一系列办法，以向负债家庭提供支持，但收效甚微。鉴于家庭外币负债率普遍处于较高水平，政府在没有事先征求有关方面意见的情况下实施了一项更为激进的措施。

在大约5个月的时间里，借款人可以按照对自己有利的汇率向银行偿还按揭贷款，这要比市场价低30%左右。银行必须自行承担这一隐性减债措施带来的一切损失。参与率相当高——达到全部抵押贷款的15%。然而，该方案未能实现最初的目标，即帮助到那些边际消费倾向较高的负债家庭。最后只有富裕家庭才能利用这个窗口期偿还他们的抵押贷款。与此同时，损失由银行承担，然而它们并没有做好相应的准备。最后，由于政府未与银行业协商便对个人合同进行追溯性修改，这也对投资环境造成了不利影响。

第三节 债务减免尤其是债务免除的作用

诸如家庭债务减免和预防止赎这样的市场干预政策是否有效，经济学家一直在辩论，并未形成统一观点。上述案例显示，结果是喜忧参半的。

干预的好处在于可以消除家庭债务积压、防止止赎和促进消费，其弊端包括由于未能精准锁定受益人群而产生的道德风险和歧视、鼓励恶意违约和破坏信贷纪律。此外,在金融操作层面,对机构给予纾困会间接鼓励它们未来从事高风险的放贷业务。

在国家层面,关于债务减免的概念与实践,已有诸多文章可供参考。从20多年前开始,世界银行会同国际货币基金组织和国际社会,与发展中国家合作,减轻其债务负担。这项工作的目的是帮助它们消除贫困,为实现可持续发展目标做出贡献。自1999年以来,重债穷国的扶贫支出持续增加,与此同时偿债支出不断下降。承诺进行额外改革的36个国家,它们的偿债支出占GDP比例从2001年的3.1%下降到2014年的1.3%左右。同期,扶贫支出占GDP比例从2001年的6.5%增加到2014年的8.2%以上。

令人惊讶的是,有关家庭债务减免方案成败的经验非常有限。

当然,就文献资料来说,此类做法的经济效益,尤其是债务免除的经济效益,并非都是积极正面的。

有人认为,债务免除之所以能在古代而非现代取得成功,是因为古时债务的增长速度要快于经济,导致债务融资不可持续,这一点和当今不同。

古巴比伦人明白经济风险。他们掌握了一些规律,例如,牲畜和产出的增长呈S曲线,随着两者的逐渐减少,债务在复利的影响下会不断增加。早在公元前2000年前后,古巴比伦的抄写生已经开始接受复利方面的培训。学校布置的一道算术题是,按照月利1/60计算,一笔债务过多少时间会翻倍?答案是仅需5年。债务累积速度要快于经济增长,这一趋势将国家置于贫困的边缘。

时至今日,这样的局面可能不会再出现。预算和优先政策中心(The Centre on Budget and Policy Priorities)分析了美国自1792年以来长达223年的数据。研究人员发现,总体上经济增速超过了利率,这有助于减轻现有债务的负担。从1792年到2025年,平均下来,年增长率要高出利率0.9%。这是一个平均数,尤其受到重大战争时期的影响,其间经济增长幅度大大超过利率。以1942年为例,名义GDP

增长率为27%，而名义利率增长率为2%，相差25%。在1812年战争、美国内战和两次世界大战期间，美国经济增长率平均超过利率12.4%。一般来说，如有重大战争爆发，政府会大幅增加支出，推动经济在短期内迅速增长。

"大萧条"展现了经济增长和利率之间的另一层关系。从1930年到1933年，美国经济发生萎缩，但利率无法降到零以下，这时利率跑得比经济更快，例如，在1932年，利率增幅约达23%。罗斯福新政实施后，经济快速复苏，两者之间的关系再度扭转，像重大战争时期那样，经济增速重新超过利率，1934—1938年，经济平均增长了6.5%。

以美国为例，如果将战争年代和异常的"大萧条"时期排除在外，贯穿美国历史始终的一个现象是：经济增速快于利率，尽管幅度显得微不足道，仅为0.2%[①]。

如今，债务的复合增长率不太可能超过经济增速。虽说如此，仍然有许多例子表明，如果贷款利率过高，债务人的负担会越来越重，超过其潜在收入增长，而非正规金融机构则是此类贷款的来源之一。

债务减免并不总是能产生令人满意的效果，究其原因，道德风险不可忽视。马丁·坎茨（Martin Kanz）在《美国经济期刊》（*American Economic Journal*）上撰文表示，印度2008年实施的"农业债务减免计划"旨在减轻农户的债务积压问题、刺激投资和提高生产力，但基本上未能实现上述目标。根据他的研究，虽然农户的财务状况有所改善，但消费和投资依然不见起色。他认为，主要原因在于存续的信用关系被破坏了。

被确认有违约记录后，计划受益人今后难以从机构获取贷款。因此，他们更加依赖于非正规贷款渠道，而且对未来贷款形势的预判让

[①] Richard Kogan, Chad Stone, Bryann Dasilva, Jan Rejeski, "Difference Between Economic Growth Rates and Treasury Interest Rates Significantly Affects Long–Term Budget Outlook", The Centre on Budget and Policy Priorities, 2015.

他们丧失动力，不愿从事投资和农业生产活动。坎茨认为，要想降低道德风险，可以在实施救济后想办法重建信贷关系，并向按时还款，未接受债务减免的人提供激励，例如，临时利率补贴，以减少外界对享受的债务减免政策的人的怨恨之情。

某些时候，债务免除更多地被视为一种政治举措。格鲁吉亚就是一个很好的例子。2019年11月，就在总统选举前几天，执政党公布了一项极具争议的政策，宣布免除60万人的债务，随后执政党候选人击败强大的对手，取得胜利。

还有一些人更加积极地看待债务减免，如果不是一笔勾销。

IMF声称，精准的家庭债务重组政策可以带来巨大收益。这些政策可以以较低的财政成本大大减轻家庭去杠杆对经济活动产生的负面影响。特别是像20世纪30年代在美国以及后来在冰岛实施的家庭债务重组计划，可以减少家庭违约和止赎活动，同时减轻偿债负担。这些大胆的计划有助于规避由房价下跌和需求下降形成的恶性循环。对于实施扩张性经济政策的政策空间有限以及已向金融领域提供政府支持的经济体来说，这样的政策尤其具有借鉴意义。

IMF发现家庭债务可以导致衰退加剧、复苏放缓。他们于是开展研究，对各国政府过去采取的危机应对措施进行分析。研究检验了政府为取得完全由市场驱动的结果而采纳的四种政策思路。

第一种是临时宏观经济政策刺激。家庭去杠杆意味着，家庭经济活动会收缩，这可以通过临时刺激措施加以抵消，例如，扩张性财政政策和针对困难家庭的政府帮扶。货币刺激可以降低偿债成本，减轻负债家庭的压力，这一项措施特别适用于抵押贷款利率可变的国家。

然而，宏观经济刺激具有局限性。在债台高筑的情况下，政府没有太多财政空间来进行赤字融资。此外，名义利率零下限在今天格外重要，受其制约，实际利率可能无法调整到一个足以让家庭收拾经济残局的水平。

第二种是通过社会保障制度自动向家庭提供支持，例如，失业保险。

第三种是向金融领域提供支持，当居民家庭问题严重到威胁银行业的正常运转时。政府可以出台一系列政策来预防信贷紧缩，包括资本重组和由政府收购不良资产。

这种援助让银行愿意主动进行家庭债务重组。例如，美国国家经济研究局（US National Bureau of Economic Research）对"住房可偿付调整计划"（Home Affordable Modification Programme，HAMP）的效果进行了评估，表明这种干预可以避免出现大规模止赎。HAMP是"问题资产救助计划"（Troubled Assets Relief Programme）的一部分。2008年次贷危机后，政府为了重组抵押贷款实施了该计划，其也是力度最大的一项干预措施。与典型的债务减免方案一样，中介机构（银行服务商）可以自愿参与HAMP，参与者会获得高额财政奖励，用于重组不良住房贷款。

有证据显示，类似的计划可能对控制止赎率、非指定消费贷款违约率、房价和耐用消费品支出产生积极影响。然而，即便资本缓冲处于较高水平，银行也没有动力进行大规模的家庭债务重组，这一点在美国很明显。由于一些中介机构的组织能力不足，HAMP只覆盖了三分之一的目标负债家庭。

最后，政府可以选择直接解决家庭债务问题，包括出台相应制度，允许人们主动在庭外进行家庭债务重组（包括债务免除），或启动政府资助的债务重组计划。如果这些方案涉及从较为宽裕的代理人向手头拮据的家庭进行转移，它们还可以起到拉动GDP的作用，类似为了平衡预算进行财政转移支付。

推动逐案重组以及完善借贷双方之间的债务协商法律框架通常不会产生财政成本，但这种方式同样难以规避道德风险，比如债务人有机会不遵守原先的贷款合约。不幸的是，任何形式的政府干预都会破坏规则，导致资源在经济体内重新分配；关键问题是干预带来的好处是否超过成本。

第四节 结论

债务减免并不是什么新鲜事,而且有用武之地。自古以来,在经济困难时期,国内债务,特别是农业债务,会得到免除。

上文讨论的方法在调节再分配程度方面存在着差异,所产生的赢家和输家也不尽相同。例如,社会保障制度的存在与否及其慷慨程度反映了社会对再分配和不平等这两个现象的政治偏好。政府对银行业和家庭债务重组计划予以支持,相较于出台强刺激的货币政策和减免所得税政策,可以产生更为明确的赢家。由再分配导致的社会摩擦会限制其政治可行性。更值得注意的是,在政治影响力方面,抵押贷款借款人不如银行机构,借款人可能会在债务泥潭中挣扎,而银行机构则有能力阻碍家庭债务重组计划的实施。

现有的研究似乎表明,一方面,债务减免,特别是与住房抵押贷款有关的债务减免,对于避免止赎以及最终保持总需求尤为有效。另一方面,债务免除虽然在古代有过成功案例,但关于它的研究却不够明确。尽管很受人欢迎,而且是一个行之有效的政治手段,但它的有效性和道德风险让人心存疑虑。

任何旨在解决家庭债务负担过重的政策,都必须经过精心设计,将道德风险降低到最低限度,同时避免借款人和出借人今后承担过度的风险。

参考文献

Emre Tiftik, Khadija Mahmood, Rongjin Zhang, "Global Debt Monitor: High Debt May Exacerbate Climate Risk", Institute of International Finance, 2019.

Richard Kogan, Chad Stone, Bryann Dasilva, Jan Rejeski, "Difference Between Economic Growth Rates and Treasury Interest Rates Significantly

Affects Long – Term Budget Outlook", The Centre on Budget and Policy Priorities, 2015.

Michael Hudson, *And Forgive Them Their Debts: Lending, Foreclosure and Redemption—From Bronze Age Finance to the Jubilee Year*, ISLET – Verlag Dresden, 2018.

张亚光:《民间资本的历史与属性》,《中国金融家》2012 年第 2 期。

附录一

中国工商银行在捷克的经营与发展

一 中国工商银行及其国际化发展

1948年12月1日，中国工商银行的前身中国人民银行组建成立，并成为中华人民共和国成立后的中央银行。1984年1月，中国工商银行从人民银行中独立，全面承接其工商信贷、储蓄存款业务。中国工商银行的成立，标志着中央银行与国家专业银行开始分别行使职能，由此开启了商业银行经营发展的探索实践。

在中国进行经济改革的过程中，中国工商银行推进业务经营转型，不断提升资产质量，深化体制机制改革。2005年10月25日，中国工商银行成立股份有限公司。2006年10月27日，中国工商银行股份有限公司在沪、港两地成功上市，并创造了30多项中国资本市场之最以及全球第一，被誉为"世纪招股"。

中国工商银行股改后实现了十余年的跨越式发展，多项核心经营指标实现了高质量快速增长。截至2018年年末，中国工商银行集团总资产27.7万亿元人民币，比2006年增加2.6倍，年复合增长率11.5%。2018年净利润2987亿元，比2006年增长4.99倍，年复合增长率14.3%。平均总资产回报率（ROA）为1.11%，加权平均净资产收益率（ROE）为13.79%，核心一级资本充足率11.03%，一级资本充足率11.58%，资本充足率14.20%，上述比率始终处于金融同业较高水平。

中国工商银行不断完善现代公司治理制度，全面实施信息化、综合化和国际化的发展战略,向全球703.3万公司客户和6.07亿个人客户提供商业银行、投资银行、理财、基金、保险、租赁等全面的金融产品和服务。作为国际公众持股公司,不仅全面奠定了在国内市场的竞争优势,而且快速形成了国际化发展布局,2018年年末在存款、贷款、总资产、一级资本、利润等多项指标上均名列全球同业第一。

中国工商银行经多年持续努力和稳健发展,已经迈入世界领先大银行之列。自2014年起至2019年,连续七年蝉联英国《银行家》全球银行1000强、美国《福布斯》全球企业2000强及美国《财富》500强商业银行榜首,并连续四年位列英国Brand Finance全球银行品牌价值500强榜单榜首。

(一) 国际化发展

国际化是中国对外开放和经济发展对银行业提出的时代召唤。与"中国制造"行销全球相映衬,工行的扬帆出海,开辟出中国金融海外发展的奋进航标。工行国际化经营发轫于境内国际业务,正式起步于1992年设立新加坡代表处,股改上市后进入快速发展期。从抢滩布局到产品线延伸至全球,从单兵独战到集团联动,从异国调适到本土植根,工商银行在国际金融服务领域异军突起。截至2018年年末,单纯衡量工行境外机构的资产规模,已相当全球排名前100银行的水平。

申设并购,布局全球。中国工商银行国际化战略坚持自主申设和战略并购齐举、新兴市场与成熟市场并重。主动适应客户多元化金融服务需求,紧跟全球经济发展步伐及外贸投资合作机遇,积极拓展境外机构布局,截至2019年年末,已在48个国家和地区建立了428家机构,通过参股标准银行集团覆盖非洲20个国家,横跨亚、欧、非、拉、北美、大洋洲,形成功能完善、运营高效的覆盖全球主要金融中心以及与中国有经贸往来国家和地区的全球性经营网络。

深耕"一带一路"重要市场。目前中国工商银行已在"一带一路"沿线21个国家和地区设立131家分支机构,累计支持"走出去"和"一带一路"项目400余个,合计承贷金额达1000亿美元。自

2017年5月起，工行倡导建立了"一带一路"银行间常态化合作机制（BRBR机制），经过两年多的发展，机制已覆盖51个国家和地区94家金融机构，带动了银行间资产交易、清算结算、双边本币融资等业务增长，深化了成员单位间的务实合作。

积极服务人民币国际化。工商银行已在新加坡、卢森堡、卡塔尔、泰国、加拿大、阿根廷、俄罗斯共7个国家担任中国人民银行授权的海外人民币清算行，是首家建成覆盖欧、美、亚三大时区人民币清算网络的商业银行，人民币清算行网络已覆盖全球近70个国家和地区，可为全球客户提供24小时不间断人民币清算服务。

随着国际化进程的推进和业绩持续提升，中国工商银行对全球金融业的影响也日益受到瞩目，并于2013年入选全球系统重要性银行（G-SIB）。近年来工行与外国政要、商界领袖、同行高层的交流互访，不断扩展着国际合作与发展的新空间，成为推进全球经济金融健康发展的生力军。

（二）欧洲业务发展

在欧洲市场，中国工商银行耕耘二十载，在欧服务网络覆盖伦敦、苏黎世、法兰克福、卢森堡、巴黎等国际金融中心。截至2019年年末，工行在欧经营机构网络已覆盖16个欧洲国家，这些国家占欧洲GDP总量约90%、占中欧贸易额约92%。工行在欧机构大多具有全功能银行牌照，能够为客户提供"商行+投行""融资+融智"的全产品、全市场金融服务。积极为中欧企业开展贸易投资对接合作，牵线搭桥，为推进中欧经贸投资加快发展发挥重要作用。工商银行综合运用服务、客户、平台、产品等多方面优势，发挥金融"引擎"作用，推动中欧合作之舟行稳致远。

经在欧洲市场多年努力耕耘，工商银行已促成一大批中欧合作重点项目成功落地。如2013年完成国内首单A380飞机租赁业务，2014年在同业中率先获得RQFII资格及欧洲投资基金牌照，2015年成为首家在欧发行RQFII债券基金的中资金融机构，积极参与锦江集团13.7

亿欧洲并购卢浮宫酒店、复星集团8.09亿欧元并购地中海俱乐部等大型并购项目，2017年主导首只"一带一路"绿色债券在卢森堡成功发行，2019年与奥地利政府发行"熊猫债"开展合作，融资支持希腊光热电站可再生能源项目，在伦敦成功发行美元、欧元双币种绿色债券，获国际气候倡议组织年度"新兴市场最大绿色债券奖"等。2019年11月在上海成功举办进博会"中欧企业家大会"期间，促成了包括捷克多家知名企业在内的中欧企业开展对接磋商，来自服务贸易、工程机械、生物医疗、运输物流、先进制造等不同领域，现场签约及达成合作意向120余项，350多家企业达成进一步实地考察合作意向。该活动作为第二届进博会重要配套活动，工行得到中国商务部、国家外汇管理局等单位的积极认可。

二 布拉格分行的设立

设立布拉格分行是工行总行在"一带一路"倡议和"中国—中东欧国家合作"（"17＋1合作"）持续深化的大背景下，为提升中东欧区域服务能力，基于当时宏观特点和优势，经过论证分析后做出的重要决定。布拉格分行自2017年9月正式成立至今，依托集团优势，在总部支持下立足本地化发展，踊跃发挥金融桥梁作用，积极支持捷克实体经济和中捷经贸往来发展。

在捷设立机构具有明显的优势：

捷克政局稳定，营商环境良好。捷克位于中欧十字路口，地理优势明显，战略位置重要。自1989年"天鹅绒革命"以来政局保持稳定，民族矛盾和宗教冲突小，社会秩序良好。作为联合国和国际货币基金组织（IMF）认定的发达国家，2015年GDP总额达到1801亿美元，人均GDP超过17000美元，GDP总量及人均在中东欧17国中分别排名第二和第三。国际三大评级机构给予捷克的国家评级为AA－（标普）、Aa3（穆迪）和A＋（惠誉），在中东欧国家中位居前列。根据世界银行评估，捷克整体营商环境在189个国家和地区中排名第三十六，整体营商环境较好。2015年捷克时任总理索博特卡先生到访工行时表达了欢迎工行在捷设立机构的积极态度。

捷克积极支持"一带一路"倡议落地。中国和捷克虽然相隔万里，但两国历史渊源深厚，捷克是最早与新中国建立外交关系的国家之一，历史上双方合作密切。"一带一路"倡议获得了捷克政府和社会各界的积极支持和热烈响应。两国政府在2015年正式签署共建"一带一路"合作谅解备忘录，捷克成为首个签署此类文件的中东欧国家；2016年习近平主席访捷期间两国宣布建立战略伙伴关系，并签署《在"一带一路"倡议框架下的双边合作规划》。在"一带一路""17＋1合作"和中捷战略伙伴关系框架下，"共商、共建、共享"成为两国合作发展的主旋律，合作水平持续提升。中国连续多年成为捷克欧盟外第一大贸易伙伴，捷克则成为中国在中东欧地区的第二大贸易伙伴。2015年中捷双边贸易总额为207亿美元，中国赴捷克旅游人数达到30万人，创历史新高。

捷克金融市场监管水平较高，整体发展稳健。捷克作为欧盟成员国，金融监管法规与欧盟保持整体一致，其监管主体捷克央行（Czech National Bank，CNB）是欧盟金融监管系统成员之一。捷克银行业以欧元区大型银行子行为主，大、中、小型银行结构分布合理，银行业呈现资本充足率、流动性和回报率"三高"的特点，被认为是欧盟内最稳定的银行系统之一。

工行始终积极顺应国际金融监管趋严的外部形势，以主动合规、稳健发展为核心理念，发挥集团优势，紧扣中国特色，根植本地市场，夯实合规基础工作，根据商业化原则发展业务，推动在"17＋1合作"框架下中捷、中国与欧盟间的经贸合作不断向前发展。

2016年5月，布拉格分行筹备工作正式启动。2017年5月，在"一带一路"峰会期间，在泽曼总统和时任工行总行董事长易会满先生的共同见证下，捷克央行行长鲁斯诺克先生在工行总行将首例非欧盟银行外国分行牌照（Non–EU Foreign Bank Branch）授予工行总行行长谷澍先生，共同见证了中国也是全球资产规模最大的银行进入捷克市场的这一历史瞬间。

附录一　中国工商银行在捷克的经营与发展　　　　*329*

附图 1.1　2016 年 7 月，工行布拉格分行总经理拜会捷克央行高管

2017 年 9 月，分行开业典礼在捷克首都布拉格总统府隆重举行，工行总行行长谷澍先生、时任中国驻捷克大使马克卿女士，捷克央行行长鲁斯诺克先生、时任捷克央行副行长、现任捷克驻华大使佟福德先生共同为分行揭牌。开业仪式上，工行布拉格分行与 6 家捷克本土行业龙头企业签订了合作备忘录，为后续开展全面合作打下坚实基础。

工商银行将布拉格分行定位于中东欧服务网络中的重要机构。秉承"以客户为中心、服务创造价值"的经营宗旨，在集团的全球化经验和资源支持下，工行深耕捷克本土，与捷克金融同业广泛开展合作，持续提升金融服务水平，为中资企业在捷克及中东欧地区投资兴业提供综合金融服务便利，为捷克当地企业提供更多金融服务选择，积极服务捷克经济社会发展。

三　工行在捷经营发展实践

工行进入捷克以来，积极倡导树立稳健合规文化和良好企业形

附图 1.2　2017 年 9 月，布拉格分行开业庆典揭牌瞬间

象，拓展优势行业客户，各项业务稳步发展。2019 年，泽曼总统在会见工行董事长陈四清先生时表示：衷心感谢工商银行对捷克经济建设和中捷交往做出的突出贡献，希望工商银行继续发挥优势促进两国合作。泽曼总统的寄语认可了工行进入捷克以来所做出的积极努力及成果。

附图 1.3　2019 年 5 月，陈四清董事长在布拉格会见泽曼总统

(一) 积极履行大行责任担当

工商银行在捷克合规稳健经营、积极服务当地实体经济的同时，始终坚持积极履行社会责任，注重融入当地社会，践行有担当、有责任的大行形象。

为了儿童村孩子的笑脸。2018年10月，布拉格分行全体员工作为志愿者赴捷克"太阳SOS儿童村"捐赠爱心家具并从事义务劳动。"太阳SOS儿童村"沿用国际儿童村一贯特色，采用小家庭分养方式，由一名妇女作为家庭中妈妈角色，让孩子重新享有家庭与母爱的温暖。全体员工在充分了解儿童村相关情况后，齐心协力粉刷屋内墙壁和组装爱心家具。儿童村负责人率在村儿童对工行志愿者一行的帮助表示真诚感谢，双方也结下了温暖的中捷情缘。

附图1.4　工行志愿者赴捷克"太阳SOS儿童村"献爱心

视障老人之家爱心义工。2019年6月，工行布拉格分行赴本市视障之家助老机构敬老献爱心，开展捐赠和义工劳动。视障之家始建于1893年，可容纳125名视障患者，平均年龄达84岁。在炎炎烈日下，分行全体员工在户外高质量完成了该机构所需的义工工作，得到了助老机构好评。爱心活动让老人感受到了不分国界的温暖关爱，以及工行有责任有担当的企业责任感。

积极支持捷克"欢乐春节"活动。自2010年开始,"欢乐春节"由国家文化与旅游部会同相关部委、文化团体共同推出,经过10年发展已成为中华文化走向世界的重要舞台。工行布拉格分行作为总合作伙伴积极支持2020鼠年"欢乐春节",民俗庙会、文艺表演等活动在捷克五个城市举办,吸引数十万当地民众参观,对弘扬中华文化、促进中捷文化交流具有十分积极的作用。

自成立以来,布拉格分行高度重视品牌建设相关工作,积极主动正面宣传。分行总经理于近年来相继受邀接受了央视4台"一带一路远方的家"、央视2台"经济半小时"栏目、当地知名财经刊物《EURO》的专访,积极介绍工行在中东欧地区投资兴业的良好经验,将ICBC立足捷克本地、服务捷克经济发展、中捷金融合作等方面的经验讲给更多中捷受众。布拉格分行持续积极融入当地社会,主动履行社会责任,不断提升分行企业形象和美誉度,为中捷两国人民之间的深厚友谊添砖加瓦。

(二)积极支持捷克外储投资人民币

工商银行布拉格分行依托集团优势,立足本地发展,致力为捷克政府、机构、企业等各类客户提供综合金融服务。工商银行积极支持捷克外储投资人民币市场,推动中捷金融合作迈上新台阶。

(三)服务捷克实体经济发展成效初显

1. 构建银行电商的中捷贸易新丝绸之路

2016年6月16日,工行总行时任董事长易会满先生、谷澍行长和捷克时任总理索博特卡共同按下了"融e购"捷克馆启动按钮,宣布工商银行电商平台捷克馆正式开馆。捷克馆首批商户均为布拉格分行与捷克贸促局密切配合筛选,商品汇聚了捷克的啤酒、葡萄酒、水晶工艺品、服装、食品等本土特产,也是"融e购"跨境电商的第15家国家地区馆。多年海外经营布局使工行在订单、物流及支付端境内外联通、跨境清算方面为进驻商家提供了优质平台。截至2019年年末,"融e购"捷克馆交易量累计超过4万笔,捷克啤酒、水晶等知名产品也受到了众多中国消费者的热捧。

附图1.5 "融e购"捷克馆为中国带来更多捷克的优质商品及服务

工行"融e购"捷克馆的成功运营,是中捷在促进贸易便利化方面的一大成果,助力"一带一路"自由贸易建设,助力一系列捷克品牌在华发展。工行与捷克在电商领域的全方位合作,实现了中捷两国商品、文化、价值的流通,为中国用户带来更多捷克的优质商品及服务。

2. 有力支持捷克龙头企业全球化拓展

作为中东欧地区最大的综合性金融控股集团之一,PPF集团业务区域覆盖欧洲、亚洲和美洲,业务范围涵盖金融、电信、生物科技、房地产等多个行业。旗下的捷信集团,是全球领先、中东欧最大的消费金融公司,业务范围遍及捷克、斯洛伐克、俄罗斯、中国、越南等10个国家。工商银行依托广泛的全球网络布局,积极为PPF集团提供综合性金融服务,有力地支持了PPF集团的综合化、国际化,尤其是在亚太地区的发展。

3. 全力支持"一带一路"重点项目落户捷克

浙江省为中国指定的中捷产业对接的省份。"一带一路"捷克站是浙江省新一轮对外开放发展提供新空间的"走出来"主动投资项目。工商银行充分发挥集团联动优势,"一点接入,全球响应",境内外机构密切配合,充分发挥在地优势为其量身打造服务方案。

该项目平台公司由义乌市国资委牵头于2018年年初在捷克正式成立,依照"一场多园"模式涵盖货运场、物流园、商贸园、工业园和综合服务园五大功能区,致力于将捷克站打造成为浙江省与"一带一路"沿线国家(地区)共商、共建、共享开放合作平台的重要载体。

"义新欧"中欧班列的开通,进一步提升了捷克作为欧洲物流集散中心的价值,带动浙江省与捷克及其周边国家和地区双向贸易投资规模增长,成为"一带一路"开放合作共赢的浙江样板。在捷克洛沃西采站,一排排蓝色集装箱整齐排列,将搭乘中欧班列,先后穿越波兰、俄罗斯、哈萨克斯坦等国,最终抵达中国浙江义乌。

目前"一带一路"捷克站货运场、物流园已投入运营,浙江丝路中心已部分建成并投入使用。捷克站被评为浙江省级境外经贸合作区和浙江省级海外仓,并被列入国家发改委《中捷合作优先推进项目清单》。

四 中国金融市场加快开放

自1994年实行有管理的浮动汇率制度以来,中国金融市场开放水平不断提升。2010年中国人民银行允许境外央行等三类机构进入银行间市场投资和交易,正式开启了银行间市场对外开放的大门。随后QFII、RQFII额度等政策的陆续放开,银行间市场对外开放的步伐进一步加快,境外机构参与范围、投资渠道、避险工具等进一步扩大。一个持续开放透明、安全高效的金融市场,有利于国际投资者配置人民币资产日益增长的诉求。

2009年,跨境贸易人民币结算开始试点,人民币国际化进程拉开序幕。2016年人民币加入IMF特别提款权货币篮子(SDR),成为人民币国际化发展的重要里程碑。根据环球同业银行金融电讯协会(SWIFT)2018年年末的数据,人民币为全球第五大支付货币。截至

2018年年末，中国人民银行与38个国家和地区货币当局签署了货币互换协议，全球超过60个国家将人民币纳入官方储备，人民币储备规模将近2030亿美元，居第六位。伴随着人民币国际化程度的不断提升，境外投资者人民币市场投资意愿大幅提升。

捷克属于外向型经济，每年出口创造大量外汇。加上捷克央行2013年至2017年实施外汇干预政策，外储规模迅速扩张。截至2018年年末，捷克外储规模超过1400亿美元（同期波兰外储1170亿美元，斯洛伐克50亿美元）。捷克外储以美元、欧元和日元等国际货币为主，集中度相对较高，捷克需要为其庞大的外汇储备寻找新的投资标的，分散投资风险，人民币则为捷克多样化管理储备资产提供了可能性。

五 中捷金融合作迈上新台阶

作为推动中国银行间市场开放的中坚力量，工商银行积极引导境外投资者投资境内银行间市场，具备领先的市场地位和丰富的服务经验。作为最活跃的结算代理人，工商银行与全球100多家投资者建立了代理交易业务合作关系，包括30多家央行类机构，连续多年代理结算量位列市场第一。工商银行同时也是银行间市场最大的债券投资者、债券承销商和交易商和国内规模最大的托管银行。在捷克央行2019年上半年正式对外公布外储投资人民币的决定后，工商银行积极响应，依靠自身的专业能力和丰富的服务经验，参与捷克央行服务投标并为其定制了个性化服务方案，高效、专业的服务获得捷克央行的肯定。

对于捷克央行而言，人民币作为其外储投资新兴市场货币的首次尝试，有助于丰富外储管理手段，降低集中度风险，实现外汇储备的保值增值。此外，捷克外储投资人民币市场将进一步拓展和深化两国金融合作广度与深度，助力金融合作迈上新台阶。捷克投资人民币市场也具有重要的示范效应，体现了中东欧区域主权类投资者持有人民币的意愿，对于促进"一带一路"和"17+1"等相关战略的落地发展、实现人民币国际化等目标具有重要意义。

附录二

捷　信
——关于消费金融的中国故事

捷信集团始创于1997年，最初以Home Credit的品牌在捷克共和国经营个人信贷业务。经过20余年的发展，捷信集团业务现已遍及包括捷克、斯洛伐克、俄罗斯、哈萨克斯坦、中国、越南、印度、印度尼西亚、菲律宾、美国在内的10余个国家（由于目前美国的业务规模较小，暂不纳入本书讨论和数据统计），业务覆盖国家总人口超过34亿。截至2019年3月，捷信集团在上述市场运营着约42.4万个贷款办理网点，拥有雇员约73000人。成立22年来，捷信集团累计服务客户超过1.19亿人，截至2019年3月末的贷款余额规模约为209亿欧元。仅2018年一年的新增贷款额就已达到202亿欧元。

捷信集团的消费金融业务主要包括三大类产品：销售点贷款、消费贷（现金贷）和循环贷。销售点贷款是指通过在零售商店内设置的贷款办理网点，在客户购买商品或服务时为其提供的贷款服务；消费贷用于购买与销售点无连接的商品或服务，主要向既有客户提供；循环贷亦是一种主要面向既有客户的服务，允许客户在一定的信用额度内随时借款。截至2019年3月末，三类贷款服务的占比分别约为24.1%、70.5%和3%。此外还有约2%的车贷等其他贷款业务。

为了合法合规地开展个人消费贷款服务，捷信在全部业务所在国均拥有相关的金融牌照，其中在中国、印度、印度尼西亚、越南、菲律宾、捷克和斯洛伐克拥有消费金融公司牌照；在俄罗斯、哈萨克斯坦、捷克拥有银行牌照。在集团层面上，透过捷克央行对集团母公司的监管，接受欧盟审慎监管体制的监督。

表附2.1列出了捷信集团在其业务所在国的市场占有率排名（以销售点贷款模式下的余额计算，数据截至2018年年末）。

附表2.1　　捷信集团在其业务所在国的市场占有率排名

国家	开业时间	排名	市场占有率（%）
中国	2007	1	28
俄罗斯	2002	1	30
哈萨克斯坦	2005	1	38
印度	2012	2	7
印度尼西亚	2012	1	46
越南	2008	1	31
菲律宾	2013	1	90
捷克	1997	1	32
斯洛伐克	1999	1	31

捷信集团通过集中管理与因地制宜相结合的经营策略，保持其业务可灵活应对不同国家的复杂而多变的市场环境。依靠其在经营历史较长的国家所积累的经验，能够更加顺畅地开拓新市场并能很快地在新市场中站稳脚跟，且取得领先地位。捷信集团在其经营的多个国家都经历过信贷周期的波动和各种风险冲击，因此积累了大量的市场经验和贷款行为数据，这些经验和数据成为捷信能够不断改进风险管理，提高运营能力的重要支撑。

捷信集团不遗余力地将大数据分析、人工智能及其他创新性的科技手段运用到业务流程和客户体验的各个环节。凭借着先进的决策和数据分析技术平台，捷信在全球市场贷款决策时间的中位数小于30秒，约96%的贷款审批决策完全由计算机自动完成。在收款环节中，通过定制的行为预测模型、语音机器人、对话机器人等技术，完成与客户之间高效准确的交流沟通。截至2019年3月，捷信集团信息科技团队共有雇员

3500余人,中央核心科技团队约800余人,业务所在各国的本地团队共约2700余人。以2018年为例,全集团范围内平均每天审批处理贷款申请约18.5万笔,单日审批量的历史峰值达到39.2万笔。

一 捷信集团的发展历程

捷信集团的母公司为捷克PPF集团。PPF集团投资于包括金融、房地产、电信、农业、零售业及生物科技在内的多个市场领域,业务范围遍及中东欧、俄罗斯、美国及亚洲的很多国家。截至2018年年末,PPF集团总资产约450亿欧元。

附表2.2 捷信集团发展历程

年份	事件
1997	● 捷信(Home Credit)品牌于捷克成立,以非银类放贷机构的身份开始经营消费金融业务
1999	● 进入斯洛伐克市场
2002	● 进入俄罗斯市场
2005	● 进入哈萨克斯坦市场
2007	● 进入中国市场
2008	● 收购哈萨克斯坦AO International Bank Alma - Ata银行的股权 ● 进入越南市场
2010	● 在中国获得首批消费金融公司试点牌照
2011	● 在捷克成立Air Bank,专注个人零售业务
2012	● 进入印度尼西亚市场 ● 进入印度市场
2013	● 完成对哈萨克AO International Bank Alma - Ata银行的收购 ● 进入菲律宾市场
2014	● 累计服务客户达到4300万人
2016	● 累计服务客户达到6900万人
2018	● 累计服务客户达到1亿1600万人

捷信业务所覆盖的国家，主要为"一带一路"沿线国家。除捷克和斯洛伐克外，中国、俄罗斯、哈萨克斯坦、越南、印度、印度尼西亚、菲律宾诸国均为发展中国家，捷信95%以上的业务都集中于此。这些国家的经济社会发展阶段有一定的共通性，主要体现在两个方面：个人金融服务（尤其是个人消费信贷）水平虽仍普遍偏低，但正以较高的发展速度迅速得到改善；人均收入尚处在较低水平，消费以日常民生需求用品为主。

据2018年年末的统计，上述国家的平均消费金融渗透率（消费金融贷款余额占GDP的比率）约为9%，相比之下，美国的情况为18%。上述国家的金融服务渗透率（即个人持有银行账户的加权平均百分比）近年来得到持续提升，从2011年的45%增加至2017年的75%，但相较发达国家仍有一定差距。正是这种从较低水平迅速迎头赶上的经济社会发展态势，为捷信提供了难得的市场机遇。从2013年至2018年的5年间，上述国家的总体消费贷款余额从6000亿欧元增长至15710亿欧元，年复合增长率约为21.2%。同一时期，捷信的年贷款发放总额从2016年的107.07亿欧元增长至2018的197.7亿欧元。

我们用表附2.3简单梳理一下捷信目前业务所在各国的市场规模情况，贷款数据均为未偿余额（2018年年末数据）：

附表2.3　　　　捷信目前业务所在各国的市场规模情况

	人口（亿）	人均可支配收入（千美元）	销售点贷款（十亿欧元）	循环贷（十亿欧元）	消费贷（十亿欧元）	总计个人消费贷（十亿欧元）
中国	13.95	4.2	48	882	325	1255
俄罗斯	1.44	6.8	17	19	61	97
哈萨克斯坦	0.18	4.8	1	3	4	8
印度	13.53	1.2	14	13	105	132
印度尼西亚	2.68	2.6	1	5	31	37

续表

	人口（亿）	人均可支配收入（千美元）	销售点贷款（十亿欧元）	循环贷（十亿欧元）	消费贷（十亿欧元）	总计个人消费贷（十亿欧元）
越南	0.95	1.9	7	1	9	18
菲律宾	1.07	2.4	0.4	4.5	3.7	8.7
捷克	0.1	11.1	0.9	1.3	8.2	10.5
斯洛伐克	0.05	10.9	2.2	0.4	2.9	5.6

资料来源：中国人民银行、中国银保监会、网贷之家、斯洛伐克国家银行、捷克国家银行、菲律宾中央银行、越南国家银行、印度尼西亚银行、印度尼西亚金融服务管理局、印度储备银行、哈萨克斯坦国家银行、俄罗斯联邦中央银行、奥纬咨询公司分析。

捷信业务所在各国的私人消费占GDP的比重虽有所差异，但整体上仍处于较低水平，平均值在45%左右，且近5年来几无波动；相较美国的约68%和欧盟的约55%的水平，尚有较大的发展空间。截至2018年年末，中国的私人消费占GDP比重约为39%，捷克、斯洛伐克、俄罗斯、哈萨克斯坦、印度、印度尼西亚、越南、菲律宾的比重分别为 47.7%、54.4%、49.6%、52.2%、59.3%、57%、68.8%、73.9%。

据2018年年末统计，捷信业务所在各国的人均GDP约为4500美元，人均可支配收入仅为2900美元。以人均GDP计，其业务所在各国可分为三个梯队：第一梯队为捷克和斯洛伐克两国，2018年年末，两国的人均GDP分别为2.3万美元和1.96万美元，已属发达国家。第二梯队包括中国、俄罗斯、哈萨克斯坦，人均GDP在1万美元附近，2018年年末上述国家人均GDP分别为9600美元、1.15万美元和8900美元。第三梯队包括印度、印度尼西亚、越南、菲律宾，人均GDP在2000—4000美元，2018年年末，上述国家人均GDP分别为2000美元、3900美元、2500美元和3100美元。

从上述国家的人均收入水平、经济社会发展阶段来看，民生需求仍是消费的主要动因。在中国、俄罗斯、哈萨克斯坦、印度、菲律宾、印度尼西亚、越南，捷信发放的消费贷款主要用于购买手机、电脑、家用电器等消费品，在上述各国手机电器类贷款占总贷款的比率分别为 66.1%、78.3%、73.2%、71.8%、92.3%、98.7% 和 74.2%（2019年10月统计）。捷信贷款的其余部分因各国国情、民情不同，用途也有所差异：在中、俄、哈三国，贷款多用于购买家装家具及一些非指定用途的消费；在印度，除用于家装家具外，还有一定比例用于旅游娱乐和个人兴趣爱好；在越南则更多地被用于购买摩托车、三轮车等交通工具。在捷克和斯洛伐克两个较发达的国家，捷信发放的贷款则主要用于购买汽车等交通工具，在捷、斯两国车贷分别约占贷款总额的94%和84%。

普惠金融是捷信集团的核心理念，捷信定位于为蓝领工人、初级白领、个体经营者等普通劳动者群体提供消费金融服务。在金融体系尚不完善的广大发展中国家，上述群体通常未被传统银行业服务充分覆盖到，普惠同时也蕴藏着巨大的市场机遇。对于捷信的大多数客户来说，在办理捷信的消费贷款之前，他们通常未接触过任何的贷款服务。因此与消费场景相结合，为客户提供尽可能快捷、便利的贷款服务是捷信的重要经营策略。同时借助消费金融服务，零售商的销售额也会得到提升，最终取得共赢的效果。为此捷信集团在其业务所在各国共拥有约27万家合作伙伴，设立了约42.4万个贷款办理网点（截至2019年3月），这些网点遍布于综合卖场、电子产品卖场、大型连锁商店、消费品厂商的品牌直营店以及各类大大小小的零售店铺内（在部分国家，贷款办理点还依托银行金融机构的网点、自动柜员机、邮局等渠道）；并且重点深入中小城市、县城乡镇等金融服务欠发达的地区。在42.4万个贷款办理点中，有5.7万个网点由捷信直接派驻员工运营，其余网点则由零售商员工经捷信培训后代为办理。

近年来随着互联网技术的高速发展，电商和网购在全世界掀起了颠覆性的商业浪潮。中国的表现最为举世瞩目，2019年上半年网上零售额占社会消费品零售总额的比重已经达到19.5%。在其他国家，互联网经济的发展水平虽与中国仍有较大差距，但发展势头迅猛，以俄罗斯为例，2018年虽然该国的网上零售总额占社会商品零售总额的比重仅为4%，但年度增长率达到了24%。面对新趋势，捷信也在不断积极拓展线上消费金融服务。一方面，捷信集团在其业务所在各国与超过900家互联网企业建立有合作关系，通过在合作伙伴的电商平台内嵌入捷信的ePOS服务，向客户方便地提供消费贷款，用以支付网购商品。另一方面，捷信也建立了自己的在线分期购物平台，客户可以通过手机应用、网站、客服中心等渠道方便地申请消费贷款。2019年，捷信通过线上渠道发放的贷款占发放贷款总额的51%，而3年前的2016年，线上渠道发放贷款的比重还仅为37%。

经过20多年来在多个国家的经营实践，捷信积累了丰富的运营管理经验和应对各种风险的能力。如2014—2015年，由于国际制裁卢布大幅贬值，俄罗斯爆发金融动荡，造成经济大幅下滑。捷信改进完善了其风控模型，迅速控制住了当地信贷质量恶化的势头，并且通过这次风险处置，总结出一系列的抗危机举措和新的风险识别指标，为在其他市场识别预警信贷泡沫提供了宝贵的经验。凭借多元化的风险应对经验和灵活的市场经营策略，近年来捷信集团持续高速发展：2016年以来，贷款余额年复合增长率达到34.6%，从2016年年底的约107亿欧元，增长到2019年3月的约209亿欧元。其在东南亚市场的贷款余额更是实现了年复合增长率59.9%的高速增长（2016年至2019年3月）。

二　捷信在中国的发展历程

捷信集团从21世纪初就开始关注中国市场，于2004年在北京设立代表处，开始中国市场的调研准备工作。此时中国的消费金融市场除了发展缓慢的信用卡服务外，还几乎是空白；汽车金融公司在两年之后的2006年才正式在市场上出现。捷信集团初涉中国消费金融市场时，中国消费金融公司试点工作尚未启动，捷信集团采用与信托公司合作的方式开始在华试水消费金融业务。

2009年，原中国银行业监督管理委员会启动了消费金融公司试点工作，选定北京、天津、上海、成都四个试点城市，一城建立一家消费金融公司。2010年，捷信集团获得原中国银监会批准，于天津设立捷信消费金融有限公司，成为中国唯一的一家外商独资消费金融公司。2014年，原中国银监会进一步修改《消费金融公司试点管理办法》，取消了原办法中对消费金融公司经营地域的限制，捷信消费金融公司迎来了更大的发展机遇。2015年起捷信消费金融迅速将业务拓展至全国其他城市，同年已在150多个城市铺开业务。

截至2019年3月，捷信集团在中国的贷款余额已达到134亿欧元（约合1031亿元人民币），累计服务客户超过5000万人。业务覆盖中国超过300多个城市，拥有约24万个贷款办理网点，员工人数约5万余人。2018年营业收入约25亿欧元。无论从贷款规模，还是从营业收入和客户数量等各方面来说，中国都是捷信集团业务板块中最大、最重要的市场。

（一）捷信在中国的产品和市场定位

在进入中国市场之初，捷信集团就将目标市场定位于中低收入人群及尚未被银行等传统金融机构服务充分覆盖到的人群，以此与银行类机构展开错位竞争。通过以下的一组数据，也许可以帮助我们勾勒出捷信在中国市场所服务客户群体的主要特征。根据2019年年初的统计，捷信中国约92%的客户年收入在10万元人民币以内，其中30%的客户年收入在5万元人民币以内。从捷信客户所从事的职业分类来看，占比最大的职业是工人，约占25.18%；排在第二位的是服务业，约占19.64%；接下来的排名依次为：专业技术人员占比为14.13%、销售人员占比为12.41%、自由职业者（含个体经营者等）占比为8.92%、企事业单位管理人员占比为6.35%、其他类型职业占比为13.37%。根据中国国家统计局发布的《中国劳动统计年鉴2019》中的数据显示，中国城镇非私营单位就业人员年平均工资为82461元，私营单位就业人员年平均工资为49574元。从收入与职业的关系来看，工资收入最低的两个行业分别为生产制造业和社会生产生活服务业，分别为54954和55148元。而捷信的客户则主要来自这两个行业，占总客户人数的44.82%，这也与捷信有30%的客户年收入在5万元以下的情况相符合。可见，捷信在中国的客户主要为收入水平刚刚达到甚至普遍低于全国平均工资水平的劳动人群。捷信切实做到了服务广大中低收入群众的市场定位。

从年龄上划分，捷信客户主要为20—40岁的中青年人，40岁以下客户占总客户数的比例为81.52%，其中约36%的客户年龄集中在

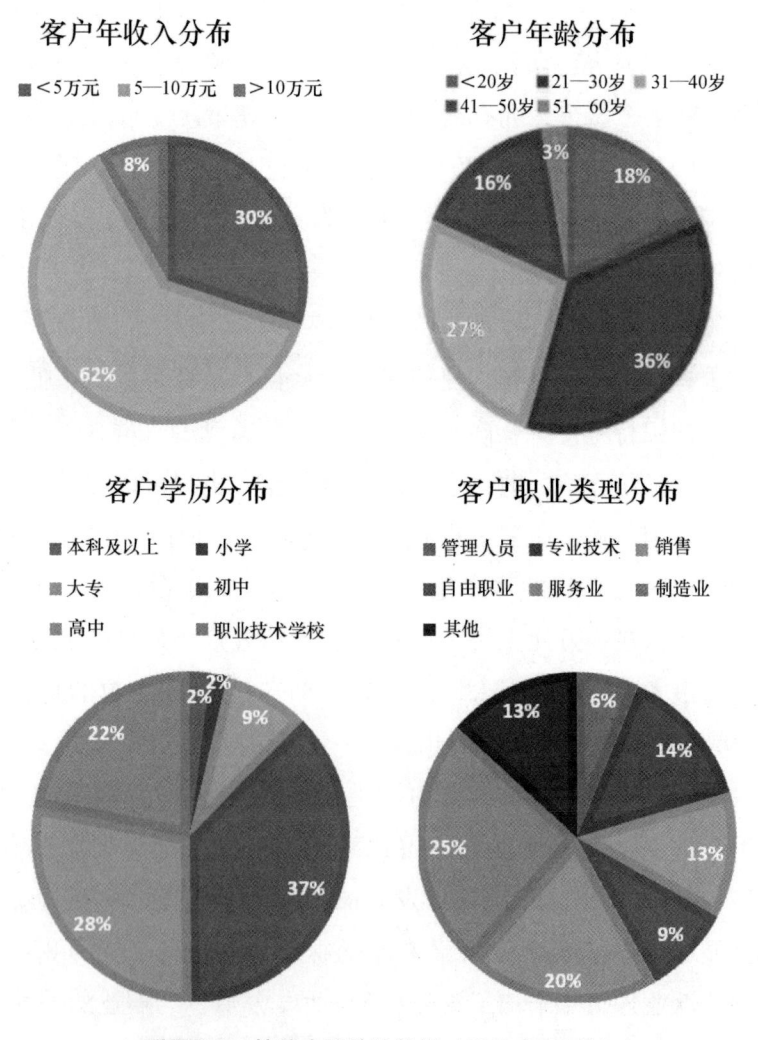

附图2.1 捷信中国统计数据（2019年12月）

20—30岁这个区间。从受教育程度的统计来看，约87.36%的客户只有大专以下学历，其中拥有高中、初中和职业技术学校学历的比例分别为28.09%、37.27%和22%；有8.71%的客户拥有大专学历；仅有2.18%的客户拥有本科及以上学历。在新浪财经与51信用卡联合发布的《2018信用卡行业报告》中，通过对新浪微博用户的调查发现：信用卡用户主要集中在"大学本科及以上"学历人群，81.76%的信用卡持有者拥有"大学本科及以上"学历。虽然此数据并非对中国全部信用卡用户的统计，可能存在一定的片面性，但仍可佐证，信用卡用户主要为高学历、高收入人群。可见捷信所服务的人群，并不是传统银行信用卡业务所关注的对象，他们普遍缺少可靠、简便的渠道获得金融机构的个人消费贷款。

如何在保证贷款质量，保持商业模式可持续的前提下，更加有效地触及上述客群，为他们提供便捷的贷款服务？捷信给出的答案是：将贷款服务融入消费场景，并始终坚守负责任贷款原则。

捷信与迪信通、讯捷、苏宁、九机网、广天、龙翔、中域、中国移动、乐语等中国主要的电子数码连锁零售企业建立了长期的合作关系，通过在其门店内设立的贷款办理网点，为消费者在选购手机等电子数码商品时提供消费金融服务。然而捷信中国更多的网点则遍布于广大的中小零售商乃至街头巷尾的夫妻小店中，涵盖了：黑、白家电、手机电脑、电动车、摩托车、家具、家装用品等各类耐用消费品。捷信在中国的约24万个线下贷款办理网点中，只有约17.9%位于包括北上广深和主要省会城市在内的一线和新一线城市，16.1%位于二线城市，更多的约66%的部分位于地级市、县城及更小的城镇所组成的三、四、五线城市。

依托线下实体零售店发放的贷款，捷信把它们称为销售点贷款。根据2019年年末的统计，捷信中国的销售点贷款中约77%的贷款，金额在5000元人民币以内；97%的贷款，金额在1万元以内。从贷款用途来看，约79%的销售点贷款被用以购买手机，9%的销售点贷款被用于购买电动车、摩托车等交通工具，剩余部分的贷款用途为购买家电、电脑、家装、家具、美容等商品和服务。

除了通过各类零售店铺内的贷款办理网点，还可以通过捷信的网站、手机应用、客服热线等渠道申请办理贷款，通过这些渠道办理的贷款被统称为消费贷。消费贷的用途更为广泛和丰富。根据2019年年末的统计，家具和装修是消费贷的最主要用途，有38%的消费贷用此类消费；12%的消费贷被用于购买各类家电；分别有7%和5%的消费贷被用于支付旅游和教育培训费用。单笔消费贷的贷款规模较销售点贷款有所增加，86%的消费贷，贷款金额在5万元人民币以内。这也反映了中国消费者消费升级的一种趋势，追求更加专业化、个性化、精致化的商品和服务。

进入中国市场10余年来，捷信的贷款产品结构也在不断地进行着调整和改进，以适应中国社会财富增加和人民需求升级的趋势。2010年至2019年，中国的人均GDP从约4550美元增长到约1万美元，增长了一倍多。10年间，捷信所发放的单笔贷款金额也在不断增加，在零售店内发放的销售点贷款方面，2010年时5000元以下贷款占总贷款额的99%，2019年下降到77%；5000至1万元的贷款，从2010年的1%增长到2019的20%。贷款用途更广泛的消费贷的单笔金额增长更为显著，2010年，92%的消费贷在5000元以下，5000至1万元的消费贷占7%，余下的部分也均小于1.5万元；2019年，只有15%的消费贷小于5000元，5000至1万元的消费贷占18%，1万至2万元的消费贷占17%，2万至3万元这个区间的消费贷占比最多，约占22%，余下约28%的部分分布在3万至7.5万元之间。与单笔消费贷金额增长相呼应的是贷款用途也在发生悄然地变化。2011年，消费贷中31%的贷款用于购买家电，到2019年这一比例已下降至了12%；另一方面，家具家装贷款的比例从2011年的10%上升到2019年的38%。从这些变化中，我们也可以感觉到家电类的初级消费品不再是中国居民贷款消费的主要目的，更多的人已经可以使用当期收入来支付这类消费；人们更需要通过贷款来购买家具、装修建材这类购买频次较低，但是更讲求品质、品味，且价格较高的商品。

捷信的消费金融服务不仅帮助广大消费者实现了跨期资源配置，提前实现了消费愿望，同时也对切实促进内需，助力实体经济发展起到了一定的作用。以2018年为例，当年捷信发放的贷款中有166亿元人民币被用于购买OPPO和VIVO品牌的手机，约占当年两品牌手机在华销售额的5.6%（2018年，OPPO、VIVO手机销售额分别约为1520亿元和1423亿元）。

（二）恪守负责任贷款原则，践行普惠金融事业

负责任贷款原则是对客户还款能力、还款负担的负责，也是对消费金融企业自身贷款质量、风险水平的负责。捷信力求将负责任贷款原则贯彻到业务运行的各个环节。如上文所述，捷信的主要客户群为中低收入人群，教育程度不高、金融知识不足、日常生活中较少接触金融服务等特征，在这个群体中具有一定的普遍性；同时由于他们大多从事制造业、服务业等基础性工作，工作生活流动性较大，收入水平较低且较不稳定。要服务这些在传统金融机构看来风险较高的客户，不应单纯依赖风控手段，简单地把高风险排斥在防御壁垒之外，更应该主动作为，帮助客户化解风险。为此捷信从以下两个方面入手：充分告知、确认还款能力和适当的补救措施。

从2013年起，捷信针对当时市场上快速涌现的大量新兴贷款机构，对借款人信息告知不全，甚至故意隐瞒、误导的现象，率先推出借款人须知卡，将包括利息、手续费、每期还款额、每期还款日、除本金外全部多还总额等贷款相关信息详细地告知客户。以供客户充分了解此笔贷款的成本、费用构成等细节。同时在贷款申请表上，还印有客户填报的月收入数字，以便让捷信的工作人员有机会与客户一起检视客户的还款能力，通过充分了解，慎重考虑，尽最大努力确保客户负责任地做出是否申请贷款的决定。

接下来，客户提交的贷款申请将进入捷信的机器自动审核系统。从2017年起，捷信超过90%的贷款由全面自动化审批做出。得益于捷信在数据分析、人工智能等领域的不断创新，以及多年来积累的大

量风控模型，客户平均可在 30 秒内获知审批结果。

在客户成功获得贷款后，负责任贷款原则仍在捷信的服务中延续。捷信设置了一系列措施，尽最大努力在客户遇到还款困难时提供帮助和救济。首先是 15 天冷静期政策，即借款人在获得贷款的 15 天内，可选择终止贷款合同，无须支付任何手续费和利息，只需退回贷款本金即可。其次是灵活还款包服务。客户选择此服务后，如遇到不能按时还款的窘境，可以有限次数地更改还款日期，延后还款。在客户因收入不稳定而出现短期资金困难的时候，此举不仅有助于其渡过难关，更重要的是可以避免在客户的央行征信记录中留下逾期信息，以保护其个人信用记录的良好。

始终坚守负责任贷款这个核心原则，凭借着不断创新进取的金融科技，以及灵活多样的本地化经营策略，捷信成功地在中国的普惠金融市场上扎下了根。从 2015 年以来，清华大学连续 5 年发布了年度《中国消费信贷市场研究报告》，报告中依据市场调研数据对中国的主要个人信贷企业进行打分和排名。捷信消费金融公司连续 5 年在"普惠金融"项目上名列第一。

三 捷信中国的企业社会责任

（一）金融知识宣传教育

在保持稳健发展的同时，捷信中国高度重视企业社会责任工作。捷信中国有超过 85% 的客户只有大专以下学历，他们的金融知识水平更是普遍偏低。为此，金融知识宣传普及工作一直是捷信履行社会责任的重点。

捷信将金融知识普及教育活动融入日常经营活动中，并逐渐打造出"金融蒲公英""金融大篷车""小小金融家"和"捷信杯大学生学术创新实践大赛"四大金融知识教育品牌项目，分别针对社区居民、农村及偏远山区居民、大学生群体、青少年群体四大重点人群。2018—2019 年，捷信在全国范围内持续开展了 107 场金融知识普及活动，覆盖29个省、自治区及直辖市的68个城市，现场参与总人数超过10000人。

从2017年5月起，捷信与中国金融教育发展基金会（以下简称"基金会"）合作，开展"金惠工程"农村地区金融知识普及项目，足迹遍及社区、学校以及偏远山区，旨在培养消费者在社会信用和负责任借贷方面的意识，改善他们的生活水平。其中，吕梁山集中连片贫困特区金惠工程项目通过集中培训授课、组织研讨会、走访农户家庭、发放金融知识宣传材料等丰富多样的形式，针对该地区农民群众和学生开展各类金融知识普及活动。从2017年5月到2019年9月，活动累计覆盖当地群众300万人，覆盖山西、陕西两省20个国家级贫困县共225个乡镇。

2018年，为了助推金融知识纳入国民教育体系，捷信与基金会联合向山西省15个贫困县的15所小学捐赠了《金融与诚信》读本，并在13所学校建立了金融E教室，向五、六年级的小学生进行基础金融知识课堂教学，项目共惠及超过28000名小学生。同时还建立了金融教育培训基地，为山西省隰县的电商及村干部共800余人组织了金融知识培训教学。

2019年4月，捷信与基金会再次展开合作，联合举办"金融教育助力乡村振兴——暨领导干部赋能培训计划"。未来3年内，捷信将与基金会合力在江西、福建和湖北三省对农村干部及青少年进行金融教育培训。项目计划覆盖江西、福建、湖北三省共59个贫困县的892个乡镇。

2018年起，捷信与中央财经大学合作开展了"全国城镇职业青年金融素养教育"项目。旨在探索一套针对包括外来务工者、本地普通青年劳动者在内的城镇职业青年，具有可行性的金融知识宣传教育方案。2019年，项目团队对全国1.2万名城镇青年开展了金融素养水平的调研普查，获得了大量一手资料，并编写发布了《全国城镇职业青年金融素养调查报告》，将调研发现向社会公布。下一步将依据调研结论编写金融素养教材和开展宣传试点工作。

（二）改善民生，精准扶贫

在民生改善领域，捷信积极响应政府精准扶贫的号召，为各地净水工程、公益扶贫提供上百万资金，为当地贫困居民改善生产生活条件，助力乡村振兴。

陕西省印台区的陈炉镇双碑村位于旱原地区，农业发展主要靠天，制约了产业发展。为此，捷信投资23万元，新建150立方米钢筋混凝土集雨池。建成之后，双碑村三个组的农业灌溉用水问题将会得到解决，可为当地200余亩干杂果提供有效的灌溉，切实解决60余户村民的生产和用水问题，其中带动贫困家庭11户。在陕西省宜君县武家源村，捷信投资77万元，建设人畜饮水项目。水源建设和供水设施的完善使群众的生产生活饮水得到了保障，群众从此结束了常年用水困难的现状。

（三）文化交流与公共健康合作，促进民心相通

作为中捷两国文化的"连接者"，捷信始终致力于为两国文化交流贡献力量。

2019年5月，捷信全程赞助了捷克爱乐乐团在南京、武汉、福州、杭州、北京、郑州及珠海等七个城市的巡回演出，为中国观众带来世界级的音乐盛宴。巡演期间，捷克爱乐还与中国江苏省签订了合作备忘录，在未来5年与南京市结成战略合作伙伴关系。捷克爱乐将每年派遣音乐家来华演出和开展教育培训，同时，邀请江苏交响乐团的音乐家前往捷克参加形式多样的交流活动。

2019年4月，捷信与天津外国语大学签署《捷克语专业学生暑期班资助合作备忘录》，旨在推动国内年青一代捷克语言文学人才的培养。2019年暑假，在捷信的资助和推动下，来自天津外国语大学捷克语专业的8名学生前往捷克共和国参加了捷克帕拉茨基大学斯拉夫语暑期班的活动，同时，由捷信和捷克共和国大使馆联合举办的"苏珊娜·罗斯奖"文学翻译比赛吸引了来自国内3所高校17名捷克语专业学生的参与，锻炼了语言思维和沟通能力的同时，加深了对捷克文化

和社会背景的认知与解读。

捷信与中捷两国的著名出版社合作，在2019年支持和翻译出版了来自中国和捷克的六部文学著作。在第二十六届北京国际图书博览会上，捷信与捷克驻华大使馆合作举办"捷克共和国展台开展仪式暨捷中文学出版作品分享活动"，邀请了图书作者、翻译家及两国知名文学作家代表彼此国家进行交流访问。

作为国际化集团企业，捷信也一直致力于促进中捷两国在公共健康领域的深度合作交流。自2017年起，在捷信的持续努力下，将捷克空中医疗救援方面成熟的经验和技术引入中国，与捷克赫拉德茨—克拉洛韦省紧急医疗服务中心、北京中日友好医院、天津市卫生健康委员会等专业医疗机构合作，为京津冀地区"空中生命线"的搭建提供支持。

2017年以来，多次组织国际航空医疗救援培训，至2019年年底，总共为超过1200名中国医护人员提供了专业培训。同时，捷信还与两国专业机构合作，在北京、天津举办空地一体化医疗救援演习，为2019年全国第十届残运会暨第七届特奥会、2022年北京冬奥会等大型赛事提供医疗救援先期实操训练，完善京津冀地区紧急医疗救援和快速保障能力。

2019年，捷信与捷克驻华大使馆、天津市卫健委及天津市急救中心联合发起"生命无价，你我守护"急救知识普及系列培训活动。通过线上线下多种渠道传播急救知识，提升公众紧急情况下自我救助和帮助他人的能力。截至2019年年底，由捷信赞助提供的两版急救海报和5000个免费急救包已投放到天津16个区共计508家医院和诊所；同时，捷信联合天津当地社区、学校和企业总共开展8场线下急救知识培训，直接参与人数超过800人。

捷信还与中国心胸血管麻醉学会签订合作协议，为国内基层医护工作者，尤其是老少边穷地区的基层医护工作者提供包括麻醉、手术室护理、医院抗感染控制在内的专业知识技能培训。2019年7月和9月分别在四川和云南举办两场公益宣讲活动。此外，捷信向天津市急救中心捐赠的两辆奔驰新款凌特监护型医疗救护车已投入使用，进一步改善了天津当地的基础医疗服务水平。

2020年1月，中国爆发新型冠状病毒引发肺炎疫情，在此全国动员抗击疫情的紧急时刻，捷信利用集团的国际网络和全球供应商资源，在全球医疗物资极其紧张的情况下，经多方努力筹措，向湖北省慈善总会捐赠了包括防护面具、防护服、护目镜、手套、呼吸器等在内的两批总价值超过200万元人民币的医疗用品。同时捷信还向湖北省慈善总会捐赠100万元人民币现金，与中国人民一起的抗击疫情，共渡难关。